CAHIERS DE MUSIQUES TRADITIONNELLES 12

Ateliers d'ethnomusicologie

CAHIERS DE MUSIQUES TRADITIONNELLES 12

noter la musique

1999

ISBN 2-8257-0680-9

SOMMAIRE

DOSSIER: NOTER LA MUSIQUE

ENTRETIENS

DOSSIER
noter la musique

LE VERTIGE DE LA PAGE BLANCHE

Olivier Tourny

Le récit qui suit n'est pas une fiction… Il est bien le bref rappel d'un passé, presque déjà mythique, le souvenir (reconstruit) d'états d'âmes d'un apprenti se trouvant à l'aube d'un projet d'analyse totalement neuf. Le doute et la confiance, l'angoisse et le plaisir sont autant d'expériences personnelles, malheureusement occultés dans la plupart des ouvrages scientifiques, mais dont je souhaiterais témoigner ici[1].

Après des études de musicologie, je suis parti en Israël dans le but d'acquérir des connaissances sur les musiques traditionnelles juives. Au cours de ces années d'apprentissage, le destin devait m'amener à faire la rencontre de la communauté juive éthiopienne et de sa tradition musicale. Alors qu'il n'existait aucune étude musicale approfondie du chant liturgique juif éthiopien, je décidai, dans le cadre d'une thèse, de procéder à son analyse systématique.

Explorer un terrain vierge est très motivant. Mais c'est aussi prendre une responsabilité. Toute analyse est faite de risques. J'en ai pris particulièrement conscience au moment de transcrire les quelque quatre vingt chants de prière constitutifs de mon corpus.

(Tel Aviv, mai 1991)
Transcrire…
Prendre une belle page emplie de portées musicales. Non, pas celle-ci. Celle-là avec des quadrillages horizontaux. On l'a fait venir exprès de Genève. Puis, prendre un crayon à papier ou, mieux: aller choisir parmi tous les crayons neufs achetés la veille. Choisir, c'est à dire, prendre son temps. Le choix est d'importance. Il faut se sentir bien; c'est essentiel.

La pile de bandes est sur l'étagère; Acte I, scène 1: en choisir une.

« Marche »

J'entends une prière, l'oreille distraite. Le plus urgent à faire, c'est encore de tailler son crayon neuf, tout en écoutant un peu. Entendre, c'est la base. Mais, écouter un peu, c'est un bon début. On fait comme celui qui regarde une scène pénible, entre ses doigts.

---

1 Un grand merci à Vincent Cavalli, Emmanuelle Guibard, Laurent Jauffret et Pascale Quesnel pour leurs bons conseils lors de la rédaction de cet article.

La pièce est courte, mais il semblerait bien que le hasard ait choisi la plus difficile. La durée ne doit plus être un paramètre; sauf si la pièce est vraiment trop longue.

«Halleluia» sur l'étiquette; c'est tentant. Ça doit être joyeux.

C'est vivant. Le problème, c'est que la pièce est scandée. C'est déjà suffisamment complexe comme cela pour ne pas se bloquer d'entrée avec un paramètre supplémentaire.

Ce que je devrais faire, c'est classer les bandes: les pièces scandées à ma gauche, et les non-scandées à ma droite; ou le contraire, n'ayons pas d'a priori. En fait, ça ne va pas être possible, car il y a plusieurs prières sur chaque bande et elles ont déjà été regroupées d'après leurs fonctions rituelles.

De toute façon, il va bien falloir tout transcrire. Certes, mais autant démarrer en confiance.

Disons que la première pièce que je vais transcrire devra être:

1) non scandée

2) pas trop longue

3) bien interprétée: chant clair, bref et surtout, répétitif. Ah oui, répétitif! Quand j'entends les chanteurs répéter inlassablement la même formule, je me sens à l'aise et pas perdu du tout. Je me dis que, vu que la pièce n'est faite, grosso modo, que d'une seule et même formule, il n'y aura qu'une seule difficulté à résoudre; grosso modo.

Il faut commencer. Le temps de tailler à nouveau son crayon, d'aller chercher la gomme oubliée.

«On ne joue jamais comme c'est écrit» nous dit Couperin. Et Pablo Casals de préciser: «L'art de l'interprétation est de ne pas jouer ce qui est écrit». Dans un sens c'est rassurant. Surtout pour celui qui écrit ou transcrit. Je garde ces arguments dans ma poche pour me protéger des critiques à venir. A la réflexion… disons que ces profondes pensées, si elles ne sont pas vraiment une assurance-vie, peuvent faire illusion un instant.

L'angoisse de la page blanche existe sans doute pour tout transcripteur. Ici, l'angoisse n'est pas de trouver, d'inventer, mais bien de reproduire avec sa main et son crayon ce que l'on entend avec les oreilles et le cerveau. Certains vous diront qu'aucune transcription ne peut être fidèle, et donc qu'il est inutile de tenter quoi que ce soit dans ce sens: transcrire c'est trahir. D'autres, à moins que ce soient les mêmes, vous affirmeront que l'on n'a pas les moyens – ni même le droit – de transcrire un idiome qui nous est radicalement et irrémédiablement étranger. Et pourtant, une culture, ça s'apprend. Il suffit d'un peu de volonté et de beaucoup de temps. Nombreuses sont les personnes extérieures à la culture musicale savante occidentale qui néanmoins y excellent, en vrais professionnels.

Revenons à mon corpus. Voilà des semaines que j'entends, que j'écoute cette musique. Hier, je me suis surpris à chanter une mélodie juive éthiopienne. En fait, en y réfléchissant plus encore, cela fait des semaines que, lorsque je me mets à siffler, à fredonner, ce sont bien des airs de mon corpus que je restitue! Autant dire que je suis sur la bonne voie. Je ne suis pas devenu une éponge (pour rassurer Bachelard, ennemi des métaphores immédiates), encore moins un éthiopien. Je suis un apprenti.

A propos d'apprentissage, je devrais plutôt essayer de me souvenir de ce que m'a dit Simha Arom concernant la transcription, lors de notre première séance de travail à Jérusalem. Quand on transcrit, il faut – entre autre – être attentif, honnête, sérieux et ludique. Si l'on ne prend pas plaisir, il faut faire autre chose. Et surtout: «Il faut laisser le matériel raconter son histoire!». L'idée est séduisante, mais pour l'heure, il me faut bien avouer ma grande solitude devant tant de matière et tant d'histoire!

(TEL AVIV, JUIN 1991)
Trois semaines déjà. Que le temps passe vite! Les bruits de la rue, le klaxon des voitures, les jingles des radios, parviennent jusqu'à moi sans m'atteindre vraiment. Seuls les cours de piano que je donne m'empêchent d'être déconnecté avec l'extérieur, mais je dois me concentrer pour renouer avec Chopin, Debussy et tous les autres.

J'ai couché sur le papier plus de trente chants. Le chiffre en lui-même importe peu car je sais avoir triché avec les statistiques. J'ai choisi jusqu'à présent les pièces les plus courtes et les moins complexes.

Dans un sens, c'est un bon choix. J'ai au moins l'impression d'avoir avancé. Et puis, mine de rien, je progresse; dans les deux sens du terme. J'ai réussi à lever – en partie – le premier obstacle, à savoir celui des échelles. Pour nombre de pièces, je n'arrivais pas à déterminer leur mode avec certitude. C'est pentatonique, anhémitonique même, mais la hauteur ne cesse de changer et ce pycnon de malheur qui n'arrête pas de bouger! à croire que les prêtres le font exprès… J'ai écrit à Arom sur ce point, joignant à mon courrier une cassette et quelques bouts de transcriptions. Sa réponse me confirme les joies et les peines du système pentatonique. Il me rassure au passage sur le fonctionnement de mes oreilles. Merci Docteur! Comme plusieurs perspectives sonores s'offrent à moi, j'ai donc décidé de transcrire les chants en plusieurs versions. Pour l'heure, c'est bien la seule solution pour aller de l'avant.

Mon autre motif de satisfaction du moment est que je pense avoir compris les diverses manières dont usent les chanteurs pour se distribuer les versets musicaux. Quel plaisir lorsque, de la matière sonore, surgissent peu à peu différentes formes; généreuses, évidemment. Dès lors, j'attends avec impatience que la pièce suivante vienne confirmer ce que j'ai déjà pu dégager, ou bien qu'elle me révèle de l'inédit. Je peux saisir ces formes, les symboliser à ma guise et les classer dans une typologie… le bonheur, quoi! Pour fêter ça, je me suis débouché une bouteille.

(TEL AVIV, AOÛT 1991)
Aujourd'hui, une de mes illusions s'est envolée. J'ai montré mes transcriptions à un ami qui s'est mis à les chanter. Ce qu'il a réalisé ressemblait à tout, sauf à du chant liturgique judéo-éthiopien…

Il me faut bien admettre que l'on ne peut reproduire ce qu'on ignore. Pourtant, je les ai peaufinées, mes partitions: les notes, le texte, les signes de phrasé, des flèches dans tous les sens, tout y était; sauf qu'une transcription est comme cette boisson célèbre: elle ressemble à..., elle à le goût de... mais ce n'est pas de...

Je me suis endormi sur cette pensée: il n'y a pas meilleure représentation que le son lui-même.

[...]

Hier, ça sentait l'autodafé; pas aujourd'hui, où je me suis remis à l'ouvrage dans de nouvelles dispositions.

La transcription n'a pas la prétention de remplacer le son. Telle quelle, elle ne peut être que descriptive. Elle ne devient prescriptive qu'avec le support de l'enregistrement. Dans l'idéal, on devrait toujours joindre à une transcription l'exemple sonore qui lui correspond. L'essor du disque n'a pas signé l'arrêt de mort de la transcription. Bien au contraire, il lui donne le souffle de vie qui lui manquait.

(TEL AVIV, AUTOMNE 1991)

Chaque nouvelle pièce apporte son lot de problèmes spécifiques qu'il me faut surmonter. Par rapport à mes premières écoutes, ma perception analytique s'est affinée. Mes partitions en témoignent: mes velléités de précision obsessionnelle se sont effacées au profit d'une plus grande lisibilité. Transcription et analyse sont d'ailleurs intimement liées. J'analyse, parce que je transcris, pour pouvoir analyser.

En musicologie, l'analyse qui se passe de l'écrit, c'est de l'écoute de disque.

(TEL AVIV, JANVIER 1992)

J'ai transcrit tous les chants. L'analyse à la table de travail est arrivée à une étape. J'ai beau réécouter les enregistrements, je sais avoir atteint le seuil de mes compétences. Restent de nombreux problèmes à résoudre: la plurivocalité dont il est bien difficile de dégager tous les éléments constitutifs, la modalité qui demeure équivoque, l'organisation du temps qui est incertaine, la configuration de certaines pièces pour lesquelles je ne sais qui chante quoi. Il est temps de retourner voir les prêtres.

(JÉRUSALEM, FÉVRIER 1992)

Je leur ai montré mon gros classeur de transcriptions. Je leur ai illustré le principe en chantant devant eux certains de leurs chants. Ça les a plutôt amusés de réaliser que dans mon système, lorsque «ça monte», la graphie monte aussi, alors que, pour eux, ça serait plutôt le contraire. Ils m'ont félicité, gentiment. Ils m'ont encouragé à poursuivre mon travail, même si tout ceci leur semblait visiblement bien hermétique. Il n'empêche qu'ils ne ménagent pas leurs efforts pour m'éclairer sur leur tradition.

(TEL AVIV, JUIN 1992)

Plus je connais ces prêtres et plus je comprends que les enregistrements me livrent une partie d'eux-mêmes, de leur savoir, leur sensibilité, leurs petites habitudes, leurs défauts et leurs contradictions. Finalement, mes transcriptions en portent implicitement les traces.

(LYON-JÉRUSALEM, 1992-1997)
Je fais la navette entre les prêtres et ma table de travail, mes partitions sous le bras. A force d'entretiens, d'interrogations et d'expérimentations, j'arrive peu à peu à résoudre les problèmes que me pose cette tradition musicale. Ce qui a une incidence directe sur mes transcriptions: je gomme, je rectifie, je réécris pour la énième fois. Ça devient à la fois plus épuré et plus précis.

Par le choix d'une écriture paradigmatique, mes transcriptions reflètent très distinctement les différentes formes chantées. Celles-ci ont d'ailleurs été validées par les prêtres et leur emploi spécifié.

Je me suis mis en tête d'analyser le fonctionnement de leur système mélodique. Si mon immersion au sein de cette culture juive éthiopienne « exilée » en Israël me passionne, ce projet d'analyse m'excite tout autant. Pour ce faire, je compte sur mes transcriptions. Sans elles, autant laisser tomber tout de suite mon objectif. Comment comparer entre eux des milliers d'énoncés sans le support de l'écrit? J'ai dû affronter mille difficultés, mais, après une simplification systématique des mélodies transcrites – obtenue par suppression progressive des redondances et des variantes – un beau matin, l'essence du formulaire m'a littéralement sauté au visage. Ce que l'oreille ne pouvait saisir était là, devant moi: des formules mélodiques élémentaires, liées entre elles par de multiples combinaisons qu'il suffisait de répertorier pour enfin comprendre leur fonctionnement et formaliser le sytème. Re-bouteille.

(LYON, MARS 1997)
Il arrive un temps où il est nécessaire de faire une pause, de rassembler tous les éléments recueillis au fil des années et d'en faire la synthèse.

Mes transcriptions témoignent de toutes les étapes de mon analyse. A travers elles, j'en revis la problématique, l'heuristique et la méthodologie. Grâce à elles, je mesure les progrès parcourus par rapport à mes premières ébauches que je regarde à présent d'un air amusé et indulgent. Depuis lors, j'ai eu de nombreuses fois l'occasion de vérifier auprès d'amis musiciens qu'ils étaient à même de mieux comprendre l'exécution d'un chant en l'écoutant tout en suivant son déroulement sur la partition. Oh, je sais bien que la transcription idéale n'existe pas et que le système de notation que j'utilise est perfectible, mais tant qu'il n'y aura pas d'autre méthode d'analyse musicale plus performante, j'estime ses qualités plus grandes que ses défauts.

La transcription n'est pas la finalité de l'analyse musicale. Elle en est la colonne vertébrale. D'autres perspectives d'études peuvent bien évidemment être envisagées. Elles ne viennent nullement en concurrence avec elle. Au contraire, elles ne peuvent que la compléter.

La systématique a permis de dégager les éléments constitutifs de cette tradition, c'est-à-dire ses aspects caractéristiques. L'étude n'en est pas finie pour autant. Il m'importe à présent de mieux la situer dans son contexte d'origine – le nord-ouest éthiopien – en la comparant à d'autres afin d'en déterminer les spécificités.

(GONDAR, NOVEMBRE-DÉCEMBRE 1998)
Des volutes d'encens s'élèvent jusqu'au plafond peint de l'église. Le chant des moines y plane avec elles. A certains moments, viennent s'y joindre le cliquetis des

sistres, le martèlement des bâtons de prières sur le sol et la frappe des tambours. Parfois, je crois reconnaître une voix, un début d'air, une formule mélodique que j'ai entendu là-bas, exilée de l'autre côté de la Mer Rouge, mais l'instant d'après me plonge dans un monde inconnu. J'enregistre, je photographie, regrettant de n'avoir point de caméra avec moi. Plus j'assiste aux offices et plus je sens combien ces chants chrétiens sont à la fois si proches et si différents de ceux des Juifs, mais je ne sais où, comment et en quoi ils le sont. Celui qui transcrit et qui sommeillait en moi ouvre alors un œil…

(LYON, JANVIER 1999)
La pile des cassettes de Gondar est sur ma table. Elle m'attend.
Devant moi, une feuille blanche me regarde; de toutes ses fibres.
Frisson.

«Play ›»

RÉSUMÉ

Lorsque le musicien ou le musicologue se trouve en face d'un patrimoine – quel qu'il soit – qui lui est inconnu, son désir de l'appréhender dans sa globalité comme dans sa spécificité l'entraînera, après une longue phase d'écoute, à vouloir le *lire*. En ethnomusicologie, comme il existe un va-et-vient permanent entre ce que l'on nomme «le terrain» et la table de travail, il en est de même pour la transcription et l'analyse qui sont intrinsèquement liées. La première n'est certes pas la finalité de la seconde. Mais elle est le guide qui la soutient, l'accompagne et la motive. Pour l'apprenti, la transcription est une expérience de l'intimité, un véritable parcours initiatique.

LA BAGUETTE MAGIQUE DE L'ETHNOMUSICOLOGUE
Repenser la notation et l'analyse de la musique[1]

Udo Will

> «On ne met jamais assez en garde les étudiants contre le danger de prendre les transcriptions écrites pour parole d'évangile.» (C. Sachs, 1962: 23).
>
> «Il serait en effet présomptueux de qualifier de 'scientifique' une telle débauche de subjectivité.» (C. Seeger, 1958: 187).

Un des aspects marquants de la musique, de la parole ou de tout autre événement sonore, est leur comportement dans le temps, leur évanescence: sitôt perçus, ils disparaissent, ne laissant dans la mémoire que des traces fugitives. L'entraînement et une écoute répétée permettent peut-être de les reconnaître, de les mémoriser et même de les reproduire, mais il reste extrêmement difficile d'«en parler», les cultures orales n'ayant pas de théorie musicale. Il n'en va cependant pas de même pour les cultures écrites. En inventant les systèmes d'écriture, l'homme se dota de moyens lui permettant de fixer les sons, par nature si insaisissables; ce fut la transformation d'une forme aurale et temporelle en une forme visuelle et spatiale. Tout se passe comme si, en abordant les sons de cette façon, on les apprivoisait, on contrôlait mieux le temps. Mais ce n'est là qu'une impression car les résultats d'une telle transformation sont limités et parfois même trompeurs. Quoi qu'il en soit, une fois inventés, les systèmes d'écriture créent leur propre dynamique, qui débouche sur de nouveaux développements et des modalités d'application permettant à l'homme non seulement de «penser grâce à eux» mais aussi de «penser à leur propos». Inventés pour les besoins de la mémorisation et de la communication, ils devaient, tôt ou tard, être utilisés pour noter et communiquer certains aspects de la pratique musicale. A la suite de profonds changements du système d'écriture, survenus après l'invention de l'écriture alphabétique grecque, nous assistons aussi à l'émergence, en Occident, de nouveaux systèmes de notation musicale qui, après une longue évolution, vont devenir une force de créativité importante au service de la musique. L'écriture jouant un rôle central dans la musique occidentale, il n'est pas étonnant que la notation soit devenue un objet de recherche musicologique important, un mode d'investigation scientifique dans le domaine de la musique.

---

1 Traduit de l'anglais par Ramèche Goharian.

La notation étant en outre censée représenter la musique, les raisonnements sur cette dernière, fondés sur la forme écrite, constituent l'approche méthodologique principale en musicologie, aussi bien que dans l'un de ses derniers rejetons, la musicologie comparée.

Le problème

Cependant, la notation musicale occidentale s'étant créée et développée au sein même de cette musique, il est inévitable que des problèmes surgissent sitôt qu'elle est utilisée pour décrire certains aspects des musiques non-occidentales. Ainsi, dès les origines de la musicologie comparée, des savants ont constaté les faiblesses de la notation musicale occidentale pour transcrire les musiques non-occidentales et ont proposé des améliorations et des rajouts à la notation habituelle. Toutefois, l'idée d'utiliser la notation musicale occidentale comme élément central dans la transcription à des fins analytiques n'a jamais été vraiment remise en question, malgré la perspicacité d'un certain nombre de musicologues ayant compris la nature du problème. L'espoir était que les développements de la notation courante permettraient de résoudre les problèmes les plus importants. En 1909, Abraham et von Hornbostel publièrent *Vorschläge für die Transkription exotischer Melodien* («Quelques suggestions pour transcrire les mélodies exotiques»); ils proposaient plusieurs rajouts et adaptations à la liste des symboles de notation musicale, dont certains suscitèrent des critiques et furent rejetés (Sachs 1962: 29-30). Suivant les conseils de nombreux experts, les Archives Internationales de Musique Populaire firent paraître de nouvelles recommandations, en 1949 dans le bulletin d'information du CIAP et en 1952 dans le Document du Conseil International de la Musique. Plusieurs chercheurs travaillant sur des problèmes spécifiques proposèrent des améliorations particulières. Par exemple, Alexeiev constate, dans son étude sur «L'intonation archaïque dans les airs folkloriques» (1986): «A son origine même, la notation de cinq lignes horizontales est liée aux notions de la tonalité développée et ne contribue nullement à comprendre les normes initiales de la pensée mélodique d'une manière adéquate... Néanmoins, elle demeure un instrument analytique irremplaçable dans beaucoup de cas et peut être perfectionnée, en particulier, par l'introduction d'une méthode de fixation des intervalles plus fractionnés que les demi-tons du système tempéré.»

Dans son ouvrage intitulé *The Ethnomusicologist*, Mantle Hood (1982) présente divers aspects de la notation et évalue les avantages et les inconvénients des différents types de notation, en comparant les mérites respectifs des approches «essentielles» et «détaillées». Herzog, par exemple, sans négliger les détails caractérisant un style musical, évite d'en inclure un trop grand nombre, de peur de «rendre le chant incompréhensible à l'œil». Bartók, quant à lui, s'empresse de noter le moindre détail pour rendre la transcription des exécutions musicales aussi complète que possible. De même, Hood suggère une série d'améliorations et de développements, dont l'emploi de notations non-occidentales. Aussi importantes que puissent être ces suggestions pour certains aspects des musiques écrites non-occidentales, c'est-à-dire celles qui ont développé leurs propres systèmes de notation, elles ne résolvent pas les problèmes essentiels de l'appréhension de la musique à travers la notation: les changements (perte d'information) dus à la transformation d'une sphère aurale et temporelle à une sphère visuelle et spatiale. En analysant les notations chinoises pour le *guzheng*, un instrument de la famille des cithares, j'ai montré, par exemple, que la répartition des inflexions tonales, dans divers degrés de l'échelle, est un trait marquant, tant pour les styles régionaux que dans les compositions personnelles. Mais en principe, rien ne garantit que les analyses des exécutions musicales donnent les mêmes résultats. En fait, j'ai présenté plusieurs exemples où les analyses de la notation et des interprétations musicales aboutissent à des résultats différents (Will 1994).

L'expérience faite à partir de tous les changements et améliorations qui ont été proposés laisse penser que le «bricolage» ne résout pas les problèmes inhérents à la notation; la plupart des chercheurs ayant écrit sur ce sujet finiront, je crois, par admettre l'inadéquation de la notation occidentale en tant que notation descriptive. Et pourtant, en consultant les ouvrages de référence pour la préparation de cet article, j'avoue avoir été sidéré par les contradictions flagrantes entre une compréhension claire des problèmes soulevés par l'emploi de la notation musicale occidentale à des fins analytiques, et l'adhésion obstinée de plusieurs auteurs à cette même méthode. Par exemple, Nettl (1964: 102) écrit: «Transcrire la musique avec, pour ainsi dire, la main et l'oreille est un exercice périlleux du fait que le transcripteur, natif d'une certaine tradition musicale, tente d'écrire la musique d'une autre culture à l'aide d'un système de notation conçu pour une culture spécifique et étranger aux styles des autres traditions. Ainsi un concept tel que celui de note, qui constitue la base de la pensée musicale occidentale, s'appliquerait de façon erronée à une culture dans laquelle les glissements d'une note à l'autre sont la caractéristique essentielle. De légères déviations de hauteur à peine perceptibles pour des oreilles occidentales, habituées à l'échelle tempérée, peuvent être parfois des distinctions fondamentales dans une autre musique [...] Le fait est que les transcripteurs humains [...] pourraient avoir de grandes difficultés d'abord à entendre, puis à reproduire sur le papier la musique d'une autre culture, de telle sorte que les distinctions essentielles soient indiquées d'une manière comparable à celle requise par la notation descriptive.» Pourtant, malgré ces explications bien fondées, l'auteur conclut, à la page suivante (*ib*: 103): «En attendant que les appareils électroniques de notation soient aisément disponibles et assez perfectionnés, la transcription, à l'aide d'un système de notation manuelle, reste un outil indispensable pour l'ethnomusicologue». Ce qui laisse rêveur... Pour Nettl, la transcription remplit aussi une fonction éducative, et c'est peut-être cela qui justifie sa survivance (*ib*: 103): «La transcription impose à l'étudiant une sorte de discipline, qui pourrait difficilement être obtenue par la simple écoute des enregistrements»! Et enfin (*ib*: 103): «Malgré les tentatives faites pour trouver d'autres systèmes de notation, on a, dans l'ensemble, préféré le système occidental», justification déjà fournie par Abraham et von Hornbostel, dans leur article de 1909, qui laisse d'ailleurs fort à désirer.

Charles Seeger a bien décrit la situation: «En utilisant cette notation, avant tout 'prescriptive', comme une transcription descriptive des sons d'autres musiques que les arts classiques et populaires d'Occident, nous faisons deux choses qui ne sont pas du tout scientifiques. D'abord, nous distinguons, dans une musique autre, ce qui ressemble pour nous à des structures apparentées à celles qui nous sont familières dans la notation de l'art occidental, et nous les transcrivons, laissant de côté tout ce pour quoi nous ne disposons pas de symboles. Ensuite, nous espérons que cette transcription soit lue par des gens qui ne sont pas nourris par la tradition de l'autre musique… Il serait en effet présomptueux de qualifier de 'scientifique' une telle débauche de subjectivité.» (Seeger 1958: 186-187). Mais bizarrement, le même Seeger suggère finalement de continuer d'utiliser la notation standard occidentale, en combinaison avec des graphiques transcrits automatiquement.

Seuls quelques rares chercheurs comme Ellis et Blacking ont été assez conséquents pour modifier leur position à l'égard de l'emploi de la notation. Ellis démontre l'insuffisance de cette méthode dans le cadre de la musique aborigène australienne, et propose tout d'abord des modifications et des développements, en combinant les graphiques de fréquences temporelles avec la notation normale, en utilisant un système de portée où les lignes représentent des fréquences absolues, etc. Finalement, face aux insuffisances de la notation standard et à défaut d'un système plus approprié, elle abandonne complètement, à la fin des années 1960, l'usage de la notation à des fins analytiques. Blacking aboutit, par un autre biais, aux mêmes conclusions. Il écrit (Blacking 1987: xi): «J'en suis venu à douter de plus en plus de l'utilité de publier des transcriptions musicales de différentes traditions culturelles, lorsqu'elles ne sont pas accompagnées d'enregistrements révélant leur insuffisance. Les transcriptions sont trop facilement coupées de la réalité de l'exécution musicale dans son contexte, de même, le sens et la structure de la musique qu'elles décrivent peuvent être grossièrement déformés, pour servir à un projet académique […] Je n'ai pas fourni de transcriptions musicales, étant donné que même une partition exceptionnellement exacte […] ne transmet pas la réalité de l'interprétation à quelqu'un qui n'est pas habitué aux sons de cette musique.»

En résumé, on peut dire que les musicologues reconnaissent unanimement les points suivants: La notation déforme la structure et la signification de la musique et ne transmet pas la réalité de l'interprétation dans son contexte; elle suppose l'existence de concepts de «note» et de «hauteur», qui ne conviennent pas nécessairement aux cultures non-occidentales; elle ne contribue en rien à la compréhension des formes originelles et du développement de la pensée mélodique; enfin, rien ne prouve que les transcripteurs soient capables de percevoir et de reproduire adéquatement par écrit la musique d'une autre culture. Pourtant, ces mêmes auteurs qui émettent leurs critiques avec une telle éloquence soutiennent, par ailleurs, que la notation est un outil essentiel, nécessaire et irremplaçable de la musicologie comparée. Cette attitude, pour le moins contradictoire, reflète peut-être une certaine incapacité à imaginer un autre outil analytique viable. Comme les tentatives pour intégrer les appareils électroniques au processus de la recherche semblent piétiner, personne ne semble trouver la moindre possibilité pour introduire un changement paradigmatique dans l'approche méthodologique. Pour mieux comprendre cette impasse, je propose de reconsidérer certains aspects essentiels de la notation et leurs implications. Une meilleure compréhension de ce qu'est réellement la notation et de la manière dont elle détermine notre réflexion sur la musique nous aidera peut-être à concevoir un moyen différent pour décrire, analyser et finalement comprendre la musique, un moyen qui permettrait d'éviter en partie, sinon tous les écueils de l'approche méthodologique actuelle.

La notation en tant que système d'écriture

Deux facteurs pourraient nous aider à comprendre la situation actuelle et nous mettre sur la bonne voie pour une nouvelle exploration de la notation. Le premier saute à l'esprit, si l'on se souvient que la plupart des spécialistes de la musicologie comparée ont appris leur métier dans le giron de la culture lettrée occidentale. Dans cette culture, la musique est très écrite : la notation y joue un rôle si important qu'elle a modifié la réalité musicale, la musique étant souvent assimilée à sa forme écrite. Pour le musicien classique et le musicologue, l'idéal est d'avoir affaire à la musique écrite. Comme le dit Nettl : «'Savez-vous lire la musique ?' est la question qui permet de distinguer les torchons des serviettes et de déterminer un minimum de compétence musicale.» (Nettl 1983 : 65). L'esprit musicologique semble dépourvu des capacités mentales de mémorisation et d'analyse nécessaires pour saisir la forme acoustico-temporelle évanescente de la musique. Cependant, à peine touchée par la « baguette magique » de la notation, la musique revêt une forme qui satisfait l'idéal occidental. C'est alors que le musicologue, confronté à cette forme transcrite, spatio-visuelle de la musique, se trouve soudain paré de tous les instruments et aides nécessaires pour l'étudier. Le second facteur, étroitement lié au premier, concerne notre immense méconnaissance de ce qu'est réellement la notation, et de ce que peuvent être ses implications lorsqu'elle est utilisée pour tirer des conclusions sur la musique. Je me propose de rappeler certains éléments importants du développement de la notation occidentale pour montrer que même si, au début, la notation semble plus descriptive que « prescriptive », on ne peut pas considérer son évolution comme une tentative pour représenter des structures musicales. A l'origine, les systèmes d'écriture et de notation musicale n'ont pas été inventés pour *représenter* la parole ou la musique, mais pour communiquer des informations, la relation respective de la parole à la musique étant au mieux indirecte. Il est inévitable que des problèmes surgissent lorsqu'on utilise le système de notation en tant que représentation effective de la musique qu'il décrit ; car c'est ainsi que l'entendent de nombreux musicologues, comme le signale Nettl en 1980 dans son résumé de l'approche méthodologique habituelle: «Dans l'ensemble les ethnomusicologues admettent qu'on puisse noter la musique et l'analyser sous cette forme visible.» (Nettl 1980: 4). Pour tenter de comprendre comment cette conception nous égare, voyons tout d'abord quelques aspects essentiels des systèmes d'écriture et examinons les conséquences de leur emploi sur notre appréhension du monde oralo-aural.

L'omniprésence de l'écriture forme, sans doute, le trait le plus remarquable de nos sociétés modernes et, de l'avis général, l'écriture n'est rien d'autre que de la parole «notée». C'est du moins ce que nous avons l'habitude de penser, à la suite de la philosophie grecque et sous l'influence des idées aristotéliciennes prédominantes, qui suggèrent une notation de la parole à travers l'écriture: l'écriture représentant le discours. Mais, depuis quelques décennies, de nombreuses études proposent une hypothèse différente, selon laquelle l'écriture contourne partiellement la parole et apparaît comme une puissante force qui modèle nos pensées et influence considérablement la parole et son usage. Ces études révèlent également les profonds changements qui ont marqué les processus de pensée et les capacités cognitives, à la suite de l'invention de l'écriture et de la transformation consécutive des cultures orales en cultures écrites. Le lecteur intéressé pourra se référer aux ouvrages de Drake (1986), Goody (1977), Harris (1986), Havelock (1992), Lord (1960), Olson (1994) et Ong (1988). J'aimerais me pencher ici sur quelques idées en rapport direct avec notre discussion sur la transcription musicale et la notation.

En général, les systèmes d'écriture sont caractérisés par l'emploi de symboles et de représentations spatiales permanents, discontinus et dégagés de leur contexte, distincts des séquences temporelles d'événements sonores, qu'il s'agisse de langage oral ou de musique. L'écriture, nous l'avons vu, transforme les événements auralo-temporels en structures spatio-visuelles. Le langage parlé est un flux d'événements temporels dans lequel il n'y a pas d'éléments non contextuels. La disposition visuelle et spatiale du langage écrit permet des opérations qu'il est impossible de réaliser dans le cadre du langage oral, et qui n'ont aucune réalité dans le monde oral. Ong (1967) remarque que les mots prononcés ne peuvent être inversés, mais que leurs lettres le peuvent. La notion même de réversibilité des séquences d'unités élémentaires provient de leur spatialisation dans l'écriture. En outre, l'écriture permet la structuration «à distance» de la communication et du savoir. Le contraste entre les modes temporels et spatiaux constitue la base des différentes fonctions communicatives du discours oral et écrit. L'écriture permet de communiquer à distance, dans le temps aussi bien que dans l'espace. En l'absence de catégories analytiques élaborées qui dépendent de l'écriture pour structurer le savoir à une certaine distance de l'expérience vécue, les cultures orales doivent conceptualiser et verbaliser toutes leurs connaissances en se référant, plus ou moins intimement, au monde vivant et aux relations immédiates et familières entre les êtres humains. Une culture de l'écriture, qu'elle soit chirographique ou, plus encore, typographique, peut éloigner et, dans une certaine mesure, dénaturer même l'humain, en cataloguant les choses dans une liste abstraite et neutre, entièrement dépourvue du contexte de l'action humaine.

L'introduction des systèmes d'écriture influence profondément les opérations cognitives et le développement de telles capacités, à cause des caractéristiques du langage écrit. Lord (1960) a montré comment l'apprentissage de la lecture et de l'écriture handicape le poète de tradition orale : il introduit dans son esprit l'idée d'un texte qui contrôle son récit et entrave le processus de la composition orale. En particulier, la capacité de distinguer les répétitions mot pour mot des paraphrases d'un énoncé est fortement influencée par l'écriture qui, de ce fait, se trouve être un élément important pour « fixer un texte ». Olson (1994) remarque qu'en étudiant l'aptitude des jeunes enfants à faire une distinction entre les répétitions exactes, mot pour mot, et les paraphrases, on s'aperçoit qu'ils parviennent facilement à écarter les paraphrases incorrectes, mais que les enfants de moins de six ans n'arrivent pas à rejeter une paraphrase, lorsqu'on leur demande de ne garder que ce qui a été exactement dit. La forme écrite donne un modèle, un concept ou des catégories permettant de concevoir les éléments constitutifs de la forme parlée, et la familiarité avec un système d'écriture joue un rôle déterminant dans la conscience que l'on peut avoir de la structure segmentaire de la langue. C'est-à-dire que l'on conçoit le langage en utilisant des concepts et des catégories issus des systèmes d'écriture. Il y a, par exemple, plus d'une raison de croire que la conscience du son de la parole est, dès son apparition, intimement liée aux systèmes d'écriture. La segmentation orale est sensible aux paramètres de premier ordre (pression sonore et fréquence) dont la variation temporelle produit la prosodie. On utilise les régularités phonotactiques pour localiser les limites des syllabes qui constituent les unités les plus élémentaires de la perception de la parole, dans l'oralité primaire. Les utilisateurs du langage oral n'entendent pas les phonèmes, unités abstraites qui ne sont pas représentées phénoménalement et ne sont accessibles qu'après l'introduction de l'alphabet écrit. Par exemple, d'après Read, Zhang et Ding (1986), les chinois qui lisent l'écriture en caractères traditionnels ne peuvent pas détecter les segments phonémiques, alors que ceux qui savent lire le *pinyin*, une écriture alphabétique représentant la même langue, le peuvent.

On étudie le langage en faisant appel à des termes imposés par nos systèmes écrits (écriture, notation). Ce sont donc les structures, présentes dans l'écriture, qui nous offrent les catégories nécessaires pour explorer les structures implicites du langage. Cependant, ces deux entités ne sont pas identiques, les catégories ne permettant, en effet, d'explorer qu'une subdivision des structures du langage. Dès son origine, l'écriture, même alphabétique, n'a jamais été une tentative de fournir une représentation complète de la langue parlée. Comme Havelock (1982) l'a montré, Eschyle et Pindare voient dans l'écriture un aide-mémoire qui permet de retenir des énoncés oraux. Cette idée a persisté tout au long du Moyen Âge, et les écrits ont été conçus et traités comme des aide-mémoire et non pas en tant que représentations. Jamais toutes les nuances, perceptibles oralement, n'ont eu besoin d'apparaître dans l'écrit. Le facteur décisif dans l'élaboration de l'écriture n'est pas le modèle verbal. Comme pour l'écriture musicale, des éléments importants du langage parlé manquent souvent dans la forme écrite : Larsen (1989) a montré que les textes sumériens sont incapables de représenter de nombreux éléments morphologiques; de plus, leur écriture donne des informations qui ne peuvent être lexicalisées. Tout énoncé oral est composé, à la fois, de ce qui est dit et d'une indication sur la manière de le comprendre. L'écriture ne parvient à saisir que la première de ces données. Les systèmes d'écriture permettent difficilement de capter les éléments paralinguistiques de la parole (paramètre de premier ordre), tels que le volume ou la fréquence, dont la variation temporelle crée la prosodie. Mais dans un système d'écriture, toutes les particularités perceptibles à l'oral n'ont pas besoin d'apparaître pour qu'on puisse établir un système fonctionnel. Comme l'a montré Harris (1986), le facteur décisif dans l'élaboration de l'écriture n'est pas le modèle verbal, mais plutôt la tentative de présenter un système fonctionnel qui soit aussi dénué d'ambiguïté que possible. Ceci étant, les écritures modernes ont tout de même réussi à représenter quelques éléments prosodiques du langage parlé au moyen de signes de ponctuation, comme les points d'interrogation ou de suspension etc., qui ne sont pas 'lus', mais indiquent comment lire ce qui est écrit. Lorsqu'on dit que les systèmes d'écriture représentent la parole, ou que les systèmes de notation représentent la musique, on entend par là que ces systèmes créent les catégories qui nous rendent conscients de ces modes d'expression humaine, et nous apprennent à les écouter et à les penser. Comme l'a dit Olson: «L'écriture n'est pas la transcription de la parole; elle nous donne plutôt un modèle conceptuel pour celle-ci.» (Olson 1994: 108).

On pourrait objecter que ces différences entre oralité et écriture ne se rapportent pas à la structure objective des processus cognitifs, mais seulement à la conscience subjective que l'on en a. Pourtant le contraire saute aux yeux: la structure segmentale du langage parlé n'existe pas à l'origine. Les premiers mots d'un enfant ne se présentent pas comme une séquence de phonèmes indépendants, mais holistiquement, comme une structure d'éléments tels que les gestes et les routines articulatoires. Chez les enfants qui n'ont pas encore appris à lire, la conscience de la parole peut être perçue comme une connaissance parfaite des représentations non phonologiques. L'orthographe une fois acquise, beaucoup de gens ne sont plus capables de reconnaître les caractéristiques phonétiques auxquelles les enfants préscolaires sont sensibles, par exemple, les allophones ne sont plus considérés comme tels. Ainsi, les modèles fournis par notre système d'écriture nous empêchent de voir d'autres particularités de la langue qui n'y sont pas représentées.

Les étapes importantes de la formation de la notation occidentale

L'essentiel de ce qui vient d'être dit sur les caractéristiques et les implications des systèmes d'écriture est, en général, également valable pour la notation musicale. Il y a, bien sûr, des différences, surtout dans ce qui est «écrit», mais seulement des différences de degré. La notation musicale peut être considérée, du moins à ses débuts, comme une sorte de complément à l'écriture: intimement liée au texte écrit, elle tentait tout d'abord de fixer la hauteur et ses variations dans le temps, un aspect que l'écriture ne captait pas, comme nous l'avons vu. Dans ce qui suit, je tâcherai de montrer comment les caractérisations des systèmes d'écriture s'appliquent à la notation musicale et influencent son évolution, en passant rapidement en revue les étapes principales du développement de la notation musicale occidentale, de sa naissance, à la fin de l'antiquité grecque, jusqu'au Moyen Age, où les traits essentiels de la notation «prescriptive» ont été fixés. Il est intéressant de constater que cette période du développement de la notation, où la musique elle-même se transforme profondément, correspond à l'époque, cruciale en Occident, de la transition de la société orale à la société de culture écrite où, comme l'écrit Ong (1982: 117), «la prédominance de l'audition cède devant la suprématie de la vision».

La Grèce antique a inventé non seulement l'écriture alphabétique, mais également la notation musicale alphabétique. Malheureusement, il ne reste qu'un petit nombre de documents (environ quarante d'après Pöhlmann (1970), le plus ancien datant seulement du IIe siècle avant J.-C., c'est-à-dire bien après la période classique), et l'on ne sait à peu près rien sur le rapport entre la notation et l'interprétation musicale; ce qui dissuade, par exemple, Georgiades (1958) de transcrire la notation grecque ancienne en notation moderne, attitude admirablement honnête et plutôt rare. Comparée au riche héritage des autres écrits grecs, la rareté des notations musicales anciennes laisse supposer que leur usage n'était pas très répandu. Du peu que nous sachions, deux types de notation semblent avoir existé, un pour la musique vocale et l'autre pour la musique instrumentale. Tous deux utilisaient les lettres (la notation vocale employait l'alphabet ionien), en position droite et renversée, indiquant l'octave supérieure par des barres obliques. Il n'existait pas de symboles distincts pour noter les rythmes. Les rythmes mélodiques semblent plutôt avoir été déterminés par les formules rythmiques du texte, au-dessus desquelles on écrivait la notation alphabétique sous forme linéaire. La notation alphabétique grecque était donc une notation de hauteurs relatives; cependant, les intervalles de hauteurs indiqués ne correspondent pas à ceux des notations alphabétiques plus tardives. La segmentation des espaces de fréquences indiquée par cette notation était très influencée par la théorie musicale des Pythagoriciens qui reliaient directement, avec leurs modes, l'expression musicale à l'accordage et au tempérament. Déjà, Aristoxène de Tarente critiquait sévèrement la théorie «non-empirique» (sic!) des Pythagoriciens (Will 1996a); et il est vrai que cette notation n'explique presque rien sur la segmentation réelle dans la pratique musicale. Les degrés de hauteurs discontinus, signalés par la notation, résultaient du raisonnement théorique ancien, fondé sur la théorie pythagoricienne des nombres et les expériences faites avec les cordes vibrantes. L'influence de la théorie musicale et des instruments de musique sur les débuts de la notation est également manifeste dans les autres cultures écrites (Pour le *Gongchepu* et les autres notations traditionnelles de la Chine, voir Will 1994). Selon ces raisonnements, l'unité fondamentale de l'espace tonal était l'intervalle d'une quarte parfaite, le «tretracordon». Les deux notes extrêmes étaient conçues comme fixes, alors que les deux notes du milieu étaient considérées comme mobiles. Ces notes mobiles pouvaient occuper différentes positions en fonction des trois genres, ou subir de petites variations à l'intérieur de ceux-ci. Les théoriciens anciens ne s'entendaient pas pour délimiter les proportions de ces notes mobiles dont la réalisation dépendait très probablement du temps, du lieu et des traditions locales de l'interprétation. L'évidente disparité entre la pratique musicale et la notation reflète «le parti pris théorique» de cette dernière: on notait la musique en suivant la théorie et non la pratique. Bien qu'on ait cessé d'utiliser la notation musicale grecque ancienne, ses concepts fondamentaux ont survécu à travers les œuvres de la philosophie grecque et ont exercé une certaine influence sur le développement de la notation musicale médiévale en Europe.

La notation grecque a été abandonnée dans l'Antiquité tardive, surtout pour assouvir les nouveaux besoins et les idéaux de la liturgie paléochrétienne. En 620, dans son *Sententiæ de musica*, Isidore de Séville prétend même que «les tons ne peuvent s'écrire». Pendant cette période, le clergé entreprit de réorganiser et d'unifier les rites et les chants liturgiques, si bien que la notation fut à nouveau introduite dans l'intention de préserver, parallèlement aux paroles transcrites, une forme «correcte» d'intonation des textes sacrées. C'était reconnaître l'importance d'adhérer à un certain modèle d'interprétation, strictement défini, afin de transmettre une signification autorisée. Contrairement à l'ancienne notation grecque, la nouvelle façon de transcrire la musique était fortement enracinée dans la pratique musicale. Les notations neumatiques du IXe siècle possèdent, à la fois, des signes chironomiques particuliers, dérivés des signes d'accentuation des grammairiens grecs et romains, et des points groupés par superposition et par conjonction. On pouvait noter, avec suffisamment de précision la montée ou l'abaissement de la hauteur et la direction générale des mélodies, mais non les intervalles entre les signes des notes. Bien que les neumes inaugurent l'identification de la hauteur musicale à une hauteur dans l'espace écrit, ils conservent un caractère linéaire et indiquent le mouvement plutôt que des points de hauteur fixe. La notation était avant tout une symbolisation de l'action et non la représentation d'événements abstraits. Pour les chanteurs qui devaient apprendre par cœur le répertoire liturgique, ces notations étaient à la fois un aide-mémoire et une sténographie musicale. Sachs (1918) et Seeger (1977) ont déjà noté que les neumes semblent avoir été utilisés pour décrire une pratique préexistante de récitation. Un auteur tel que le moine franco-flamand Hucbald (840-930), qui proposa une méthode concise et utilisable de notation de la hauteur, décrit explicitement le rôle des symboles de notation comme un *rememorationis subsidium*, une «aide pour se souvenir de la musique et la mémoriser». L'introduction ou la réintroduction de la notation favorisa l'émergence d'«écrivains de la musique» spécialisés dans la connaissance de la théorie et de l'interprétation musicales. Elle transforma aussi le caractère des exécutions musicales qui, tout en s'appuyant sur la mémoire, trouvèrent un nouveau support dans la notation. Cependant, malgré leur nature essentiellement descriptive, ces notations permirent de contrôler et de discipliner les interprétations musicales comme cela n'avait jamais été possible auparavant. L'Eglise donna, par exemple, des instructions précises pour déterminer les sections de la messe et de l'office qui devaient être augmentées de parties vocales. L'élaboration des voix additionnelles se faisait uniquement par rapport à la voix fixe du ténor, et l'on n'envisageait pas encore la formation de tout un ensemble de voix additionnelles. La notation n'était pas encore une prescription, mais une aide pour s'assurer que les interprétations musicales correspondent bien à la tradition.

Aux alentours des XIIe et XIIIe siècles, la notation musicale subit plusieurs changements qui élargirent considérablement son champ d'application et la sortirent de son contexte. Les symboles de notation changèrent peu à peu de nature, passant de l'indication des contours du mouvement à celle des «notes» individuelles, c'est-à-dire des points de hauteur fixe. Parallèlement, on vit apparaître un moyen de calibrer les distances entre les hauteurs: la portée. D'une seule ligne, on évolua vers l'utilisation de plusieurs lignes comprenant des espaces indiquant les principaux niveaux de hauteur. Cependant, la fragmentation des neumes en notes et le passage de la notation du mouvement à l'indication de la hauteur impliquent une abstraction des processus musicaux par des considérations théoriques héritées de l'antiquité tardive. En outre, on vit naître une notation distincte pour indiquer la durée et le temps, utilisant des symboles de formes différentes pour les notes. Ces transformations reflètent aussi la place grandissante des instruments dans la musique écrite de l'époque, celle du rituel religieux et de la liturgie. Elles montrent aussi la séparation croissante entre la musique et le texte: tant que la notation était rivée aux textes chantés, il était inutile d'indiquer, par des symboles distincts, le rythme de la mélodie, ce dernier étant directement suggéré par les mots du texte. L'adoption et la propagation du système de portée sont attribuées essentiellement à Gui d'Arezzo (1000-1050). Celui-ci mit au point le système de portée de quatre lignes, toujours utilisée dans la notation du plain chant, et développa la méthode mnémotechnique du solfège, qui permettait aux chanteurs de mémoriser les rapports de hauteur entre les notes de la portée en se référant à celles d'un hymne célèbre. L'introduction du système de portée, avec ses notes de hauteur fixe, eut des effets considérables tant sur l'interprétation musicale que sur la formation des chanteurs, notamment en réduisant sensiblement leur temps d'apprentissage.

Les avantages de ce type de notation furent vite reconnus et l'Eglise ordonna la retranscription de tous les chants de la liturgie dans cette nouvelle forme. On voit clairement comment l'écriture musicale assura la pérennité de la tradition, tout en l'érigeant en modèle, exactement comme l'écriture le fit pour la parole. L'Eglise comprit qu'en utilisant les degrés de hauteurs discontinus et fixes (notes) associés à un système de portée, la notation permettait, mieux que les neumes, de fixer les chants et d'en donner des interprétations plus détaillées et plus satisfaisantes. Simultanément, la «tradition» se transforma dans le sens où la musique devint plus «figée»: avec la nouvelle notation, les interprétations récentes rappelaient «textuellement» les anciennes, ce qui avait été impossible jusqu'alors avec une notation moins détaillée. Compte tenu de l'évolution de l'enseignement et de l'apprentissage de la musique, il est certain que la notation eut de plus en plus d'importance pour l'exécution musicale, alors que la pratique orale perdit du terrain. Tout comme la parole, le chant ne s'effectue pas nécessairement en degrés de hauteur discontinus. Les chanteurs doivent apprendre à chanter selon la notation, à «lire» celle-ci. Et pour apprendre à lire une notation, il faut d'abord apprendre à écouter la musique d'une façon nouvelle. L'apprentissage de la notation permet d'entendre une mélodie continue, comme si elle était composée d'éléments segmentables, ces segments étant bien entendu suggérés par la notation. Ainsi, la tendance à une standardisation et une rationalisation du système de notation, représenté par les degrés de hauteurs et les valeurs rythmiques discontinus, exercèrent une puissance normative qui influença le comportement musical: quand l'Eglise ordonna de réécrire tous les chants liturgiques dans ce nouveau système de portées à quatre lignes, certains d'entre eux ne furent transcrits qu'à grand-peine. Hoppin (1978) a montré comment plusieurs de ces chants subirent pendant des années des remaniements considérables avant de trouver une forme acceptable.

La période entre le XIe et le XIIIe siècles est celle de l'urbanisation, marquée, à la fin du XIIIe siècle, par l'invention de l'horloge à roue: c'est le début de la mensuration mécanique du temps et de la création d'une notation mesurée. Pendant sa longue évolution jusqu'au XVIe siècle, cette forme de notation tenta de résoudre un seul problème central, celui des valeurs et des relations temporelles; l'autre problème fondamental de la notation, l'indication de la hauteur, avait déjà trouvé une solution satisfaisante (répondant toutefois à des questions musicales et non pas analytiques). «[...] Il a fallu plusieurs siècles d'efforts intellectuels pour trouver deux astuces d'une incroyable simplicité: la barre de mesure et la liaison. Inconnus de la musique ancienne, ces deux éléments, associés au principe de la mensuration binaire, libérèrent le musicien moderne des complications de la notation mesurée et créèrent une formule simple et claire, adaptée à presque tous les rythmes et les valeurs temporelles imaginables.» (Apel 1953: 85). C'était là le développement d'une conception nouvelle du temps, totalement inconnue des cultures non lettrées. Il s'agit de tranches abstraites, les cadres temporels, symbolisées par les «mesures» qui doivent être «remplies» d'événements musicaux. Le rythme plus ou moins abstrait de la mesure n'est pas identique au rythme du contenu de la mesure. Les mesures peuvent se diviser en plus petites unités, rationnellement proportionnées, qui, à leur tour, s'ajoutent toujours pour compléter le cadre abstrait: c'est là le concept du cadre temporel divisible. Ce n'est pas un hasard si ce nouveau concept du temps apparaît au moment où la musique s'éloigne de plus en plus du texte, et où le monde spatio-visuel acquiert une importance toujours plus grande, mise en évidence par l'évolution simultanée de l'écriture et de la littérature (Ong 1988; Olson 1994). La transformation du temps en dimension spatial permet de mieux le contrôler. Abordé spatialement sur un calendrier, sur le cadran d'une horloge ou sur une feuille munie de portée, il cesse d'avancer inexorablement et nous pouvons le voir, divisé en unités distinctes et juxtaposées. Transformé en espace, le temps semble devenir contrôlable. Cependant, dans la «conception ancienne», qui est aussi celle de nombreuses cultures non-occidentales, le temps est créé par les événements musicaux et plus spécifiquement, dans la plupart des cas, par les exigences de la parole: cette fois, il est additif et non divisible. Beaucoup de problèmes de compréhension des structures rythmiques non-occidentales découlent du conflit entre ces deux conceptions du temps issues, l'une de la notation, et l'autre de la musique à noter. Le concept du temps noté produisit la standardisation et la régulation des valeurs temporelles, en rapport avec la visualisation et non avec la pratique musicale. Dire que la notation spécifie le temps, c'est parler d'un temps fondé sur ces segments temporels abstraits, et non d'un temps vivant, engendré par les exécutions musicales dans les cultures orales.

La notation avait alors définitivement pris une tournure «prescriptive» (Seeger 1977), mais il lui restait encore un long chemin à parcourir avant de devenir ce qu'elle est aujourd'hui. Comme le rappelle justement Toft (1992), n'importe quel musicien du XVIe siècle, imprégné des sources vocales de son époque, connaissait les imprécisions de notation qui figuraient en grand nombre dans la majorité des manuscrits et des livres imprimés. Ces sources ne spécifiaient par exemple pas tous les dièses et les bémols requis, laissant à l'interprète le choix de la réalisation musicale; par conséquent, certains détails de la mélodie étaient rarement notés. Toutefois, les progrès du système de notation, l'existence d'une méthode indiquant les hauteurs fixes discontinues ainsi que les valeurs et les relations temporelles ont été décisifs dans le développement de la musique polyphonique et instrumentale en Occident. Comme Escal (1975: 144) l'a remarqué: «La polyphonie est née avec l'écriture, elle est née de l'écriture, elle est écriture».

La disposition spatiale et linéaire de hauteurs discontinues et d'unités de temps permit l'invention de structures musicales, fondées sur des considérations spatio-visuelles. «Le son n'existe que lorsqu'il est en train de disparaître. Je ne peux pas avoir tout le mot présent en une fois: lorsque je dis «existence», le temps d'arriver à «-tence», l'«exis-» a déjà disparu» (Ong 1982: 21). Il n'en va pas de même pour l'écriture. Les mots et les mélodies écrits ne sont plus des événements, mais ont, au contraire, une existence permanente, sont «présents» en bloc. Ils peuvent donc être traités très différemment des événements acoustiques; on peut les diviser, les prononcer et les chanter même à l'envers: «les» se transforme ainsi en «sel», tandis que «non» reste «non», à cause de sa symétrie spatiale. La lecture d'un mot à l'envers est pourtant un processus bien différent de l'inversion d'une série d'événements sonores dans le temps. Si nous enregistrons le mot «les» sur une bande et que nous l'écoutons à l'envers, nous n'entendrons pas «sel», mais un son complètement différent. Ceci parce que les événements sonores naturels ne sont pas des invariants temporels et ne montrent pas de symétrie dans le temps. Au contraire, les lettres et les symboles de notation sont invariants par rapport aux transformations spatiales. La lettre «n» reste pareille à elle-même, qu'elle soit placée au début ou à la fin d'un mot. C'est justement cette absence d'équivalence du comportement symétrique entre les événements sonores et leurs représentations spatio-visuelles qui est à l'origine des différences entres les cultures orales et écrites, entre la musique orale et notée. La notation crée, elle-même, la possibilité d'expériences musicales abstraites ou, comme l'a écrit Maconie (1990: 117): «...la notation a libéré l'invention musicale de la tyrannie de l'oreille.»

La musique qui se développa par la suite «pouvait être planifiée sur le papier, visualisée et construite comme l'architecture, simultanément en gros et en détail. Ce qui aboutit à l'élaboration de certains aspects du dessin musical destinés à être cachés aux yeux de l'interprète et de l'auditeur, inaccessibles à la compréhension du commun des mortels par tout procédé d'audition se déroulant dans le temps et suivant un parcours prédéterminé» (Maconie 1990: 117). Ces nouvelles possibilités offertes par la notation permirent la construction de formes insoupçonnées, longues et complexes; la notation servit de plus en plus à représenter des idées musicales, au détriment de la simple création d'événements musicaux. L'influence croissante de la théorie musicale et de la pensée abstraite créa bon nombre de formes musicales n'ayant de réalité que spatio-visuelle et n'existant pas dans l'ordre oralo-aural. Les formes contrapuntiques, telles que l'inversion, la rétrogradation et la rétrogradation inversée, représentent des idées visuelles; elles ne peuvent, en tant que telles, être transformées dans le domaine temporel. C'est également vrai pour la plupart des principes de la musique dodécaphonique et sérielle. Tous sont fondés sur les propriétés de symétrie spatiale de la notation, et ne peuvent donc exister que dans une culture de musique écrite. Ils n'ont absolument aucune réalité et sont «inconcevables» dans une musique orale.

Tout ce qui vient d'être dit prouve à quel point la notation occidentale et la musique qu'elle a influencée sont inséparablement liées aux développements de la culture écrite occidentale. En outre, même si l'on peut dire qu'à l'origine la notation était plutôt descriptive que «prescriptive», il ne semble plus possible de considérer l'évolution de la notation comme une tentative pour représenter des structures musicales. Ces concepts sont apparus avec la notation ils étaient inconnus de ceux qui vinrent avant. Au début, les systèmes de notation se développent pour mémoriser ou pour communiquer (en transmettant la connaissance des chants); mais étant «lus», ils offrent un modèle, tant pour la musique que pour la pensée, et acquièrent ainsi un caractère normatif. Les segmentations de la hauteur musicale et des champs temporels, telles qu'elles sont indiquées dans la notation, sont le résultat de rationalisations et d'abstractions théoriques. Les chanteurs et les musiciens étant formés pour mettre en pratique ces segmentations, celles-ci débouchèrent sur la création d'une nouvelle réalité musicale. Les implications cognitives des notations sont le produit de concepts nouveaux, inventés pour utiliser ces symboles et ces artifices. De plus, les principes destinés à la lecture de notations sont appliqués à la «lecture» des musiques. La conscience des structures musicales est ainsi un produit du système de notation. Nos systèmes graphiques ne se contentent pas de conserver l'information; ils nous procurent des modèles nous permettant de considérer notre musique, notre monde et notre esprit sous un angle nouveau.

L'évolution concomitante de la musique et de la notation dans la culture écrite occidentale rend l'usage de la notation impropre à l'analyse de musiques de cultures non-occidentales. Même dans la musique occidentale, nous ne savons pas au juste dans quelle mesure la pratique musicale correspond à la «musique» suggérée par la notation. Le peu que nous savons, nous le devons essentiellement au groupe de savants réunis autour de Carl et Harold Seashore et à leurs étudiants.

La raison pour laquelle les comparatistes ont utilisé la notation occidentale comme outil analytique semble être plutôt une sorte de malentendu «historique». La musicologie comparée se développa comme une branche de la musicologie qui, quant à elle, naquit de la discipline philosophique de la théorie musicale, elle-même profondément engagée dans l'élaboration de la musique occidentale. Intéressée avant tout par l'analyse et l'explication de cette musique, la musicologie adapta efficacement sa méthodologie à cet objectif et donna à l'analyse à partir de la notation une place de choix parmi ses méthodes. Cela pouvait se faire tant que les études se cantonnaient à la musique occidentale. Mais quand la musicologie se tourna vers les musiques non-occidentales, c'est-à-dire dès le début de la musicologie comparée, la démarche devint extrêmement problématique: la notation n'était pas adaptée à l'étude de ces musiques. Une telle approche est nécessairement vouée à l'échec car les concepts de la théorie musicale et de la notation prennent le pas sur ceux de la musique réelle, comme nous l'avons vu. Même dans ses étapes les plus «descriptives», la notation ne «décrivait» pas la musique en termes de catégories issues de la musique jouée. Depuis toujours, elle ne décrit qu'un choix limité d'événements perceptibles, et ce en termes de catégories engendrées par la notation comme système d'écriture, combiné à des considérations abstraites et théoriques.

Le problème des catégories implicites

Il y a, me semble-t-il, un lien direct entre l'utilisation de la notation et la disparition, ou l'absence, de plusieurs thèmes essentiels du programme de recherches des comparatistes. Ceci parce que les concepts implicites sur lesquels la notation occidentale se fonde a priori, et les catégories classificatoires fournies par elle semblent répondre d'avance à ces questions. Rien n'a jamais prouvé que ces catégories et ces concepts, dérivés principalement du raisonnement théorique classique, soient valables et aptes à décrire les musiques et les pratiques musicales des autres cultures, en particulier celles des cultures orales. Parmi ces catégories implicites, les plus pertinentes pour la musicologie comparée sont les suivantes:

La notation occidentale suppose que le champ de fréquences soit segmenté en degrés discontinus de hauteurs fixes, une segmentation qui s'est développée sous l'influence déterminante de la théorie, et non à la suite d'analyses musicales. Bien que les séries de degrés discontinus de hauteur puissent décrire approximativement la situation de la plupart des musiques produites par des instruments à sons fixes, ce n'est généralement pas le cas pour la musique vocale. Alexeiev (1986: 32) a constaté que: «L'organisation de la hauteur dans les airs archaïques est liée de façon syncrétique à tous les autres aspects mélodiques, notamment à l'organisation temporelle (métrorythmique et syntaxique), à la prononciation de la parole, à l'articulation et à la gesticulation. C'est surtout dans les formes initiales du chant que la catégorie de hauteur est indissociable des caractéristiques du timbre dont la signification sémantique est mise assez souvent au premier plan. Ceci dit, la fixation des airs archaïques par notation est assez problématique.» Il faut donc s'attendre à voir toute une série de principes de segmentation de la hauteur dans des cultures différentes. En outre, dans de nombreuses cultures musicales, le mouvement de glissement et d'oscillation entre les «degrés de la gamme» est aussi important, sinon plus, que les «degrés de la gamme» eux-mêmes. La segmentation basée sur les distances de glissement (étendues de glissement) peut être un principe important d'organisation de l'espace de fréquences. Nous ne pouvons donc pas présumer que les sons musicalement pertinents aient des hauteurs fixes. Les mouvements de la hauteur, créés selon le contexte et le sens, acquièrent une signification musicale dans de nombreuses cultures. Par exemple, les inflexions tonales et leur répartition dans les gammes se sont révélées être un trait significatif dans les styles régionaux aussi bien que dans les pièces individuelles pour la musique instrumentale chinoise (Will 1994). L'analyse, faite d'après des notations fondées sur des hauteurs fixes, ne dispose pas de moyens ni de concepts pour examiner ces aspects de la «sémantique» musicale.

En Occident, la notation de la hauteur se fonde sur l'idée pythagoricienne selon laquelle les relations de hauteur sont déterminées par des rapports de fréquences: on considère que les intervalles sont semblables lorsque les rapports de fréquences qui les constituent sont les mêmes. Par exemple, l'intervalle d'une quinte juste est formé de deux notes dont les fréquences fondamentales correspondent à une proportion de 2:3. Il y a cependant des raisons de croire que la production et la perception de la hauteur basées sur les proportions ne sont pas des caractéristiques universelles du système auditif de l'homme. Hermes et van Gestel (1991) ont montré que les mouvements de hauteur qui façonnent l'intonation du discours ne suivent pas une échelle logarithmique; autrement dit, les intervalles de hauteur de la parole ne sont pas basés sur des proportions. Dans la musique des Aborigènes d'Australie centrale, deux types d'organisation des intervalles ont été identifiés (Will et Ellis 1996; Will 1997a). L'un d'eux, appelé «mode de proximité», organise les intervalles selon une échelle linéaire c'est-à-dire, sur la base des différences de fréquences. Ces exemples laissent penser que les intervalles de hauteur ne sont pas indépendants des facteurs culturels. S'il existe effectivement plus d'une façon de percevoir les intervalles, la notation habituelle ne constitue pas une méthode générale applicable à tous les cas.

La notation occidentale implique l'existence généralisée de l'équivalence d'octaves; ceci veut dire que pour chaque séquence de notes, il existe une autre séquence, à la seule différence que les notes de la deuxième sont éloignées d'une ou de plusieurs octaves de celles de la première séquence. Il s'agit là d'une caractéristique nécessaire de tout système d'intervalles fondé exclusivement sur les rapports de fréquences. Cependant, nous savons aujourd'hui qu'il existe au moins une culture, celle de l'Australie centrale, où ce principe d'équivalence d'octaves généralisée ne fonctionne pas (Will 1997a). Par conséquent, comme il existe des systèmes de hauteurs qui ne sont pas, ou pas exclusivement, basés sur des rapports de fréquences, nous ne pouvons pas présumer a priori que toutes les cultures musicales connaissent et appliquent le principe de l'équivalence d'octaves généralisée. Celle-ci semble être un concept culturellement acquis plutôt qu'une condition naturelle de la perception auditive de l'homme (Burns et Ward 1982). L'étude des conditions culturelles de ce phénomène mériterait d'être entreprise par les ethnomusicologues si l'obsession de la notation occidentale ne les empêchait de se consacrer à cette tâche.

Dans la notation occidentale, la musique est organisée selon des cadres ou des tranches temporels abstraits (mesures), dans lesquels les rythmes sont formés par les combinaisons de diverses subdivisions rationnelles de ces unités de base. L'impossibilité manifeste de représenter plusieurs musiques à l'aide d'un tel système a déjà incité de nombreux chercheurs à abandonner l'indication des barres de mesures dans leurs transcriptions. Cependant, l'idée même de petites subdivisions rationnelles et entières d'unités rythmiques est un concept spécifique appartenant aux sociétés de l'écriture, car la régulation des durées est soumise à d'autres principes dans les cultures orales. Par exemple, des chercheurs ont transcrit de plusieurs façons complètement différentes un rythme irrégulier à deux temps, très courant dans les accompagnements en Australie centrale. L'ayant comparé aux battements du cœur humain, Moyle (1995) a conclu que sa structure représentait une subdivision non-rationnelle et qu'il était donc impossible de le transcrire adéquatement. Dans la plupart des cas, toute indication de principes d'organisation rythmique issus de fonctions et d'actions corporelles dans les cultures orales est perdue dès qu'on la transcrit en notation occidentale (voir par exemple Jousse 1978). Il existe, même dans les sociétés de culture écrite, des concepts rythmiques qui ne s'appuient pas sur les subdivisions rationnelles: la notation du *minnan*, une ancienne musique de cour de la Chine du Sud, est la seule notation traditionnelle chinoise qui dispose d'une série sophistiquée de symboles indiquant les configurations rythmiques (Liu 1953). Toutefois, ces symboles se réfèrent surtout aux gestes accomplis par les interprètes pour produire les résultats musicaux désirés et ne concernent pas les valeurs de la durée des sons produits; aussi, les résultats sont tout sauf les petites subdivisions entières des unités de base. En les transformant en un schéma divisible et rationnel, la notation occidentale ne facilite pas la compréhension des rythmes et de leurs principes d'organisation. En outre, la transformation crée elle-même des structures qui n'ont aucune signification dans les cultures orales. Les symétries rythmiques, celles des phrases, des mélodies et des formes musicales plus développées sont toutes des symétries spatiales produites par la notation. Les interprétations et les conclusions fondées sur elles n'ont aucune pertinence dans les cultures orales, car ces symétries n'ont elles-mêmes aucune réalité dans le monde oralo-aural.

Le problème des analyses automatisées

La perception du timbre, de la composition spectrale des sons et de leurs changements est essentielle dans la vie de tous les jours pour estimer les distances et les directions, pour comprendre le langage, détecter les sons en mouvement, etc. Pourtant, son développement dans la notation occidentale a souffert, alors que les aspects visuels prenaient leur essor au détriment des considérations aurales. Quoiqu'il en soit, l'absence de moyens pour étudier des aspects de la musique autres que la hauteur et le rythme a été vivement ressentie depuis longtemps et plusieurs extensions de la notation occidentale ainsi que de nombreux appareils électroniques ont été spécialement conçus pour capter et traiter ces dimensions (voir Hood 1974; Nettl 1964). En effet notre siècle a vu le développement impressionnant du matériel électronique destiné à analyser les signaux acoustiques, de l'oscillographe jusqu'aux tout derniers logiciels sophistiqués d'analyses de signaux, en passant par la phonophotographie, les instruments d'analyses automatiques de fréquence et d'amplitude et les sonagraphes. La façon dont ces nouveaux développements technologiques ont été intégrés à la recherche musicologique a cependant été fortement influencée par l'intérêt des comparatistes pour les «formes visibles» de la musique et par leur parti pris en faveur de la notation (voir Will 1997b). Mise à part l'approche du remarquable groupe de savants réunis autour de Carl et de Harold Seashore (Seashore 1938, 1947), on n'a guère vu de changement paradigmatique dans la méthodologie analytique, qui aurait permis de compléter et de faire progresser les possibilités offertes par les développements technologiques. En 1967 déjà, Bengtsson attirait l'attention sur le fait que le domaine de l'analyse de la «musique telle qu'elle est interprétée» était entièrement délaissé par ces développements technologiques; depuis, la situation n'a pas évolué et l'approche méthodologique de l'analyse reste issue de la notation telle qu'elle est. Les nouvelles et diverses façons d'aborder l'analyse musicale par les procédés technologiques sont toujours conçues comme autant de formes de la «notation»; il suffit, pour s'en rendre compte, d'observer les termes inventés pour désigner ces appareils électroniques: «transcripteur automatique de musique», «transcripteur objectif de musique», etc. Comme l'a écrit Mantle Hood, l'application de cette technologie était uniquement déterminée par «le désir de rendre perceptible à l'œil les raffinements subtils du son qu'une oreille entraînée peut aisément saisir» (Mantle Hood 1993: 138). Cela signifie que ces instruments n'étaient pas, à l'origine, conçus comme des outils analytiques différents et nouveaux, mais comme des compléments à la notation standard ayant recours à la visualisation pour transcrire des éléments musicaux qu'il était impossible de noter autrement. Il me semble que les principaux responsables de la stagnation et de l'échec de la «transcription automatisée» sont cette obsession de la forme visible de la musique et les parti pris conceptuels qui s'ensuivent et non, comme le prétend Jairazbhoy (1977), «l'énorme complexité de la musique». A la fin de ce siècle, nous disposons d'un large éventail d'instruments de laboratoire qui devraient, en principe, nous permettre d'analyser la musique, et non sa notation, mais nous manquons toujours de méthodes conceptuelles et analytiques pour le faire. Les analyses musicales réalisées à l'aide du mélographe ou d'autres instruments du même type sont toutes plus ou moins confinées dans une description qualitative des sorties de graphiques automatisées: les fréquences des fondamentales sont évaluées par rapport à la grille des lignes de références; celles des harmoniques par rapport aux fréquences des fondamentales, les durées sont calculées par référence à une échelle temporelle et, lorsque des données quantitatives accompagnent ces renseignements, elles consistent en estimations et des calculs théoriques sans aucune indication sur leur moyen d'obtention ou leur degré de précision (voir par exemple les différentes contributions dans le second volume du *Selected Reports in Ethnomusicology*, qui s'intéresse aux analyses effectuées avec le Melograph Model C). Cette limitation n'était pourtant pas imposée par l'état de la technologie disponible, puisque d'autres disciplines ont développé des méthodes d'évaluation quantitative des données à l'aide d'instruments analogues.

Prenons par exemple le domaine de l'analyse spectrale, qui est assez en vogue à l'heure actuelle, puisqu'on trouve, à des prix relativement abordables, des logiciels et du matériel électronique pour la réaliser. Les études consacrées aux analyses spectrales de la musique proposent généralement des représentations graphiques accompagnées de commentaires descriptifs. Dans la plupart des cas, la seule information pertinente qui soit fournie est celle des unités de mesures indiquées par les axes des digrammes. Quand elles sont données, les autres valeurs numériques sont, au mieux, des estimations fondées sur des hypothèses théoriques. La mécanique théorique nous apprend que les composants des fréquences de vibration d'un oscillateur harmonique idéal consistent en une série de fréquences (partiels) dont les valeurs numériques correspondent à une série de petits nombres entiers (par exemple 1:2:3:4:5:6 etc.), appelée spectre harmonique. Par conséquent, si l'on trouve que la fréquence fondamentale d'un son analysé est, disons, de 200 Hz, on conclut d'habitude que les partiels supérieurs auront des fréquences de 400, 600, 800... Hz. Malheureusement, les instruments de musique, y compris la voix humaine, n'étant pas des «oscillateurs harmoniques idéaux», ils n'ont donc pas de spectre harmonique idéal. Les cordes, pour prendre un exemple, ont une certaine épaisseur et leur masse n'est pas répartie de façon parfaitement égale sur toute leur longueur. Ces facteurs entraînent des déviations plus ou moins grandes par rapport au spectre harmonique. De même, les tuyaux ont un certain diamètre fixe, un facteur qui crée le phénomène suivant: le troisième partiel a une fréquence plus haute que celle requise par la théorie. Si les considérations spectrales ont une réelle pertinence pour l'explication de certains phénomènes dans la culture musicale – nous n'avons certainement pas besoin de sonagraphe pour distinguer une clarinette d'une flûte, l'analyse spectrale étant déjà effectuée par notre oreille – nous ne devons pas nous attendre à ce que les partiels réels d'un son vocal ou instrumental soient les mêmes que ceux dérivés théoriquement de la fréquence fondamentale. Au tout début de mes analyses de la musique des Aborigènes d'Australie septentrionale, je croyais que les chanteurs avaient tendance à ajuster la hauteur de leur voix aux partiels du *didjeridu* qui leur servait d'accompagnement. Les données ne semblaient pourtant pas confirmer cette hypothèse: un décalage gênant existait entre la fréquence fondamentale du chanteur et la fréquence supposée des partiels de l'instrument. C'est seulement après avoir analysé les fréquences des partiels produits réellement par le *didjeridu*, que nous pûmes montrer que les chanteurs ajustaient effectivement certaines hauteurs, de façon à les adapter aux partiels réels, au moment où le changement d'embouchure de l'instrumentiste produisait une fréquence fondamentale légèrement différente (McCardell et Will 1998; Will 1998). Quelqu'utiles que puissent être ces présentations graphiques d'analyses complexes pour résoudre certaines questions – nous sommes, après tout, des êtres très visuels – ce dont nous avons besoin, c'est d'information numérique spécifique et non des suppositions faites d'après des hypothèses théoriques qui ne sont pas prouvées. C'est seulement alors que les analyses spectrales joueront un rôle significatif dans la recherche musicologique sur la compréhension des processus et des développements des différentes cultures musicales.

Comment se dégager de la notation habituelle ?

Tous les exemples présentés dans cet article montrent qu'il y a, en fait, moyen d'éviter les embûches inhérentes à l'analyse musicale issue de la notation. La voie la plus prometteuse à mon avis passe par l'utilisation des instruments électroniques d'analyse du son ou de la musique. Il faut toutefois éviter à tout prix de les considérer comme des extensions ou des améliorations de nos systèmes de notation et les utiliser avant tout comme des appareils élémentaires fournissant des séries de données quantitatives permettant d'amorcer des analyses, sans plus.

L'emploi de la notation à des fins analytiques peut être envisagé comme un mode de classification d'événements sonores perçus selon un système de référence spécifique. Nous faisons tout d'abord des classifications selon un système de référence particulier qui est ici la notation standard occidentale. Celle-ci consiste en un processus de sélection qui introduit un parti pris de dépendance vis-à-vis du système: seuls les événements sonores ou les aspects qu'en retient le système de symboles utilisé peuvent être notés Ensuite, nous avons affaire à une classification des sons perçus; cela signifie que la musique est passée par un filtre psychophysiologique complexe et qu'elle a été transformée. Ce qui est noté dépend donc de la musique produite, du mode de perception auditive du transcripteur et du système de notation utilisé. Confrontés à la seule notation, il nous est impossible d'isoler la part de chacun de ces facteurs.

Cependant, la situation est différente lorsqu'on utilise des appareils d'analyse électroniques. On commence, en principe, par les enregistrements électroniques – analogiques ou numériques – dans lesquels la perte d'information dépend principalement, mais non exclusivement, de l'état de la technologie disponible. Celle-ci permet aux chercheurs de choisir le degré de résolution qui leur semble nécessaire pour que leurs données répondent à leurs questions. Toutes les informations temporelles nécessaires sont conservées; il n'y a aucune réduction résultant de la transformation en formes spatiales, comme c'est le cas pour la notation. Ces données ne seront pas «filtrées» par des segmentations prédéterminées de temps ou de hauteur. Au contraire, ces segmentations pourront être explicitement établies dans l'analyse, c'est-à-dire que de nouveaux concepts analytiques permettant de répondre aux questions ci-dessus devront être élaborés. Comment procéder pour analyser ces données, quels critères appliquer pour les réduire et comment grouper et segmenter les mensurations du temps et de la fréquence? Ayant déjà examiné ces questions de façon détaillée (Will 1997b), je me bornerai ici à exposer les deux démarches qui me paraissent essentielles dans l'analyse de ces séries brutes de données. La première doit nécessairement être une réduction des données, sur la base de la physiologie auditive. Aujourd'hui, la psychophysique a accumulé assez de connaissances pour permettre une reclassification «perceptuellement» significative des données sonores originelles. La raison pour laquelle j'estime qu'il appartient aux comparatistes d'accomplir cette tâche est que, malheureusement, la plupart des physiologistes ou des psychologues ont une idée trop vague de la dépendance culturelle de la perception auditive. La deuxième démarche devrait favoriser l'analyse des caractéristiques psycho-cognitives permettant de faire une description du comportement musical enregistré qui soit musicalement et culturellement significative.

Comme nous venons de le voir, cette approche commence par la collecte des enregistrements de la musique à analyser. Bartók a écrit: «La seule notation véritable est le sillon sonore sur le disque lui-même.» (Bartók et Lord 1951). Bien que je ne partage pas entièrement l'idée qu'il faille mettre la notation et les enregistrements sur le même pied, je crois que Bartók avait raison de penser que c'est probablement l'enregistrement qui nous permet de nous rapprocher le plus de la musique si nous devons choisir un moyen pour la conserver. En outre, il nous rappelle à juste titre que la notation et l'enregistrement partagent des traits communs importants; nous devons en être conscients pour éviter toute idée fausse et toute illusion dans notre travail lorsque nous étudions les enregistrements. Les différences entre les notations et les enregistrements sont évidentes: un enregistrement n'est pas une transformation spatio-visuelle de la musique; il n'est pas non plus une transcription au moyen d'un système de symboles graphiques. Nous sommes incapables de voir et d'interpréter les gravures sur un disque ou les signaux numériques d'un CD. Malgré la transformation qui survient inévitablement dans le processus d'enregistrement, ce dernier peut être retransformé en événements audibles sans pertes essentielles. Les enregistrements partagent avec les notations un point commun: comme tous les systèmes d'écriture et de notation musicales, l'enregistrement n'est pas à même de fixer et de restituer tous les aspects de ce qui a été dit, chanté ou joué. Il ne parvient à rendre ni le contexte dans lequel un événement musical a eu lieu, ni sa signification, ni les indications sur l'attitude du musicien par rapport à ce qui a été enregistré. Sans aucune information complémentaire, la manière d'écouter ressemble un peu à celle de l'approche postmoderne de la musique: un enregistrement signifie ce que l'auditeur pense qu'il signifie. De plus, l'enregistrement crée aussi une tradition quasi littérale. Les enregistrements séparent, tout comme les notations, ce qui a été enregistré du contexte vivant du monde musical, créant ainsi une nouvelle mémoire et un nouveau moyen de référence. Les interprètes peuvent utiliser les enregistrements comme points de repère pour leurs répétitions et leurs exécutions musicales. Les traditions peuvent ainsi se figer et limiter leurs développements ultérieurs: le matériel enregistré et conservé devenant la forme «correcte», la chose à laquelle se référer.

Il existe toute une série de thèmes au programme de la musicologie comparée qui, bien entendu, ne peuvent pas être abordés au moyen d'enregistrements et d'analyses réalisés à l'aide d'appareils électroniques. Néanmoins, de même que les enregistrements restent indubitablement le meilleur témoignage sur la musique telle qu'elle est interprétée, les analyses réalisées à l'aide du matériel électronique de laboratoire permettent une solution viable aux éternels problèmes liés aux analyses faites d'après la notation. Il est clair que de grands efforts sont encore nécessaires pour mener à bien un tel programme et que les résultats ne seront pas d'emblée faciles d'accès pour le musicien ou le musicologue, trop habitué à utiliser la notation ; toutefois, les perspectives sont prometteuses d'arriver enfin à nous débarrasser de cette « débauche de subjectivité » qui prévaut dans les méthodes usuelles.

Références

ABRAHAM Otto, Erich Moritz von HORNBOSTEL

1909 « Vorschläge für die Transkription exotischer Melodien ». In : *Sammelbände der Internationalen Musikgesellschaft* (Leipzig) Vol. 11, pp. 1-25.

ALEXEIEV Eduard

1986 *L'Intonation archaïque dans les airs folkloriques (l'aspect de la formation de la hauteur des sons).* Moskou : Sovietski Compositor. (Алексеев, Э.Е. 1986 Раннефольклорное интонироьание, Звукоысотный аспект. Москва, Бсесоюзное издательство <Советский Композитор>).

APEL Willi

1953 *The Notation of polyphonic Music 900-1600.* Cambridge, Mass. :The Mediaeval Academy of America.

BARTÓK Béla, Albert Bates LORD

1951 *Serbo-Croatian Folk Songs.* New York : Columbia University Press.

BENGTSSON Ingmar

1967 « On Melody registration and 'Mona' », in Heckmann Harald (ed) *Elektronische Datenverarbeitung in der Musikwissenschaft.* Regensburg, G.Bosse, pp. 136-174.

BLACKING John

1987 *A commonsense view of all music. Reflections on Percy Grainger's contribution to ethnomusicology and music education.* Cambridge : Cambridge University Press.

BURNS E.M., WARD W.D.

1982 « Intervals, Scales and Tuning ». in : Diana Deutsch (ed) *The Psychology of Music* , New York : Academic Press, pp. 241-269.

CIAP-Information (Commission Internationale des Arts Populaires),

1949 n° 15-16 (nov.-dec.)

Document du Conseil International de la Musique (UNESCO)

1952 « Notation of Folk Music ; Recommendations of the Committees of Experts », Genève.

DRAKE S.

1986 « Literacy and Scientific Notation ». In :Wrolstad, Merald E. and Fisher, Dennis F. (eds) *Toward a new understanding of literacy.* New York : Praeger, pp. 135-155.

ESCAL Françoise

1979 *Espaces sociaux, espaces musicaux.* Paris : Payot.

GEORGIADES Thrasybulos Georges
1958 *Musik und Rhythmus bei den Griechen. Zum Ursprung der adendländischen Musik.* Hamburg: Rowohlt.

GOODY Jack
1977 *The Domestication of the Savage Mind.* Cambridge,UK; New York: Cambridge University Press.

HARRIS Roy
1986 *The origin of writing.* London: Duckworth.

HAVELOCK Eric Alfred
1982 *The literate revolution in Greece and ist cultural consequences.* Princeton, NJ: Princeton University Press.

HERMES Dirk J, Joost C. van GESTEL.
1991 «The frequency scale of speech intonation». *Journal of Acoustical Society of America* 90 (1), pp. 97-102.

HOOD Mantle
1982 *The Ethnomusicologist.* Ohio: Kent State University Press.
1993 «The untalkables of music». In: EM *Annuario degli Archivi di Etnomusicologia dell'Accademia Nazionale di S. Cecilia*, I, pp. 137-142.

HOPPIN Richard H.
1978 *Medieval Music.* New York: Norton.

JAIRAZBHOY Nazir A.
1977 «The 'Objective' and Subjective View in Music Transcription». *Ethnomusicology* 21 (2), pp. 263-273.

JOUSSE Marcel
1978 *Le parlant, la parole et le souffle.* Paris: Gallimard.

LARSEN Mogens Trolle
1989 «What they wrote on clay». In Karen Schousboe and Mogen Trolle Larsen (eds) *Literacy and Society.* Copenhagen: Copenhagen University, CRH.

LIU Hongguo
1953 *Minnan Yinyue. Zhipu Quanji* (Nanyin Music from Fujian. Collection with complete tabulature notation). Manila: Grosvenor Offset Press.

LORD Albert Bates
1960 *The Singers of Tales.* Cambridge, MA: Harvard University Press.

MACONIE Robin
1990 *The Concept of Music.* Oxford: Clarendon Press.

MCCARDELL T. , Udo WILL
1998 «Frequency production in an Arnhem Land song series». Paper presented at the annual meeting of the Musicological Society of Australia, Adelaide, November 1998.

MOORE Michael
1974 «The Seeger Melograph Model C». *Selected Reports in Ethnomusicology.* (Los Angeles) Vol. II, No. 1, pp. 3-13.

MORTON David
1974 «Vocal Tones in Traditional Thai Music». *Selected Reports in Ethnomusicology* (Los Angeles) Vol. II, No. 1, pp. 89-99.

MOYLE Richard
1995 «Singing from the Heart?» in: Barwick et al. (eds): *The Essence of Singing and the substance of song.* Sydney, Oceania Monographs No. 46, pp. 53-58.

NETTL Bruno
1964 *Theory and Method in Ethnomusicology.* London: Collier-Macmillan Ltd.

1983 «Ethnomusicology: Definitions, Directions, and Problems». In: Elizabeth May (ed) *Musics of many cultures*. Berkeley: University of California Press, pp. 1-9.

1983 *The Study of ethnomusicology. Twenty-nine Issues and Concepts*. Urbana: University of Illinois Press.

OLSON David R.

1994 *The World on Paper*. Cambridge; New-York: Cambridge University Press.

ONG Walter J.

1988 *Orality and Literacy*. London; New York: Routledge.

PÖHLMAN Egert

1970 «Denkmäler altgriechischer Musik». In: *Erlanger Beiträge zur Sprach- und Kunstwissenschaft*, Nürnberg: Vol. 31.

READ, C.A., ZHANG, Y., DING, B.Q.

1986 «The ability to manipulate speech sounds depends on knowing alphabetic reading». *Cognition*, 24, 31-44.

SACHS Curt

1918 «Kunstgeschichtliche Wege zur Musikwissenschaft». In: *Archiv für Musikwissenschaft*, Vol. 1., Leipzig.

1962 *The Wellsprings of Music*. The Hague: Martinus Nijhoff.

SEASHORE Carl Emil

1938 *Psychology of Music*. New York; London: MacGraw-Hill.

1947 *In Search of Beauty in Music. A Scientific Approach to Musical Esthetics*. New York: The Ronald Press Comp.

SEEGER Charles

1958 «Prescriptive and descriptive music writing». *Musical Quarterly* 44, 2: 184-195.

1977 *Studies in Musicology 1935-1975*. Berkeley: University of California Press.

TOFT Robert

1992 *Aural Images of lost traditions*. Toronto; Buffalo: University of Toronto Press.

WILL Udo

1994 *Die Zerstörung des Tiao*. Frankfurt a.M: P. Lang.

1996a Sounds from the Dreamtime and the Pythagorian Paradigm. *A review of'The Essence of Singing and the Substance of Song: Recent Responses to the Aboriginal Performing Arts and other Essays in Honour of Catherine Ellis*, edited by L. Barwick, A. Marett and G. Tunstill. in: *The World of Music*, No. 2: 85-89.

1996b «Language and Music. A new perspective». in: Синтаксис музыкальной речи *(Syntax of the musical language)* / Теоретический семинар по этномузыковедению *(Theoretical Seminar in Ethnomusicology)* Ivanovo, Russia, (à paraître).

1997a «Two types of octave relationships in Central Australian Aboriginal Music». In *Musicology Australia*. Vol. XX, pp. 3-13.

1997b «A Musicologist's dilemma: Technology and the Analysis of Music». In: *Finnish Journal of Ethnomusicology*, 1998, Proceedings of XIIIth European Seminar in Ethnomusicology, ESEM XIIIth, Jyväskylä, Finnland, (à paraître).

1998 «Pitch-structure in Australian Aboriginal Music». In: *Encyclopedia of World Music*. Vol: Oceania. Garland Publ. Inc. pp. 192-194.

WILL Udo, Catherine J. ELLIS

1996 «A re-analyzed Australian Western Desert Song». *Ethnomusicology*, Vol. 40/2, pp. 187-222.

RÉSUMÉ

Un des outils essentiels de la musicologie comparée est la notation, et l'analyse d'après la notation constitue l'une de ses approches méthodologiques principales. Si les limites de la notation occidentale standard appliquée à cet exercice ont été perçues dès la naissance de la discipline, suscitant, très tôt, de nombreuses tentatives d'adaptation, le rôle fondamental de la notation dans la méthodologie de la musicologie comparée n'a jamais été vraiment remis en cause. Je propose ici d'envisager la notation essentiellement comme un système d'écriture qui transpose des événements audio-temporels dans le domaine spatio-visuel. Un bref survol historique rappelle tout d'abord les étapes importantes de la genèse de cette notation musicale et explique comment elle a fini par devenir une force capable de conditionner les formes mêmes de la musique occidentale. Je tente de montrer pourquoi, lorsqu'elle s'occupe de cultures non-occidentales et non-écrites, la musicologie comparée a recours à des concepts et une notation qui aboutissent nécessairement à certains malentendus. Ces problèmes viennent surtout de ce que cette discipline semble ignorer deux facteurs: a) Etant donnée la transformation d'un mode acoustico-temporel en mode spatio-visuel, le processus de notation crée des structures et des éléments qui n'ont pas de réalité dans des cultures de musique orale. b) Les segmentations des domaines temps-fréquence tels qu'ils sont indiqués dans la notation ne découlent pas de la musique en tant que phénomène sonore mais proviennent de rationalisations théoriques et d'abstractions, issues du système lui-même. J'examine ensuite comment l'attrait pour les «formes visibles» de la musique et les concepts qui en découlent expliquent la quasi stagnation, voire l'échec, de l'intégration des instruments électroniques dans le processus de l'analyse musicale. Ces instruments offrent pourtant les moyens d'éviter les écueils de la notation utiliser comme moyen d'analyse. J'indique pour terminer quels seraient les points essentiels dans le développement d'une démarche analytique sans notation.

ORALITÉ ET NOTATIONS, DE CHINE EN EUROPE

François Picard

J'ai ailleurs consacré un chapitre de synthèse à la présentation et à l'historique des notations chinoises (Picard 1991) ainsi qu'un article intitulé «Les notations musicales en Chine» (Picard 1999). Il ne s'agit donc plus ici d'exposer leur historique ni même leur fonctionnement, mais leur utilisation et ce que nous apprennent leurs avantages respectifs. Après une présentation des deux principales notations en vigueur en Chine, la notation ancienne en caractères chinois *gongche,* remplacée au XXe siècle par la notation chiffrée Chevé, je voudrais mettre en valeur deux de ses caractéristiques: son oralité et son indépendance vis-à-vis du système officiel (les cinq notes *wusheng* et les douze hauteurs absolues *lülü*). Ces deux caractéristiques font de la notation chiffrée Chevé un précieux outil pour une pédagogie actuelle et pour tant de musiciens réfractaires au solfège, vécu comme un outil de classe, contraignant, à l'accès réservé à une élite instruite, fait par et pour la musique classique, perçue comme bourgeoise.

A travers quelques exemples, en particulier un des plus fameux airs chinois, «La feuille de saule» (*Liu ye jin*), j'aimerais montrer que le passage d'une notation à une autre est une traduction. Notons au passage que l'usage avéré du terme «transcription» pour désigner l'inscription, la scription, d'une musique non écrite prévaut (*verba valent usu*) sur l'étymologie et retire certes au mot «transcription» (Amiot 1754: 128) sa valeur pour désigner ce que Mireille Helffer appelle «transnotation» mais que cette dernière opération serait mieux appelée tout simplement «traduction» (La Borde 1780: 146).

La notation *gongche*

La notation *gongche* s'écrit, comme un texte chinois, de haut en bas en colonnes verticales alignées de droite à gauche. Sept caractères chinois, qui se prononcent respectivement *shang-che-gong-fan-liu-wu-yi,* notent le nom des sept notes correspondant à do-ré-mi-fa-sol-la-si. L'adjonction d'un graphème permet de noter les notes do, ré et mi de l'octave supérieure, tandis que les sol-la-si graves sont écrits avec trois caractères supplémentaires *he-si-yi.* Cette notation des hauteurs est relative, et la clé ou tonalité peut varier selon les genres, les instruments, les occasions. Elle peut être précisée en début ou en cours de partition par un emprunt à des nomenclatures qui pour le coup sont relativement variées. Le rythme est indiqué partiellement par les espaces laissées et, plus précisément, la mesure l'est par des signes (ronds vides ou pleins, apostrophes) en regard, indiquant la frappe de la claquette ou du tambour, c'est-à-dire la récurrence des groupes d'un, deux ou quatre temps, éventuellement plus. Tout ceci est bien connu et attesté. Amiot (1754) en a donné une première description, ainsi qu'une traduction sur portée.

Les notations en caractères chinois du type *gongche*[1] sont de très loin les plus courantes en Chine du XIe siècle au début du XXe et, contrairement à ce qui est encore écrit parfois en Occident, leur système de référence est heptatonique et non pentatonique. Une assertion sans fondement, mais largement répandue dans la littérature secondaire, expose en effet que «au XIVe siècle [...] les envahisseurs mongols apportèrent avec eux une gamme et un système de notation différents de ceux utilisés par les Chinois» (Van Aalst 1884: 15). Cette affirmation a été reprise sans précaution par Georges Soulié (1911: 9), Louis Laloy (1912: 58-59, 83), Jacques Pimpaneau (1988), Tràn Van Khê (1990: 951). Soulignons que Perny (1872: 149), Maurice Courant (1913: 95-96, 157), puis, toujours en français, Ma Hiao-Tsiun (1976: 191), avaient cité les sources incontestables qui interdisent de colporter une telle contrevérité. Chinois (Jao 1971: 80), Japonais ou spécialistes américains contemporains (Chao 1969: IX) n'ont jamais commis une telle erreur. Au-delà de l'ensemble, considérable, des travaux de ces derniers, et parallèlement à la tâche de déchiffrement des partitions de Dunhuang, datées du Xe siècle au plus tard et qui utilisent comme chacun s'accorde à le dire une notation de sept sons à l'octave, ma participation au Groupe de recherche Histoire des sciences et techniques en Asie orientale m'a fait lire le *Mengqi bitan* (Shen 1095) plus attentivement que je ne l'avais encore fait. Shen Gua (1031-1095) – donc avant Koubilaï –, outre sa mention bien connue de la notation *gongche* (Shen 1095: tiao 531), rapporte (Shen 1095: tiao 99) – ce qui à ma connaissance n'a jamais été relevé ni en Chine ni ailleurs – qu'à son époque on trouvait au Shanxi une inscription attribuée à un homme des Tang, «écrite en un genre de sanskrit», dont on disait que c'était la notation d'un air bien connu[2].

La notation chiffrée

La notation chiffrée, inventée par Rousseau (1742) et introduite du Japon en Chine au début du XXe siècle, s'écrit horizontalement de gauche à droite. Elle comprend les signes de hauteur 1 2 3 4 5 6 7, prononcés do-ré-mi-fa-sol-la-si. Les octaves inférieures et supérieures sont marquées par des points souscrits ou suscrits. La hauteur ainsi indiquée est relative à une note de référence prise

1 Nous disons « les notations « car il en existe différentes variantes régionales ou historiques graphiques et sonores, toutes équivalentes par l'opération de traduction.

2 A propos de la notation indienne, et particulièrement l'inscription de *Kudumiyamalai* datant des VIIe-VIIIe siècles, voir Widdess (1995: 102-104).

dans un autre système. Les Chinois ont ici emprunté le système germano-anglais C D E F G A B pour désigner les hauteurs absolues. En cas de métabole ou de modulation, on peut à l'intérieur d'une même pièce changer de système de référence. On écrit 1 = C pour indiquer qu'on est «en ton de do». Le 0 (zéro, non prononcé) indique un silence dont la valeur de durée n'est pas en soi spécifiée. Il y a des barres de mesure, verticales. La valeur de durée est par défaut la noire. Un soulignement indique une croche, un double soulignement la double croche. On peut pointer les notes. Un trait horizontal suivant une note sur la même ligne indique le doublement de sa valeur. On peut altérer les notes par des dièses ou des bémols, les relier, et en fait ajouter toutes les marques secondaires – valeurs d'intensité, indications d'attaques, appoggiatures, signes de reprise, changements de tempo, variations de vitesse – pour en faire l'équivalent exact de la portée.

Rousseau et la notation musicale chinoise

Dès Du Halde (1735: T. III, 266), l'Europe put savoir que les Chinois possédaient une notation musicale. «Ils n'ont point comme nous des Notes de Musique, ni aucun signe qui marque la diversité des tons, les élévations ou les abaissements de la voix, & toutes ces variations qui font l'harmonie. Ils ont néanmoins quelques caractères qui font connaître les divers tons.» Du Halde cependant emploie des termes suffisamment ambigus pour que quelques années plus tard Jean-Jacques Rousseau (1712-1778) (1768: 74) s'y trompe: «Caractères de musique» «Il n'y a que les Nations de l'Europe qui sachent écrire leur Musique. Quoique dans les autres parties du Monde chaque Peuple ait aussi la sienne, il ne paraît pas qu'aucun d'eux ait poussé les recherches jusqu'à des *Caractères* pour la noter. Au moins est-il sûr que les Arabes ni les Chinois, les deux Peuples étrangers qui ont le plus cultivé les Lettres, n'ont, ni l'un ni l'autre, de pareils *Caractères*. A la vérité les Persans donnent des noms de Villes de leurs pays ou des parties du corps humain aux quarante-huit Sons de leur Musique. Ils disent, par exemple, pour donner l'intonation d'un Air *Allez de cette Ville à celle-là*; ou *Allez du doigt au coude.* Mais ils n'ont aucun signe propre pour exprimer, sur le papier, ces mêmes Sons. Et quand aux Chinois, on trouve dans le père Du Halde qu'ils furent étrangement surpris de voir les Jésuites noter et lire sur cette même Note tous les Airs chinois qu'on leur faisait entendre.» L'ambiguïté réside dans les mots «notes» et «caractères», mais elle est surtout dans un aveuglant sentiment ethnocentrique de suprématie du système européen. Rousseau en effet cite plus loin (1768: 314) un «Air Chinois tiré du P. du Halde» (fig. 1).

Or cette notation n'est que la traduction d'une notation chinoise que reproduit plus tard Amiot, qui ajoute (1754: 135-136): «Les notes et les autres signes que les Chinois emploient dans leur musique étant une fois connus et comparés à nos notes et à nos signes musicaux, il n'est plus difficile de noter leurs airs à notre manière. Je vais en donner un exemple, et je choisis pour cela un de leurs plus beaux airs appelé *Liuye jin*. Je vais noter la partition.» Notes, signes musicaux,

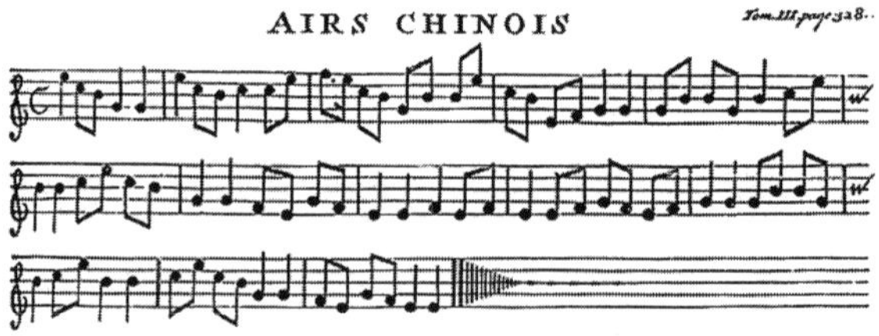

Fig. 1: Notation sur portée, «La feuille de saule» (Du Halde 1735: I.328). Du Halde, comme plus tard parfois Amiot, note en clé de sol 1ère ligne, ce qui causa des erreurs de lecture.

partition, les termes sont présentés clairement, et Rousseau s'avère impardonnable. Dès 1780, un auteur français (La Borde 1780: T. I, 143-144) qui a bien lu Amiot lui en fait le reproche:

> «Rousseau, dans son *Dictionnaire de Musique* (1768), n'a pas craint d'assurer, au mot *caractères,* que ni les Arabes, ni les Chinois, n'avaient point de caractères pour noter les sons. Nous avons en main de quoi détruire une assertion aussi hardie. On verra, ci-après, au Chapitre de la Musique des Arabes, comment ils notent leurs airs. Quant aux caractères musicaux des Chinois, il n'est pas de notre objet de donner ici les divers exemples qu'on en trouve dans les planches qui accompagnent le Mémoire du P. Amiot; mais nous allons rapporter une partie des détails où ce savant Missionnaire est entré à cet égard, dans les manuscrits qu'il avait adressés en 1754 à M. de Bougainville (cahier C, pag. 53 & suivantes); & nous présenterons en original l'air Chinois que Rousseau a donné dans son Dictionnaire.»

La feuille de saule

Amiot (fig. 2) reprendra plus tard et par deux fois (Amiot 1754: 139; Amiot 1779: 3e cahier n° 9) l'air donné par Du Halde (1735: Tome III, 328). «La feuille de saule» connaîtra une aventure unique puisque, copiant Rousseau (1768: planche N), il sera utilisé par Carl Maria von Weber (1786-1826) dans son *Ouverture chinoise* (perdue) puis dans sa *Turandot* (1809). Ce thème, en particulier la présence du fa dans le pentatonique ré-mi-sol-la-si, une erreur de Rousseau (loc. cit.)[3], inspirera Paul Hindemith (1895-1963) dans le deuxième mouvement de ses *Weber Metamorphoses* (1943).

En Chine, cet air connaît de très nombreuses versions encore vivantes. Tant la version d'Amiot que celle donnée par Du Halde concordent tout à fait avec celles de la région du Bas-Yangtse (Sun 1965: 48) ou des Na-khi (Yang 1996), plus de deux siècles après.

3 Cette erreur est rectifiée par Rousseau (1749: planche III, fig. 4).

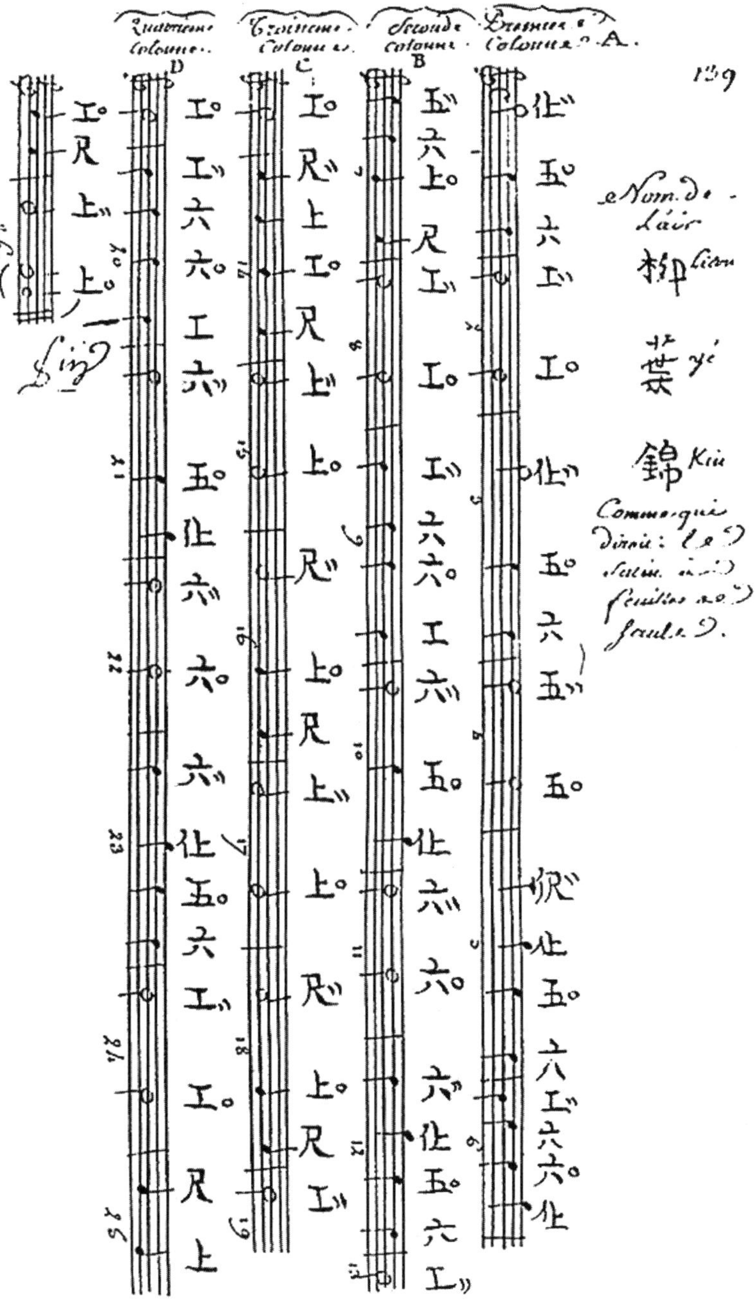

Fig. 2: Notation *gongche* écrite verticalement et sa traduction sur portée écrite horizontalement, « La feuille de saule » (Amiot 1754: 139). Les ronds vides marquent les premiers temps, les " marquent les seconds temps de la mesure. Les mesures sont numérotées de 1 à 26 par Amiot.

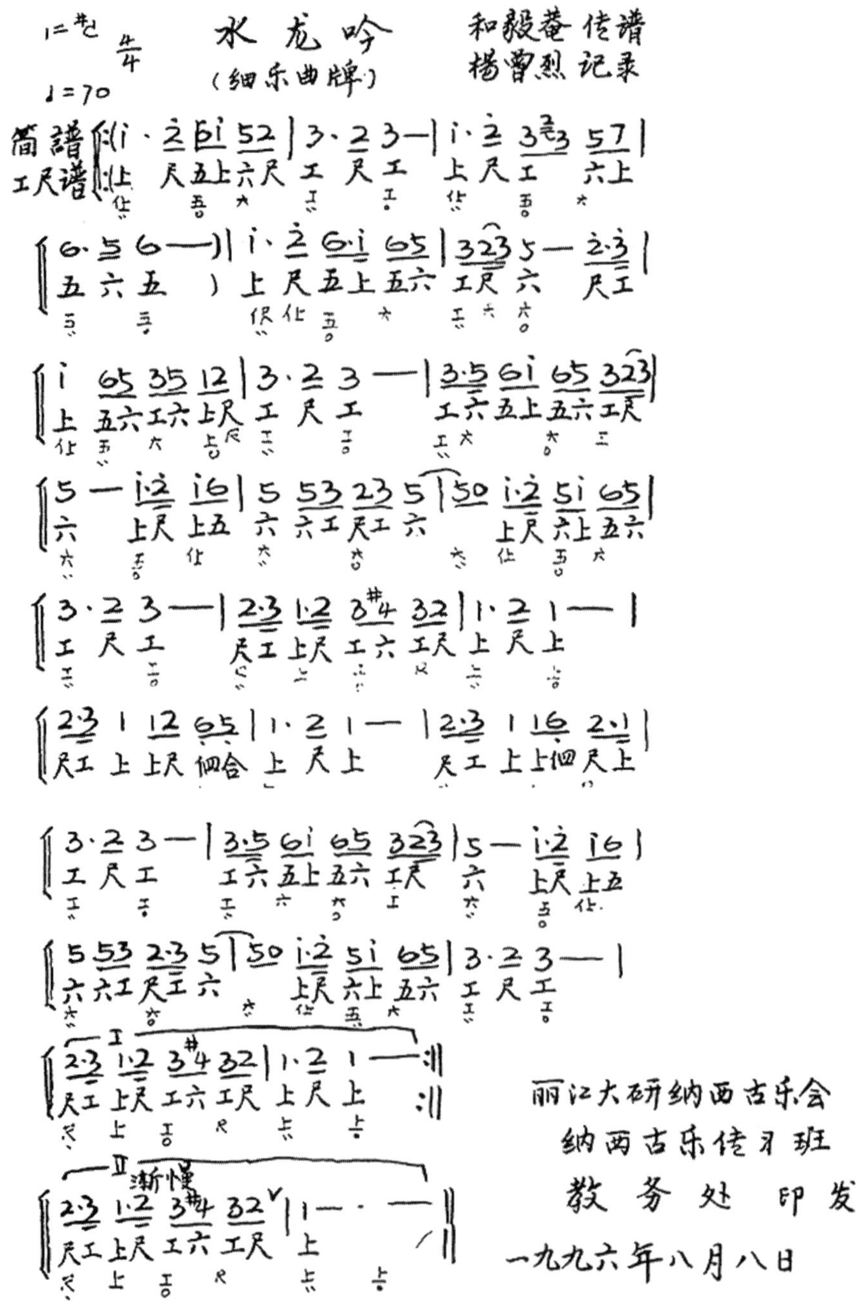

Fig. 3: «Imploration du dragon d'eau», Yang Zenglie, ms. inédit, 1996. Première ligne: notation chiffrée par Yang Zenglie. Deuxième ligne: notation *gongche* d'après He Yi'an. Troisième ligne: report par F. Picard de la notation *gongche* d'Amiot (1754: 139).

Les notations *gongche* posent un problème de traduction dû à la difficulté à déterminer la hauteur exacte des notes si et fa, qui varient dans la pratique selon le tempérament des instruments (elles sont souvent «neutres», partageant l'intervalle de tierce mineure en deux intervalles d'une valeur de trois-quarts de ton) et selon les genres. Amiot écrit en do majeur (sans armature à la clé) mais en système sol-la-si-ré-mi ce que les Chinois modernes et les auteurs instruits à leur école comme moi traduisons unanimement en système do-ré-mi-sol-la[4]. Pour moi, la traduction d'Amiot serait tout à fait exacte avec un fa# à la clé, même s'il n'est jamais joué! On notera l'exact caractère de traduction de la double notation d'Amiot, puisque tous les signes du système *gongche* ont leur équivalent sur la portée.

Nous proposons (fig. 3) une comparaison de la version donnée par Amiot (1754), quasiment identique à Du Halde (1735) et Amiot (1779), et de la version traditionnelle (Yang 1996) de l'ensemble de musique ancienne des Na-khi de Dayan, à Lijiang, au Yunnan, intitulée bizarrement *Shui long yin* (Imploration du dragon d'eau). Cette dernière met en évidence l'usage de la traduction dans la tradition chinoise. Elle reproduit en effet en parallèle la notation *gongche* classique, selon le maître He Yi'an, et sa traduction en notation chiffrée Chevé par Yang Zenglie, musicologue et musicien du groupe. Ces indications de source figurent clairement en haut et à droite de la partition, en regard du titre et du genre. Figurent également la clé (C#) et le tempo (noire à 70), ainsi que les barres de reprise. Ajoutons qu'ici la notation *gongche* omet la différenciation entre les octaves médium et aiguë. Un point très remarquable de la traduction de Yang Zenglie est qu'il précise la valeur effective du signe *shang* (do) qui dans ce genre particulier peut représenter deux notes, si ou do, qu'il écrit donc 7 ou 1. Sous cette double notation, j'ai transcrit l'air donné par Amiot, en faisant une partition d'analyse.

Une notation de jeu

On débattera certainement dans ce dossier comme on l'a trop fait ailleurs du caractère prescriptif ou descriptif, voire normatif, des notations musicales. Les musiciens chinois, qui ne lisent ni le tchèque, ni l'anglo-américain, ni le français, savent très bien à quoi s'en tenir. Maître Xu Chaoming, professeur d'orgue à bouche au conservatoire de musique de Shanghai et musicien hors pair, participait en janvier 1999 à des séances d'enregistrement à Paris. A son arrivée à Paris, je le prévins qu'il allait avoir à jouer, outre la partie de flûte de «Pierre et le loup» (op. 67, 1936) de Serge Prokofiev (1891-1953) au programme, un solo traditionnel

4 Les discussions menées avec André-Marie Despringre (sol-la-si-ré-mi, comme Brăiloiu) et Gilles Léothaud (fa-sol-la-do-ré, comme Tràn Van Khê) au sein du groupe de recherches en ethnomusicologie de Paris IV-Sorbonne ont mis en évidence la diversité des pratiques des professionnels français. L'argument d'autorité ne pouvant plus trancher, on recommandera de préciser éventuellement la valeur des *pyen*.

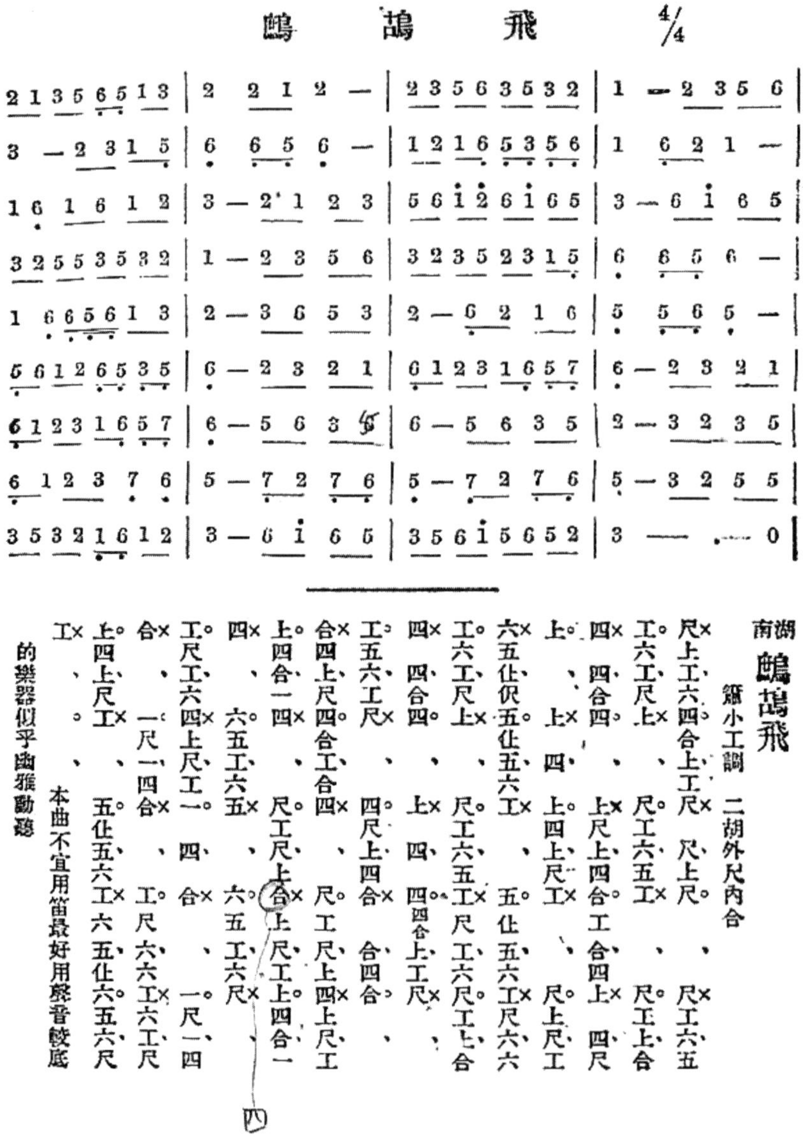

Fig. 4 : Notations Chevé et *gongche*, « Le vol de la perdrix » (Zhuang 1926). Deux erreurs (5 soit sol, mesure 26 de la notation chiffrée et *si*, la grave, au lieu de *he*, sol grave, dans la notation *gongche*) ont été rectifiées manuellement par François Picard. La partie inférieure indique l'origine de l'air, province du Hunan, les tonalités (*xiao gong diao* pour la flûte *xiao*, corde intérieure *che* [ré] et corde extérieure *he* [sol grave] pour la vièle *erhu*). En fin d'air, la mention « Pour cet air, on n'emploiera pas la flûte traversière *dizi*, mais de préférence un instrument grave pour exprimer le mouvement calme et élégant. »

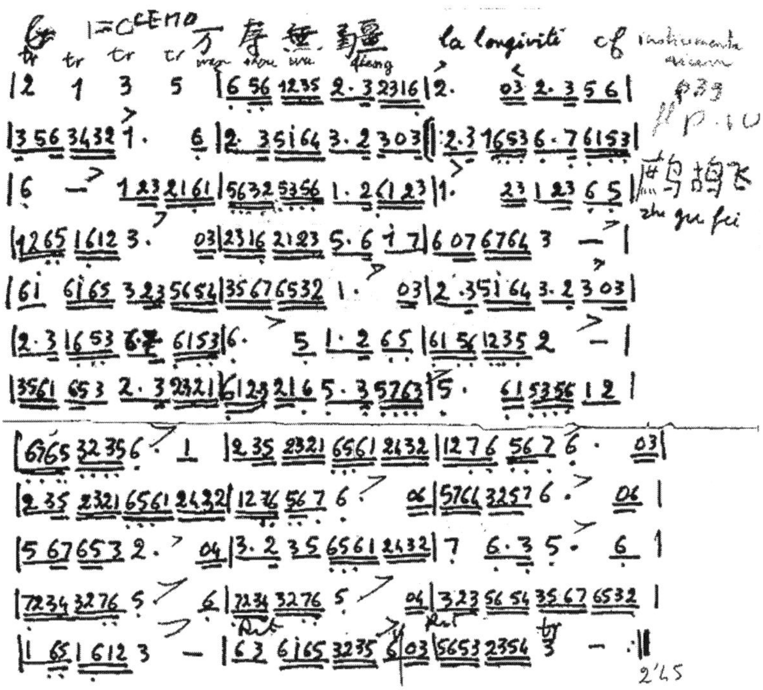

Fig. 5 : Notation Chevé, « Le vol de la perdrix », version CEMO, 1983, collection F. Picard.

ayant rapport avec l'oiseau que son instrument y personnifiait. Je lui proposai d'interpréter une très belle pièce de sa région, « Le vol de la perdrix » (*Zhegu fei*), et lui fournis des partitions de diverses natures : l'air de base (fig. 4) noté en *gongche* et en chiffré par Zhuang Naihe (1926 : 79) (aide-mémoire ?), une version pour flûte solo (fig. 5) d'un air appelé « La Longévité » (*Wanshou wujiang*) apprise lorsque j'étudiais au CEMO et retranscrite de ma main (prescriptive ?), et d'autres versions telles que celles courantes de l'interprétation historique de Lu Chunling (1960), notée à la triple croche près, y compris la célèbre faute de mémoire qui l'affecta lors de l'enregistrement, transcription (descriptive ?) d'une interprétation particulière devenue normative par l'impression et la diffusion dans les manuels.

Maître Xu écouta, discuta, regarda, lut, joua, travailla, écrivit, joua, et aboutit à une notation qui correspondait exactement à ce qu'il avait besoin de noter pour lui-même afin de jouer lors de l'enregistrement. Il écrivit sous le titre, au centre et entre parenthèse, « Notation de jeu pour orgue à bouche solo » (*Sheng duzou yanzou pu*), et en bas à droite le lieu et la date. Cette partition (fig. 6) eut enfin un autre usage, celui de support pour noter les parties, phrases ou notes à reprendre lors de l'enregistrement (description puis prescription) puis de guider le montage (prescription normative).

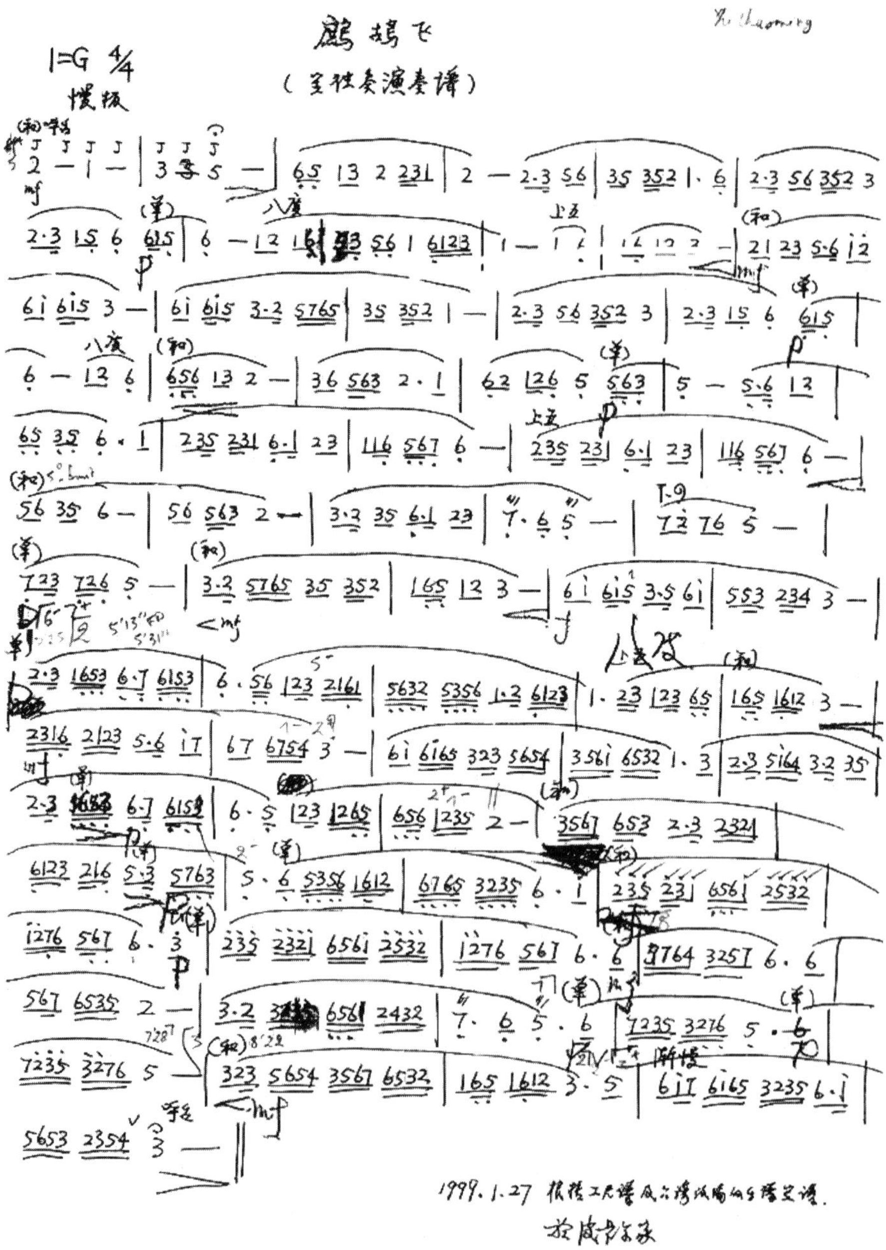

Fig. 6: Notation Chevé, « Le vol de la perdrix », version autographe de Xu Chaoming, 1999, collection F. Picard.

L'usage et la valeur sociale des notations chiffrées

Comment sont produites les notations de type *gongche*? Le musicien apprend d'oreille à chanter l'air. Puis il chante le nom des notes. Quittant le groupe ou le maître, il transcrit le nom des notes sur papier. On peut bien sûr recopier une partition, mais là n'est pas la démarche traditionnelle. Quoi qu'il en soit, la référence à l'oralité est évidente, constante. Il en est exactement de même dans l'utilisation de la notation chiffrée (Chevé) chez les musiciens chinois. J'ai ainsi entendu des habitants de Shanghai ou du Fujian ne parlant pas d'autre langue que leur langue locale chanter «do lei mi fa so la hsi». Jamais on ne chantera le nom des chiffres (*yi er san si wu liu qi*), sauf si l'on est un jeune musicien de conservatoire qui juge son élève française trop débile pour attribuer deux phonétisations au même signe[5]. De même les Allemands ne chantent jamais A B C D, mais la si do re. Les signes 1, 2, 3 etc. utilisés dans une partition musicale sont pour les Chinois, qui savent ce qu'est un signe graphique et une transcription phonétique, des références à des notes à travers leurs noms, et en aucun cas à des chiffres ou des nombres. Ils s'écrivent de la même façon, voilà tout, comme *shang gong che* etc. n'ont jamais signifié «dessus», «travail», «pied» etc. Les deux systèmes présentent la même structure, les mêmes qualités, que l'on retrouvait dans la notation pour luth de l'époque Tang et dans toutes les nombreuses variantes (Fujian, Guangdong, Wutai shan): les signes sont formés de peu de traits chacun, ils ne présentent pas d'ambiguïté, ils se prononcent selon des phonétisations bien différenciées et faciles à chanter. Bien sûr, les tentatives de remotiver ces signes, qui ne renvoient qu'à des notes, pour en faire des symboles, n'ont pas manqué, comme en Occident avec la solmisation.

Fondamentalement heptatonique, la notation *gongche* contredit le dogme du caractère pentatonique de la musique chinoise, qui connaissait deux types de dénomination des hauteurs, le système *lülü* des douze hauteurs absolues et le système *wusheng* des cinq rapports de hauteur. Les douze *lülü* sont désignés par des mots bisyllabiques écrits avec des caractères complexes, et les «cinq sons» avec également des caractères formés de nombreux traits, donc longs à écrire et à lire. De plus ces deux systèmes d'écriture font référence à tout un système dogmatique. Comment exprimer et écrire une musique qui ne se limite pas à ce système et qui n'est pas pensée dans ce système ? En inventant un système autonome, composé de signes nouveaux et ne renvoyant qu'à la pratique du musicien. C'est ce qu'on voit à l'œuvre dès les premières notations, les tablatures pour flûte (Annen 880) ou pour luth (Dunhuang 933). Les partitions de musique (et non les simples explications théoriques) écrites en notation *lülü* ou *wusheng* sont extrêmement rares et limitées aux musiques strictement confucéennes (Zhu 1605) (Shijing 1788) (Wenmiao 1845), où elles se sont imposées pour des raisons idéologiques évidentes. Les tablatures pour cithare *qin* elles-mêmes (Liebermann 1983) et pour des raisons pragmatiques semblables sont indépendantes de ces notations, sauf en ce qui concerne la notion de hauteur absolue.

---

5 Sabine Trébinjac, communication orale au séminaire du Musée de l'Homme, Paris, vers 1990.

Retour en Europe

Nous allons maintenant tenter d'utiliser les acquis de l'imprégnation ethnomusicologique et de la réflexion qui s'ensuivit pour relire l'histoire de la notation chiffrée en Europe.

La notation chiffrée élaborée par Rousseau a été publiée en 1742 et 1746. On s'est demandé s'il n'avait pas été influencé par Du Halde (1735). Mais Rousseau semble avoir eu une trop piètre connaissance de l'art de lire et de citer les textes et les explications de Du Halde étaient par trop fragmentaires. Laissons-lui le mérite de cette invention qu'il importe de situer dans son contexte, celui de la démocratisation et de la pédagogie, bien dans l'esprit des Lumières. Il a voulu constituer un système de signes facile à écrire et à mémoriser, non ésotérique et qui corresponde bien à la pratique de solmisation (Rousseau 1749: planche IV, fig. 4-7).

En fait, il est possible de trouver en Europe même des prédécesseurs de Rousseau dans une notation chiffrée pour orgue (fig. 7) exposée en français par Trichet (1640: 47):

> «A ceux qui ne veulent pas prendre la peine de s'exercer aux principes de musique, l'on a accoutumé en France et en beaucoup d'autres pays de donner la tablature par lettres, dont Képler (l. 3, *harmon.*, c. 9) parle ainsi: *Sunt etiam diagrammata pro organistis fieri solita, in quibus pro lineis nigris sunt series litteratu indicantium quaenam claves tangi debeant, ubi litterae sunt pro notis, quas diagrammata cantoria in lineas aut intervalla positas adhibebant.* Sur cette sorte de tablature on marque la mesure qu'on doit observer par notes de musique au-dessus de chaque réglet, de même façon qu'à la tablature du luth. Quant à la tablature d'orgue qu'on baille en Espagne par chiffres [...] comme en la musique vocale on se sert de six voix, qui sont ut, ré, mi, fa, sol, la, aussi en cette espèce de tablature on se sert de six chiffres qui répondent à ces six voix, qui sont 1, 2, 3, 4, 5, 6, auxquelles on ajoute le 7 pour désigner une note par-dessus le la. Faisant commencer la gamme de l'orgue en la clef de F ut, fa, (1) signifie F ut, fa, 2 G ré, sol, ut, 3 A mi, la, ré, 4 B fa, mi, 5 C sol, ut, fa, 6 D la, ré, sol et 7 E mi, la [...] Ce qui se pourra mieux comprendre par l'exemple suivant à quatre parties que j'ai tiré des œuvres de musique d'Antoine Cabeçon, imprimées à Madrid, 1578 (*Suit le:* Kyrie du premier ton.)»

Trichet exprime à merveille la motivation des usagers de ces notations, à savoir «ceux qui ne veulent pas prendre la peine de s'exercer aux principes de musique». On remarquera qu'à cette époque on en est encore au système de solmisation complexe par hexacordes F ut, fa, etc. lié à l'absence du «si» pour désigner cette «note par-dessus le la». Non seulement le solfège de l'époque avec ses notes et ses lignes était difficile à écrire, à lire et fort coûteux à imprimer, mais il était de surcroît difficile à chanter. On comprend aisément dans ces conditions combien l'envie d'un système simple se faisait sentir, attestée par tant de «solfèges faciles» et de «nouvelles méthodes pour apprendre en peu de temps».

Le système espagnol de tablature pour orgue fut décrit pour la première fois par Juan Bermudo (c. 1510 – c. 1565) en 1555 et utilisé par L. Venegas de

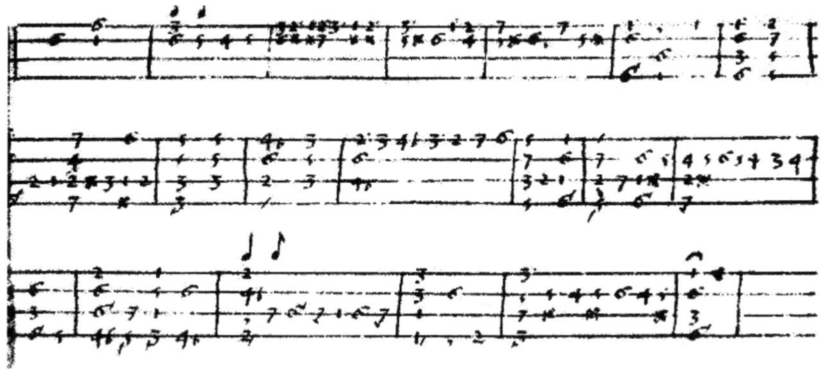

Fig. 7 : Tablature espagnole pour orgue, Cabezón 1578 (Trichet 1640 : 72-73).

Henestrosa en 1557. Hernando de Cabezón (1541-1602) l'utilise pour la notation des musiques de son père Antonio (1510-1566).

Quant aux successeurs de Rousseau, ce sont les pédagogues Pierre Galin (1786-1821) et Aimé Paris et Emile Chevé (1804-1864). Au début du XXe siècle, les Japonais l'introduisent en Chine où elle prend le nom de « notation simplifiée » (*jianpu*) et s'impose rapidement, se substituant trait pour trait aux anciennes notations de type *gongche*. Elle a quasiment disparu en Europe, mais ses dernières traces sont vivantes dans la mémoire des musiciens populaires. Ainsi Bernard Fourtet, joueur de serpent et membre du prestigieux ensemble des Sacqueboutiers de Toulouse, l'appelle par tradition orale « solfège de Rousseau » ; il a hérité par famille de partitions pour mandoline (la Toulousaine, la Marseillaise...) et d'autres pour orphéon (fig. 8) ayant en particulier appartenu à l'Orphéon « la Cigale toulousaine » fondé en 1894. On relève des musiques telles que « Les Cosaques », paroles de Paul Réal, musique d'Emile Magnin, le « Chœur de Soldats (de Sarah) », opéra de Grisar, ou encore « Nocturne », paroles de H. de Vos, musique de Camille de Vos, « imposé en Seconde Division au Concours musical de Pau (30 et 31 mai 1897) ». On notera l'appellation « Ton de Ré » « Ton de Mi », « Ton de Sol », et les indications métronomiques. Les altérations sont marquées par barrage oblique de la note.

Moins d'un siècle plus tard, la notation chiffrée avait disparu des mémoires de la plupart des musiciens populaires, qui restaient néanmoins réfractaires à la normalisation scolaire imposée par le solfège. Les fiches (fig. 9) de la fanfare Eustache et ses trompes, active à Gennevilliers c. 1980, témoignent de la nécessité d'une notation facile à apprendre, rapide à écrire, lisible, maniable, concise, et de la référence absolue que constitue le nom des notes, leur vocalisation. Tout simplement, sur les fiches de bristol que porteront en extérieur les lyres, on inscrit le nom des notes en toutes lettres.

On remarquera que seules figurent les valeurs de hauteur, pas même les durées, l'octave étant parfois indiquée par des flèches vers le haut ou vers le bas.

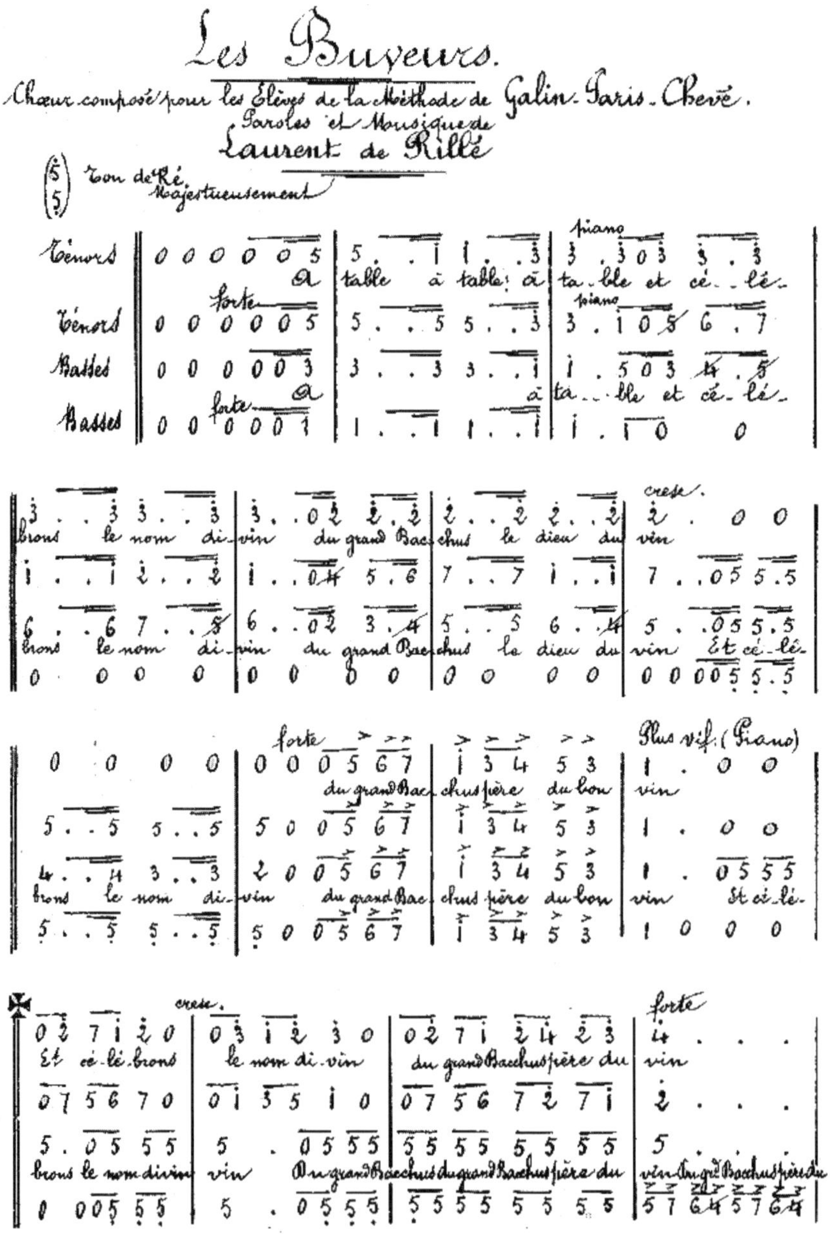

Fig. 8 : Notation Chevé, Orphéon « la Cigale toulousaine », c. 1900, collection B. Fourtet.

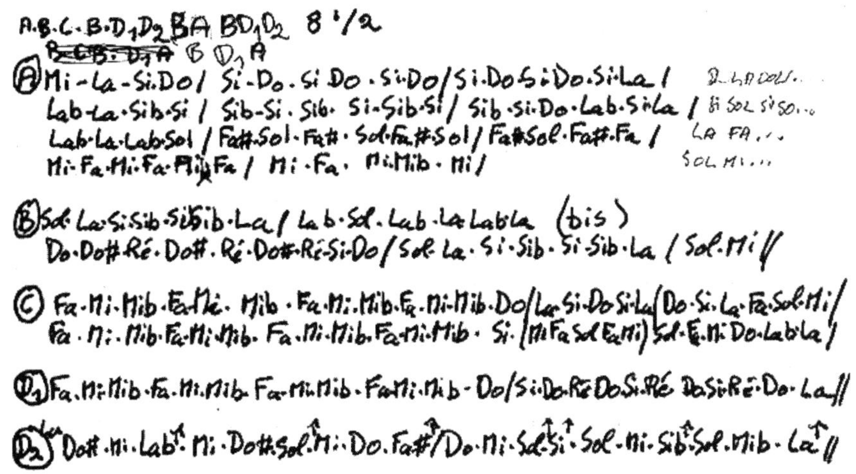

Fig. 9: Notation en toutes lettres, «8 1/2», fanfare Eustache et ses trompes, c. 1980, collection F. Picard.

La forme est indiquée par des lettres (A.B.C...), mais un chiffrage d'accord peut coexister (tel A7 A7 Dm Dm A7 A7 Dm Dm), non sans ambiguïté. A la même époque, la fanfare des Beaux-Arts tentait de forcer cette notation à évoluer, on inventait des signes pour les durées, tandis qu'en Colombie on écrivait aussi le nom des notes en toutes lettres «mi» «fa»[6].

Je ne saurais conclure que par le souhait que ce modeste article contribue à une réintroduction de la méthode Rousseau-Chevé dans l'enseignement et les pratiques collectives en Europe, et sous la forme unifiée que connaissent et pratiquent quelques centaines de millions de Chinois de République Populaire ou de Taïwan. J'ajouterai une anecdote empruntée à une tierce culture (Van Zanten 1995). Le *Java Instituut* souhaitait promouvoir une méthode de notation unique et unifiée. Il organisa en 1921 un concours où furent représentées des notations chiffrées, des représentations graphiques des touches des instruments et la notation sur portée. Cette dernière, jugée plus scientifique, fut retenue et décrétée obligatoire. Quelques années plus tard, la pratique universelle, telle aussi que j'ai pu l'apprendre au sein de l'atelier de gamelan du Musée de l'Homme, s'en tenait à la notation chiffrée, qui plus est défective, puisque 1 2 3 5 6 faisaient référence aux notes do-ré-mi-sol-la du pentatonique auquel on identifiait l'échelle des hauteurs et non à une simple numérotation des touches, d'ailleurs limitées à cinq.

6 Marcela Gonzalez, communication à mon cours « Oralité et notations», Université Paris IV, 11 décembre 1998.

Oralité, geste, image et notation

La notation musicale, plus qu'un dessin, un graphisme, est une écriture. Elle en présente beaucoup de caractéristiques : système de signes, arbitraire du codage, référence à la langue.

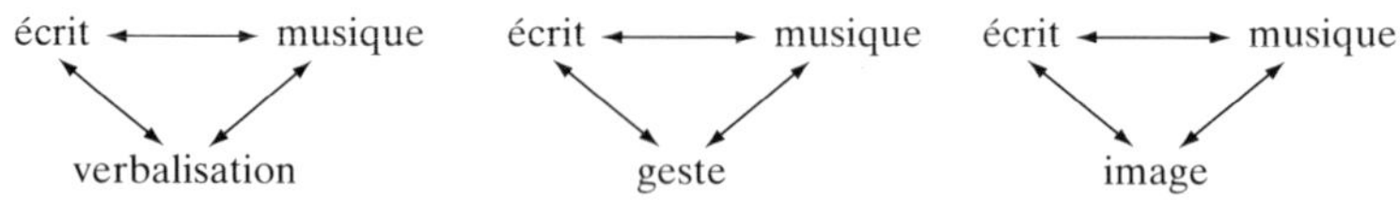

Dans ces trois tableaux, le sens des flèches n'est pas donné une fois pour toutes. La médiation verbale me semble la plus courante, pour ne pas dire la plus naturelle, celle du geste correspond à ce que l'on appelle par convention « tablature » (luth Renaissance, guitare folk, cithare *qin*...), celle par l'image est exposée par Arbaretaz (1979 : 6), « Un intervalle est toujours représenté sur la portée par la même distance. Il est donc possible de « VOIR » directement un intervalle, sans avoir besoin de compter ». Cette auteur met ainsi en valeur un des avantages de la notation sur portée, son caractère visuel, alors que son caractère graphique ne me semble pas un avantage prépondérant : difficultés d'écriture et d'impression, d'apprentissage du codage. Pour celui qui a appris à suivre au tempo une partition d'orchestre, ce caractère visuel manque dans les notations chiffrées, si linéaires. Les notations proprement graphiques du Tibet (Helffer 1994) ou du chant taoïste (Yuyin fashi 1444), si expressives soient-elles, manquent du caractère discret, reproductible, dicible qui en ferait une écriture.

Références bibliographiques

AMIOT Joseph-Marie

1754 *De la Musique moderne des Chinois* (An., ms., s.l., s.d.), Pékin, Paris, Bibliothèque nationale de France.

1779 *Divertissements chinois ou Concerts de musique chinoise*, ms., Pékin. Paris : Bibliothèque nationale de France. I « Les notes chinoises mises sur des lignes, à notre manière.» et II « Les notes purement à la chinoise.»

ANNEN

880 *Shittan zô* (Canon du siddham), rééd. Taishô Tripitaka, vol. LXXXIV, n° 2702.

ARBARETAZ Marie Claude

1979 *Lire la musique par la connaissance des intervalles.* Paris : Chappell.

BERMUDO Juan

1555 *Declaración de instrumentos musicales.* Ossuna (rééd. S. Kastner, ed., Kassel : Bärenreiter, 1957).

CHAO Rulan Pian

1969 *Sonq Dynasty Musical Sources and their Interpretation.* Cambridge, Mass. : Harvard University Press.

COURANT Maurice

1921 « Histoire de la musique- Chine et Corée », dans Lavignac, *Encyclopédie de la musique et Dictionnaire du Conservatoire,* vol. 1. Paris : Delagrave : 95-96.

DU HALDE Jean-Baptiste
1735 *Description géographique, historique, chronologique, politique, et physique de l'Empire de la Chine et de la Tartarie chinoise.* Paris: P.G. Le Mercier.

DUNHUANG
933 manuscrit de Dunhuang, BNF, fonds Pelliot chinois P. 3808 [avant 933].

HELFFER Mireille
1994 *Mchod-rol, les instruments de la musique tibétaine.* Paris: CNRS éditions, Editions de la Maison des Sciences de l'Homme. (collection Chemins de l'ethnologie).

JAO Tsong-Yi
1971 *Airs de Touen-Houang.* Trad. Paul Demiéville. Paris: CNRS.

JI Liankang
1986 *Sui Tang Wudai yinyue shi liao* (Matériaux pour l'histoire de la musique sous les Sui, les Tang et les Cinq Dynasties). Shanghai: Wenyi.

LA BORDE Jean-Benjamin de
1780 *Essai sur la musique ancienne et moderne.* Paris: Ph.-D. Pierres (4 vol.).

LALOY Louis
1912 *La Musique chinoise: étude critique.* Paris: Henri Laurens.

MA Hiao-Tsiun
1976 «Chine», Marc Honegger, ed.: *Science de la musique.* Paris: Bordas, vol. A-K.

PERNY Paul, M.A.
1872 «Appendice n° XIV. Musique des Chinois», Appendice du *Dictionnaire français-latin-chinois de la langue mandarine parlée.* Paris: Firmin Didot.

PICARD François
1991 *La musique chinoise.* Paris: Minerve.
1999 «Les notations musicales en Chine», Hugues Genevois et Yann Orlarey, ed.: *Musique & Notations.* Aleas, collection Musique & Sciences.

ROUSSEAU Jean-Jacques
1742 «Projet concernant de nouveaux signes pour la musique». Paris: Académie des Sciences, 22 août.
1746 «Dissertation sur la musique», repris *in: Ecrits sur la musique.* Paris: Stock, 1979.
1749 «Musique», *in:* Denis Diderot et d'Alembert, *Encyclopédie,* Paris.
1768 *Dictionnaire de Musique.* Paris: Duchesne. (Rééd. Hildesheim / New York: Georg Olms / Johnson, 1969).

SHEN Gua
1095 *Mengqi bitan* et *Bu bitan*, 1086-1095, rééd. Hu Daojing, éd., *Mengqi bitan jiaozheng,* Zhonghua shuju, 1962. Hu Daojing, éd., *Yuan kan Mengqi bitan* (fac simile d'une édition postérieure à 1305). Pékin: Wenwu, 1975.

SHIJING
1788 [An.] *Shijing yuepu* (Notations musicales du Classique des poèmes) (Rééd. Shanghai, 1937).

SOULIÉ Georges
1911 *La Musique en Chine,* (extrait du *Bulletin de l'Association Franco-Chinoise*). Paris: Ernest Leroux.

STAAL Fritz
1990 *Jouer avec le feu, Pratique et théorie du rituel védique.* Paris: Collège de France, Institut des civilisations indiennes.

SUN Yude
1965 *Dongxiao chuizou fa* (Méthode de flûte droite) (Rééd. Hong Kong: Xianggang shuju).

TRÀN Van Khê
1990 «Musicales (traditions) – Musiques d'inspiration chinoise». Paris: *Encyclopædia Universalis,* vol. 15.

TRICHET Pierre
1640 *Traité des instruments de musique,* rééd. François Lesure, ed. Paris, 1957; Genève: Minkoff, 1978.

VAN AALST J.A.
1884 *Chinese Music,* 1884, Shanghai: Imperial Customs Series, vol. 6 (Rééd., Pékin: French Bookstore, 1933. Rééd. New York: Paragon, 1964).

VAN ZANTEN Wim
1995 «Notation of music; theory and practice in West Java». *Oideion. The performing arts world-wide* 2: 209-233.

VENEGAS L. de Henestrosa
1557 *Cifra nueva para tecla, arpa y vihuela,* Alcalá de Henares. (Rééd. H. Anglès, ed., *Monumentos de la Música Española,* II, Madrid et Barcelone, 1944).

WANG Pin Lu, LIEBERMANN Frederic (trad.)
1983 *A Chinese Zither Tutor, The Mei'an ch'in pû.* Seattle & London: University of Washington Press.

WENMIAO
1845 [An.] *Wenmiao dingli pu* (Partitions des rites du temple de la Littérature). Hunan, 1845, (Rééd. Shanghai: Xuesa saoju, 1890).

WIDDESS Richard
1995 *The Ragas of Early Indian Music: Modes, Melodies and Musical Notations from the Gupta Period to C. 1250.* Oxford: Clarendon Press.

YANG Zenglie
1996 *Shuilong yin* (Imploration du dragon d'eau), ms. inédit.

YUYIN FASHI
1444 [An.] *Yuyin fashi* (Rituel des sons de jade), juan 1, section 2. *Daozang* (Canon taoïste), numéro 333.

ZHU Zaiyu
1605 *Caoman guyue pu* (Partitions de musique ancienne de Caoman).

ZHUANG Naihe
1926 *Zhongguo yayue ji* (Anthologie de musique classique chinoise). Shanghai.

Références discographiques

FRISCH Jean-Christophe
1996 Joseph-Marie Amiot, «*Liéou yé kin* Pièce de soie à l'imitation des feuilles de saule», 1754, Jean-Christophe Frisch, traverso, *Teodorico Pedrini: Concert baroque à la cité interdite,* XVIII-21 Musique des Lumières. CD Astrée Auvidis E 8609, pl. 27.

HE Yi'an
s.d. «*Shui long yin* (Imploration du dragon d'eau)», ensemble de musique ancienne des Na-khi de Dayan, Lijiang, Yunnan, cassette *Naxi guyue di yi ji – Lijiang Dongjing yinyue* (Musique ancienne des Na-khi, vol. 1, Musique du Canon des grottes de Lijiang), Yunnan Yinxiang, face B plage 2.

LU Chunling
1960 «*Zhegu fei* (Le vol de la perdrix)», Lu Chunling, flûte traversière *dizi,* disque 33 t. Zhongguo changpian 3.1246, rééd. CD Ocora *Chine musique classique,* C 559039, pl. 5. Transcription publiée dans Conservatoire de musique de Chine, Conservatoire Central de musique, *Minzu yueqi chuantong duzou qu xuanji* (Anthologie des solos intrumentaux de musique traditionnelle chinoise), Pékin: Renmin yinyue, 1978, rééd. 1983: 10-11.

PIMPANEAU Jacques
1988 *Chine, musique classique.* CD Ocora C 559039.
SUN Yude
1961 «*Liu yao jin* (Le saule argenté)», Sun Yude, flûte droite *xiao.* CD Ocora *Chine musique classique,* C 559039, pl. 13.
XU Chaoming
1999 «Le vol de la perdrix» (*Zhegu fei*), complément à Serge Prokofiev, «Pierre et le loup», CD Virgin EMI, à paraître.

RÉSUMÉ

Pour reprendre la distinction que Frits Staal (Staal 1990: 16-17), s'inspirant de la linguistique, propose d'appliquer à l'étude du rituel entre phonologie, syntaxe, sémantique et pragmatique, cette étude des notations insiste sur ce dernier domaine. Elle expose des notations qui font référence à une oralité, aux noms des notes, plutôt qu'à une analogie graphique. Puis elle examine les procédés de passage d'une notation à une autre, qui s'avèrent présenter les caractères d'une traduction. Les exemples sont tirés de la Chine et de l'Occident, mais aussi des passages d'une civilisation à une autre. Les relations entre musiques orales et écrites sont en outre revisitées au profit des valeurs, mises en lumière par l'herméneutique, de la transmission et de l'interprétation.

TRANSCRIPTION DE LA PULSATION, DE LA MÉTRIQUE ET DU «RYTHME LIBRE»[1]

Judit Frigyesi

Le problème général de la transcription

Ces dernières années, de nombreux articles ont traité des questions techniques et conceptuelles liées à la transcription ethnomusicologique[2]. Le problème soulevé par ces discussions est si complexe qu'on pourrait se demander si la transcription est vraiment une méthode de représentation adéquate. Nous assistons ici à une atteinte faite sans la moindre subtilité à l'intégrité du matériau, bien qu'elle soit probablement bénigne et involontaire. Une pratique relativement récente, fondée sur l'idéologie d'un espace-temps donné, se voit projetée dans un espace-temps culturel différent qui n'a jamais connu cette pratique. Nous appliquons une méthode chargée d'un lourd héritage (le système de notation de la musique occidentale) et ses résultats non moins chargés (l'édition, ou pire encore, «l'édition intégrale») à un terrain virtuellement illimité comprenant des musiques et des cultures très différentes.

On ne saurait sous-estimer les implications culturelles de la transcription comme moyen de communication et de préservation. Mettre quelque chose sur le papier n'est pas seulement affaire de technique. La transcription transforme un art oral en un art écrit, et l'abîme conceptuel qui sépare ces deux formes d'art est infranchissable. L'œuvre d'art qui apparaît sur le papier est érigée en absolu, comme extraite du temps. La version d'un chant censé être vécu dans l'instant et dans son contexte, avec des détails correspondant à une situation spécifique, devient soudain un objet immortalisé. Ce qui avant était une «pratique» devient tout à coup une «édition intégrale».

Cependant, en renonçant à la transcription, on ne fait qu'éluder la difficulté. Le problème de la transcription n'est pas un cas isolé ni une question purement méthodologique en ethnomusicologie, mais bien le miroir qui reflète le dilemme du terrain en général. Les musiques que nous transcrivons n'ont jamais, il est

---

1 Traduit de l'anglais par Ramèche Goharian

2 Cet article a été élaboré sur la base d'une conférence que j'ai donnée en 1994 à la Société d'ethnomusicologie, à Paris: «Transcription of traditional musics without clear beat». Je remercie la Société et particulièrement Simha Arom de m'avoir permis de présenter ces idées au public. Je remercie de même Simha Arom, Harold Powers et Walter Feldman pour les discussions qui ont inspiré certaines des idées de cet article. Celui-ci reprend une recherche antérieure dans laquelle j'examinais le problème du «style rythmique» et du «rythme coulant»: Frigyesi (1993).

vrai, été destinées à être transcrites par ceux qui les jouent, encore moins à être étudiées par des gens de l'extérieur.

Ce n'est pas la transcription mais la recherche scientifique en général qui transgresse les barrières culturelles. Tenter de résoudre la contradiction inhérente à l'ethnomusicologie en éliminant les méthodes ou en modifiant son point de vue ne fait qu'accroître la confusion. On pourrait imaginer par exemple que l'exécution musicale en tant que méthode de conceptualisation orale constitue un moyen plus authentique que la transcription pour apprendre les répertoires oraux. Cependant, dans le cadre de la recherche scientifique, il est impossible de communiquer la connaissance acquise par le biais de la pratique musicale sans manipulations ultérieures du matériau. Par conséquent, soit la performance musicale sort complètement du cadre scientifique, soit elle nous ramène au problème initial. En outre, apprendre une musique pour en faire un sujet de recherche ne peut être une démarche authentique, elle est nécessairement biaisée dès le départ car la recherche scientifique, par sa nature même, trahit la raison d'être et le contexte de l'art.

En réalité, ce ne sont ni les besoins des interprètes ni les exigences morales et culturelles du monde occidental qui décident de notre manière de choisir et d'étudier le matériau, mais la politique des académies. En ethnomusicologie, le relatif abandon de l'étude des cultures traditionnelles éloignées au profit de musiques populaires plus accessibles, ainsi qu'un certain désintérêt pour la transcription et l'analyse en faveur de la description biographique et du contexte social viennent de ce qu'il est plus facile d'étudier et de communiquer ces dernières (ce qui ne veut bien entendu pas dire qu'elles soient dénuées de sens). Bien qu'il ne soit pas facile d'écrire un livre sur tel style de musique populaire américaine, il est infiniment plus difficile, plus coûteux, plus dangereux (terrain), plus astreignant (transcription et analyse) et moins gratifiant (en termes de carrière académique) d'étudier, par exemple, la structure micro tonale du *maqâm* iraqi. Aussi terre à terre que cela puisse paraître, derrière la question de la validité de la transcription se cachent des considérations pratiques: les chercheurs voudraient bien être à même d'acquérir et de communiquer une certaine somme de connaissance dans des temps de travail raisonnables !

J'ai voulu rappeler au lecteur les problèmes conceptuels de la transcription liés à la question complexe du terrain en général, car pour moi les aspects techniques et concrets de la transcription découlent directement d'un problème conceptuel plus vaste. Je me propose d'analyser ici deux transcriptions, puis de les confronter à une description des caractéristiques essentielles de leur style d'interprétation. Nous verrons que les transcriptions dénaturent plus qu'elles n'éclairent l'essence rythmique de ces musiques; le problème provient selon moi du fait que la transcription en tant que telle porte atteinte à l'intégrité du matériau. Pourtant, mon but n'est pas ici de prôner l'abandon de la transcription. La difficulté ne réside pas dans le fait que nous appliquions à d'autres musiques une méthode développée pour la musique occidentale, mais dans la problématique inhérente au rythme lui-même et dans la tension qui existe entre la représentation écrite et l'expérience orale.

Le problème théorique de la métrique, du rubato et du rythme libre

Il y a quelques années, j'écrivais dans un article sur le rythme libre et sa notation: «La notation n'exprime pas le rythme réel d'une interprétation musicale. Cependant elle reflète la structure rythmique sous-jacente et essentielle de la pièce; c'est pourquoi elle constitue un point de départ plausible pour une discussion analytique» (Frigyesi 1993: 61). Aujourd'hui je ne suis plus sûre que cela soit le cas; il me semble que la notation est incapable de traduire certains aspects essentiels du rythme, entre autre la pulsation et la métrique que j'étudie ici.

Nous utilisons le terme de «métrique» pour définir le sentiment de la périodicité au niveau restreint de la perception du temps, soit approximativement de une à quatre secondes. Il apparaît que l'être humain éprouve le besoin et a la capacité d'organiser les événements acoustiques continus en cycles récurrents de longueur plus ou moins identique. La métrique est la perception du regroupement régulier d'événements sonores selon des fonctions récurrentes de regroupement temporel. Nous appelons communément ces fonctions temporelles «pulsations» ou «temps» et un cycle de ces fonctions, «mesure». Ce que nous nommons le «premier temps de la mesure» est la sensation du commencement d'un cycle temporel.

Les termes de «métrique», «rubato» et «rythme libre» sont plutôt des classifications mécaniques de types de flux rythmique dans leur relation avec cette périodicité. D'ordinaire, le rythme métrique se réfère à une structure dans laquelle les événements musicaux correspondent essentiellement, et sans trop de problème, à un schéma d'imagination et de perception de cycles réguliers, c'est-à-dire que les notes telles que nous les entendons s'accordent avec notre attente de temps et de mesure réguliers. Nous parlons de rubato lorsque les événements musicaux s'écartent de ce schéma imaginaire sans le faire disparaître complètement de notre esprit; nous faisons l'expérience d'une sorte de confrontation entre la régularité des cycles et l'événement musical réel. Dans le rythme libre, la musique coule de telle sorte que nous ne percevons plus la périodicité au niveau des temps et des mesures.

L'inaptitude de ces définitions à rendre compte de l'expérience musicale saute aux yeux. Elles décrivent le rubato comme étant le phénomène principal exprimant la tension entre la périodicité sous-jacente et les événements musicaux, alors que n'importe quel auditeur de musique sait que le rythme métrique présente plus de tension dans ce domaine. La définition du rythme libre est tout aussi inadéquate: dans toutes les musiques à rythme soi-disant libre, nous entendons d'une façon ou d'une autre une périodicité et une pulsation.

Qu'est-ce qui produit le sentiment métrique en musique ? Beaucoup d'encre a coulé pour définir la nature réelle de l'«accent», de l'«accentuation», de l'«accentuation dynamique», de l'«accentuation métrique», etc., ceci afin de se débarrasser de l'idée que notre sentiment du mètre découle exclusivement des

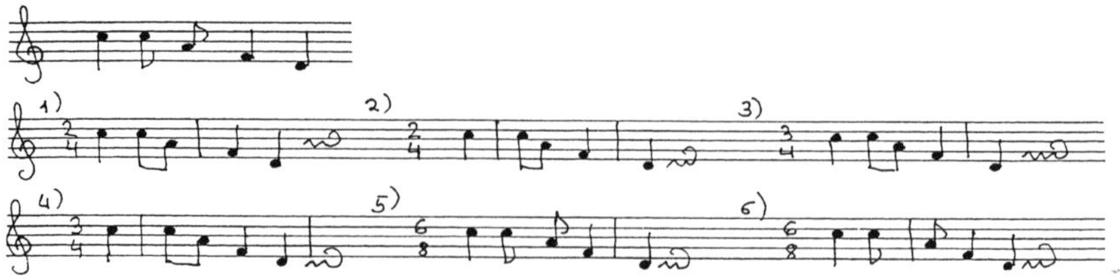

Fig. 1 : Différents arrangements métriques possibles d'une mélodie.

accents dynamiques[3]. La plupart des théoriciens sont arrivés à la conclusion qu'un certain nombre de paramètres (la mélodie, l'harmonie, le rythme, la dynamique) produisent ensemble, et selon des combinaisons sans cesse changeantes, l'impulsion qui permet de percevoir le mètre. Tous les paramètres de la musique doivent sans aucun doute être pris en compte, car chacun d'entre eux participe au jeu de composition qui coordonne la perception du mètre ou qui la contredit. A tout moment du processus musical, certains de ces paramètres renforcent la sensation du mètre ou la contredisent.

Toutefois, cette définition ne permet pas de comprendre que la sensation de la métrique est d'abord engendrée par l'interprétation musicale et non par la structure mélodique et les valeurs rythmiques représentées généralement dans les notations. Dans le fragment mélodique de notre premier exemple (fig. 1), on pourrait imaginer au moins six arrangements métriques différents. Sans la barre de mesure, il est impossible de savoir lequel des arrangements est le bon. Pourtant, si nous les entendons jouer, leur mètre paraît évident dès l'énoncé des premières notes.

Comment l'exécution musicale exprime-t-elle la métrique de façon aussi efficace et immédiate ? En d'autres termes, comment la barre de mesure est-elle interprétée ?

Si nous admettons qu'une même séquence de notes puisse être jouée selon différents mètres, le mètre doit alors être créé grâce à la dynamique et au tempo de l'interprétation. Si la dynamique est à l'origine de la perception du mètre, il ne sera pas possible de créer une métrique sur des instruments tels que le clavecin ou l'orgue qui ne peuvent modifier leur dynamique sur une petite échelle temporelle. Le fait que l'auditeur n'éprouve aucune difficulté à percevoir les unités métriques sur un clavecin indique que c'est le moment de l'occurrence des événements musicaux, qui, le premier, donne le sens du mètre.

En réalité, le claveciniste et l'organiste opèrent des changements dynamiques car aucun musicien sensible ne peut s'empêcher de presser plus fort sur les touches à certains moments ; l'auditeur a en effet l'impression d'entendre des crescendos et des diminuendos là où, objectivement, rien de tel ne se produit. Ce

3 La littérature sur ce sujet est si riche qu'il est impossible de donner ici des références bibliographiques. Pour une introduction à l'étude de ce thème et sa bibliographie, voir Cook (1987), Cooper & Meyer (1960), Lerdahl & Jackendoff (1983). J'ai abordé le problème précédemment dans Frigyesi (1981).

qui se passe est une illusion: le crescendo émotionnel se traduit par des changements rythmiques subtils qui, à leur tour, créent chez l'auditeur l'illusion du crescendo.

Dans la terminologie européenne, ce temps subtil des événements musicaux qui va de pair avec l'expression émotionnelle et les changements dynamiques est dit «agogique». Le terme «agogie» désigne les irrégularités du rythme à un niveau infime dans le but d'articuler le flux musical en fonction de sa métrique, de ses gestes et de ses phrases.

La sensation d'un accent métrique est produite par un léger retard de la note jouée par rapport à l'attente abstraite du mètre. Dans une interprétation musicale où la pulsation, disons à la noire, serait donnée avec l'exactitude du tic-tac d'une horloge, nous serions incapables d'entendre des mesures (les auditeurs seraient obligés de les créer mentalement). Lorsqu'un musicien laisse peu de temps entre les mesures (passant hâtivement de la dernière note d'une mesure à la première note de la suivante), nous sentons que son jeu est inarticulé; mais lorsque l'écart entre les mesures est trop grand, la musique semble trop accentuée et donne l'impression d'être «traînante». Paradoxalement, pour donner la sensation d'une exécution rythmique précise, l'interprète doit éviter l'exactitude métronomique et jouer avec un très léger retard au début de chaque mesure.

L'étendue et la régularité de ces retards dépendent du style, du genre, du contexte et du goût. On perçoit la métrique dans une sonate pour piano de Mozart, dans une valse de Johann Strauss ou dans le Rock'n roll; pourtant la sensation du mètre et le caractère rythmique général de ces musiques diffèrent considérablement. Les danseurs savent très bien qu'une danse donnée ne peut s'exécuter que sur une certaine musique et pas sur une autre: une mazurka ne se danse pas confortablement sur la musique d'une polonaise ou d'une valse, même si ces danses sont toutes à trois temps. Par delà la conception abstraite du mètre, il y a une agogie métrique interne: le 3/4 d'une musique spécifique n'est pas le même que le 3/4 d'un autre genre.

En outre, le sentiment du mètre ne peut pas être communiqué de façon mécanique. Si l'interprète retardait la première note de chaque mesure de façon parfaitement identique à travers tout le morceau, nous nous sentirions aussi mal à l'aise que dans une exécution dénuée de toute agogie. La perception du mètre provient d'une interaction complexe entre l'attente mentale de la périodicité et la production effective de la musique. Une fois que la sensation du mètre a été créée au début du morceau (ce qui, dans la plupart des cas, arrive dès la première mesure), il n'est plus vraiment nécessaire d'accentuer le mètre car les auditeurs ont déjà «réglé leur horloge» intérieure. Dans le déroulement de la musique, il y a une interaction constante entre l'attente métrique de l'auditeur et le flux réel de la musique: la sensation du mètre doit constamment être recréée de diverses façons selon les événements musicaux.

L'interaction complexe des éléments dans l'expression et la perception du mètre pourrait s'exprimer ainsi:

1. Le besoin biologique intérieur de sentir la pulsation et la circularité (mètre) dans le temps.

2. La réalisation du mètre par le biais de minuscules retards, une technique que l'on pourrait appeler l'agogie métrique.
3. La structuration interne des mesures par delà le schéma général d'accentuation d'un mètre particulier (un autre aspect de l'agogie métrique tel qu'on peut le voir, par exemple, dans la sensation très différente que produisent des danses diverses dans le même mètre).
4. La manière dont change l'agogie du mètre et son étendue dans le déroulement d'une pièce en rapport avec ses changements de structure.

Cependant, les événements musicaux qui se produisent dans le cadre du mètre s'expriment aussi par de légers changements temporels. La clarté des phrases et des gestes de l'interprétation musicale dépend de la légère altération de leur schéma rythmique conçu de façon abstraite. Un léger retard indique le début d'un geste ; un plus long, un geste plus expressif et plus accentué. De même, un léger retard peut signifier le point culminant de la mélodie. L'accent dramatique peut aussi être exprimé par une « précipitation » de la mélodie (par opposition à la pulsation exacte). En général, ces déviations par rapport au schéma temporel abstrait sont aussi appelées agogiques ou rubato. L'agogie et le rubato se recoupent : tous deux signifient une légère déviation de l'occurrence temporelle par rapport à une structure abstraite. Normalement, nous appliquons le terme d'agogie à des manipulations minimes du temps qui, à la base, articulent la musique pour rendre ses phrases compréhensibles ; nous parlons de rubato lorsque le rythme joué dévie de façon plus importante de sa forme abstraite, telle qu'elle apparaît dans la notation, pour atteindre une plus grande expressivité.

Nous touchons là à un paradoxe : le mètre, qui est la périodicité régulière donnant la structure selon laquelle le rubato est joué, s'exprime aussi par de subtiles déviations par rapport à cette périodicité temporelle abstraite. Le mètre est déjà en soi une sorte de rubato. Pendant l'interprétation musicale, les trois niveaux d'expression rythmique, agogie exprimant le mètre, agogie exprimant le phrasé et rubato, sont si enchevêtrés et interdépendants que nous apprenons à les jouer ensemble ; l'agogie est en fait l'art de la juste mesure et de l'équilibre entre les agogies du mètre et celles du rubato.

Mais la complexité des choses ne s'arrête pas là. La pulsation, le mètre et le phrasé s'expriment principalement dans le temps musical ; or notre perception même de ce temps dépend de différents paramètres dont le timbre, la dynamique, le vibrato, etc. A première vue, on croit comprendre le rythme en mesurant la durée exacte des événements musicaux. Mais comment décider quand commence et quand se termine la note ? Entendons-nous le début d'une note lorsque nous sentons qu'elle se prépare (par exemple quand le chanteur inspire), ou lorsque nous l'entendons réellement, ou bien encore quelque part entre les deux ? Où se trouve le début d'une note qui ne commence pas par une simple attaque, mais qui s'intensifie progressivement comme, par exemple, dans le cas d'une hauteur que l'on atteint par un subtil crescendo et/ou glissando ? Où est le début d'une note chantée pour la syllabe « mer » : au premier murmure du « m » ou lorsque la voyelle commence ? Où se termine le son ; quelle proportion de la résonance et de la vibration fait partie intégrante de celui-ci ?

L'idée que l'on puisse mesurer scientifiquement la durée d'une note est une pure illusion ; en réalité, la plupart des sons montrent un schéma complexe de vie interne avec des variations subtiles de leur dynamique, de leur timbre, de leur vibrato et de leur hauteur. L'ornementation et l'action coordonnée de plusieurs instruments rendent l'image encore plus confuse, exactement comme la présence de la respiration, du vibrato et de la prononciation du texte dans la musique vocale. A un niveau très subtil, le fait de décider quand commence et quand finit la note est déjà influencé par notre perception préconçue de la périodicité à l'intérieur d'un style particulier.

Disons d'emblée que cette étonnante complexité de l'expression et de la perception du mètre ne paraît pas aussi compliquée dans l'expérience de la musique elle-même. L'esprit est capable de traiter sans grande difficulté ces informations diverses et imbriquées et de les saisir comme un tout. La complexité apparaît seulement lorsque nous tentons de décomposer le processus en ses éléments. En outre, l'expérience de la pulsation et de la périodicité sur une petite échelle en musique semble être un besoin spontané chez l'homme. Ce besoin est si fort que les compositeurs et/ou les interprètes doivent se faire violence pour créer une musique dépourvue de pulsation et de périodicité. Il semble qu'à part quelques exemples de pièces expérimentales, aucune musique ne vise à produire cet effet. Même dans les styles dits à « rythme libre » comme l'*alap* dans le *râga* indien ou certains styles de récitation, il subsiste comme une pulsation. Dans toutes les traditions établies que je connais, le flux musical n'efface pas le sentiment naturel de la pulsation, mais au contraire élabore à partir de lui, le manipule. Ainsi nous ne devons pas nous demander au sujet de la métrique de la musique si la pulsation, le mètre et le rubato se trouvent ou non dans un morceau, car il est évident que ces aspects font partie intégrante de toute musique. Les questions devrait plutôt être les suivantes :

1. Quel est le caractère de la pulsation et du mètre ?
2. Quel est le rapport entre cette pulsation, ce mètre et les événements musicaux eux-mêmes ?

Les problèmes de la transcription savante du rythme

Les deux transcriptions présentées ci-dessous sont le fruit de nombreuses expériences que j'ai faites pour représenter d'une manière sensible la nature fondamentale du mètre et du rythme de leurs interprétations respectives. Le premier exemple est un chant populaire hongrois dans le genre *keserves* (complainte, littéralement « chant d'amertume » du mot *keseru* qui signifie « amer ») (Kallós 1969). Pratiqué surtout en Transylvanie, le *keserves* est un chant triste partiellement improvisé ; c'est un genre essentiellement personnel chanté en solo dans lequel le chanteur exprime sa tristesse. De façon typique, le *keserves* reprend des

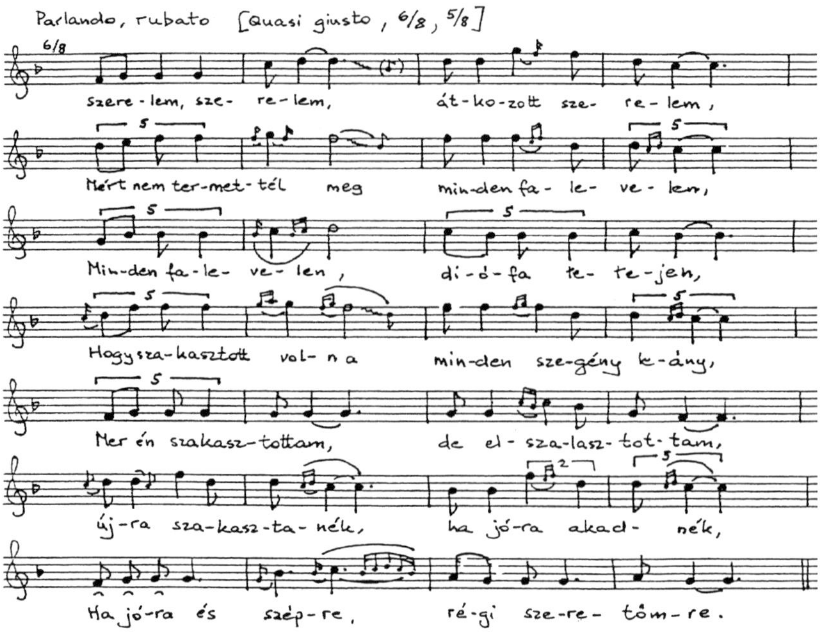

Fig. 2: «Szelerem, szelerem», chant populaire hongrois de Mezóség., recueilli par Zoltán Kallós et György Martin, le nom de l'interprète et la date de l'enregistrement ne sont pas indiqués. Source: Hungarian Folk Musik from Rumania (Mezóség) I. Bonchida, válaszút (LPX 181079): side B, N° 3/a.

chants strophiques connus dont les éléments mélodiques, rythmiques et textuels sont recomposés d'une manière originale.

Le *keserves* est un exemple remarquable de recomposition inventive d'éléments tirés de ce qu'on appelle les mélodies «de type complainte» (Falry 1988) (fig. 2). La plupart des chants strophiques hongrois comprennent quatre vers dont la fonction formelle est claire: (1) vers d'introduction, (2) vers de continuation ou de culmination, (3) vers culminant et/ou avant-dernier vers et enfin (4) vers de la cadence. Ici l'interprète ouvre le chant par deux vers qui lui servent d'introduction et de continuation, puis atteint le point culminant dans le registre aigu de façon particulièrement rapide. Après cette vigoureuse introduction comportant d'importants écarts d'intervalles, le troisième vers amène un contraste: une simple récitation dans le registre moyen (utilisant les notes de récitation: si ♭, do, ré). Bien que ce soit plutôt rare, ce vers peut parfois jouer le rôle d'avant-dernier vers. Cependant le vers cadenciel anticipé est évité: le quatrième vers réitérant le contenu mélodique du second. Cette idée ouvre la forme: le cinquième vers reprend l'idée du récitatif, mais cette fois dans un registre encore plus grave, situé au-dessous de la tonique; le sixième vers rappelle à nouveau le contenu mélodique du second. Enfin le vers de la cadence combine l'idée du récitatif et de la finale.

Cette conception formelle est vraiment spectaculaire : la cadence est retardée de quatre vers (apparaissant au septième vers plutôt qu'au quatrième) et la suspension des quatre vers procède en un mouvement circulaire qui évolue du vers introduction-culmination (contenu mélodique du deuxième vers) à la récitation. Ainsi nous entendons trois fois le contraste dramatique entre le vers à la courbe mélodique « chantante » au registre supérieur et celui du récitatif ; et ce contraste s'intensifie du fait que, vers la fin, l'intervalle entre les registres s'élargit (entre les vers quatre et cinq et entre les vers six et sept).

Le dessin rythmique est non moins puissant. Il repose sur la forme habituelle du vers à douze pieds (6+6), une des plus anciennes structures dans les chants parlando-rubato et les danses de Hongrie. Si elle devait accompagner une danse, cette pièce conviendrait parfaitement au *lassu*, une danse « lente » de la Transylvanie (qui, de fait, recourt à ce chant). Le *lassu* est composé de deux mouvements corporels correspondant à une seule mesure dans la musique. Dans cette exécution, on sent la symétrie et le schéma d'accentuation double de la danse ; et pourtant, le chant donne dans l'ensemble l'impression d'un parlando.

Ce stade intermédiaire entre le giusto (métrique) et le rubato m'a posé des problèmes de transcription insolubles. Les remarques explicatives du début du chant témoignent de ma frustration. L'indication « parlando-rubato » est la moins problématique, mais est aussi la moins riche en informations. Dans la tradition de l'ethnomusicologie hongroise, le « parlando-rubato » a un sens spécifique ; ce n'est pas la description ad hoc d'une interprétation particulière mais une indication générale sur le style. L'indication « quasi giusto, 5/8, 6/8 » est encore plus problématique. « Giusto » est le terme approprié pour décrire la métrique des danses hongroises, il signifie un rythme métrique avec une certaine flexibilité. L'indication du mètre 5/8 et 6/8 traduit correctement, je pense, le fait que la première et la troisième mesure de chaque vers sont plus ou moins dans ces mètres. Cependant, « quasi giusto, 5/8, 6/8 » semble faire allusion aux danses en 5/8, 6/8, ce qui serait un rapprochement tout à fait erroné car de tels mètres sont virtuellement inexistants dans les danses hongroises.

En réalité, ce chant combine plusieurs approches rythmiques en constante interaction les unes avec les autres et il est impossible de reproduire cette interaction dans la notation :

1. La base métrique de ce chant est le rythme du *lassu* transylvanien noté en 4/4.
2. Bien qu'il s'inscrive, d'une part, dans ce cadre métrique et, d'autre part, dans le style d'interprétation caractéristique du parlando-rubato, le morceau est joué en oscillant constamment entre des sections plus parlando et d'autres plus métriques.
3. Certaines formes rythmiques reviennent comme des unités stables.

Malgré l'impression de rubato, ce chant a un cadre rythmique rigoureusement structuré. Chaque vers est composé de deux paires de mesures, basées chacune sur le schéma identique : ♩♩♩♩ 𝅗𝅥𝅗𝅥

Le rythme résulte, lui, d'altérations temporelles mineures apportées à ce schéma. Ces variantes ne sont pas totalement libres, elles appartiennent essentiellement à trois types quasi-métriques. Un des types sert à toutes les mesures finales (les mesures deux et quatre de chaque vers): deux notes longues, dont la seconde est plus longue que la première. Le schéma pour les premières mesures de chaque vers est brève-brève-brève-longue (souvent notable en 5/8: ♪♪♪♩) et pour les troisièmes mesures de chaque vers est brève-longue-brève-longue (souvent notable en 6/8: ♪♩♪♩).

Bien que les deux derniers schémas semblent quelque peu métriques, la différence qui les sépare n'est pas aussi considérable qu'il y paraît sur le papier, car dans ce style de jeu flexible, les notes n'ont pas des durées et des proportions rigoureusement fixées. Nous nous trouvons dans cette situation étrange où les mètres 5/8 et 6/8 qui, dans une musique réellement métrique, auraient donné l'impression d'être vraiment différents, semblent plutôt être ici des variantes l'un de l'autre. Notre sensation de la métrique provient moins de la succession des 5/8 et des 6/8 que du fait que ces mélodies se développent par paires de notes et que toutes les mesures sont approximativement de la même longueur.

Deux aspects de cette musique défient toute transcription:

- Le fait que se combinent des styles rythmiques différents, ayant tous des éléments à la fois rubato et giusto.
- Le fait que la mélodie se développe par paires de notes, ce qui est plus déterminant dans notre perception de la métrique que les valeurs temporelles et les proportions réelles des notes.

Déjà dans les années 1920, Bartók découvrait certains aspects de ces interactions des rythmes rubato et giusto. C'est en termes d'évolution en chaîne qu'il concevait les différentes formations rythmiques (Bartók 1981 : 9). Selon lui, le rythme le plus ancien a dû être une sorte de tempo giusto qui traduisait le mouvement corporel (comme la danse, à la base de ce chant). Puis, à un niveau plus élaboré, le parlando-rubato s'est développé suivant le rythme de la parole (comme le style parlando-rubato de ce chant). Enfin, à un stade encore plus tardif, ce rubato parlant s'est «durci» pour aboutir de nouveau à un rythme métrique (comme les 5/8 et 6/8 de cet exemple)[4].

Il est peu probable qu'une telle évolution ait jamais eu lieu dans l'histoire de la musique. Il n'y a aucune raison de penser que le concept du rythme de la danse ait précédé le concept du rubato, ni que le rubato ait été entièrement libre avant de développer une métrique interne. Dans la musique populaire hongroise, le passage du rubato au giusto se fait naturellement, la même mélodie ayant souvent des versions (dansées) rubato et giusto. Certaines mélodies, probablement rubato à l'origine, ont été utilisées plus tard pour la danse. De plus, la majorité des mélodies rubato reposent sur des textes poétiques qui, de ce fait, obéissent

[4] Depuis Bartók, le sujet du rubato durci a été étudié par plusieurs ethnomusicologues hongrois dont Rajeczky (1978) et Vavrinecz (1953).

toujours à une certaine métrique interne. Bartók a néanmoins découvert ici une des caractéristiques essentielles de la musique hongroise, à savoir la coexistence possible et la constante interaction de trois conceptions rythmiques différentes dans une même pièce.

Une autre particularité importante décrite par Bartók a trait à la variabilité des relations temporelles internes des paires de notes (Bartók 1981 : 14 et 33). Dans la musique populaire hongroise, la structure rythmique sous-jacente consiste en paires de notes dont la combinaison symétrique engendre les lignes rythmiques. Dans le rubato, alors que la longueur des mesures reste plus ou moins semblable, les proportions temporelles des notes à l'intérieur de la mesure varient en fonction de leurs formations asymétriques, celles-ci, à leur tour, peuvent se «durcir» (selon Bartók) et réapparaître sans changement notable dans chaque couplet (voir les types 5/8 et 6/8 de notre exemple). Cette technique montre que le rubato est en fait obtenu par des formations métriques[5].

Ainsi, la sensation de la métrique est produite de trois façons différentes dans ce chant populaire: par l'arrangement symétrique des lignes et des mesures, par l'association avec la danse animée par un mouvement régulier sous-jacent et un rythme double, enfin, par la récurrence des schémas quasi-métriques (symétriques, 6/8 et asymétrique, 5/8).

L'origine de son caractère rubato s'avère encore plus complexe. D'abord, la structure métrique sous-jacente de la danse *lassu* porte en elle un élément de rubato car elle est dansée avec des mouvements de balancement d'avant en arrière, sans attaques nettes[6]. Ensuite, aussi paradoxal que cela puisse paraître, les formations rythmiques récurrentes (les motifs 5/8 et 6/8) donnent une sensation de rubato «durci», selon la terminologie bartókienne, car elles semblent être des altérations rythmiques du schéma de base. Les mêmes aspects rythmiques contribuent donc à donner à la fois l'impression du rubato et de la métrique, c'est le cas de la nature double, rubato et métrique, du rythme de la danse *lassu* et du «rubato durci».

Enfin, et c'est peut-être le point le plus important, le style général de cette musique suggère un rubato. Le chanteur préfère rendre le rubato, non par des modifications radicales de la structure rythmique, mais par des moyens plus subtils: timbre de la voix, faibles altérations temporelles produites par de légers glissandi sur les consonnes et les voyelles, ornementation, changements délicats de la dynamique, jeu retenu et intériorisé.

En écoutant cette musique et d'autres encore, on arrive à la conclusion que le rubato est plus une attitude qu'une formation rythmique clairement définissable. Ici, comme dans toute autre transcription, les valeurs réelles de la durée n'indiquent en elles-mêmes ni le rubato ni aucune autre expression métrique.

---

5 Le concept de la variation proportionnelle interne des paires de notes et l'idée que l'asymétrie métrique peut exprimer le rubato furent tous deux d'importantes découvertes que Bartók intégra dans ses propres compositions: Frigyesi (1982).

6 Voir l'enregistrement Hungarian Musik from Szek (1985); ces enregistrements furent effectués à la fin des années 1940 et au début des années 1950.

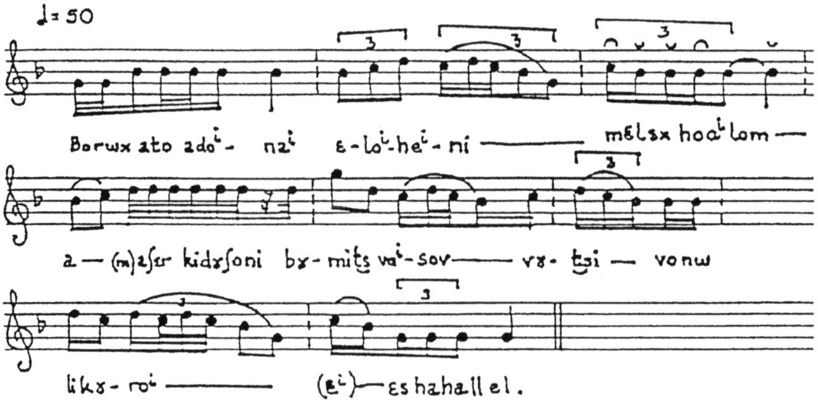

Fig. 3: Bénédiction de la prière Hallel, exécutée par Dezsó Gärtner de Hajdunánás et Miskolc. Enregistrée à Budapest, 1977, par JF.

En général, notre notation rythmique conventionnelle ne donne aucune indication sur l'aspect le plus important du style rythmique: le degré de précision de l'accent, le rubato, l'exactitude de la durée etc. Bien qu'à l'évidence on doive transmettre la différence entre l'expression du rubato et de la métrique à travers les caractéristiques objectives du son, ceux-ci se produisent à un niveau tellement subtil qu'on ne peut les mesurer de façon objective et les transcrire sans obstruer l'image visuelle censée communiquer le schéma rythmique global.

Mon second exemple (fig. 3) est une transcription de la bénédiction de la prière du Hallel[7]. Le texte du Hallel consiste en psaumes célébrant l'exode des Juifs hors d'Egypte; il est chanté pendant certaines fêtes de l'année liturgique. Dans la tradition ashkénaze européenne, sa mélodie se compose, malgré quelques différences locales, de sections récitatives et métriques alternantes. Certains psaumes sont lus à la manière du récitatif et d'autres chantés métriquement. Dans les sections récitatives, le chantre entonne à haute voix les premiers mots du psaume, puis la congrégation lit de façon hétérophonique la suite du texte avant que le chantre ne récite les derniers versets. En conséquence, la partie vraiment musicale, la récitation du chantre, n'a pas une forme définitive, son style rythmique pouvant varier du plus chantant au plus déclamatoire.

Seule exception à la règle, la bénédiction d'ouverture qui, selon la tradition, est entièrement exécutée par le chantre. D'habitude celui-ci prend grand soin d'exposer la base mélodique de la prière, *nusah*, dans cette partie car la bénédiction sert à annoncer la prière. J'ai choisi cette section à cause de la clarté de sa structure mélodique et rythmique.

Dans un article précédent, j'ai publié une autre transcription de cette même interprétation, en utilisant la notation adoptée communément pour décrire la

[7] Pour une étude plus détaillée de la prière Hallel, voir Frigyesi (1986)

musique juive, c'est-à-dire sans barre de mesure et en indiquant seulement quelques valeurs rythmiques très approximatives[8]. Mais plus j'écoute la pièce, plus il me semble que cette façon d'aborder la transcription trahit le style rythmique, car il suggère une musique sans pulsation et sans métrique alors que j'entends clairement la pulsation dans cet exemple musical[9]. De plus, la musique ne me semble pas du tout composée de notes à valeurs rythmiques arbitraires mais plutôt de séries distinctes de schémas métriques.

J'ai donc tâché de capter ce caractère quasi-métrique dans ma transcription. Après avoir longtemps écouté la mélodie pour y distinguer la pulsation sous-jacente, j'ai transcrit celle-ci avec des noires, en annotant les valeurs rythmiques réelles par rapport à cette pulsation. Me rendant ensuite compte que ces battements formaient des paires, j'eus l'idée de représenter le rythme dans des quasi-mesures contenant chacune deux noires (à l'exception d'une mesure de la durée d'une noire). Bien que cette transcription reflète mieux l'expérience auditive que ne le fait la notation habituelle de la musique juive, elle reste trompeuse pour différentes raisons.

Pour se représenter le style rythmique de cette musique, il faut nécessairement comprendre ses principes formels, dérivés de la tradition récitative commune à l'aire méditerranéenne[10]. Bien que nous ne puissions probablement jamais déterminer où, et au sein de quel groupe, ce style de récitation a pris naissance, il est évident que toutes les traditions religieuses de cette région partagent un style de lecture des textes sacrés structurellement analogue. Ce style, décrit par plusieurs chercheurs, aborde le texte en fonction, d'une part, de ses petites unités textuelles (mot ou groupe de mots), de l'autre, de phrases arrangées symétriquement. La première approche aboutit à un style mélodique appelé «style regroupé» par Avenary (1963) et «centonisation», en relation avec le chant Grégorien, par Feretti (1938). Dans le style regroupé, les petites unités de texte sont assorties de formules mélodiques spécifiques, combinées un peu à la façon d'une mosaïque pour créer une progression mélodique plus longue. La seconde approche traite le texte dans ses phrases, elle est la base de la psalmodie et des structures de types psalmodiques.

Ces deux attitudes face à la récitation définissent la mélodie du chant grégorien et la psalmodie de textes dans les autres branches de la Chrétienté orientale, dans la musique juive et, dans une certaine mesure, dans la cantillation coranique. S'il y a longtemps que leur importance est reconnue dans le domaine de la composition mélodique, peu a été dit sur la façon dont elles déterminent la conception du rythme.

La sensation de la métrique découle essentiellement du fait que cette musique est organisée en petites unités de longueur approximative, c'est-à-dire

[8] Exemple 1 dans Frigyesi (1985). Notons que Chemjo Vinaver (1989) grand connaisseur de la musique traditionnelle juive se proposait de présenter le style récitatif avec une notation rythmique extrêmement exacte, apparemment en accord avec l'attitude de la communauté.

[9] Voir mes explications dans Frigyesi (1986), non publié.

[10] J'ai décrit quelques aspects des différents styles de récitation dans Frigyesi (1993, mars 1992, 1994-95).

qu'elles correspondent les unes aux autres sans être exactement de la même longueur ou de la même organisation métrique interne. Notre exemple illustre parfaitement cette approche. Chaque unité textuelle correspond à un motif mélodique et aussi à une structure rythmique spécifique ; en outre, à une exception près, chacune de ces unités a plus ou moins la même longueur.

Dans ma transcription, les unités sont séparées par une barre de mesure en pointillés. Cependant, bien qu'elles ressemblent à des « mesures » dans la notation, elles ne le sont pas au sens métrique du terme. La métrique ne désigne pas seulement la séquence d'unités de durée équivalente, mais aussi, et c'est le plus important, la récurrence de fonctions métriques analogues à l'intérieur d'une même unité. (Par exemple, 4/4 signifie qu'il y a, dans chaque mesure, quatre unités de durée égale, des noires, suivant un schéma rythmique « très fort, faible, fort, faible » ; et qu'en outre, ces unités se divisent en de plus petites unités, des croches, toujours selon le même modèle rythmique). La présence des mesures voudrait dire qu'il existe une structure sous-jacente d'accentuation métrique récurrente par rapport à laquelle le texte et la musique sont joués.

Ce qui se passe ici est bien différent : il n'y a pas de fond rythmique mais seulement un flux régulier d'unités textuelles et mélodiques correspondantes. Ces unités ont leur propre métrique interne ; elles n'entrent pas dans une structure métrique générale plus vaste. Dans la transcription, par exemple, certains motifs contiennent des triolets, ce qui tendrait à indiquer une tension au sein d'une métrique essentiellement double. Dans la plupart des cas, aucune tension du genre n'existe car l'auditeur n'a pas d'attente particulière en ce qui concerne l'arrangement de la métrique interne des unités.

En outre, la longueur des unités n'étant pas tout à fait semblable, la durée exacte des notes individuelles n'a aucune pertinence dans le contexte de l'ensemble du morceau. Par exemple, en éliminant les signes de triolet dans la seconde mesure de la transcription, nous arriverions à une mesure de six croches, c'est-à-dire une mesure de 50 % plus longue que la précédente. Mais si nous tenons compte du fait que les doubles croches de la première mesure sont légèrement plus longues que celles de la seconde, la différence de longueur entre ces deux mesures paraîtra alors plus réduite, voire négligeable.

Pourtant, nous entendons bien des formations métriques, et parfois même une tension métrique à l'intérieur d'une unité. Par exemple, d'après notre transcription, deux des motifs commencent sur une levée. Ceci peut paraître absurde dans le contexte de ce style rythmique flexible. La longueur des notes et des mesures étant seulement approximative, il n'y a aucune raison de dire qu'un motif commence une triple croche avant la barre de mesure imaginaire (comme dans la levée de la seconde mesure de la deuxième ligne). Néanmoins, la première note de cette structure « sonne » vraiment comme une levée, bien qu'il soit difficile de déterminer si cet effet est produit par l'accentuation du texte, par le brusque saut de la mélodie combiné à un changement soudain de la dynamique, ou parce que nous percevons une pulsation sous-jacente.

Chaque motif mélodique a son propre schéma rythmique doté de ses proportions internes caractéristiques, sa sensation et éventuellement sa tension métrique. Cependant, la musique n'est pas métrique dans son ensemble. On ne sent pas un développement rythmique continu s'appliquant à toutes les structures. Ce qui signifie que la métrique interne et la tension métrique dans un schéma donné ne peuvent se transcrire de façon mécanique, et ne peuvent pas non plus être mesurées par rapport à un cadre métrique absolu.

Il est évident que la transcription d'une telle musique ne peut être que subjective. Aucun des éléments du rythme – pulsation sous-jacente, durée des unités, métrique interne – ne reste régulier pendant assez longtemps pour qu'il puisse être question de stabilité métrique. Comment pouvons-nous transcrire un schéma composé de notes brèves légèrement plus longues que celles du précédent ? Devons-nous entendre son rythme d'après une «horloge» (et noter son asymétrie rythmique compliquée), ou changer notre horloge imaginaire (et indiquer le changement métronomique) ou encore le considérer simplement comme une déviation de type rubato ? En fait aucun de ces choix n'a vraiment d'importance ; lorsque nous écoutons cette musique, notre approche générale est assez flexible pour rendre plausible chacune de ces interprétations.

A un niveau supérieur, les phrases textuelles et mélodiques créent la périodicité rythmique d'une façon semblable. Comme pour les motifs, les phrases ne sont pas exactement de la même longueur, mais donnent l'impression d'une séquence d'unités correspondantes. Nous trouvons dans cet exemple trois phrases, représentées chacune par une ligne séparée dans la transcription. La structure des phrases de ce passage coule en un flux bien agencé :

Ligne 1. Introduction et premier vers (long, avec une pause interne après le motif d'ouverture)

Ligne 2. Continuation et deuxième vers (long, avec une élision d'environ un quart de temps pour amener la cadence de façon efficace)

Ligne 3. Vers cadenciel (bref)

A l'arrière-plan de la mesure et des cycles de phrases, nous sentons la présence d'une pulsation continue. Cette dernière devient encore plus apparente à mesure qu'évolue l'interprétation. La prière des Juifs ashkénazes est toujours récitée avec un balancement du corps d'avant en arrière. Pourtant, ce balancement ne correspond pas à la structure de la musique. Il est légèrement circulaire, sans attaque nette au début du cycle et, dans la plupart des cas, il n'est pas tout à fait régulier. En outre, d'après ce que j'ai pu observer, les personnes qui prient en se balançant n'utilisent pas ce mouvement pour marquer la pulsation de la musique. Le balancement suit apparemment ses propres règles qui n'ont pas grand chose à voir avec la récitation, ce qui crée une sorte de polyrythmie entre le rythme du corps et celui de la musique. Néanmoins, cette pulsation sous-jacente influence la musique en déterminant sa vitesse et son énergie, et parfois même coïncide avec la pulsation de la musique.

En résumé, on trouve dans cette pièce une périodicité temporelle à au moins trois niveaux différents, mais aucun d'entre eux ne correspond à un temps exact. Cependant, le plus intéressant est que, malgré cette flexibilité, on perçoit quand même des tensions métriques occasionnelles. Par moments, les unités sous-jacentes (la pulsation de la noire ou les quasi-mesures) prennent de l'autonomie et créent une attente quasi-métrique. Bien qu'on puisse concevoir le commencement comme une unité métrique mobile, on entend parfois des levées et même des triolets par opposition à une métrique double. L'image générale de cette transcription évoque un peu cette expérience, mais au prix d'une trop grande complication et d'une séparation trop rigide des unités de motifs. Elle ne traduit pas l'impression de base de cette musique, qui est celle d'une récitation au rythme flexible, proche du discours.

Conclusion

Pour Bartók, la transcription était la façon privilégiée de pénétrer la structure de la pièce, d'apprendre à entendre la musique jusque dans ses moindres détails et à l'intérioriser. Dans cette fonction, transcrire signifie confronter sa musicalité acquise à un nouveau matériau et, par ce processus, arriver à l'accorder avec sa propre sensibilité musicale.

Il est utile d'accepter cette définition pour la fonction de la transcription ethnomusicologique (par «transcription ethnomusicologique», j'entends une méthode qui vise à capter une structure musicale pertinente par écrit). Mais déjà à ce niveau personnel de l'apprentissage, on est confronté à une série de questions conceptuelles et techniques. Sur quoi se base-t-on pour penser qu'une méthode venue de l'extérieur puisse révéler le caractère essentiel d'un art? Peut-on croire que les représentations analytiques ne sont pas marquées du sceau de notre culture et sont susceptibles de s'appliquer indifféremment à n'importe quel art? Ne se pourrait-il pas qu'en transcrivant une musique, nous nous exerçons à devenir aveugles aux aspects qui ne cadrent pas avec nos habitudes de notation?

C'est bien possible. Dans les deux exemples ci-dessus, la transcription n'a pas réussi à capter le caractère essentiel du rythme; nous acquérons une meilleure compréhension de ce caractère en étudiant les différents aspects du style d'interprétation, son contexte et son histoire: autant de domaines qui défient notre système de notation.

Toutefois, le problème central de la transcription se situe ailleurs. L'échec de mes deux transcriptions ne vient pas seulement de ce qu'elles ne représentent pas suffisamment bien l'un ou l'autre des aspects du rythme. Ce qui n'apparaît pas dans la transcription, ce que la transcription n'évoque même pas, c'est la totalité du style rythmique. Nous ne concevons pas le rythme des musiques comme la somme de facteurs différents (mètre, durées etc.), mais comme un tout, comme un style. Dès que l'on commence à décomposer ce style en ces éléments, on se trouve face à un phénomène si pluridimensionnel qu'il est objectivement impossible de le rendre par écrit, c'est à dire sous une forme de représentation unidimensionnelle.

La contradiction – attribuée vraisemblablement de façon erronée à l'opposition qui existe entre la musique non occidentale et la transcription occidentale –

est en réalité une contradiction entre la nature pluridimensionnelle de l'expérience orale et la nature unidimensionnelle de l'écrit. Nous sommes confrontés au même type de problème lorsqu'il s'agit de transcrire une langue. Seulement là, l'écart séparant la forme orale de l'écrite nous est plus familier. Dans la langue aussi, la forme écrite ne transmet qu'un message unidimensionnel réduit. L'écriture ne retient pas la prononciation, le débit, l'intonation, la qualité vocale, les gestes, les mouvements corporels, etc. Nous saisissons le sens du mot écrit uniquement parce que (et seulement si) nous connaissons au préalable son aspect sonore, les schémas visuels qui l'accompagnent et son contexte stylistique, historique, social et conceptuel; toute une somme de connaissances que nous obtenons surtout par des sources extérieures, et qui ne compensent en fin de compte que partiellement le manque d'information acquis tout naturellement dans le langage parlé.

La situation est la même en musique; la notation n'a de sens que si elle est associée à une connaissance acquise à travers la tradition orale. La musique occidentale ne fait pas exception: nous comprenons plus facilement la notation de la musique occidentale uniquement parce que nous vivons dans son monde sonore. Même les gens qui n'ont pas reçu d'instruction musicale sont sensibilisés, dès leur plus jeune âge, au concept occidental de la métrique, du phrasé, de la forme, du mouvement dynamique, sans parler de l'éducation émotive qui forme la toile de fond de cette musique. Ceux qui apprennent la musique complètent cette connaissance acquise spontanément par des détails spécifiques concernant les styles musicaux, la technique et le goût. Et même dans un cadre contextuel aussi riche, les interprétations d'une même partition peuvent être très différentes.

Le problème est qu'aucune transcription ne peut saisir l'essence du style musical. Toutes les discussions passionnées au sujet de la transcription arrivent à un constat simple et élémentaire: nous ne pouvons pas communiquer, apprendre et intérioriser la musique uniquement par le biais de la transcription et de l'analyse. Ce qui apparaît dans l'analyse comme étant inévitablement une structure rythmique multiforme extrêmement complexe et qui ressemble dans l'écriture à un schéma unidimensionnel insuffisant, est en réalité une expérience orale intégrale, immédiatement compréhensible.

Références bibliographiques

FALVY Zoltan, ed.

1988 *A magyar nepdalok Katalogusa stilusok szerint rendezve* I. (The catalogue of Hungarian folk songs according to styles I.) Series. introduction by Laszlo Dobszay and Janka Szendrey (Budapest:Magyar Tudomanyos Akademia Publication).

SUCHOFF Benjamin, ed

1981 *The Hungarian Folk Song,* trans. M.D. Calvocoressi (Albany: State University of New York Press. (1re édition en hongrois en 1924), 9.

AVENARY Hanoch

1963 *Studies in the Hebrew, Syrian and Greek Liturgical Recitative.* Tel Aviv: Israel Music Institute.

COOK Nicholas
1987 *A Guide to Musical Analysis* . New York.

COOPER Grosvenor & Leonard B. MEYER
1960 *The Rhythmic Structure of Music.* Chicago: University of Chicago Press.

FERRETTI F.
1938 *Esthétique Grégorienne.* Paris.

FRIGYESI Judit
1979-80 «Free-Form Recitative and Strophic Structure in the Hallel Psalms» (with Peter Laki), *Orbis Musicae* vol. VII, 43-80.
1981 «The Approach to Rhythm in the Analytical Literature of the Second Half of the 20th Century», *Musicological Studies.* Vol. IV, 151-59.
1982 «Between Rubato and Rigid Rhythm: A Particular Type of Rhythmical Asymmetry as Reflected in Bartok's Writings on Folk Music», *Studia Musicologica* vol. XXIV, 327-37.
1986 «The beat behind free rhythm in Jewish recitative», Annual Meeting of the Society for Ethnomusicology, Rochester, New York. (Non publié).
1993 «Preliminary thoughts toward the study of music without clear beat: the example of 'flowing rhythm' in Jewish nusah», *Asian Music* vol. XXIV-2 (spring-Summer 1993), 59-88.

KALLOS Zoltan
1969 «A keservesekrol (About the Keserves)» I-II, *Muvelodes,* 22/3: 48-49, 22/4:37-41

LERDAHL Fred & Ray JACKENDOFF
1983 *A Generative Theory of Tonal Music.* Cambridge.

RAJECZKY Benjamin.
1978 «On the problem of asymmetrical rhythm in Hungarian folk music», *Zenetudomanyi Dolgozatok* , 149-158. (en hongrois)

VAVRINECZ Bela
1953 «Asymmetrical Rhythms», « *Zenetudomanyi Dolgozatok,* 567-92. (en hongrois).

VINAVER Chemjo
1985 *Anthology of Hassidic Music* (Jerusalem: The Jewish Music Research Centre). (voir le compte-rendu de cet ouvrage dans Frigyesi, *Ehnomusicology* (1989), 360-363.

Références discographiques

Hungarian Folk Music from Scek. Collected and transcribed by Laszlo Lajtha, ed. By Fenenc Sebo (Budapest: Hungaroton, 1985).

Hungarian Folk Musik from Rumania (Mezóség) I. Bonchida, válaszút (LPX 181079)

RÉSUMÉ

Cet article traite du problème de la transcription de la pulsation et de la métrique, en présentant deux exemples de transcription tirés de deux traditions musicales différentes tout en les confrontant à la description verbale de la structure et de l'expérience de leurs musiques respectives. Selon l'auteur, toute transcription est vouée à l'échec lorsqu'il s'agit de représenter la pulsation. Toutefois, la raison de cet échec n'est pas le manque de signes appropriés dans notre système de notation, mais le fait que l'écriture ne peut traduire la complexité de l'expérience orale. Pour expliquer ce phénomène, l'essentiel de cet article est consacré à l'analyse de la tension qui existe entre l'expérience orale et la représentation écrite de la pulsation.

LA NOTATION DU CHANT GRÉGORIEN
Écriture et oralité, des rapports problématiques

Jacques Viret

Lorsque l'écrit a cours dans une culture traditionnelle, il n'est qu'un auxiliaire de la tradition orale ou – comme d'aucuns préfèrent dire aujourd'hui (Levy 1998: 3) – « aurale ». Cette loi générale s'applique aux répertoires chrétiens de chant liturgique, à l'exception de celui de l'Église latine – « grégorien » – depuis le bas Moyen Âge, et de celui de l'Église orthodoxe russe modernisé par harmonisation dès le XVIIe siècle[1]. Dans ces répertoires, auxquels on pourrait ajouter les genres périphériques de la tradition musicale juive, la perte de la tradition ancienne est allée de pair avec un recours croissant à l'écrit et avec des contaminations provenant de la musique occidentale savante. En revanche les chants gréco-byzantin, syro-maronite, arménien et copte ont conservé jusqu'à nos jours une transmission orale, seule garante d'authenticité. Il en va de même pour le noyau ancien et fondamental du répertoire juif, celui de la cantillation synagogale (lecture biblique; cf. Roten 1998), dont dérivent comme autant de branches adjacentes les chants chrétiens. De part et d'autre, une tradition orale s'est perpétuée à travers les siècles, parallèlement à l'emploi de notations en général peu précises et avec les aléas inhérents aux vicissitudes historiques. Dans l'Église syro-maronite, les notations effectuées depuis 1899 n'ont point relégué l'apprentissage auditif des mélodies: « C'est en se mettant à chanter avec l'assemblée que progressivement on apprend ce chant » (Hage 1992: 190); apprentissage facilité, ici comme ailleurs, par la composition « centonisée » (à base de formules communes) des mélodies. Ces notations ne sont pas destinées à l'usage pratique; le texte écrit sert surtout de témoin, de référence pour la conservation du répertoire, non de support contraignant pour l'exécution. Une semblable relativisation de l'écrit musical vaut pour d'autres traditions liturgiques: aussi des chercheurs ont-ils pu se livrer à d'éclairantes confrontations en observant les variantes entre les notations de certains chants et l'exécution de ces mêmes chants par des interprètes actuels formés par tradition orale (cf. Ménard 1959 pour le chant copte; Zannos 1991 pour le chant gréco-byzantin).

Qu'en est-il du grégorien? Pour celui-ci nous possédons une pléthore de sources écrites, manuscrits notés dont les plus anciens remontent au IXe siècle.

---

1 Depuis une quinzaine d'années, toutefois, les monodies originelles du chant *znamenny*, dont les plus anciennes notations remontent au XIe siècle (cf. Floros 1970), sont étudiées et chantées à nouveau (cf. CD Grindenko 1995, et sa notice). Il s'agit alors de la revivification d'une tradition de chant perdue ou fortement altérée, opération non sans analogie avec celle qui, dans le même temps, était réalisée pour les répertoires latins (grégorien, etc.).

Mais de très bonne heure – probablement depuis le début du second millénaire – la tradition orale d'interprétation s'est dégradée, de pair avec la transformation d'un paysage musical en mutation profonde, en raison du développement exponentiel d'une polyphonie écrite de plus en plus savante, d'où naîtra ensuite l'harmonie tonale classique (des pratiques archaïques de polyphonie improvisée, appelées «chant sur le livre», *cantus supra librum*, ont cependant subsisté marginalement jusqu'au XIXe siècle, et en quelques endroits – la Corse notamment – jusqu'à nos jours). Le rythme s'est dans l'ensemble alourdi, uniformisé, mais moins dans les récitatifs et la psalmodie – soumis à l'accent de la parole – que dans les mélodies ornées, et pas du tout dans les hymnes, dont le rythme simple et métrique était de même essence que celui de la musique polyphonique, appelée précisément *musica mensurata* ou *mensurabilis*, «musique mesurée», par opposition au plain-chant, *cantus planus*, «chant plane, aplani, uni». Cette dégénérescence se reflète assez clairement dans les métamorphoses d'un système graphique passant progressivement des signes très fins de la neumatique primitive (IXe – XIe siècle) aux grosses notes carrées des antiphonaires plus récents.

Conscients de cet état de fait, les moines de Solesmes ont opéré vers 1850 un redressement, qu'on a appelé «restauration grégorienne» et dont la restitution des textes mélodiques (gravement corrompus depuis le XVIe siècle) demeure l'aspect le plus valable scientifiquement. Quant au style interprétatif, la chose était plus délicate: on n'avait pas à cette époque les moyens, ni l'ouverture d'esprit, aptes à permettre de renouer réellement avec ce qu'il avait pu être avant l'an mille. Surtout l'optique était pratique au premier chef: il fallait *faire chanter* le mieux et le plus facilement possible des moines ou des choristes paroissiaux, doués pour la musique ou non... Il est vrai que divers musicologues (Antoine Dechevrens, Jules Jeannin, Peter Wagner et d'autres), acquis déjà à l'idée comparatiste, avaient tenté dès la fin du XIXe siècle des restitutions rythmiques «mensuralistes», plus ou moins inspirées par le modèle des chants orientaux et opposées à l'«équalisme» solesmien; mais aucune d'entre elles n'est parvenue à s'imposer. La calme égalité solesmienne pouvait d'ailleurs, outre sa séduction musicale intrinsèque, se prévaloir du précédent non négligeable de la première en date des réformes du chant liturgique: celle des cisterciens au XIIe siècle, lesquels prônaient peut-être, mus par leur idéal de dépouillement et d'austérité, un style d'exécution assez analogue à celui que leurs lointains successeurs mettront à l'honneur, sept siècles plus tard.

Ainsi le style de Solesmes, qui a rencontré le succès que l'on sait avec l'aval officieux de l'autorité pontificale, est resté en partie tributaire des défauts auxquels il prétendait remédier, notamment en maintenant une quasi égalité des notes chantées, contraire à la rythmique légère et très diversifiée qu'indiquent les plus anciennes notations, antérieures au processus d'uniformisation. C'est seulement depuis les années 1980 (cf. Brunner 1982) que des interprêtes laïcs des répertoires médiévaux (Marcel Pérès, Dominique Vellard, Anne-Marie Deschamps, Brigitte Lesne, Damien Poisblaud notamment) ont pu – adoptant une optique comparative – accomplir une remarquable avancée en ce sens, dans le cadre du concert et du disque. Cette démarche permet, grâce aux exemples du chant traditionnel vivant, sacré ou autre, de *revivifier* selon une vraisemblable authenticité la lettre conservée par les manuscrits de chant, sans omettre les indications précieuses fournies depuis le IXe siècle par quelques écrits théoriques.

Un semblable comparatisme se fait jour en ce qui concerne la *musicologie grégorienne:* des spécialistes surtout américains (notamment Leo Treitler et Helmut Hucke, cf. Treitler 1974, 1981, 1982) en sont venus à envisager l'appartenance du chant grégorien au monde de l'oralité comme son caractère le plus fondamental, auquel devrait dorénavant se référer toute recherche concernant un point particulier de ce chant. Leurs travaux, auxquels on associera l'ouvrage de Peter Jeffery (1992) qui en fait la synthèse critique et trace de multiples «pistes» dans cette direction – avec une abondance de références à des publications ethnomusicologiques –, représentent sans conteste une contribution de premier ordre, et résolument novatrice, à la musicologie grégorienne.

Dans le domaine de la pratique chantée un cas significatif, et réjouissant, est celui du répertoire dit «vieux-romain», transmis par quelques manuscrits tardifs en notation sur portée; probablement plus ancien que le grégorien, mais apparenté à celui-ci quant à son texte et sa mélodie, il en est, pense-t-on, un état archaïque. Exhumé dès le début du XXe siècle, édité et étudié depuis les années 1950, il n'a jamais été réentendu tant qu'on ne disposait que des seules sources écrites. Chanté selon le style de Solesmes, il eût paru d'une insupportable monotonie, raison pour laquelle on se contentait de le juger esthétiquement mauvais en regard du grégorien. Jusqu'au jour où Marcel Pérès, directeur de l'Ensemble Organum, s'est avisé de mettre ce répertoire décrié sous les yeux du chantre grec Lycourgos Angelopoulos, lequel s'est senti en terrain familier car il y reconnaissait certaines fomules mélodiques du vieux chant byzantin. C'est lui qui a su dès lors en donner, avec Marcel Pérès et les chanteurs de l'ensemble Organum, une traduction musicalement belle et d'une forte «saveur» traditionnelle, dans deux mémorables disques (Pérès 1986, 1992). Le même chanteur a collaboré aussi, comme il se devait, au disque (Pérès 1993) du même ensemble consacré au répertoire gréco-latin de Bénévent (Italie du sud), témoignage révélateur des contacts étroits qui jusqu'à la fin du premier millénaire relièrent entre elles les chrétientés latine et grecque, occidentale et orientale. Le domaine byzantin est, on le voit, une référence incontournable pour l'étude du chant grégorien; cette constatation concerne aussi la notation de celui-ci.

La notation neumatique, importation byzantine ?

La tradition écrite du chant grégorien débute au IXe siècle avec les *neumes* sans portée. On les appelle communément «neumes-accents», par référence à la théorie qui les fait provenir des accents grammaticaux et des combinaisons de ceux-ci[2]. Ils visualisent le «ductus» mélodique avec son phrasé, mais non la hauteur exacte

2 Cf. Cardine 1970: 2. Pour une vue d'ensemble sur les notations grégoriennes et leur évolution, voir Mocquereau 1889; Stäblein 1975.

des notes. Aussi vers l'an 900 Hucbald (*GS*, 1: 117) préconise-t-il d'ajouter aux signes neumatiques une notation alphabétique des hauteurs de notes (celle qu'il propose est issue de la notation grecque antique dont c'est l'unique survivance médiévale; cf. Potiron 1957). Mais comme spécimen d'une double notation ainsi conçue, on ne connaît guère que le célèbre manuscrit «digrapte» de Montpellier, provenant de Dijon et à destination didactique (bibl. École de Médecine H 159; *Paléographie Musicale,* 8; voir ci-dessous, fig. 1, en regard du sigle «MP»). Quant à la notation purement alphabétique, elle aurait été employée en Italie du nord, notamment dans un antiphonaire dont on conserve la préface (cf. *GS*, 1: 250). Seule en définitive la notation neumatique s'imposera avant d'engendrer, au terme de successives transformations, la notation moderne.

L'origine de la notation neumatique latine pourrait se situer à Byzance. C'est là qu'est apparu, au Ve ou VIe siècle, un prototype de notation dite *ekphonétique* – du grec médiéval *ekphonèsis*, lecture à haute voix – et dérivée des signes d'accentuation et de ponctuation (*prosôdia*) dont les grammairiens alexandrins ont pourvu les textes grecs. Cette notation, sommaire et rudimentaire (Floros 1970, 1), s'applique non à des mélodies mais à des lectures, récitées selon la technique de la cantillation. On en trouve l'équivalent latin dans les livres appelés «lectionnaires» et «sacramentaires»: les signes qui y figurent sont les prototypes des signes modernes de ponctuation. Quant aux livres de chant (graduel de la messe, antiphonaire de l'office), ils renferment, eux, la notation neumatique, proprement musicale. Cette dualité graphique recoupe la distinction fondamentale, commune aux liturgies chrétiennes, entre *lectures* cantillées – adaptées à des formules passe-partout – et *chants* à caractère mélodique, composés pour et sur un texte avec lequel la mélodie fait corps (sans exclure l'utilisation occasionnelle de formules communes). En Occident latin, ces deux types sont appelés respectivement, depuis le XVIe siècle, *accentus* et *concentus.*

La neumatique grecque est probablement née de la notation ekphonétique (Floros, 2: 208-213); mais son homologue latin ne provient pas, lui, directement des signes grammaticaux. Seuls en effet trois neumes latins correspondent à ces derniers: la *virga* (note simple aiguë = accent aigu), la *gravis* (note simple grave = accent grave) et le *strophicus* ou *apostropha* (apostrophe, note simple répercutée; cf. Floros 1970, 2: 27-38). Ces correspondances, quoique très partielles, suffisent cependant à justifier l'affirmation du bref traité *Quid est cantus?* (ou *Anonymus Vaticanus*, ms. Vat. Pal. lat. 235, XIe siècle; cf. *ibid.*: 76, 78): «Des accents de la voix proviennent les signes appelés neumes» (*De accentibus toni oritur nota, quae dicitur neuma*). Les mêmes signes existent dans la neumatique grecque primitive («paléobyzantine», IXe-XIIe siècle): c'est à elle que les Latins l'auront empruntée, tout comme les autres neumes de base qui, eux, n'ont pas de modèle grammatical mais appartiennent à la séméiographie byzantine (*punctum*, *tractulus*, *quilisma*, *oriscus*; cf. *ibid.*: 214-215).

Les neumes latins ont donc une ascendance grecque vraisemblable (*ibid.*: 224-228). Or comme cette analogie graphique recouvre une analogie musicale, elle fournit comparativement un apport précieux pour l'interprétation des notations grégoriennes, en ce qui concerne le rythme et l'ornementation. Nous reproduisons

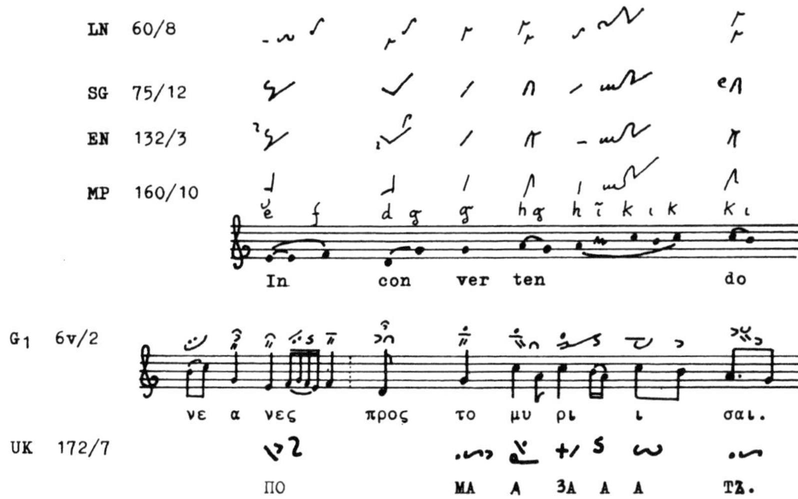

Fig. 1

l'exemple parallèle d'un incipit grégorien et d'un motif similaire du chant byzantin, où l'exécution du neume appelé *pes quassus* (*mi-mi-fa*) est éclairée par le rapprochement avec le *seisma* grec (fig. 1, d'après Floros 1970, 3 : 327)[3]. L'analogie musicale se déduit d'une similitude graphique : l'*oriscus* latin (élément constitutif du *pes quassus)* a la forme de la lettre *S*, comme le *syrma* grec ou *hyporrhoe*, *iporoi* (ce dernier terme étant la seule étymologie plausible du latin *oriscus*; cf. Floros, 2 : 78 sqq.). La même forme en *S* se retrouve dans l'ornement musical classique appelé *gruppetto*, dont la signification musicale est analogue et qui, selon Floros (*ibid.*: 98), pourrait dériver de l'*oriscus* latin et du *syrma* byzantin. Il s'agit donc d'un neume « sténographique » (un unique élément graphique = plusieurs sons), et non « analytique » (un élément graphique = un son ; cf. *ibid.* : 230-231). Les deux types de neumes existent dans les notations grecque et latine, mais ils sont moins nombreux dans la seconde.

3 Il s'agit du début du verset du graduel *Exsurge* (*Graduale Triplex*: 97). Voir aussi Floros 1970, 3 : 295. Les lignes de signes superposés correspondent à des notations différentes de la même mélodie selon diverses « écoles » (X^{e}-XIe siècles). La première ligne reproduit la notation de Laon. Les seconde et troisième lignes appartiennent à l'école de Saint-Gall. La quatrième provient du manuscrit de Montpellier, exemple exceptionnel de double notation, à la fois alphabétique et neumatique. La mélodie grégorienne est restituée à partir de ces mêmes manuscrits, et aussi des notations sur portée, plus tardives (XIIe siècle) ; celle du chant byzantin est transcrite à partir des neumes de cette tradition, lesquels indiquent (au contraire des neumes latins) les intervalles entre une note et la suivante.

Les neumes latins: approche génétique

Les documents conservés inciteraient à situer l'apparition de la neumatique latine aux alentours de l'an 830, dans un lieu du nord de la France. À cette date aurait été mise au point la notation dite *paléofranque* (Stäblein 1975: 28-29, 32, 106-107; Floros 1970, 2; Levy 1998: 109-140). Vingt manuscrits provenant de cette région et postérieurs à 850 nous la conservent, mais elle existait dès la première moitié du IXe siècle, date à laquelle Aurélien de Réôme s'en fait le témoin dans son traité (le plus ancien conservé) sur le chant liturgique. Elle consiste en quelques signes simples – point, petit trait horizontal, traits obliques ascendant ou descendant – et leurs combinaisons. Toutefois ces notations primitives s'emploient surtout pour un répertoire marginal et non pour celui de base, le graduel de la messe. Pour ce dernier on conserve en effet, de la même époque, une dizaine de graduels sans notation musicale, ne contenant donc que les paroles des chants: aurait-il donc été transmis par le canal de la seule mémoire jusqu'à la date des plus anciens manuscrits notés, à savoir le début du Xe siècle ? Nombre de spécialistes sont d'un autre avis; ils postulent l'existence, sans doute dès l'an 800 environ, d'un archétype noté des chants de la messe dont toutes les notations ultérieures seraient issues (Levy 1998: 132 sqq.).

Il faut ici poser le problème du «pourquoi»: *pourquoi la notation neumatique?* Celle-ci a-t-elle quelque rapport avec la création même du répertoire, ou sa diffusion? D'aucuns l'ont pensé. Ainsi Constantin Floros (1970, 2: 233-234) estime que c'est à Rome au VIIe siècle, sous le règne du pape Vitalien et à l'époque de la plus forte «grécisation» romaine, que le chant grégorien aurait acquis le visage que nous lui connaissons, de pair avec son expression graphique, les deux aspects ressortissant au modèle byzantin. Kenneth Levy (1998: 82-108, etc.) est d'autre part l'un de ceux qui se rallient à la thèse de l'archétype carolingien. À l'appui de celle-ci il avance une série d'arguments dont aucun n'est décisif mais qui, pris ensemble, ont du poids; en particulier (*ibid.*: 92-93) le mot *nota* qu'emploie Charlemagne dans son *Admonitio generalis* de 789 et qui semble bien désigner une notation musicale. Par ailleurs, la description très précise de certains motifs mélodiques que donne, vers 850, Aurélien de Réôme dans son traité concorde parfaitement avec la mélodie notée beaucoup plus tard: d'où l'on infère que cette mélodie existait, sous la forme exacte transmise par les manuscrits, bien avant la date à laquelle ceux-ci ont été copiés (*ibid.*: 187-194). La neumatique latine aurait son origine dans l'archétype: elle serait donc une invention franque (*ibid.*: 107), opinion partagée par d'autres auteurs. L'adoption du répertoire grégorien en territoire franc, lorsqu'il a fallu remplacer le rit gallican par le romain sur ordre des souverains carolingiens, se serait accomplie sur la base de manuscrits notés, et l'archétype supposé en aurait été le document de référence, appelé à faire autorité (Levy 1998: 107). A la fin du IXe siècle, Hucbald rapporte dans son traité *De musica institutione* que les «signes notés» sont alors «usuels» (*consuetudinariae notae; GS*, 1: 118). Il parle en outre de «variétés», *varietates*, pour désigner les espèces de signes décrites par lui et non sans doute, comme on l'a prétendu (Stäblein 1975: 29), des écoles de notation diversifiées selon les lieux, lesquelles n'existaient pas encore à cette époque reculée.

S'agissant des notations même, Levy (1998 : 117 sqq.) y distingue un clivage fondamental : certaines d'entre elles proviendraient des *accents* grammaticaux, tandis que d'autres seraient *chironomiques*, c'est-à-dire qu'elles indiqueraient les gestes manuels du chef de chœur (mais ces deux conceptions ne pourraient-elles se superposer, au cas où les accents grammaticaux seraient eux-mêmes chironomiques ?). Au premier type appartiendrait la notation paléofranque, dont les témoins du IXe siècle seraient les héritiers d'une hypothétique tradition écrite remontant à l'époque de saint Grégoire (VIe siècle), sinon plus haut (*ibid.*: 139). Au type chironomique se rattacheraient la plupart des graphies neumatiques classiques, du IXe siècle et postérieures [4]. Ces dernières attestent quant à la forme des mélodies, pour le répertoire de la messe, une impressionnante unanimité, difficilement explicable au cas où, pendant un siècle ou plus, ledit répertoire aurait été livré à une tradition orale fluctuante. C'est donc qu'une tradition écrite, dont les témoins ont disparu, aura dû exister dès les débuts de la pénétration du chant romain en pays franc (fin du VIIIe siècle). Il paraît en effet difficile d'admettre qu'une opération aussi considérable et complexe que le remplacement d'un répertoire (le gallican) par un autre (le grégorien) se soit faite sans recours à aucune notation musicale. Et comment expliquer, d'autre part, la multiplicité des familles régionales de notation ? L'hypothèse de l'archétype noté résout cette difficulté : chaque école aura adapté à sa façon les modèles graphiques de l'archétype présumé.

Kenneth Levy (1998 : 137-138) rattache le remplacement des neumes-accents primitifs par des neumes chironomiques, et la variété des écoles de notation, aux circonstances concrètes selon lesquelles s'est opérée la diffusion du répertoire romain en terres franques, avec intervention d'un processus de copie *sous dictée.* On entrevoit alors deux vecteurs complémentaires et simultanés de transmission : d'une part un archétype *écrit*, noté de manière quasi schématique en neumes-accents, dont toutes les copies auraient été identiques ; d'autre part la transmission *orale* des mélodies, par des chantres formés au répertoire romain et qui auraient accompagné ce manuscrit de référence dans les différents centres de diffusion dudit répertoire (l'assimilation de ce dernier ne pouvant être réalisée à l'aide du seul document écrit, chose impensable en milieu de tradition orale). Il existe au moins un cas attesté, à Chartres au XIe siècle, où des chants liturgiques nouvellement composés ont été transmis selon cette double voie (Delaporte 1957 : 53). Les copistes autochtones de chaque centre auraient eu sous les yeux le manuscrit noté – l'archétype –, tout en entendant en même temps l'exécution d'un chantre : travaillant sous la dictée de celui-ci, ils auraient alors, percevant la mélodie chantée et selon une interaction oral/écrit, « personnalisé » les signes simples de l'archétype et transformé ceux-ci en signes chironomiques, plus riches d'indications rythmiques et de nuances interprétatives.

---

4 Notamment celles de Laon et Saint-Gall, reproduites synoptiquement par le *Graduale Triplex* avec la notation « carrée » sur portée, plus tardive ; voir ci-dessus, fig. 1, en regard des sigles « LN » et « SG ». Pour la notation sangallienne, voir ci-dessous, fig. 2.

L'écriture sous dictée (attestée par l'iconographie, cf. Treitler 1974 : 337-344) présente d'évidents avantages, notamment parce qu'elle permet à plusieurs copistes de travailler en même temps à partir d'un unique « dicteur ». Entretenant un rapport étroit entre le son chanté et sa trace écrite, entre l'oreille et l'œil, elle laisse au copiste la liberté de transcrire de la meilleure façon ce que capte son oreille ; ainsi s'expliqueraient à la fois les similitudes (le donné musical, transmis auditivement et retenu par mémorisation) et les différences (les signes graphiques) que font apparaître les manuscrits neumatiques. « Chaque pas dans le processus d'écriture, chaque acte de notation, chaque ligature, chaque neume tracé serait la manifestation d'une impulsion gestuelle ». Chaque signe chironomique « aurait été exécuté non simplement comme la copie d'un modèle écrit mais, dans un esprit de relative autonomie, comme la réalisation active de la méthode. Les neumes résultant de cette opération reflèteraient des choix personnels et locaux, eu égard à ce qui devait être noté de manière exacte et vivante. Ce peut être de la vitalité de cette mentalité gestuelle que découle en partie la variété des écritures neumatiques aux Xe et XIe siècles » (Levy 1998 : 138-139). La notation d'une mélodie sous dictée est, semble-t-il, prouvée lorsque des copistes non grécophones ont noté des chants avec paroles grecques en translitérant celles-ci en caractères latins. Ils ont alors reproduit phonétiquement ce qu'ils entendaient, correctement quant à la prononciation des syllabes mais en se trompant pour séparer les mots (Atkinson 1982 : 118 sqq.).

K. Levy ne prend pas en compte les parentés décelées par C. Floros entre notations grecque et byzantine, au sujet desquelles il se montre plus que réservé (Levy 1998 : 112-113), sans argumenter sa position à cet égard. Il est vrai que son hypothèse, en soi intéressante et séduisante, se complique si on la confronte au comparatisme latino-byzantin. Il faudrait alors poser le problème dans les termes suivants : l'archétype des notations latines pourrait-il avoir eu lui-même quelques liens avec la neumatique byzantine ? Est-il vraisemblable, sinon, que la séméiographie latine se soit constituée en vase clos, hors de toute influence extérieure, directement peut-être – comme d'aucuns l'ont avancé – à partir du traité *De accentibus* du grammairien latin Priscien que l'on étudiait à l'époque carolingienne ? Il est regrettable que K. Levy n'ait pas jugé nécessaire d'entrer dans ce débat et de peser sans parti pris le pour et le contre des deux théories, au lieu d'esquiver la difficulté. D'un autre côté, puisqu'on ne saura sans doute jamais ce qu'aura pu être au juste l'archétype *supposé*, le problème devient d'une difficulté quasi inextricable...

Écriture et oralité

Les notations grégoriennes primitives non seulement s'accommodent de la transmission orale, mais elles l'exigent. En effet les neumes sans portée (*in campo aperto*) ne précisent pas les intervalles mélodiques : ne suggérant que la *direction* de la courbe, ils requièrent obligatoirement l'intervention de la mémoire. Jusqu'à la fin du Moyen Age la tradition grégorienne demeure tributaire, dans une mesure variable, de la mémorisation et donc de l'oralité; l'écrit existe, mais il joue – comme ailleurs – un rôle d'abord accessoire. Ce rôle devient plus important lorsqu'au XIe siècle Gui d'Arezzo perfectionne la notation sur portée, de pair avec son système de solmisation contribuant lui aussi à privilégier l'écrit. Auparavant chaque chanteur liturgique était obligé d'apprendre par cœur l'ensemble du répertoire, ce qui nécessitait une dizaine d'années de travail assidu. Désormais Gui se fait fort de permettre à quiconque de chanter une mélodie inconnue de lui d'après la seule notation de celle-ci – ce que nous appelons la «déchiffrer» –, et il annonce que cette nouvelle méthode réduira désormais à deux années seulement le temps d'apprentissage! Fier de son invention, dont il était allé faire la démonstration au pape, Gui en parle longuement dans ses écrits: *Guidonis Regulae de ignoto cantu* (Règles de Gui [pour lire] un chant inconnu; *GS*, 2: 34-42), et *Epistola Guidonis Michaeli monacho de ignoto cantu* (Lettre de Gui au moine Michel au sujet du chant inconnu; *ibid.*: 43-50).

En réalité, Gui n'a fait que coordonner et synthétiser diverses innovations qui étaient déjà dans l'air avant lui ou à son époque. La portée, grille de lignes horizontales, remonte à la *Musica enchiriadis* et aux *Scolica enchiriadis*, traités de la fin du IXe siècle (*GS*, 1) dont la notation dite «dasiane», de valeur surtout didactique (les syllabes du texte étaient écrites entre les lignes de cette grille), n'a pas eu d'autre postérité. Par ailleurs la corrélation entre l'acuité ou la gravité d'une note écrite et la place de celle-ci plus haut ou plus bas sur le papier (principe appelé «diastématie») existait dans certaines notations neumatiques sans portée, principalement en France méridionale (Aquitaine) et en Italie du sud (Bénévent).

La solmisation guidonienne, s'appuyant sur la nouvelle notation, est présentée par Gui comme une formation de l'oreille. Chaque note mélodique est intégrée à un ensemble, à savoir l'hexacorde *do-la* et ses deux transpositions, par bécarre (*sol-mi*) et par bémol (*fa-ré*, avec *si* bémol), lesquels constituent un substrat modal (mais non une structure modale!) gravé dans la mémoire auditive de l'élève. L'esprit de la tradition orale n'est donc pas absent de la pédagogie de Gui, lequel préconise au surplus de faire en sorte «qu'il y ait quelqu'un qui sache enseigner cette méthode non tant à l'aide de l'écriture [...], mais plutôt au fil d'une conversation familière» (*GS*, 2: 45). La nécessité de cette «conversation» (*colloquium*) est également affirmée dans un autre texte de Gui (*GS*, 2: 37). L'indication exacte de la hauteur des sons, explique-t-il, ne procure qu'une connaissance superficielle de la mélodie: seul par conséquent un enseignement oral permettra de chanter celle-ci avec toutes les finesses requises, au-delà d'une simple lecture des notes. En bref la part de l'«exécution», de l'«interprétation» reste affaire de transmission orale, car elle relève du *sonore* irréductible à l'écrit. La commodité et la rapidité de la transmission par l'écrit sont indéniables; cependant l'allègement de l'effort de mémorisation sera responsable, au moins partiellement, de la décadence de la tradition grégorienne tardive. Au XIVe siècle pourtant, le théoricien Jean de Murs rapporte que, de son temps encore, le long apprentissage de bouche à oreille, par mémorisation, est pratiqué çà et là (*GS*, 3: 202). A cette date, de fait, la notation sur portée n'était pas répandue partout: en certains endroits la notation de Saint-Gall (cf. *infra*, p. 90) subsistera jusqu'au XVe siècle.

La dualité oral/écrit concerne aussi, intrinsèquement, les sources notées, étant donné que celles-ci peuvent être issues d'une tradition soit écrite (le scribe copie un manuscrit), soit orale (le scribe note la mélodie et son texte d'après sa mémoire musicale, ou sous la dictée d'un chanteur). Le premier cas se détectera à des *erreurs* de copie («leçons» fautives, à corriger) – à moins qu'il ne s'agisse de retouches volontaires du scribe, possibles aussi –, le second à des *variantes* attestant les fluctuations inhérentes à toute tradition orale: les leçons seront alors musicalement équivalentes et ne devront pas, en principe, être corrigées l'une par l'autre. Aussi appartient-il à l'interprète moderne de savoir lire les notations musicales anciennes en fonction de l'esprit dans lequel elles ont été conçues, sous peine de s'exposer à des contresens interprétatifs.

Des témoins notés d'une tradition orale, avec les variantes d'une même mélodie, se rencontrent dans les *versaria* aquitains, monodiques ou polyphoniques, du XIIe siècle, et surtout dans les chansons de troubadours et trouvères, souvent recueillies par deux ou plusieurs manuscrits indépendamment l'un de l'autre. On voit alors comment le chanteur pouvait introduire ses ornements personnels sur la base d'un schéma mélodique qui était celui de la chanson elle-même, en son essence permanente. Ici se profile la distinction, empruntée par Leo Treitler (1981: 486) à Charles Seeger, entre les notations de type «descriptif» et «prescriptif»: la première fixe une *réalisation*, parmi d'autres possibles, d'un même donné musical de base (notamment par *ornementation* de celui-ci), tandis que la seconde consigne ce donné musical lui-même, tel que son exécution ne saurait le modifier sinon dans des proportions très réduites. Une notation prescriptive sera normalement plus simple, plus schématique qu'une notation descriptive; lors de collectages de chants folkloriques elle pourra être reconstituée par l'enquêteur en comparant entre elles plusieurs versions ou plusieurs strophes d'une même chanson, dont elle sera le substrat commun (un parallèle baroque existe dans les adagios des sonates pour violon d'Arcangelo Corelli, transmis sous des aspects conjointement prescriptif et descriptif, celui-là étant le texte très simple publié par le compositeur, celui-ci la transcription par ses élèves des riches ornementations qu'il y introduisait lorsqu'il les exécutait lui-même, et qui ont également été publiées dès le XVIIIe siècle).

Comment situer le corpus grégorien à la lumière de la problématique ci-dessus ? S'agissant des *hymnes* versifiées, assimilables à des chants populaires, leurs mélodies auront suivi un parcours semblable, de toute évidence, à celui dont témoignent les notations d'airs folkloriques. Chaque air noté apparaît comme *l'état ponctuel, saisi en un lieu et un moment donnés*, d'un chant soumis à un processus de constante variabilité. Aussi les notations d'hymnes rassemblées et classées dans l'édition de Bruno Stäblein (1956) relèvent-elles en grande partie de l'optique descriptive (c'est de surcroît entre les strophes successives d'une même hymne, en un même manuscrit, que s'observent quelquefois des variantes mélodiques). Quant au répertoire de base, celui de la messe, la question se révèle plus délicate. La tradition écrite quasi «monolithique» de ce répertoire (les variantes y sont en général insignifiantes) nous le montre parvenu à un état de fixation au début du Xe siècle, qui ne saurait être l'époque de sa composition. Alors doit-on présumer que la tradition plus ancienne – orale ou écrite – aura véhiculé un corpus mélodique déjà fixé par l'écriture ? Certains spécialistes le pensent, tels Constantin Floros et Kenneth Levy qui supposent, on l'a vu, une notation antérieure aux plus anciens manuscrits connus. Ces auteurs, et nombre d'autres, s'accordent dans la valeur prescriptive qu'ils attribuent aux notations grégoriennes : selon eux la mélodie se chantait telle qu'elle était notée. Ils s'opposent par là à ceux, minoritaires (Treitler 1982 : 237 ; van der Werf 1983, 1 : 164-166), qui envisagent la possibilité d'une pratique improvisatoire persistant parallèlement aux notations sans portée des IXe et Xe siècles : les chants grégoriens auraient été constamment « réimprovisés » par les chantres. Mais cette supposition est contredite par la remarquable uniformité de la tradition écrite depuis les débuts connus de celle-ci (Levy 1998 : 148). Même de subtils ornements – apanage par excellence de l'improvisation – y sont consignés et se retrouvent souvent, identiques, dans des manuscrits de régions mutuellement éloignées.

Les mélodies du vieux fonds grégorien, nonobstant leur unité textuelle, laissent pourtant voir quelques divergences de détail. On en déduit que leurs copies manuscrites émanent d'une tradition orale, mais d'une oralité relevant de la mémorisation et non de l'improvisation. La variabilité affecte surtout les neumes ornementaux (tremblements, *gruppetti*, etc.) : tel d'entre eux figurant à tel endroit dans un manuscrit pourra être remplacé ailleurs, au même endroit, par l'équivalent non orné de ce neume. À propos des sons étouffés de la liquescence (voir ci-dessous), Gui d'Arezzo déclare qu'on est libre de les faire entendre ou non (*Micrologus*, 15 ; Colette/Jolivet 1993 : 71). Il se peut par conséquent que ce type d'ornements ait été jusqu'à un certain point laissé à la discrétion des chanteurs – il relèverait alors de l'improvisation –, comme le suppose C. Floros (1970, 2 : 62). Cela n'empêcherait en rien l'existence d'une tradition substantiellement fixée, puisque les variantes en question ressortissent plutôt à l'interprétation qu'à la mélodie en soi. L'étude des chants liturgiques non latins montre que, de nos jours encore, la tradition de ceux-ci admet l'adjonction d'ornements improvisés : tels en particulier les chants gréco-byzantin (Zannos 1991) et copte (Ménard 1959). L'improvisation joue aussi un rôle important dans le chant syro-maronite (Hage 1992 : 189, 193). Pourtant dans ces trois traditions la notation musicale est employée : on en infère qu'un chantre peut fort bien ornementer un texte musical transmis par l'écriture, celle-ci s'étant alors faite sans nuire à la vitalité de la transmission orale comme ce fut le cas pour la tradition grégorienne à la fin du Moyen Age. Les notations grégoriennes du IXe au XIe siècles seraient, elles, principalement prescriptives, tout au moins pour le répertoire fixé du propre de la messe – en ce qu'elles transmettent un texte mélodique fixé dans sa teneur essentielle (et pour ainsi dire « sacralisé » par l'autorité ecclésiastique) – et secondairement descriptives, puisqu'elles divergent par quelques particularités superficielles attestant la persistance d'un reste de liberté ou de spontanéité inhérentes à l'oralité, *via* un processus probable d'écriture sous dictée appelé à disparaître à la fin du Moyen Âge pour faire place à la seule copie écrite.

On trouve néanmoins quelques rares spécimens d'une mélodie transmise par les manuscrits sous des aspects réellement différenciés, au delà des divergences minimes dont il vient d'être question. Cependant même eux paraissent, estime Kenneth Levy (1998: 170), renvoyer à une pratique mémorisée plutôt qu'improvisée. Ils indiqueraient non pas les variantes improvisées d'une même mélodie, mais les formes diversifiées selon les régions d'un prototype commun, chaque forme ayant de son côté une existence autonome.

Les variantes mélodiques révélées par l'étude comparative des manuscrits dévoilent certaines constantes dont il convient de tenir compte pour l'interprétation des chants. Si, par exemple, dans un contexte par ailleurs identique, une partie des manuscrits contient tel neume et une autre le même neume amputé d'une note, on en conclura logiquement que lorsque cette note était chantée, elle avait une longueur ou une intensité moindres que celles des notes voisines, non sujettes à omission (neumes dits *initio debiles*, «faibles en leur début», tel le neume de trois notes appelé *torculus*, souvent réduit à deux dans les manuscrits; cf. Cardine 1970: 29-34).

Diachronie et synchronie

Dans la nomenclature médiévale des neumes (Huglo 1954), le phénomène vocalique produisant l'étouffement de certains sons est appelé *semivocalis*, «moitié de son»; un neume ainsi modifié porte un nom spécial: *ancus*, *cephalicus*. Ce phénomène est provoqué par «une articulation syllabique complexe qui fait prendre aux organes de la voix une position transitoire, d'où il résulte une certaine diminution – ou étouffement – du son» (Cardine 1970: 133; cf. Floros 1970, 2: 123-133). Au quinzième chapitre du *Micrologus*, d'autre part, Gui d'Arezzo emploie le terme resté en usage: «liquescence». Il explique que, dans ce cas, «on passe l'intervalle séparant une note de la suivante avec fluidité, sans qu'il semble être délimité» (*GS*, 2: 17; Colette/Jolivet 1993: 71), et cite comme exemple le début de l'introït *Ad te levavi* (*Graduale Triplex*: 15); sur *Ad*, la seconde note *ré* de la quarte descendante *sol-ré* est liquescente à cause de la collision des deux consonnes consécutives *d* et *t* (*Ad te*...).

La question s'éclaire si l'on complète les sources écrites des manuscrits et des théoriciens par les sources sonores des chants folkloriques audibles de nos jours. Aussi bien, constate Benjamin Rajeczky (1967: 25-26), le musicien folkloriste actuel

> « [...] est convaincu que c'est la voie pour découvrir un phénomène historique non seulement schématique, mais vivant, puisque les manuscrits contenant les anciennes notations rythmiques lui apparaissent comme s'ils étaient des parallèles médiévaux des notations précises de la musique folklorique actuelle: ils sont pour lui des dessins minutieusement fins des mouvements mélodiques du même type, apparus dans des contextes différents. De

> pareilles études de détail attendent le chercheur de musique folklorique; quelques-uns de ces problèmes sont communs avec le chant grégorien, comme par exemple le problème de la liquescence dont s'occupe Dom Cardine. Dans la musique folklorique, nous ne sommes arrivés encore qu'à ce point, à savoir que dans la notation nous tenons compte des phénomènes de la liquescence et nous tâchons de les rendre fidèlement, mais nous n'avons pas encore pensé à sa systématisation. [...] L'« arrière-son » correspondant à la *scheva* hébraïque peut être librement étudié dans la musique folklorique européenne; les conditions en sont, de même, l'enregistrement et la notation précise.»

La confrontation entre les notations grégoriennes des neumes-accents et le donné sonore vivant du folklore montre que la liquescence est une note ornementale brève, légère. Rajeczky (1967: 26) l'indique le plus souvent, dans ses transcriptions de chants populaires hongrois, par une petite note liée à la note normale précédente. Cet exemple tangible de la liquescence révèle la parenté existant entre le chant grégorien d'il y a mille ans et le chant folklorique actuel, celui de Hongrie ou d'autres pays: la *diachronie* de la tradition écrite – objet de la paléographie musicale – croise la *synchronie* du comparatisme ethnologique. Une telle parenté n'est pas nécessairement due à une quelconque influence dans un sens ou dans l'autre; elle s'explique par le fait que si un chant reste fidèle à sa tradition, il conserve en lui des traits formels ou stylistiques présents dans d'autres chants traditionnels parce que résultant de réflexes analogues.

Or s'il est vrai que les anciennes notations rythmiques sont, comme il l'écrit, « des parallèles médiévaux des notations précises de la musique folklorique actuelle», Rajeczky aurait dû pousser plus avant son rapprochement, et en déduire que, puisque les *signes* notés du chant grégorien renvoient à des particularités rythmiques ou mélodiques décelables dans la musique folklorique actuelle, alors la *réalité musicale* dont ces mêmes signes conservent la trace écrite pourrait bien être similaire à celle des chants folkloriques collectés de nos jours. Peut-être est-ce sa qualité de moine cistercien, en vertu de quelque devoir de réserve ou d'obéissance hiérarchique face à l'école solesmienne alors toute-puissante, qui l'a empêché d'aller jusque là, dans cet article traitant du rythme comme en de nombreux autres pareillement axés sur le parallèle grégorien/folklore (Rajeczky 1957, etc.) ?

Fort heureusement, l'eau a tout de même coulé sous les ponts depuis les années 1960 du Concile Vatican II. D'assez nombreux chanteurs laïcs se sont enhardis à sortir de l'ornière en matière d'interprétation grégorienne. Le renouveau de celle-ci (et de la monodie médiévale en général) s'achemine vers un style rejoignant le *parlando-rubato* des chanteurs populaires et traditionnels. D'ailleurs Rajeczky (1967) reproduit, pour documenter son approche de la rythmique grégorienne, plusieurs notations faites par Béla Bartók à partir d'enregistrements de chants populaires hongrois en *parlando-rubato*; mais il n'exploite pas tout l'enseignement qu'elles contiennent pour le grégorianiste. Il se borne en effet à exclure, sur la base de ces parallèles, la solution « mensuraliste» (en valeurs métriques rigides) à la faveur d'une rythmique plus souple, non métrique; mais il ne prête guère attention au schéma mélodique que Bartók lui-même, dépouillant le chant de ses fioritures, a noté en regard de certaines mélodies, ornées et librement rythmées. Or ce schéma est métrique: le *parlando-rubato* se ramène donc à la déformation – par exécution *rubato* moulée sur le débit parlé – d'un rythme mesuré (*tempo giusto*, d'essence non verbale) sous-jacent. En effet le *rubato*, par nature (aussi chez Chopin !), postule et respecte une base pulsée. Pour reprendre la distinction établie ci-dessus, nous dirons que la notation minutieuse de la mélodie ornée est descriptive, tandis que sa simplification schématique serait, elle, prescriptive. Cette forme simplifiée constituerait un thème ou un modèle – une ossature, une charpente – que le chanteur aurait présent à l'esprit et dont il réaliserait une recréation personnelle, à la fois rythmique (exécution *parlando-rubato*) et mélodique (ornementation).

Fort de ces observations, on en viendra à lire les notations grégoriennes primitives – celles sans portée, les plus riches sous l'angle rythmique (X^{e}-XIe siècles) – tout autrement que ne le fait l'école solesmienne, même en appliquant les leçons opportunes de la «sémiologie» de Dom Eugène Cardine (1970) et ses disciples, à laquelle Rajeczky (1967: 21, 27) accorde sa caution. Dom Cardine, en effet, nourrit l'impossible ambition de restituer le rythme chanté du répertoire grégorien d'après la seule étude des signes neumatiques, à l'exclusion de tout facteur extrinsèque. Il procède donc en circuit fermé: les occurrences d'un neume et de ses variantes sont étudiées par lui au sein et à partir des seuls manuscrits latins, selon des recoupements internes, sans qu'aucune référence ne soit faite à quoi que ce soit d'extérieur. C'est oublier que les anciennes notations étaient seulement la trace graphique *a posteriori* d'un chant créé à même le son, la voix chantée: le son était premier et ensuite seulement venaient les signes écrits, les neumes. Les «sémiologues», au rebours, partent de la graphie et d'elle seule en s'imaginant pouvoir en faire surgir un son, un rythme vivants. En cela, ils méconnaissent les rapports normaux de l'écriture et de l'oralité dans les traditions musicales: aussi le style interprétatif qui en résulte ne saurait-il être rien de plus qu'un aménagement superficiel et problématique de l'exécution solesmienne antérieure (laquelle n'était pas conçue comme traduction rythmique des plus anciennes notations, ainsi que l'ouvrage classique de Dom Pothier l'indique très clairement, cf. Pothier 1980: 103-104). Or comme les notations neumatiques n'étaient à l'origine qu'un adjuvant de la tradition orale, non seulement les intervalles mélodiques n'y figurent pas, mais même les indications rythmiques, pourtant nombreuses et subtiles (cf. *infra*, fig. 2), demeurent imprécises. Les neumes consignent des *nuances* du rythme, et non la *structure* profonde de celui-ci, laquelle doit être cherchée ailleurs. Ailleurs, c'est-à-dire dans les modèles d'un *parlando-rubato* illustré par tant et tant de chants traditionnels, sacrés et profanes; et, à travers lui, dans le processus même d'assouplissement rythmique et d'ornementation mélodique lié à l'essence de ce style chanté.

Ne serait-ce point là une «troisième voie» – la bonne ? – permettant d'échapper à l'alternative où s'est confinée jusqu'il y a peu l'interprétation rythmique du chant grégorien, à savoir d'un côté le mensuralisme (*tempo giusto* des folkloristes), de l'autre le style de Solesmes qui est un compromis *sui generis*? Le propre du *parlando-rubato* est en effet de concilier la liberté déclamatoire du rythme chanté avec l'étalon régulateur d'une pulsation isochrone, souvent masquée par la souplesse de ce rythme. Les théoriciens médiévaux paraissent postuler une exécution de ce type lorsqu'ils parlent d'un rythme quasi mesuré, similaire mais non identique à la métrique avec ses durées longues et brèves rationnellement agencées: un *rhythmus* différent du *metrum* (Aurélien de Réôme; *GS* 1:33). Tel l'auteur anonyme des *Scolica enchiriadis* (*GS*, 1: 182-183), qui mentionne une pulsation battue (*plausus*) rythmant le chant d'une antienne. Tel aussi Gui d'Arezzo voulant que «la mélodie se batte (*plaudatur*) comme en pieds métriques» (*Micrologus*, 15; *GS*, 2: 15; Colette/Jolivet 1993: 64); or le «pied» est, pour la rythmique antique transmise au Moyen Âge, la subdivision rythmique délimitée par un temps de la pulsation.

Notations rythmiques et interprétation

Il convient d'aborder les notations grégoriennes dans cette optique comparative si l'on tient à leur restituer leur véritable signification. Les rapports de durée entre les notes indiqués par elles sont imprécis, mais ils s'inscrivent dans le cadre ferme que crée l'accentuation verbale moulée sur une pulsation régulatrice. Et cette imprécision même permet de respecter la souplesse d'un *parlando-rubato* non asservi à la rigueur métrique d'un quelconque mensuralisme. Il ne sera pas inutile, afin de mieux faire comprendre ce processus, de résumer brièvement les caractères essentiels des notations grégoriennes primitives.

Les procédés employés pour différencier graphiquement les variantes d'un même neume sont de quatre espèces, selon qu'ils modifient un signe de base dans son tracé ou son groupement, ou qu'ils lui ajoutent un élément supplémentaire, «épisème» (petit trait horizontal indiquant un allongement rythmique) ou «lettre significative» (*c* = *celeriter*, «rapidement»; *t* = *tenete*, «tenez, allongez», etc.). Sans oublier la «coupure neumatique», analysée avec perspicacité par Dom Cardine (1970: 48-55): si les notes d'un même neume sont séparées dans une descente ou une montée mélodiques, la note précédant la coupure possède une importance structurale et sera accentuée et allongée à l'exécution.

En guise d'exemple nous reproduisons ci-dessous (fig. 2), d'après Dom Cardine (1970: 42-43) et selon la graphie de saint-Gall (cf. *Graduale Triplex*), huit variantes rythmiques du neume appelé *pes subbipunctis* («*pes* suivi de deux points») et constitué de quatre notes formant entre elles un intervalle ascendant et deux descendants (ce pourrait être *sol-la-sol-fa*, *la-do-si-sol*, ou autres variantes de la même trajectoire mélodique, lesquelles seront précisées par la notation sur portée, à partir du XIIe siècle):

Outre la *Sémiologie* de Dom Cardine, l'étude des notations neumatiques latines est traitée par Constantin Floros selon une perspective comparative dans son *Universale Neumenkunde* («Neumatique universelle», 1970). Si Dom Cardine explore plus en détail les cas d'espèce et le «fonctionnement» de la neumatique latine, C . Floros (1970, 2: 14-15) observe pour sa part une méthodologie triple, partagée entre l'*onomatologie*, la *séméiographie* et la *sémasiologie*, à savoir l'étude respective des noms, de la forme graphique et de la signification musicale (rythmique, mélodique) des neumes. Cette étude précise plusieurs points importants laissés dans l'ombre par Dom Cardine (en ce qui concerne notamment le rendu des neumes ornementaux, cf. *supra*, fig. 1; comparer avec Cardine 1970: 114-122).

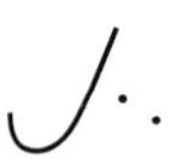

Graphie 1: 4 notes brèves (*pes* arrondi, suivi de 2 points = notes brèves).

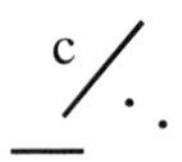

Graphie 2: 1 note longue + 3 notes brèves (coupure neumatique après la note initiale, donc appuyée, et lettre significative *c* = *celeriter*, «rapidement», pour les 3 notes suivantes brèves).

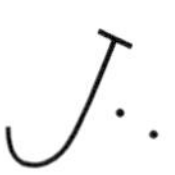

Graphie 3: 1 note brève, 1 note longue, 2 notes brèves (*pes* arrondi = 2 notes brèves, avec épisème allongeant sa seconde note, suivi de 2 points = notes brèves).

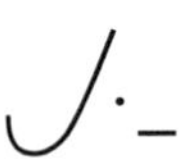

Graphie 4: 3 notes brèves + 1 note longue (dernière note = trait, note allongée).

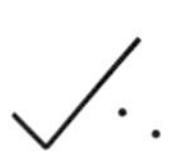

Graphie 5: 2 notes longues + 2 notes brèves (signe anguleux = 2 notes longues, suivi de 2 points).

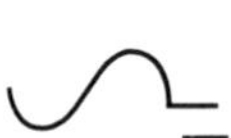

Graphie 6: 2 notes brèves + 2 notes longues (signe arrondi = 2 notes brèves, suivi de 2 traits = 2 notes longues).

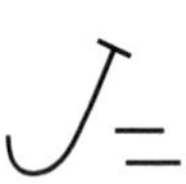

Graphie 7: 1 note brève + 3 notes longues (comme la graphie 6, mais avec coupure entre les notes 2 et 3, d'où allongement de la seconde note).

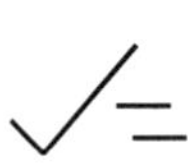

Graphie 8: 4 notes longues (*pes* anguleux = 2 notes longues, suivi de 2 traits = 2 notes longues).

Fig. 2

Quelle est la juste façon d'exécuter le grégorien? Il y a une vérité interprétative, une authentique «image sonore» de celui-ci qu'il s'agit de recréer, autant que faire se peut. Et cette vérité est à chercher au contact des traditions vivantes de chant sacré ou profane, en suivant donc le chemin de l'oralité. C'est effectivement dans cette direction, celle donc du *comparatisme ethnologique*, que s'orientent depuis une vingtaine d'années les représentants de ce que nous appellerons le « nouveau grégorien », au confluent de la synchronie et de la diachronie, des sources écrites et des traditions orales vivantes. Il s'agit de repenser la lecture des notations manuscrites d'après ce que donnent à entendre, de nos jours, les authentiques chants traditionnels. Seule la tradition orale conserve et transmet la manière de chanter, les mille et une particularités et finesses qui font réellement la musique. Son importance est supérieure à celle de la tradition écrite : une tradition peut exister et se conserver sans écriture, mais l'écrit sans l'oralité n'est qu'une écorce vide (en musique surtout). Ainsi les notations des chants liturgiques latins sont une *lettre morte* demandant à être *vivifiée* par l'écoute des traditions orales actuelles, seules à même de renouer le fil rompu de la vraie tradition grégorienne. Cette démarche comparative n'est point propre au chant liturgique : elle commande, de façon générale, tout le renouveau interprétatif de la musique médiévale qui s'est accompli depuis environ 1970, au premier chef pour la monodie (drames liturgiques, chants de troubadours et trouvères, *laude* et *cantigas* mariaux du XIIIe siècle, *Carmina Burana*, etc.). Cette recherche a déjà donné de beaux résultats ; grâce à elle, l'Occident retrouve véritablement le chemin de sa propre tradition musicale, qui a suscité le trésor – immense en quantité et admirable en qualité – des mélodies liturgiques et des répertoires postérieurs qui en sont issus et se sont nourris d'elles.

Références bibliographiques

Graduale Triplex, Solesmes, Abbaye Saint-Pierre, 1979.

Paléographie Musicale, 20 tomes parus entre 1889 et 1982 ; collection éditée par les moines de Solesmes, et depuis 1969 par Peter Lang, Berne.

ATKINSON Charles M.
1982 « Zur Entstehung und Überlieferung der "Missa Graeca" », *Archiv für Musikwissenschaft* (Wiesbaden) 39 : 113-145.

BRUNNER Lance W.
1982 « The performance of plainchant – Some preliminary observations of the new era », *Early Music* (London) 10 : 317-328.

CARDINE Dom Eugène
1970 *Sémiologie grégorienne*, tiré à part d'*Études grégorienne* (Solesmes) 11 : 1-158 [pemière parution en italien : *Semiologia gregoriana*, Rome, 1968].

COLETTE Marie-Noël et Jean-Christophe JOLIVET
1993 *Gui d'Arezzo, Micrologus – Traduction et commentaires*. Paris : Éd. IPMC.

DELAPORTE Yves
1957 « Fulbert de Chartres et l'école chartraine de chant liturgique au XIe siècle », *Études grégoriennes* (Solesmes) 2 : 51-81.

FLOROS Constantin
1970 *Universale Neumenkunde*, 3 vol. Kassel : Bärenreiter.

GS 1, 2, 3 = Martin GERBERT
1990 *Scriptores ecclesiastici de musica sacra potissimum*, 3 vol., St-Blasien, 1784, réédition Hildesheim: Olms [édition de traités médiévaux sur la musique].

HAGE Louis
1992 «Le chant maronite», *Études grégoriennes* (Solesmes) 24: 189-194.

HUGLO Michel
1954 «Les noms des neumes et leur origine», *Études grégoriennes* (Solesmes) 1: 53-67.

JEFFERY Peter
1992 *Re-Envisioning Past Musical Cultures – Ethnomusicology in the Study of Gregorian Chant*, Chicago & London: Chicago University Press.

LEVY Kenneth
1998 *Gregorian Chant and the Carolingians*. Princeton University Press [reprend en partie des articles antérieurs].

MÉNARD René
1959 «Note sur la mémorisation et l'improvisation dans le chant copte», *Études grégoriennes* (Solesmes) 3: 135-143.

MOCQUEREAU André
1889 «Origine et classement des différentes écritures manuscrites», *Paléographie Musicale* (Tournai) 1: 96-160.

POTHIER Joseph
1980 *Les mélodies grégoriennes* (1880), réédition avec une préface de Jacques Chailley. Paris: Stock Musique.

POTIRON Henri
1957 «La notation grecque dans *L'institution harmonique* d'Hucbald», *Études grégoriennes* (Solesmes) 2: 37-50.

RAJECZKY Benjamin
1957 «Parallelen spätgregorianischer Verzierungen im ungarischen Volkslied», *in: Studia Memoriae Belae Bartók Sacra* (éd. Z. Kodály et L. Lajtha). Budapest: Académie des Sciences de Hongrie (2e édition): 327-338.
1967 «Le chant grégorien est-il mesuré ?», *Études grégoriennes* (Solesmes) 8: 21-28.

ROTEN Hervé
1998 *Musiques liturgiques juives, parcours et escales.* Paris: Cité de la Musique / Arles: Actes Sud (avec un CD). Collection Musiques du monde.

STÄBLEIN Bruno
1956 *Hymnen I – Die mittelalterlichen Hymnenmelodien des Abendlandes*. Kassel: Bärenreiter (*Monumenta Monodica Medii Aevi*, 1).
1975 *Schriftbild der einstimmigen Musik*. Leipzig: VEB Deutscher Verlag für Musik. (*Musikgeschichte in Bildern, III/4*)

TREITLER Leo
1974 «Homer and Gregory – The Transmission of Epic Poetry and Plainchant», *The Musical Quarterly* (New York) 60: 333-372.
1981 «Oral, Written, and Literate Process in the Transmission of Medieval Music», *Speculum* (Cambridge, Mass.) 56: 471-491.
1982 «The Early History of Music Writing in the West», *Journal of the American Musicological Society* (Philadelphia) 35: 237-279.

WAGNER Peter
1912 *Neumenkunde – Paläographie des liturgischen Gesanges*. Leipzig: Breitkopf & Härtel (2e éd.).

WERF Hendrik van der
1983 *The emergence of Gregorian chant: A comparative study of Ambrosian, Roman, and Gregorian chant.* Vol. 1 (*A study of modes and melodies*) et 2 (*Discourse*). Rochester: l'auteur.

ZANNOS Yannis
1991 « Ornamentation, improvisation and composition in the oral tradition of Greek orthodox church music at Constantinople », *in : Aspects de la musique liturgique au Moyen Age* (textes réunis et édités par Christian Meyer), Paris : Créaphis : 125-147.

Références discographiques

GRINDENKO Anatoly
1995 *Chant médiéval russe – La Divine Liturgie de saint Jean Chrysostome*, Chœur d'hommes du Patriarcat Russe, dir. Anatoly Grindenko. Opus 111 OPS 30-120.

PÉRÈS Marcel
1986 *Chants de l'Église de Rome (période byzantine, VIIe et VIIIe siècles)*, Ensemble Organum, dir. Marcel Pérès, avec Lycourgos Angelopoulos, *psaltis*. Harmonia Mundi France HMC 901218.
1992 *Chants de l'Église de Rome (VIIe et VIIIe siècles) – L'Adoration de la Croix (Office du Vendredi Saint), Messe de saint Marcel*, Ensemble Organum, dir. Marcel Pérès, avec Lycourgos Angelopoulos. Harmonia Mundi France HMC 901382.
1993 *Chants de la Cathédrale de Benevento (VIIe – XIe siècle)*, Ensemble Organum, dir. Marcel Pérès, avec Lycourgos Angelopoulos. Harmonia Mundi France HMC 901476.

RÉSUMÉ

Les plus anciennes notations du chant grégorien (IXe-XIe siècle) sont sans portée : elles contiennent un grand nombre d'indications rythmiques perdues par les notations plus tardives (XIIe siècle), sur portée, lesquelles en revanche indique avec précision la hauteur des notes. Les moines de Solesmes ont étudié ces notations sous l'angle paléographique, mais leur style d'interprétation (créé vers 1850 pour remédier au déclin de la tradition grégorienne depuis la fin du Moyen Age), valable d'un point de vue pratique, ne saurait prétendre reconstituer l'exécution originelle du chant grégorien. Celle-ci requiert une *approche comparative* – suggérée dès les années 1950 par le folkloriste hongrois B. Rajeczky – selon laquelle les notations grégoriennes, de toute manière imprécises, demandent à être complétées par l'écoute des chants traditionnels actuels pour donner lieu à une exécution chantée dont le style puisse se prévaloir d'une authenticité au moins vraisemblable (rythme de type *parlando-rubato*). Un comparatisme plus spécifique prend en compte les analogies, mises en évidence par C. Floros, entre les notations des chants liturgiques grégorien et gréco-byzantin. Cela pose l'épineux problème des *origines de la notation latine* (celles aussi du répertoire), et indirectement de sa nature : les signes notés (neumes) dérivent des accents grammaticaux tout en présentant par ailleurs un caractère partiellement chironomique (gestuel), impliquant peut-être un processus de copie sous dictée (K. Levy). Ce processus pourrait renvoyer, pour le répertoire de la messe, seul uniformisé, à un éventuel *archétype noté* qui aurait servi de support ou de référence lors de la diffusion du chant romain en territoire franc, à l'époque carolingienne.

L'EVOLUTION DE LA NOTATION RYTHMIQUE DANS LA MUSIQUE ARABE du IXe à la fin du XXe siècle

Habib Yammine

La rythmique arabe a connu plusieurs systèmes de notations consignés dans de nombreux traités musicaux depuis le IXe siècle jusqu'à l'adoption de la notation occidentale à l'aube du XXe siècle. Pour exposer leur théorie du rythme, les théoriciens ont adopté les principes de la métrique poétique comme leurs écrits l'attestent jusqu'à la fin du XIXe siècle. Très peu de théoriciens ont réussi à s'affranchir des principes de cette métrique pour proposer, partiellement ou intégralement, un système arithmétique se passant de la terminologie et des structures syllabiques des métriciens arabes.

Avec l'entrée massive de la culture européenne en Orient, les Arabes ont adopté la notation occidentale au début du XXe siècle. Dorénavant, toute représentation de la musique se fait par l'intermédiaire de ce système de notation qui, à la différence des sytèmes anciens, a eu des incidences sur la transmission de la musique et sur son apprentissage. Les systèmes de notation anciens étaient utilisés pour décrire, mesurer, théoriser et aussi enseigner les principes de base, tandis que la transmission et l'apprentissage se faisaient selon la méthode orale. L'usage de la notation occidentale dans la musique arabe a été généralisé dans tous les domaines; tout d'abord, la transcription des répertoires musicaux afin de les conserver ensuite et surtout dans la transmission et l'enseignement des répertoires traditionnels et dans l'interprétation. Du côté des musicologues et des ethnomusicologues, occidentaux et arabes, les transcriptions ont essentiellement pour but l'analyse et la description, à l'exception de rares travaux récents qui ont un but pédagogique. Ces derniers seront évoqués dans la seconde partie de cet article.

Notre objectif dans cet article est de tracer une petite histoire illustrée des différents types de notation rythmique utilisés par les théoriciens de la musique arabe depuis le Moyen Age jusqu'au début du XXe siècle, date à laquelle la notation occidentale prend le relai des notations anciennes qui étaient limitées aux travaux théoriques, à des usages personnels ou à des cercles privés, pour investir tous les domaines de la musique: recherche, transmission et interprétation.

La notation rythmique dans les traités anciens

La métrique poétique

Les théoriciens arabo-musulmans du Moyen Age ont emprunté les paradigmes (*tafâ'îl*) de la métrique poétique (*'arûd*), formés à partir du verbe *fa'ala* et ses dérivés, pour expliquer les principes rythmiques de leur époque. La représentation des percussions et des durées qui les séparent à l'intérieur d'une période étaient réalisées à l'aide des syllabes qui constituent ces paradigmes.

Il est utile de rappeler en quelques lignes les principes de base de la métrique poétique, car ils ont été à l'origine de l'élaboration de la théorie et de la notation rythmique arabe pendant presque douze siècles.

Cette «science de la métrique» ou *'ilm al-'arûd* qui sert à mesurer le vers poétique arabe, fut découverte par al-Khalîl ibn Ahmad al-Farâhîdî (m. vers 786 à Basra) dans la deuxième moitié du VIIIe siècle et perfectionnée dans ses détails par les prosodistes arabes postérieurs sans rien modifier à ses principes de base (Weil 1975: 690). Elle s'est imposée comme la seule et unique théorie de la métrique et fut incontournable pour les théoriciens de la musique, puisque la langue arabe contient dans sa structure syllabique une notion rythmique fondamentale qui est la notion quantitative, l'opposition des durées longues et brèves.

La science de la métrique fut élaborée à partir de l'organisation syllabique dans le vers poétique arabe. Ses fondements sont constitués de la syllabe brève ou *harf mutaharrik* (consonne mue ou consonne suivie d'une voyelle brève) qui est l'unité métrique minimale de la langue (ex.: *mu*, *ta*, *fa*, etc.), et d'une syllabe longue à deux variantes qui est le double de la brève.

1. *sabab khafîf* (c+v+c) ou (c+v longue), ex.: *tun*, *fâ*.
2. *sabab thaqîl* (c+v+c+v), ex.: *muta*, *tana*.

Les combinaisons de la syllabe brève et des syllabes longues donnent quatre autres durées multiples de la syllabe brève; triple, quadruple et quintuple ainsi que les huit paradigmes qui forment les 16 mètres poétiques.

La durée triple de la syllabe brève:

3. *watad majmû'* (c+v+c+v+c), ex.: *'ilun*, *fa'û*.
4. *watad mafrûq* (c+v longue+c+v), ex.: *fâ'i*, *lâtu*.

La durée quadruple de la syllabe brève:

5. *fâsila sughrâ* (c+v+c+v+c+v+c), ex.: *fa'ilun*, *mutafâ*.

La durée quintuple de la brève:

6. *fâsila kubrâ* (c+v+c+v+c+v+c+v+c), ex.: *fa'ilatun*, *muta'ilun*.

Pour plus d'uniformité graphique, phonétique et de ressemblance sonore avec les coups du plectre sur les cordes du luth, les théoriciens vont utiliser d'autres suites syllabiques équivalentes à celles-ci, formées à partir des consonnes (t) et (n) et de la voyelle (a).

ta = 1, *tan* ou *tâ* = 2, *tanan* = 3, *tananan* = 4, *tanananan* = 5.

Métrique poétique et rythme musical ou la rythmique quantitative (IXe-XIe siècles)

Bien que la métrique poétique ne mette en valeur que l'aspect quantitatif du rythme en laissant de côté l'aspect qualitatif (accent et timbre, qui sont fondamentaux à l'élaboration d'un rythme), les théoriciens comme al-Kindî (vers 796-873), al-Fârâbî (872-950), Avicenne (980-1037) et al-Urmawî (m. en 1294) vont l'utiliser comme principe de base pour expliquer les durées rythmiques et transcrire les rythmes. Précisons que le recours à ce principe n'aura pas la même fréquence ou la même importance chez tous les auteurs. C'est Avicenne qui l'utilisera d'une manière systématique dans l'élaboration de sa théorie du rythme. Un seul auteur fera exception en abandonnant la métrique poétique comme moyen d'explication et de notation du rythme et en ajoutant l'aspect qualitatif dans la notation; c'est Ibn Zayla (m. 1044).

Al-Fârâbî évoque la correspondance entre les différentes combinaisons des syllabes métriques et des durées rythmiques exposées plus haut; mais l'explication de sa théorie du rythme se base sur deux unités de mesure opposées et purement arithmétiques: le «temps premier» (*al-zamân al-'awwal*) et le «temps primitif» (*zamân al-mabda'*). Le «temps [premier] est considéré comme le plus court [et] compatible avec le mouvement du rythme qu'il s'agit de transcrire « (Erlanger 1959: 14); quant à la durée du «temps primitif», il écrit que «la plus longue durée d'une note adaptable à un rythme équivaut à celle de l'articulation de huit syllabes légères {ou brèves] suivies d'une pause; la valeur de cette pause étant à peu près double de celle du temps qui sépare l'attaque de deux de ces syllabes, émises de suite, sans arrêt» (Erlanger 1935: 28-29). Lorsque Fârâbî analyse les durées d'un cycle rythmique, ils les présente soit comme des multiples du «temps premier» soit comme des subdivisions du «temps primitif».

A part la définition du «temps primitif» comme étant l'articulation de huit syllabes légères..., l'auteur ne généralise pas l'usage de la métrique et de sa terminologie dans son système rythmique. Il n'utilise pas, comme d'autres théoriciens, les syllabes *ta* et *tan* pour préciser les durées qui séparent les frappes dans un cycle rythmique, mais pour indiquer la place des frappes. Même lorsqu'il précise que la durée de tel ou tel temps équivaut à tant de syllabes légères (brèves), il ne l'applique pas dans sa transcription.

C'est à l'aide du cercle (O) et du point (.) qu'il transcrit toutes ses formules rythmiques. Les cercles indiquent l'emplacement des percussions et les points les durées qui les séparent. Il rajoute au-dessus de cette notation les syllabes (*ta*, *tan*, *na*) pour renforcer le rôle des cercles qui marquent l'attaque des notes. Ces syllabes pourraient avoir un rôle dynamique mais pas du tout quantitatif chez al-Fârâbî, car elles ne sont pas équivalentes au nombre de points indiquant la durée exacte entre deux cercles comme le ferait Avicenne ou al-Urmawî. Elles ne correspondent au nombre de points que dans deux cas, lorsque la durée de la syllabe est égale à la brève ou à son double.

Voici le rythme *khafîf al-thaqîl al-thânî* ou *mâkhurî* à six temps (al-Fârâbî/Khashaba 1967: 1042). L'adjectif *mâkhûrî* s'applique à tout rythme dont les durées longues ont été raccourcies par l'introduction de percussions supplémentaires. Lorsque le cycle est répété plusieurs fois, l'auteur inscrit un petit trait vertical au-dessous du cercle qui représente la frappe initiale pour signaler le début du cycle.

ta tan tann ta tan tann ta tan tann
1. O. O. . O. . . O. O. . O. . . O. O. . O. . .
I I I

Fârâbî propose une variante à ce rythme en ajoutant une dernière percussion au sixième temps ce qui donne :

ta tan tan na ta tan tan na ta tan tan na
2. O. O. . O. . O. O. O. . O. . O. O. O. . O. . O.
I I I

Le rythme *khafîf al-thaqîl al-'awwal* à huit temps temps (al-Fârâbî/Khashaba 1967: 1049), la base suivie d'une variante :

tan tan tann tan tan tann
1. O. . O. . O. . . . O. . O. . O. . . .
I I

Pour obtenir la variante, il faut doubler les deux premières frappes et rajouter une dernière percussion au huitième temps :

tan tan tan tan tann ta tan tan tan tan tann ta
2. O . O . O . O . O. . . O . O . O . O. O . O. . . O.
I I

Le *khafîf al-thaqîl al-thânî* correspondrait dans la notation actuelle à une période en 6/8 :

1. 6/8 ||: 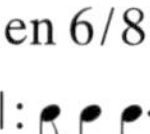 :|| 2. 6/8 ||: :||

Le *khafîf al-thaqîl al-'awwal* correspondrait à une période en 4/4 :

1. 4/4 ||: 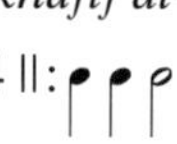 :|| 2. 4/4 ||: 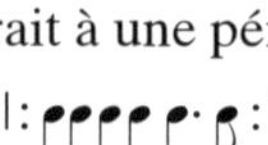 :||

La notation d'al-Fârâbî est purement quantitative ; elle met en valeur les notions de durée et de période rythmique sans indiquer la différence entre les frappes fortes et les frappes faibles. Cependant, l'auteur distingue dans son discours sur la génération des rythmes trois types de frappes (*naqarât*, sing. *naqra*) sans les expliciter par aucun signe. Néanmoins, il les nomme: forte (*qawyya*), douce (*layyna*) et une intermédiaire (*mutawassita*) entre la forte et la douce.

La métrique poétique revient en force avec Avicenne; il utilise les paradigmes métriques, les suites syllabiques (*ta tan*) ainsi que les cercles et les points au même titre. Ces trois systèmes de notation sont interchangeables comme un rythme poétique est interchangeable avec un rythme battu au moyen de percussions. Cette correspondance entre rythme poétique et rythme musical est soulignée dans sa définition du rythme: « Le rythme n'est donc en lui-même que la mesure du temps à l'aide de percussions. Si ces percussions produisent des notes, le rythme est musical; il est poétique quand elles engendrent des phonèmes dont la combinaison constitue des paroles. Tel est le rythme en général « (Erlanger 1935: 169).

Ainsi, lorsqu'il transcrit un rythme, il superpose les trois notations, ou au moins deux des trois. Il y a une parfaite correspondance entre le nombre des points qui séparent les cercles et le nombre des syllabes qui composent les paradigmes ou les suites syllabiques (*tatan*).

1. Le rythme *mâkhûrî* (type léger) (Erlanger 1935: 184):

   O O . O .
   fa 'û lun
   ta nan tan
   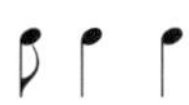 (en notation actuelle)

2. Une des variantes du rythme *hazaj* (Ibid: 189-207)

   O O . O O .
   mafâ 'i lun
   ta nan ta nan
   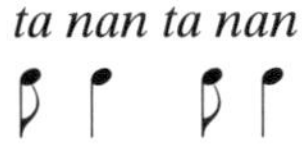 (en notation actuelle)

L'usage de la notation avec des cercles et des points comporte une différence importante entre Al-Fârâbî et Avicenne à propos de la représentativité des durées. Al-Fârâbî représente le «temps premier» par un seul point, le double par deux points, etc., tandis qu'Avicenne n'utilise le point entre les cercles qu'à partir de la syllabe longue, double du temps premier qui est représenté par un cercle sans point. Ceci nous conduit à constater que le cercle chez Avicenne représente à la fois la percussion et sa durée, tandis que chez al-Fârâbî il ne représente que la percussion et toute durée brève ou longue est représentée par un nombre de point.

La relation entre le *mâkhûrî* de Fârâbî et celui d'Avicenne est la notion de légèreté et de brièveté des temps qui séparent les percussions, et non pas la longueur de la période. C'est pour cette raison que les deux rythmes *mâkhûrî* de ces deux auteurs n'ont pas la même longueur, mais qu'ils sont composés de durées brèves. Le *tamkhîr*, c'est la manière de raccourcir ou monnayer les durées longues d'un rythme en y ajoutant des frappes supplémentaires afin de donner une impression d'accélération et de légéreté au rythme.

L'école quantitative-qualitative d'Ibn Zayla au XIe siècle

Il faut attendre Abû Mansûr Ibn Zayla, disciple d'Avicenne mort en 1044, pour voir la composante qualitative, opposition du temps fort et du temps faible, s'ajouter à la composante quantitative largement développée par al-Fârâbî et Avicenne. Dans son petit traité musical *al-kâfî fî al-Mûsiqâ*, Ibn Zayla adresse des critiques à ses prédécesseurs comme al-Kindî et al-Fârâbî, en précisant que leur travaux sur le rythme manquent de clarté et sont loin de la réalité. Il reprend la définition du rythme de son maître et cite à plusieurs reprises des rythmes d'al-Kindî et d'al-Fârâbî tout en en donnant sa propre version. Il précise que les rythmes présentés dans son traité sont utilisés par les chanteurs arabes et persans (Yûsuf 1964: 62).

Le rythme chez cet auteur présente les mêmes caractéristiques que le rythme arabe actuel, à savoir: une période de base composée d'un nombre de temps premiers, certains étant marqués par des frappes fortes, d'autres par des frappes faibles, alors que d'autres sont remplacés par des silences. Les rythmes de base sont susceptibles de subir toutes sortes de variations d'ordre quantitatif ou qualitatif.

Ibn Zayla abandonne la métrique poétique comme moyen d'explication et de transcription du rythme musical et attribue aux temps premiers d'une période rythmique trois qualités de frappe explicitées par trois signes. La lettre (t) représente le temps fort, la même lettre surmontée d'un petit signe (t̃) désigne le temps faible et un petit cercle (o) indique le silence.

Voici le rythme *thaqîl al-ramal* à six temps et deux de ses variantes. Compte tenu de la relativité des durées et du tempo «soit rapide, soit lent» (Yusuf 1964: 48), on peut très bien choisir la croche ou la noire comme unité du temps premier. Nous faisons suivre la notation d'Ibn Zayla par la notation utilisée actuellement dans la transcription des rythmes arabes. Les notes dont les hampes sont tournées vers le bas représentent le temps fort ou *dum*, celles dont les hampes sont tournées vers le haut indiquent le temps faible ou *tak*, et le signe du demi-soupir indique le silence.

1. La base du *thaqîl al-ramal* à 6 temps: ||: t t t t t t̃ :||
   Notation actuelle en 6/8: 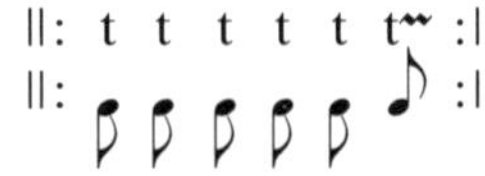
2. Première variante du *thaqîl al-ramal* à 6 temps: ||: t t t̃ t t̃ t :||
   Notation actuelle en 6/8: 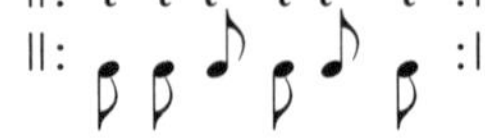
3. Deuxième variante du *thaqîl al-ramal* à 6 temps: ||: t t o t o o :||
   Notation actuelle en 6/8: 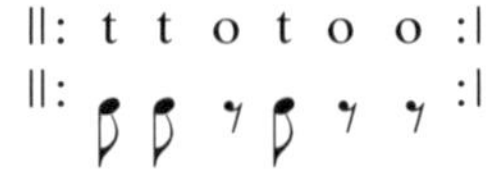

Cette notation d'Ibn Zayla a le mérite d'être claire et conforme à la réalité de son époque. Elle nous permet de connaître et de jouer des rythmes qui ont existé il y a neuf siècles. Le chapitre sur le rythme ressemble à une petite méthode avec une première partie théorique et une seconde en relation avec la pratique musicale.

Prolongements de la métrique poétique et la notation en cercle (XIIIe-XVe siècles)

Safiy al-Dîn al-Urmawî (1216-1294), musicien et théoricien baghdadien, a laissé deux traités musicaux *Kitâb al-Adwâr* (Livre des cycles) et *al-Risâlah al-Sharafiyyah* (Epître à Sharaf al-Dîn) qui ont eu une influence durable sur la théorie musicale arabo-musulmane au Moyen-Orient jusqu'au XIXe siècle. Il rétablit l'usage de la métrique poétique utilisée trois siècles auparavant pour contrôler à la fois les durées, les endroits des frappes et les silences, mais il n'explicite pas la composante qualitative apportée par Ibn Zayla et abandonne aussi la notation en cercles et points. Al-Urmawî représente les différentes durées séparant les percussions d'un rythme par des lettres de l'alphabet: «A» pour la durée du «temps premier», «B» pour le double de celui-ci, «J» représente le triple, «D» le quadruple et «H» le quintuple.

L'innovation de cet auteur en matière de notation rythmique, c'est l'invention d'une nouvelle représentation graphique de la période rythmique en cercle, inspirée sans doute de l'idée du cycle lui-même. L'idée du cercle était présente dans beaucoup de domaines; les mètres poétiques sont des cercles et sont générés à partir du cercle (*dâ'ira*), le rythme musical est un cycle (*dâ'ira*) équivalent au cercle géométrique. Ainsi, il choisit de représenter le rythme à l'aide de deux cercles concentriques qu'il divise en autant de parties que le rythme choisi comporte de «temps premiers». Il inscrit dans les cases du cercle extérieur les syllabes du paradigme représentant le cycle, et dans les cases du cercle intérieur, il place le terme *naqra* (percussion) en face des syllabes qui doivent être frappées, et dans un troisième petit cercle central, il écrit le nom du rythme (Sauvanet 1989: 40-41) (Fig. 1). Pour lire le rythme dans cette notation, il faut partir du point du cercle correspondant à midi et tourner dans le sens contraire à celui des aiguilles d'une montre pour être conforme à l'écriture de la langue arabe, de droite à gauche[1].

Le cycle *thaqîl thânî* à 16 «temps premiers» est obtenu par la double répétition du paradigme *mufâ'ilâtun*; il est équivalent à un rythme à 16/8 dans la notation actuelle. Nous le reproduisons d'abord en notation linéaire, et ensuite en notation circulaire. Pour ce rythme, comme pour les autres, l'auteur propose deux versions:

1. *mufâ 'i lâ tun mufâ 'i lâ tun*
ta tan ta tan tan ta tan ta tan tan
1 2 1 2 2 1 2 1 2 2
16/8 ||: 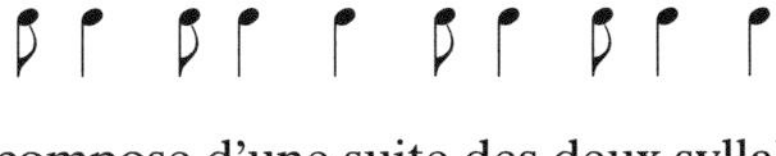 :||

Ce cycle se compose d'une suite des deux syllabes de base; la brève équivaut à la durée (A = 1) et la longue, *sabab thaqîl*, son double, équivaut à la durée (B = 2).

[1] En reproduisant ces cycles, d'Erlanger les fait partir du point correspondant à «moins le quart» en suivant le sens des aiguilles d'une montre pour être conforme à l'écriture de la langue française, de gauche à droite (Erlanger 1938: 159-178).

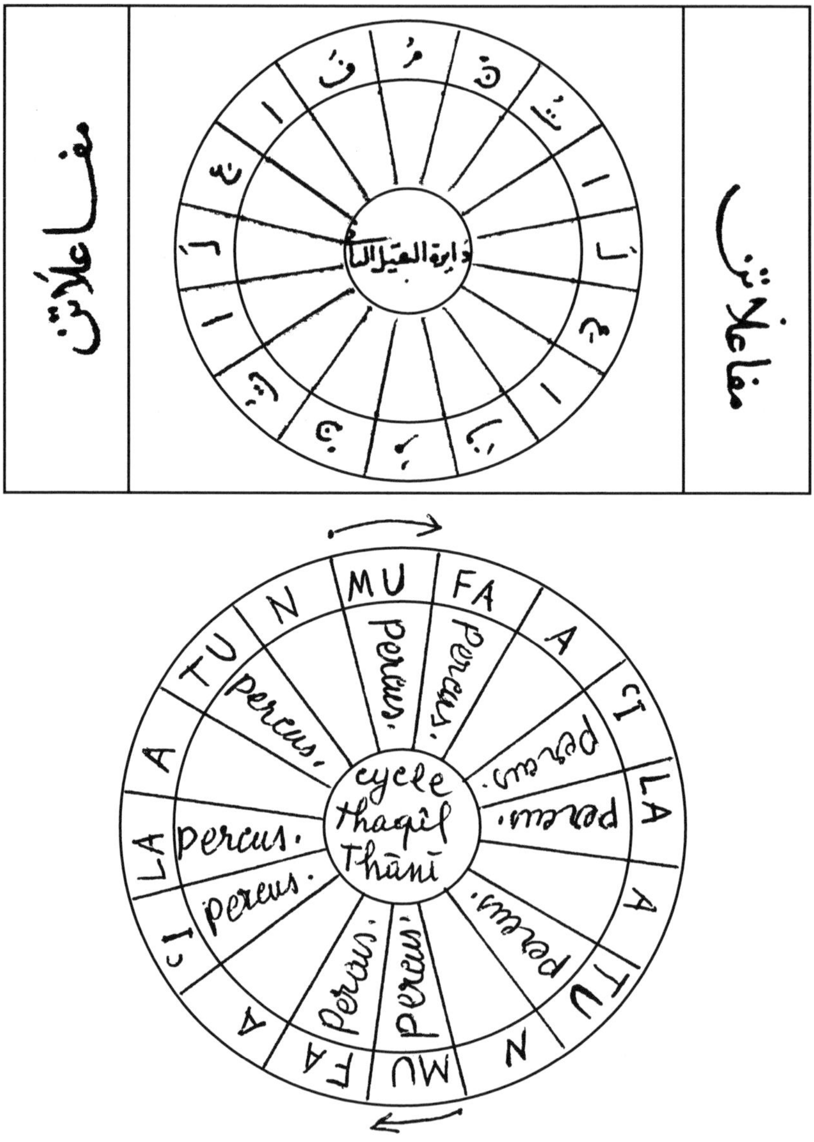

Fig. 1 : Notation originale en cercle du cycle *thaqîl thânî*, suivie d'une version française.

Les durées sont dans le rapport de 1 : 2. et les percussions sont placées sur la lettre (t), l'initiale des syllabes (*tatan*).

Dans la seconde version, l'auteur propose de supprimer la lettre (t) des positions 2, 4, 7 et 9; on obtient la structure suivante :

2. *tanantanantantanantanantan*
3 3 2 3 3 2

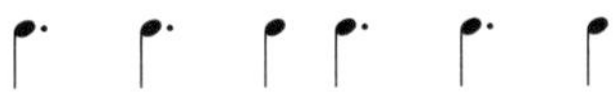

Les durées séparant les frappes de cette version sont dans le rapport de 3:2., ce qui modifie considérablement la morphologie et la dynamique du rythme entre les deux versions. Cette manière de supprimer ou de rajouter des frappes à l'intérieur du même cycle était et reste courante pour générer des variantes rythmiques.

On a vu plus haut qu'al-Urmawî indique la place des frappes par rapport aux syllabes d'un paradigme, mais sans préciser leur nature, forte ou faible. Certaines notations-interprétations – comme celles de Hâshim al-Rajab dans l'édition des deux traités d'al-Urmawî, *Kitâb al-Adwâr* (1980) et *al-Risâlah al-Sharafiyyah* (1982), proposent une seule possibilité de noter les temps forts et les temps faibles dans les rythmes d'al-Urmawî. Il s'agit de substituer systématiquement le *dum* à l'initiale (t) de chaque syllabe et le *tak* à la lettre (n), en seconde position, lorsque la syllabe est multiple de la syllabe brève. Dans le cas du rythme *thaqîl thânî*, on obtient la version suivante qui est possible, sans être la seule (al-Rajab 1980: 154, 1982: 209):

mufâ 'i lâ tun mufâ 'i lâ tun
ta nan ta nan tan ta nan ta nan tan
1 2 1 2 2 1 2 1 2 2

16/8 ||: 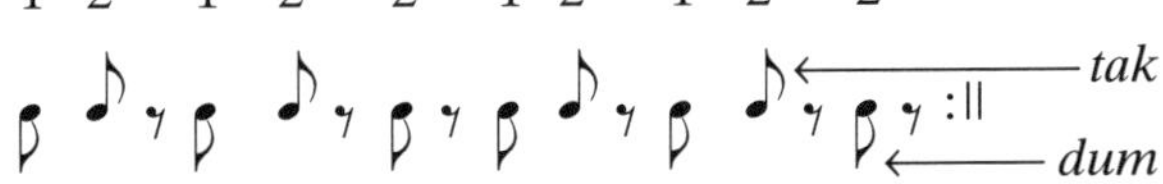

D'autres notations pourraient se dégager si l'on se référait aux paradigmes métriques, puisque al-Urmawî comme Avicenne, qu'il cite régulièrment, présentaient d'abord les rythmes sous leurs formes métriques qui sont beaucoup plus parlantes du point de vue de l'accent tonique que les syllabes (*tatan*). Si l'on admet la théorie de l'accent tonique dans les paradigmes métriques (Weil 1975: 688-698), le rythme changerait de morphologie et de dynamique. L'accent tonique dans le paradigme (*mufâ'ilâtun*) du rythme *thaqîl thânî* est placé sur (*fâ*) et (*lâ*), les deux syllabes longues succédant chacune à une brève. Le rythme serait:

mufâ 'i lâ tun mufâ 'i lâ tun
ta tan ta tan tan ta tan ta tan tan
1 2 1 2 2 1 2 1 2 2

16/8 ||: 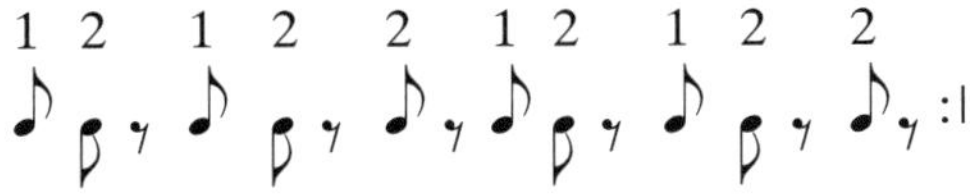

Si l'on comparait la structure rythmique du paradigme (*mufâ'ilâtun*) (1.2.1.2.2. = 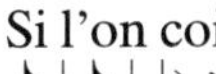) à des rythmes arabes actuels, on trouverait plusieurs versions orientales et maghrébines qui s'appliquent à cette structure, mais qui diffèrent quant à la place des *dum* et des *tak*.

mufâ 'i lâ tun
1 2 1 2 2

1. *Masmûdî saghîr/baladî* (Egypte, Syrie, Liban…) *Dkhûl barwal* (Tunisie) 4/4
2. *Maqsûm* (Egypte, Syrie, Liban…) *Bashraf* (Algérie) 4/4
3. *Sa'îdî* (Haute Egypte) 4/4
4. *Beddâwî* (Liban) 4/4

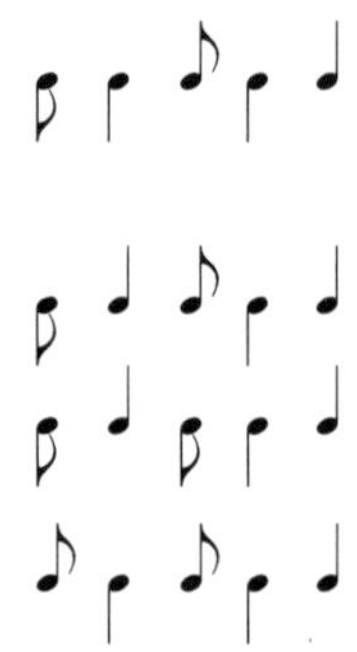

Les traités écrits après le XIIIe siècle reprennent largement les théories et les idées propagées depuis le IXe siècle. Ainsi la *Majalla fî al-Mûsîqî* de Fath Allah al-Shirwânî (m. 1453), d'origine iranienne, ayant fait ses études à Samarkand et ayant vécu ensuite à Kastamonu en Anatolie, et *Al-Risâla al-fathiyya d'al-Lâdhiqî* (seconde moitié du XVe siècle) de la ville de Lataquié en Syrie, citent et commentent Fârabî et Avicenne, tout en adoptant la méthode de notation métrique et circulaire d'al-Urmawî.

Dans ses notations linéaires des rythmes, al-Shirwânî utilise deux lignes : la première représente la période rythmique par une suite de syllabes (*tantanan*...) et la seconde, au-dessous, est composée de deux signes, la lettre (M) et le petit cercle (o). Le (M), initiale du mot *mutaharrik* (*mû*, battu), est placé sous les syllabes correspondant à un battement fondamental et le petit cercle (o), signe de silence (*sukûn*) dans l'écriture arabe, est placé sous les syllabes qui ne correspondent pas

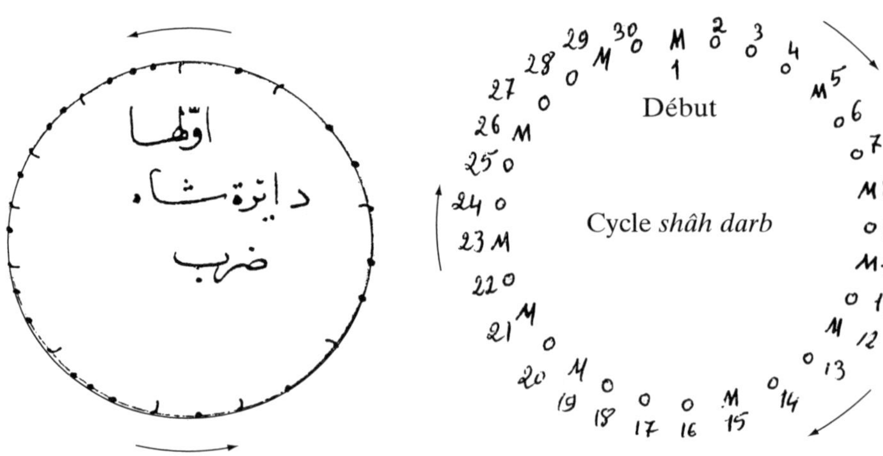

Fig. 2 : Notation en cercle du cycle *shâh darb* à 30 temps équivalents à la croche.

à un battement. C'est la notation de la seconde ligne qui sera portée sur le cercle. Al-Shirwânî n'en utilise qu'un seul, sur lequel il dispose le cycle qu'on lit dans le sens contraire à celui des aiguilles d'une montre en partant du haut du cercle. Le début du cycle est indiqué par le mot *awwaluha* (litt. début du cycle) et le nom du rythme est inscrit au milieu du cercle (Fig. 2).

Les deux traités d'al-Shirwânî et d'al-Lâdhiqî représentent un chaînon sur le plan de la théorie rythmique et sa notation entre le Moyen Age et le XXe siècle. Ils exposent les rythmes des « anciens Arabes », déjà présentés par leurs prédécesseurs, et les rythmes connus à leur époque dont certains ont été perpétués par la pratique jusqu'à l'époque actuelle. Les nouveaux rythmes notés dans ces deux ouvrages sont un témoignage saisissant de la fusion musicale entre les cultures orientales (arabe, iranienne et turque) et de l'apparition des longs cycles comme : le cycle *thaqîl*, arabe, à 48 temps (al-Lâdhiqî 1986 : 245), le *shâh darb*, iranien, à 30 temps (al-Shirwânî 1986 : 184) et le *jhâr darb*, turco-iranien, à 48 temps chez al-Shirwânî (1986 : 179-180) et à 96 temps chez al-Lâdhiqî (1986 : 248-250).

L'école pratique (XVIIIe – XXe siècle)

Parmi les documents qui illustrent cette école, le *kunnâsh* (recueil) d'al-Hâyik al-Tatwânî écrit en 1800 est consacré aux onze *nûba*-s de la *'âla*, ou musique arabo-andalouse marocaine. Dans l'explication des rythmes de la *nûba* marocaine, al-Hâyik se réfère à la pratique à travers les différentes frappes jouées sur le *târ* (tambour sur cadre circulaire à cymbalettes), instrument de rythme dans cette tradition. Ces frappes sont : *nadf*, jouée au centre de la peau, équivalente au *dum* oriental, *daff*, jouée au bord, équivalente au *tak*, et *sanj* (litt. cymbale), qui est le son des cymbalettes obtenu par un mouvement de rotation de la main qui tient le *târ*; il est équivalent également à un *tak* sonore ('Abd al-Jalîl 1988 : 212). Le silence est appelé *fâsila* (cloison, espace), terme utilisé dans les traités anciens. Il est à remarquer que, pour l'aspect quantitatif des durées, l'auteur se sert des syllabes métriques comme les théoriciens anciens. Nous prenons à titre d'exemple le rythme *basît*, premier des cinq rythmes qui se succèdent dans la *nûba* marocaine. Pour sa transcription, nous nous référons aux écrits de Abd al-Azîz Abd Al-Jalîl (1988 : 214) et de Mahmoud Guettat (1982 : 97).

« Le rythme *basît* se compose de six percussions ayant chacune la durée du temps (B) ou du *sabab khafîf* (tan = 2 temps premiers) des métriciens. De ces six frappes, on bat les deux premières *nadfâ* (*dum*), puis deux *sanjâ* (cymbalettes), puis une *nadfâ* (*dum*) et la dernière *fâsila* (silence) »[2]. Ce qui donne en notation actuelle un rythme en 6/4 :

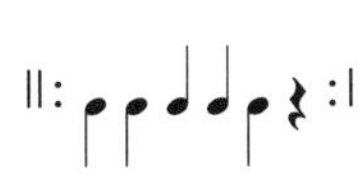

2 La traduction de cette citation est de nous.

La transcription de ce rythme donnée par le congrès de Fès en 1969 est presque la même que celle décrite par al-Hâyik : la troisième frappe est doublée et la quatrième est remplacée par un silence. Elle correspond à la phase lente du rythme que l'on nomme *basît muwassa'* :

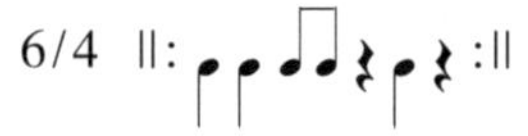

Quelques décennies après l'ouvrage d'al-Hâyik, apparaît l'anthologie de *muwashshahât* (sing. *muwashshah*[3]) intitulée *Safînat al-mulk* (Le vaisseau royal) de Shihâb al-Dîn (1795-1857). Dans ce recueil, l'auteur cite les dix-sept rythmes exposés déjà par al-Lâdhiqî dans *al-Risâlah al-Fathiyyah* au XVe siècle. Shihâb al-Dîn procède de la même manière qu'al-Hâyik ; il explique les percussions d'un rythme par le biais du *riqq*, appellation égyptienne du tambour sur cadre à cymbalettes désignant plus spécifiquement la peau fine tendue sur le cadre. Cet instrument servait et sert toujours, comme son homologue marocain, à accompagner les *muwashshahât* et d'autres formes musicales savantes. Shihâb al-Dîn distingue entre deux percussions fondamentales différentes ; *tâ'* ou *tak* frappée sur les cymbalettes et *diyyah* ou *tum*[4] frappée sur la peau (1856 : 105-106).

Il donne comme exemple transcrit le rythme *shambar* (cercle ou cycle en persan, Erlanger 1959 : 105-106) sous forme de suite de *tak* et de *tum* sans préciser leurs durées. Pourtant c'est la première information que les théoriciens donnaient avant tout à propos d'un rythme.

taktaktum tum tumtumtak tak taktaktak tum tak tum tak taktaktum

Ce rythme prend tout son sens lorsqu'on le superpose à la transcription d'al-Khula'î (1904 : 67) et à celle de d'Erlanger (1959 : 106), (Fig. 3). Il est le seul rythme que Shihâb al-Dîn a noté ; les autres rythmes, comme les *maqâms*, sont cités seulement par leurs noms pour préciser l'identité modale et rythmique des *muwashshahât* de son anthologie.

Systèmes de notation rythmique arabes au XXe siècle

Différents systèmes de notation rythmique ont été élaborés au début du XXe siècle par des musiciens arabes dans les pays du Proche-Orient et du Maghreb ; en Syrie, par le shaykh 'Alî al-Darwîsh, le shaykh Muhammad al-Kahhâl et l'imâm Djesba ; en Egypte, par Darwîsh Muhammad et Kâmil al-Khula'î et en

[3] D'origine andalouse, le *muwashshah* a une construction poétique plus libre sur le plan du mètre et de la rime que la *qasîda*, d'où son nom qui veut dire brodé. Musicalement, c'est un chant de forme ABA mesuré la plupart du temps sur des rythmes boiteux ou composés. C'est l'une des formes principales du répertoire savant oriental. En Afrique du nord, et chez les confréries religieuses, il est nommé *tawshîh*, de la même racine.

[4] Au XVIIIe, XIXe et début du XXe siècle le *dum* était prononcé tum

Tunisie, par le shaykh Ahmad al-Wâfî. Ces différents systèmes ont été consignés dans le sixième volume de *La musique arabe* de d'Erlanger (1959: 14-25) consacré au système rythmique.

Par manque de place, nous avons choisi d'exposer seulement les deux systèmes du shaykh 'Alî al-Darwîsh d'Alep et de Kâmil al-Khula'î du Caire. La notation d'al-Darwîsh est basée sur trois signes principaux; lorsqu'il s'agit de noter des durées équivalentes à la noire, un cercle (O) représente le temps fort ou *dum*, un trait vertical (|) le temps faible ou *tak* et un point (.) pour le silence. Lorsque les durées sont équivalentes à la croche, le cercle et le trait sont surmontés chacun d'un point (Ȯ, İ) et lorsqu'il s'agit de noter des durées équivalentes à la double croche, ces deux signes sont surmontés chacun de deux points superposés (Ö̇, ¦).

Voici le rythme *qatiquftî* en 8/8 dans la notation du shaykh 'Alî al-Darwîsh (Erlanger, 1959: 18-19):

Ȯ İ İ Ȯ I İ

dum tak tak dum tak tak

8/8 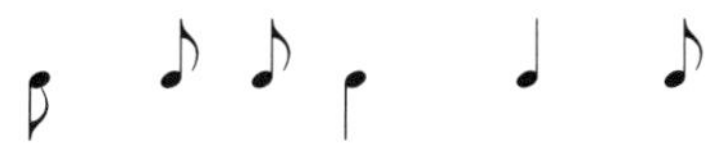

Muhammad Kâmil al-Khula'î, musicien et compositeur cairote, propose dans son livre *al-Mûsîqî al-sharqî* (Le musicien oriental) un système de notation rythmique basé sur quatre unités de temps inspirées de celles connues dans la notation occidentale:

1. *al-wâhida al-kabîra* (la grande unité) est équivalente à la ronde, elle est représentée graphiquement par quatre carrés ou *khânât* (sing. *khâna*): □□□□
2. *al-wâhida al-mutawassita* (l'unité moyenne) est égale à la blanche et représentée par deux carrés: □□
3. *al-wâhida al-saghîra* (la petite unité) correspond à la noire, elle est représentée par un carré: □
4. *nisf al-wâhida al-saghîra* (demi-petite unité) est égale à une croche et correspond à un demi-carré: ▯

L'auteur fixe la durée métronomique de ces quatre unités de temps, en attribuant à la grande 25 battements par minute, à la moyenne 50 battements par minute, à la petite 100 par minute et à la demi-petite 200 battements par minute. Précisons que l'attribution d'une durée fixe aux temps musicaux est en contradiction avec la conception du temps relatif dans la musique arabe, et qu'un rythme peut avoir différents tempi en fonction de chaque morceau musical dans une tradition donnée.

L'unité de temps principal dans ce système est la *khâna*, un carré ou une case. Dans cette case on inscrit le mot *tum* ou *tak* selon qu'il correspond à un battement fort ou à un battement faible. Lorsque le temps correspond à un silence, on inscrit dans la case une petite croix (+) si sa valeur est d'une petite unité (une noire), et un trait incliné (/) si sa valeur équivaut à une croche. Enfin, une double parenthèse ((marque le début du cycle et deux astérisques superposés (⁎⁎) en marquent la fin.

Le rythme *nawakht*, 7/4 ((

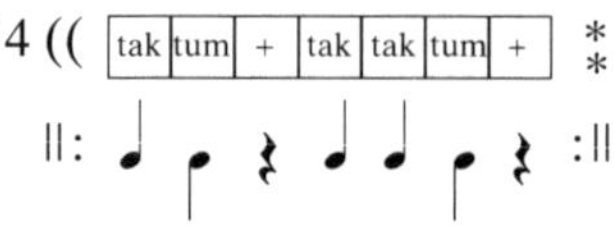

Le rythme *samâ'î thaqîl*, 10/8 ((

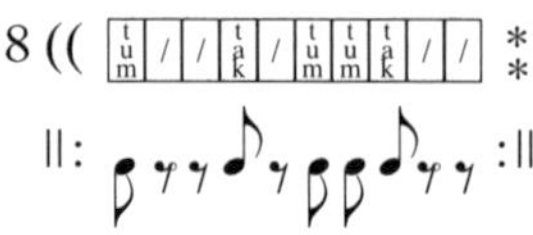

Les rythmes transcrits par al-Khula'î sont exactement les mêmes que ceux cités par Shihâb al-Dîn dans « Le vaisseau royal » et par al-Lâdhiqî au XVe siècle.

Nous présentons ci-dessous (Fig. 3) une quadruple transcription du rythme *shambar* noté par Shihâb al-Dîn sous la forme d'une suite de *dum*-s et de *tak*-s, sans précision des durées ni des temps qui composent le cycle. En seconde position se trouve la transcription du même rythme par al-Khula'î (1904: 67), en troisième position, son équivalent en notation occidentale, puis en quatrième position, la version de d'Erlanger appelée *shambar halabî* (1959: 105) relative à la ville d'Alep dépositrice de la tradition des *muwashshah*-s. Al-Khula'î transcrit ce rythme en 24 unités moyennes (24/2), tandis que d'Erlanger le transcrit comme l'école d'Alep en 24/4. Al-Khula'î signale que les syriens commencent ce rythme par le *tum* correspondant au troisième temps de sa propre version qui commence par deux *tak*-s, comme celle de Shihâb al-Dîn. La raison de cette différence est la mélodie ou plutôt le compositeur qui choisit le début du chant sur une frappe forte, faible ou à contre-temps. Al-Khula'î cite trois *muwashshah* qui illustrent ces trois cas.

Darb (rythme) *shambar*:

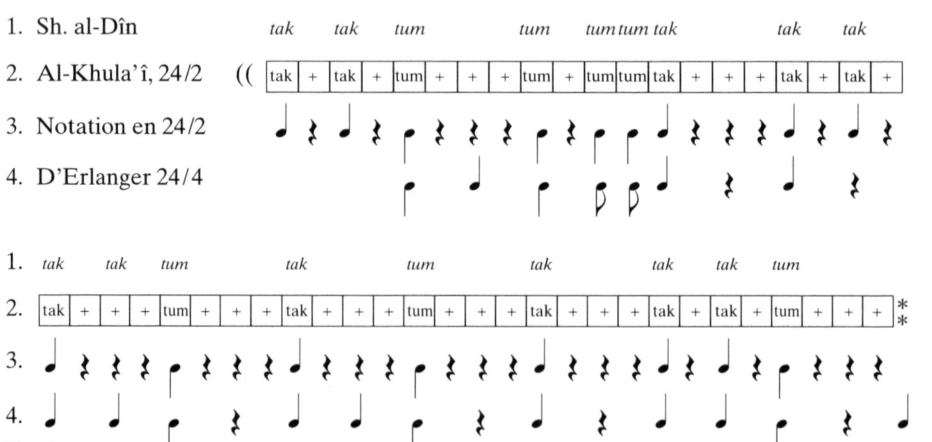

Fig. 3.

Transcription et ethnomusicologie

Les études menées sur la musique arabe au début du siècle par des musicologues occidentaux et plus tard par des ethnomusicologues ont établi la transcription musicale à l'aide de la notation occidentale comme un outil indispensable pour l'analyse et la description de la musique de tradition orale. La transcription est devenue un des thèmes fondamentaux de l'ethnomusicologie, car elle est l'intermédiaire via le chercheur entre la musique étudiée et le destinataire. En d'autres termes, elle est le reflet personnel du transcripteur ou comme le dit Gilbert Rouget: «toute transcription est inévitablement marquée par les présupposés, conscients ou non, du transcripteur ou, ce qui revient au même, par le programme de la machine à transcrire, et qu'en conséquence toute représentation de la musique ainsi obtenue reste à quelque degré interprétative» (Rouget 1981: 5). S'agissant de notation rythmique, quelques exemples extraits de différentes études vont nous permettre de présenter les objectifs à atteindre par ces transcriptions.

Les diverses traditions musicales arabes, savante ou populaire, relèvent du domaine de l'oralité. Bien que les musiques savantes soient «partiellement écrites» (Rouget 1981: 4), comme le montrent les traités musicaux, leur épanouissement et leur transmission s'effectuent oralement, la lecture de toute notation de ces musiques «exigeant une référence constante à la tradition orale « (*Ibid.* 1981: 4).

Tandisque la musique savante arabe à fait l'objet d'études théoriques depuis le Moyen Age, les musiques populaires n'ont commencé à éveiller l'intérêt de la recherche qu'avec tout d'abord les voyageurs orientalistes depuis la fin du XVIIIe siècle, parmi lesquels Villoteau, qui fait figure de grande référence dans sa *Description de l'Egypte*, puis, d'une manière plus suivie, avec les travaux musicologiques et ethnomusicologiques au XXe siècle.

Dans leurs études sur la musique arabe, Jules Rouanet (*Encyclopédie de la Musique et Dictionnaire du Conservatoire*, 1922) et Rodolphe d'Erlanger (*La musique arabe*, tome 6, 1959, édité près de vingt ans après sa mort), transcrivent en notation occidentale des mélodies et des rythmes de musique savante et populaire du Proche-Orient et du Maghreb.

Les rythmes de musique savante, qui étaient notés à l'aide de systèmes personnels élaborés par des musiciens arabes, ont été retranscrits par nos deux auteurs en notation occidentale. Le sixième volume de *La musique arabe* de d'Erlanger reste un document unique sur les rythmes de la musique savante arabe. Une liste de cent onze cycles a été établie avec le concours du shaykh 'Alî al-Darwîsh d'Alep et confirmée par les membres arabes et turcs du Congrès de Musique Arabe du Caire de 1932. La transcription de ces rythmes est enrichie d'une analyse comparative avec la rythmique grecque ancienne et avec d'autres versions, notamment celles de Jules Rouanet et d'Alexandre Chalfoun, musicien libanais, dans sa revue musicale *Rawdat al-balâbil* (Le jardin des rossignols).

En ce qui concerne Jules Rouanet, il ne limite pas ses recherches à la musique savante seulement, mais il les étend aussi aux musiques populaires en se basant sur l'observation de la technique de jeu de certains instruments, comme le *tebeul* (tambour cylindrique à deux peaux), la *ghaïta* (hautbois) et les *qeraqeb* (crotales métalliques). Pour noter un exemple de *ghaïta* et de *tebeul* de Kabylie, intitulé «Air de route» et joué par «la nouba du 1er tirailleur» (1922: 2933-2934), il utilise trois portées; sur la première, en partant du haut, il transcrit en clef de sol la mélodie de la *ghaïta* et sur les deux autres, en clef de fa, il transcrit les frappes du *tebeul*. La portée du milieu est réservée à deux sortes de frappes sourdes, l'une plus grave que l'autre, jouées par une grosse baguette courbée sur la peau de dessus du tambour. Et la troisième portée est réservée aux coups éxécutés par une baguette fine sur l'autre peau de l'instrument. La transcription montre que la mélodie de la *ghaïta* est ornée de quelques petites notes d'appogiature et de variations rythmiques; quant au rythme, il est immuable et ne comporte aucune sorte de variation, tandis que les signes d'accentuation et de nuance paraissent trop systématiques.

En ce qui concerne les *qaraqeb*, Rouanet en présente trois types rythmiques provenant de Gourara dans le Sud algérien. Cette fois-ci, il utilise deux lignes horizontales: celle de dessus pour la main gauche et celle de dessous pour la main droite (1922: 2935-2936).

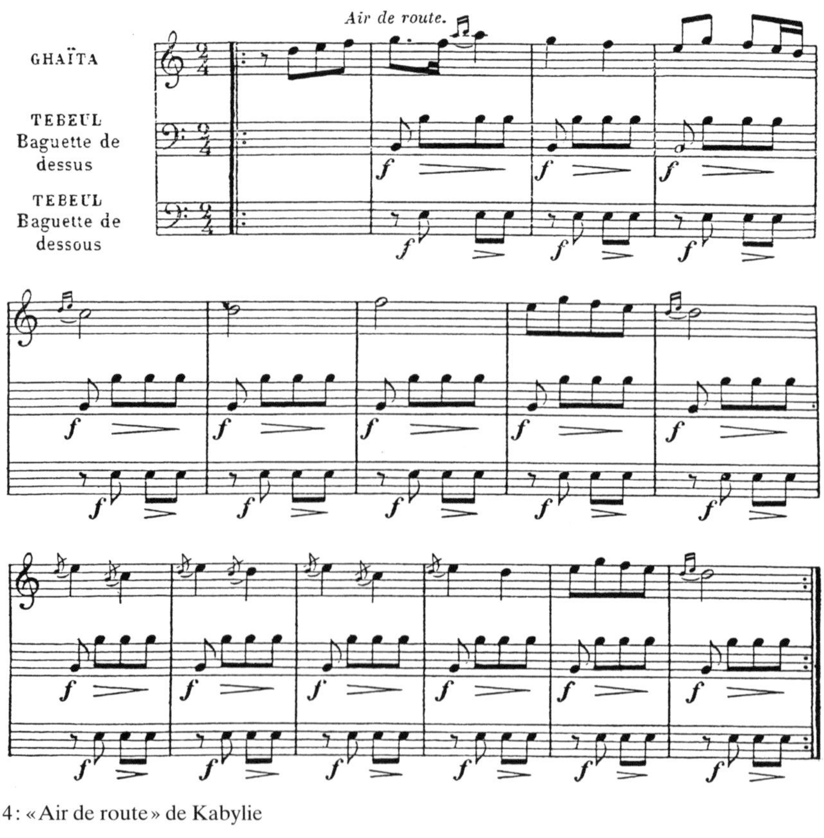

Fig. 4: «Air de route» de Kabylie

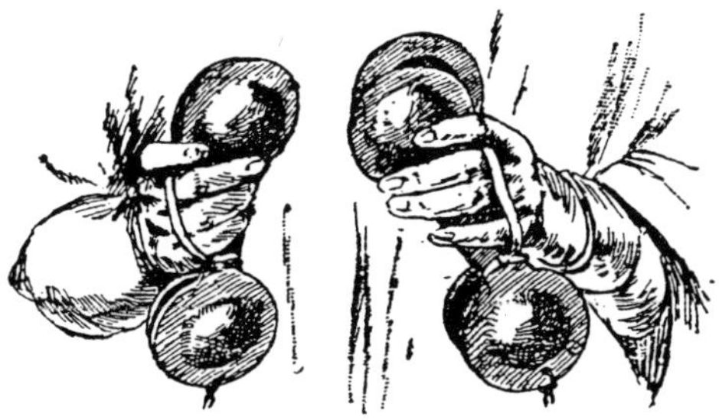

Fig. 502. — *Qerqabou* du Soudan.

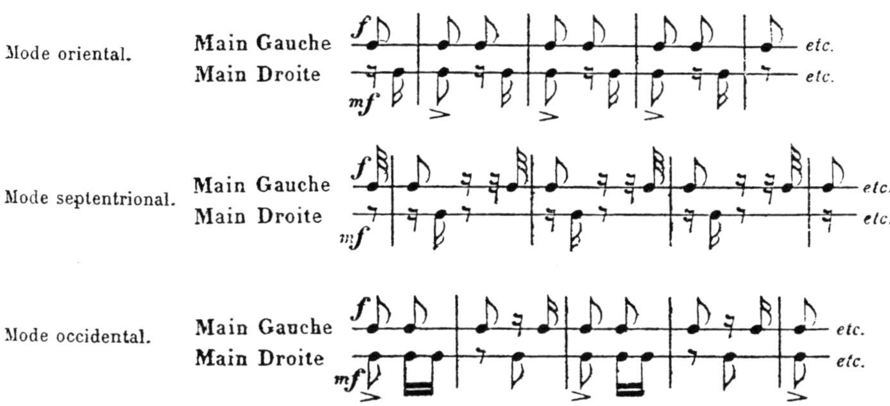

Fig. 5: Rythmes de *qaraqeb*

Toujours dans le domaine de la musique populaire, Hans Hickmann nous a laissé une étude sur la *darbûka* égyptienne avec quelques transcriptions rythmiques fort intéressantes. C'est la première fois qu'une monographie est consacrée à un instrument en particulier; les dessins relatifs à la technique de jeu et à la notation rythmique viennent compléter les informations d'ordre archéologique, historique, linguistique, iconographique et organologique. Pour mettre en valeur la technique de la *darbûka*, Hickmann reproduit quelques dessins présentant différents types de frappe. Quant aux transcriptions rythmiques dans cette étude, elles ne se limitent pas à la structure de base, comme c'est souvent le cas, mais elles donnent une idée de la manière dont on varie un rythme. L'auteur note un rythme avec onze variations, il utilise trois lignes, de haut en bas, a, b et c. Sur la ligne (a) il inscrit le son «grave et très sonore», *dum*, joué par la main gauche (son informateur devait être gaucher) au milieu de la membrane. sur la ligne (b) il inscrit le son aigu, *tak*, joué par la même main au bord de la membrane et sur la ligne (c) il note l'autre (*tak*) joué par l'autre main au bord de la membrane également (Hickmann 1952: 240-245).

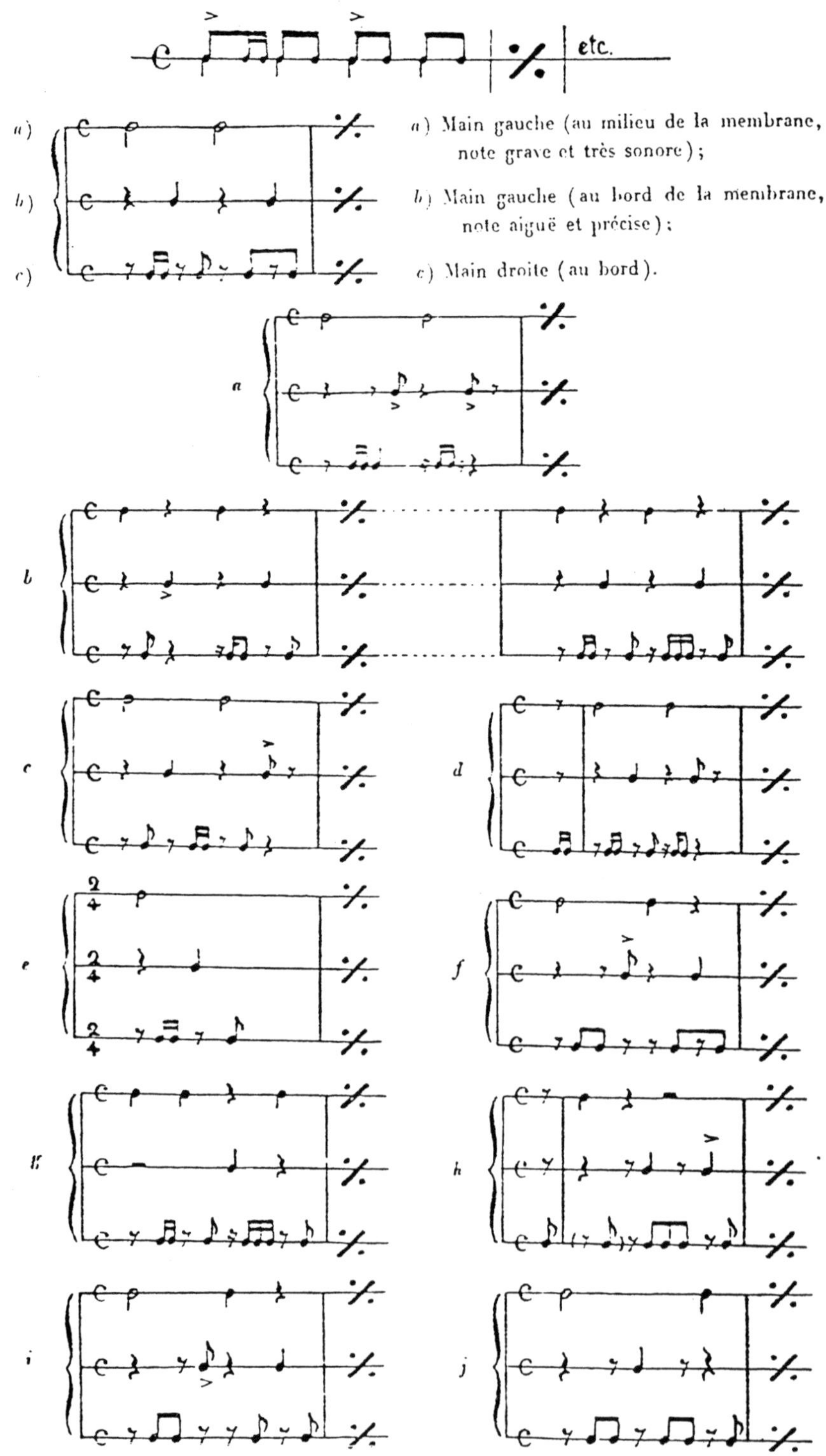

Fig. 6: Rythme et ses variations sur la *darbûka*

Technique de jeu, ornementation, variation et improvisation

Des travaux récents méritent d'être signalés car ils s'inscrivent dans l'évolution de la notation rythmique et apportent des nouvelles idées à la problématique de transcription des rythmes arabes et de traditions similaires. Ces travaux prennent comme base de notation la technique de jeu d'un instrument. Il s'agit de la méthode de *riqq* de Mary Ellen Donald, *Arabic Tambourine* (1985), de la méthode et de la thèse *La darbûka* de Philippe Vigreux (1985, 1997) et de notre transcription des rythmes des timbales yéménités dans le cadre d'une thèse*, La musique tribale sur les hauts-plateaux yéménites* (Yammine 1995).

Dans sa méthode *Arabic Tambourine*, Donald développe un langage onomatopéique complémentaire aux deux frappes fondamentales, *dum* et *tak*, nécessaires pour noter un rythme de base, mais pas pour transcrire toutes les variations de timbre qu'on peut obtenir sur un instrument comme le *riqq*. Compte tenu de la variété sonore de cet instrument, l'auteur propose une série d'onomatopées à l'aide de termes américains symbolisés par leurs initiales, en voici quelques exemples.

Le terme «*slap*» symbolisé par (Sl) représente la frappe claquée obtenue en plaquant les doigts sur la peau du *riqq*. «*Hit*» symbolisé par (H) signifie : faire sonner les symbalettes en frappant sur le cadre d'un coup sec. «*Rocking*» symbolisé par (Rk) concerne la manière de balancer le *riqq* pour obtenir le trémolo des cymbalettes. (Sh) est l'abréviation de «*shake*» et représente une autre manière de faire sonner les cymbalettes en secouant l'instrument. En ce qui concerne les doigtés, (D) représente le *dum* joué par l'index droit, (T) le *tak* joué par l'annulaire droite, (L) le *tak* joué par l'annulaire gauche, (M) le *tak* joué par le majeur droit et (m) le *tak* joué par le majeur gauche. L'abréviation (Fr) de «*finger roll*» désigne un roulement de trois doigts, annulaire, majeur et index de la main droite et (Fl) de «*flip*» indique les triolets de doubles croches joués avec les annulaires des deux mains.

La notation est réalisée sur une seule ligne où toutes les hampes des notes sont tournées vers le haut pour pouvoir inscrire les symboles au-dessous de la ligne. L'auteur inscrit sous chaque note l'abréviation symbolisant le son qui doit être produit et le doigt qui le joue. Ce langage est complété par des photos représentant les différentes positions de jeu et un enregistrement sonore sur cassettes de toute la méthode.

Philippe Vigreux présente deux types de transcription rythmique pour la *darbûka*: le premier dans un but pédagogique et le second à des fins d'analyse. Les signes et les symboles qu'il utilise dans sa méthode pour illustrer la technique de jeu privilégient l'aspect visuel comme intermédiaire pour accéder à une représentation mentale du son et le reproduire par la suite avec la main. Bien entendu, ces signes sont complétés par des explications, des photos et des images illustrant les différentes positions de jeu sur la peau de la *darbûka*. Chaque frappe est symbolisée par un signe abstrait à l'instar des méthodes de batterie et des instruments de percussions occidentaux. Faite sur une seule ligne, la notation est surmontée par des signes représentant à la fois le son et la main qui doit le jouer, et des chiffres lorsqu'il s'agit d'effectuer des roulements ou des blocages avec les doigts

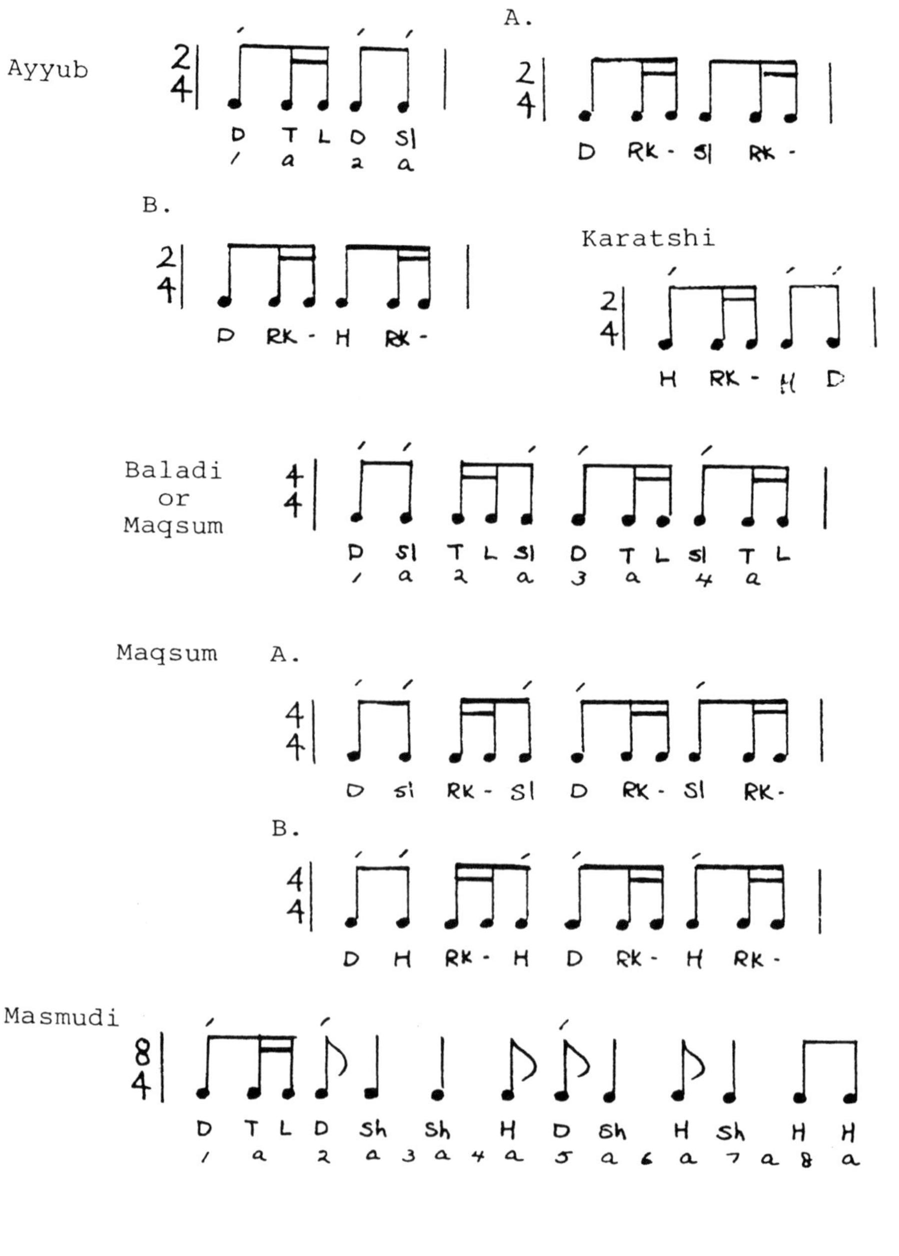

Exemples sur les rythmes *Ayyûb* (2/4), *baladî/baqsûm* (4/4), *karatshi* (2/4) et *masmûdî* (8/4) (Donald 1985: 36, 50)

des deux mains. La transcription rythmique de cette méthode est conçue pour enseigner la technique de jeu tout en permettant d'analyser le langage d'ornementation de la *darbûka*. N'étant pas accompagné d'exemples sonores pour guider l'élève, l'apprentissage à partir de cette méthode doit être complété par un travail avec un spécialiste de cet instrument.

Explication des symboles utilisés dans la transcription ci-dessous

● = *Dum* (main droite)
O (avec point) = *Tak* de la main gauche
O (avec carré) = *Tak* de la main droite
⦶ = Claquement de la main droite
5 □ O = Blocage du pouce lié à ses battements d'accompagnement.
9 = *Nuqfa* ou chiquenaude réalisée avec le revers de l'index droit.
1 2 3 4 (●●●●) = Roulement à quatre doigts de la main gauche.
> = Signe d'accentuation
( ) = Les parenthèses encadrant un ou plusieurs signes de frappe indiquent que cette frappe est atténuée.
B. C. = Battement continu.

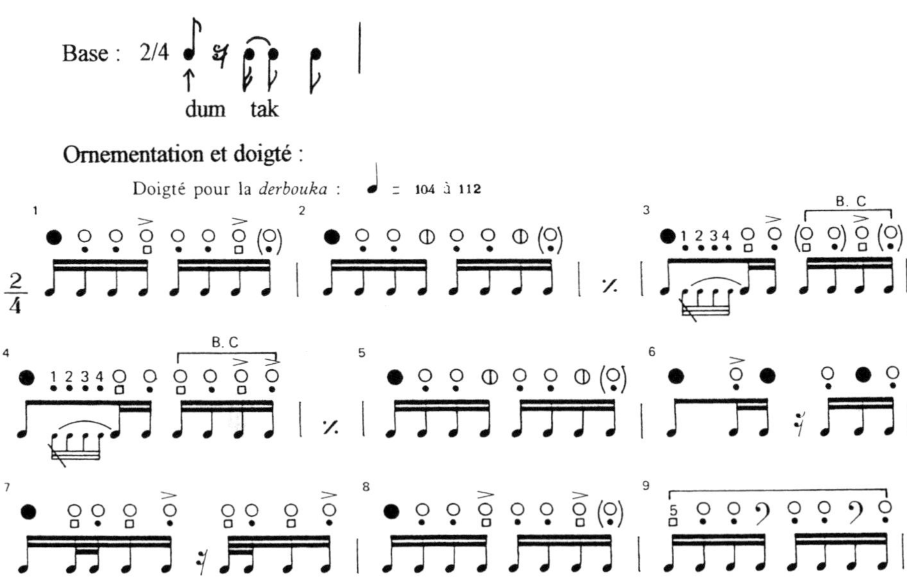

Exemple sur le rythme *barouel* ou *malfouf* (2/4) précédé par sa base (Vigreux 1985: 149)

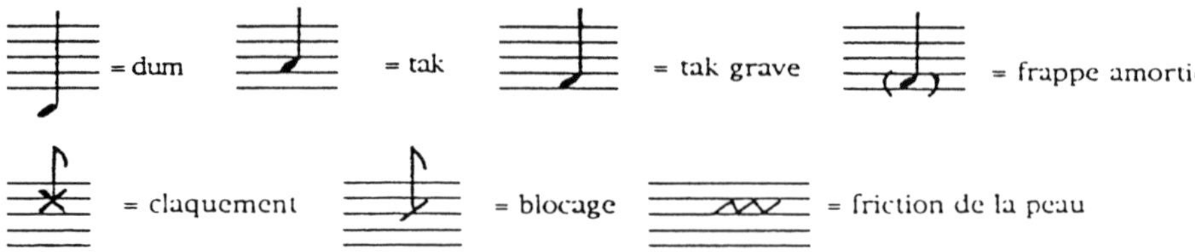

Partition 1 : *'Ayyûb* (Khamis Hankesh)

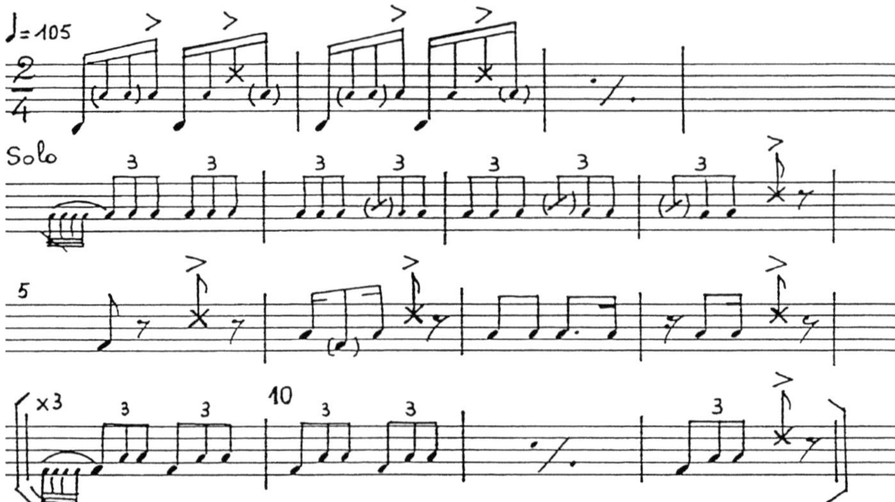

Extrait d'un solo de *darbûka* sur le rythme *Ayyûb* (2/4), joué par Khamîs Hankesh (Vigreux 1997: 464)

La transcription de différents soli de *darbûka* présentés dans la thèse du même auteur (Vigreux 1997: 464-473) servent l'analyse afin de mettre en évidence des substrats ou acquis culturels externes ou internes dans les improvisations de percussionnistes égyptiens et tunisiens. Contrairement au système de notation utilisé dans sa méthode, Vigreux utilise ici une portée à cinq lignes et sept notes distribuées sur les lignes ou dans les interlignes. Ces notes indiquent les différentes frappes permettant la transcription des improvisations égyptienne et tunisienne de la *darbûka*. La notation permet au lecteur habitué aux analyses musicales sur partition de saisir rapidement le propos de l'auteur.

Transcription des timbales yéménites dans l'accompagnement rythmique de la danse bar'a

Dans notre analyse des rythmes de la danse yéménite *bar'a*, nous avons décidé de noter l'accompagnement rythmique intégral de cette danse qui dure 10'41'' afin d'étudier et la structure formelle et le langage de variation rythmique (Yammine 1995: 358-381). La *bar'a* est une danse tribale composée de trois parties ayant chacune sa pulsation, son tempo, sa cellule de base ainsi que ses figures et variations rythmiques. Purement rythmique, l'accompagnement est assuré par deux timbales, une grave, *marfa'*, et une aiguë, *tâsa*. Le *marfa'* joue pour chaque partie une période courte et simple en boucle, rarement variée; elle est le repère de base à la fois pour les danseurs et pour le joueur de la *tâsa*. Ce dernier, tout en écoutant la formule de base et suivant les pas des danseurs, élabore son jeu que l'on peut décrire comme une série de variations improvisées sur la formule du *marfa'* et une illustration de la chorégraphie.

Pour décrire la structure rythmique de cette danse et le langage de variations rythmiques de la *tâsa*, une analyse détaillée était nécessaire à partir de la transcription intégrale du jeu des deux timbales.

La première partie se divise en deux sous-parties IA et IB. Cette subdivision est due au ralentissement du tempo de la danse, qui va étirer les durées de la formule de base sans changer leur rapports, et entraîner un changement dans la subdivision du temps et dans l'élaboration des figures rythmiques de la *tâsa*. Le rythme de base est une cellule ternaire composée d'une unité longue et d'une autre brève qui sont dans un rapport 2:1.

Cellule de base de la sous-partie IA: 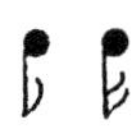

Cellule de base de la sous-partie IB et sa variante: 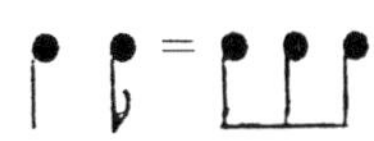

La période de base de la partie II
est composée de deux cellules à division binaire: 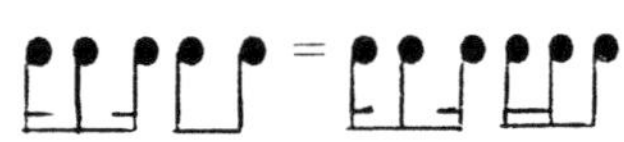

La période de base de la partie III est une cellule à deux unités; une longue et une brève; mais, à la différence de la cellule de la partie I (IA, IB), la longue et la brève de la partie III sont dans un rapport 3:1. Cette différence entraîne une subdivision binaire du temps par le joueur de *tâsa*, tandis que dans la partie I (IA, IB), la subdivision du temps est ternaire.

Cellule de base de la partie III et sa variante: 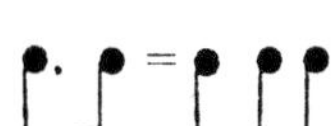

Les cellules de base du *marfa'* tiennent par rapport aux variations de la *tâsa* le même rôle qu'un rythme de base par rapport à une mélodie vocale ou instrumentale. Le jeu de la *tâsa* est une sorte de mélodie rythmique qui se développe à travers un nombre de figures et de leurs combinaisons tout en tenant compte des pas des danseurs et de l'évolution des figures chorégraphiques.

Exemple de la partie IA:

Tâsa
marfa'

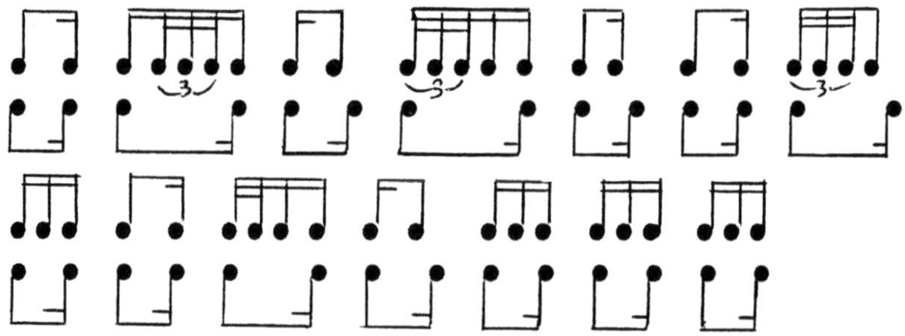

Exemple de la partie IB:

Tâsa
marfa'

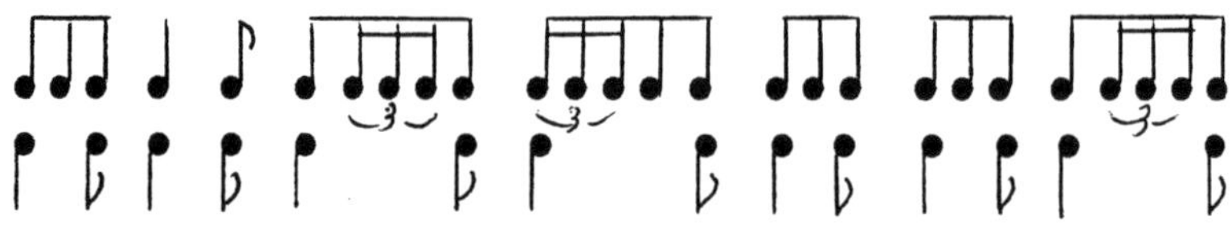

Exemple de la partie II:

Tâsa
marfa'

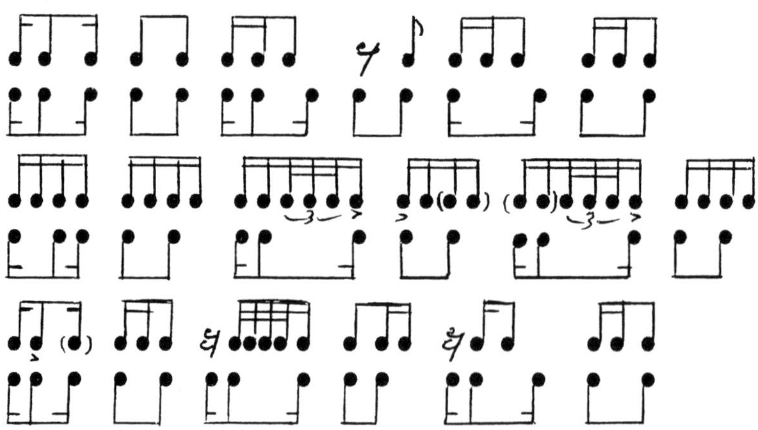

Exemple de la partie III:

Tâsa
marfa'

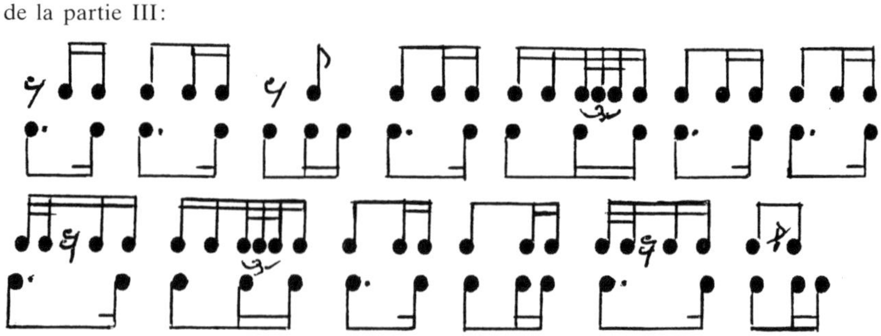

Par manque de place, nous ne présentons ci-contre que quatre courts exemples caractéristiques des variations rythmiques dans les quatre parties de la *bar'a*. La notation est réalisée sur deux lignes; sur la ligne inférieure nous avons transcrit la période du *marfa'* et sur la ligne supérieure les variations rythmiques de la *tâsa*.

Conclusion

Ce qui est à retenir de ces différents types de notation rythmique, ce sont les idées que chaque notation reflète ou véhicule, quelle que soit l'époque ou la culture.

La plupart des notations anciennes illustraient une volonté de théorisation de la musique favorisée par les contacts avec les civilisations grecque, persane et indienne.

La notation d'al-Fârâbî privilégie la conception arithmétique du rythme chère à la théorie d'Aristoxène que notre philosophe connaissait bien. La correspondance entre la métrique poétique et la rythmique musicale illustrée dans la notation d'Avicenne renferme également cet aspect quantitatif du rythme.

En regardant l'évolution de la notation rythmique, nous constatons qu'elle a été élaborée progressivement sur plusieurs siècles. Chaque théoricien venait compléter ce que son prédécesseur avait commencé. Cette notation a atteint ses limites avec l'invention de la notation en cercle par al-Urmawî, qui a été reprise dans les traités postérieurs jusqu'au XVe siècle.

A partir du XIXe siècle, la notation sert différents objectifs. Les systèmes de notation élaborés par des musiciens arabes, transposés en notation occidentale, ont révélé les répertoires rythmiques de musique savante qui n'ont été connus jusque là que par les spécialistes, les maîtres et leurs disciples.

Quant aux notations des musicologues et des ethnomusicologues, elles ont permis d'illustrer différentes études descriptives et analytiques des répertoires savants ou populaires, comme chez d'Erlanger et Rouanet, de technique de jeu et des langages de variation et d'improvisation rythmiques comme ceux du *riqq* proche-oriental, de la *darbûka* égyptienne et tunisienne ou des timbales yéménites.

Avec l'intérêt grandissant en Occident pour les musiques traditionnelles et particulièrement la musique arabe, la notation musicale découvre un nouveau domaine qui est l'apprentissage de la technique de jeu d'un instrument à l'aide d'une méthode écrite.

Références

'ABD AL-JALIL 'Abd al-'Azîz
1988 *al-Mûsîqâ al-andalusiyya al-maghribiyya (La musique andalouse marocaine)*. Koweït: 'Alam al-ma'rifa.

DONALD Mary Ellen
1985 *Arabic Tambourine, a comprehensive course in techniques and rhythms for the Tambourine, tar, and mazhar*. San Francisco: Mary Ellen Books.

ERLANGER Rodolphe d'
1930-1959 *La musique arabe*, 6 tomes, Paris: Paul Geuthner,
- t. I, 1930, trad. de *Kitâb al-mûsîqî al-kabîr (Le grand livre de la musique)*, livres I et II, de Abû Nasr Muhammad al-Fârâbî (872-950).
- t. II, 1935, trad. de *Kitâbu l-Shifâ' (Le remède)*, chap. XII, Avicenne (980-1037).
- t. III, 1938, trad. de *al-Risâla al-sharafiyya* (*Epître à Sharafu-d-Dîn*) et de *Kitâb al-Adwâr* (*Livre des cycles musicaux*) de Safyy al-Dîn al-Urmawî (m. en 1293/4).
- t. VI, 1959, *Essai de codification des règles de la musique arabe moderne, le système rythmique, les diverses formes de composition artistique.*

AL-FARABI Abû al-Nasr (872-950)
1967 *Kitâb al-mûsîqî al-kabîr (Le grand livre de la musique)*, éd. Ghattâs'Abd al-Malik Khashaba. Le Caire: Dâr al-kâtib al-'arabî.

GUETTAT Mahmoud
1980 *La musique classique du Maghreb*. Paris: Sindbad.
1982 Nadhariyyat al-'iqâ' 'ind al-'arab (La théorie du rythme chez les Arabes), in *Al-Hayât al-thaqâfiyya*, 7e année, n' 22-23. Tunis: 90-107.

HICKMANN Hans
1952 «La daraboukkah», in *Bulletin de l'institut d'Egypte*, t. XXXIII. Le Caire: Imprimerie de l'Institut Français d'Archéologie Orientale: 229-245.

IBN ZAYLA Abû Mansûr (m. en 1044)
1964 *Al-Kafî fî al-Mûsîqî (Ce qu'il suffit de connaître sur la musique)*, éd. par Zakariya Yûsuf.0 Le Caire: Dâr al-Qalam.

Al-KHULA'I Muhammad Kâmil
1904 *Kitâb al-mûsîqî al-sharqî (Livre de la musique orientale)*. Le Caire: Matba'at al-taqaddum.

Al-LADHIQI Muhammad ibn 'Abd al-Hamîd (fin XVe siècle)
1986 *Al-Risâla al-fathiyya (Epître al-Fathiyya)*, éd. Par Hâshim Muhammad al-Rajab. Koweït: al-majlis al-watanî li-l-thaqâfa wa-l-funûn wa-l-'âdâb, qism al-turâth al-'âlamî.

AL-MALLAH Issâm
1992 «Rythmes arabes, entre notation et pratique», in *Musique arabe, Le Congrès du Caire de 1932*, Actes du colloque sur *les documents du premier Congrès sur la musique arabe*, Le Caire, 1932, tenu au Caire du 25 au 28 mai 1989, sous la responsabilité scientifique de Schéhérazade Qassim Hassan. Le Caire: CEDEJ: 163-179.

POCHE Christian
1995 *La musique arabo*-andalouse. Paris: Cité de la musique / Arles: Actes Sud.

ROUANET Jules
1922a «La musique arabe», in Lavignac, *Encyclopédie de la musique et dictionnaire du Conservatoire*, t. V. Paris: Delagrave: 2676-2812.
1922b «La musique arabe dans le Maghreb», in Lavignac, *Encyclopédie de la musique et dictionnaire du Conservatoire*, t. V. Paris: Delagrave: 2813-2939.

ROUGET Gilbert
1981 «Ethnomusicologie et représentations de la musique», in *Le Courrier du CNRS*, hors série n° 42: 4-5.

SAUVANET Pierre

1989 *Pour une morphologie du rythme, avec une étude détaillée d'une notation rythmique originale (Safî al-Dîn, Baghdad, XIIIe siècle)*, mémoire de D.E.A. d'histoire et philosophie des sciences, Université de Paris-I (Panthéon Sorbonne).

SHIHAB AL-DIN Muhammad

1856 *Safînat al-mulk wa nafîsat al-fulk (La vaisseau royal et le joyau du navire)*. Le Caire: al-Matba'a al-Hajariyya.

Al-SHIRWANI Fath Allâh (m. en 1453)

1986 *Codex on Music (Majalla Fî'l-mûsîqî)*, ed. by Fuat Sezgin, Series C, Facsimile Editions, vol. 26. Frankfurt: Publications of Institute for the History of Arabic-Islamic Science.

SHURA Nabîl

1984 «Al-mûsîqâ fî safînat Shihâb» (La musique dans le vaisseau de Shihâb), in *Funûn*, n° 2. Tunis: 67-73.

'ULULU Mustapha

1986 «Al-madâris al-'iqâ'iyya al-'arabiyya min khilâl al-masâdir» (Les écoles rythmiques arabes à travers les documents écrits), in *Funûn*, n° 6. Tunis: 30-36.

Al-URMAWI Safyy al-Dîn (m. en 1293/4),

1980 *Kitab al-Adwâr (Livre des cycles musicaux)*, éd. par Hâshim Muhammad al-Rajab. Bagdad: Dâr al-Rashîd.

1982 *Al-Risâla al-Sharafiyya (Epître à Sharaf al-Dîn)*, éd. Par Hâshim Muhammad al-Rajab. Bagdad: Dâr al-Rashîd.

1984 *Book on the Cyclic Forms of Musical Modes (Kitâb al-Adwâr) and Treatise Dedicated to Sharaf al-Dîn on Proportions in Musical Composition (Al-Risâla al-Sharafiya)*, Ed. by Fuat Sezgin, Series C, Facsimile Editions, vol. 6. Frankfurt: Publications of Institute for the History of Arabic-Islamic Science.

VIGREUX Philippe

1985 *La derbouka, technique fondamentale et initiation aux rythmes arabes*. Aix-en-Provence: EDISUD.

1997 *La darbûka, histoire, organologie, ethnomusicologie d'un instrument de percussion*, thèse de doctorat, 2 t. Université de Paris X-Nanterre.

WEIL Gotthold

1975 «'Arûd», in *Encyclopédie de l'Islam*, Nouvelle Edition, Tome I. Paris: 688-698.

YAMMINE Habib

1983 *Les rythmes chez al-Fârâbî*, mémoire de maîtrise, Université de Paris VIII-Saint-Denis, Département de musique.

1995 *Les Hommes des tribus et leur musique (Hauts-plateaux yéménites, vallée d'al-Ahjur)*, Thèse de doctorat, 2 vol. Université de Paris X-Nanterre.

RÉSUMÉ

Même si les rythmes arabes appartiennent à un ensemble de traditions musicales transmises oralement, les théoriciens et musicologues arabo-musulmans ont toujours cherché depuis le Moyen Age à illustrer leur théorie du rythme par une notation. Cet article essaie de tracer une petite histoire illustrée des différents types de notation rythmique utilisés dans un certain nombre de traités musicaux du IXe jusqu'au XXe siècle. Les notations anciennes étaient limitées aux travaux théoriques, à des usages personnels ou à des cercles privés; la notation occidentale prend le relais pour se généraliser à tous les domaines de la musique: description, analyse, interprétation et transmission.

LE TIMBRE DANS LE RÉPERTOIRE DE LA *VALIHA*, cithare tubulaire de Madagascar

Jobonina Razafindrakoto

La cithare tubulaire de Madagascar est un instrument de musique fort ancien qui aurait été introduit sur l'île par des populations originaires du Sud-Est asiatique au cours du premier millénaire après J.-C. L'instrument se compose d'un tuyau de bambou sur lequel sont tendues parallèlement des cordes habituellement pincées avec les doigts (fig. 1). Appelée *valiha*, *vadiha*, *betoroky* ou encore *marovany* selon les régions, la cithare tubulaire est liée aux modes de vie des divers groupes ethniques qui peuplent la Grande Ile (Domenichini 1983 : 705-706). Sa pratique est particulièrement vivace en Imerina, région des Hautes Terres centrales de Madagascar : en témoignent les quelque 34 dénominations vernaculaires et d'emprunt que j'ai répertoriées pour qualifier la *valiha* chez les Merina (habitants de l'Imerina)[1].

« Tory folo », « toritenany », « jihy vy », « maty roa », « lalandava », « élastique », « électrique », « sympathique », « chromatique » ... forment un ensemble de qualificatifs juxtaposés au mot *valiha* que j'ai recueillis au cours de missions effectuées entre 1990 et 1995. Si rendre compte d'une réalité sonore consiste à noter les éléments musicalement significatifs pour les musiciens d'une culture donnée, ces 34 appellations constituaient de prime abord un corpus terminologique susceptible de renseigner sur la pratique de la *valiha*.

Une analyse organologique poussée montre que ces termes désignent des matériaux de fabrication, des dispositifs particuliers, des modalités d'accords ou encore des formes singulières : dix-sept qualificatifs se rapportent aux cordes de l'instrument, dix-sept autres à son corps de résonance (Razafindrakoto 1997 : 100-174). C'est ainsi que mon approche du répertoire a commencé : observer l'instrument de musique, source génératrice de sons. Cette diversité de facture pose aujourd'hui des problèmes d'ordre esthétique, en particulier celui du renouvellement de la matière sonore dans un répertoire de musique traditionnelle.

Mon propos n'est pas d'avancer des solutions immédiates sur la notation mais, à la lueur de mon expérience de terrain et de mes résultats d'analyses, de poser une problématique sur un aspect particulier du son : que décrire, que noter à propos du timbre ? Pour tenter de cerner une question aussi vaste, il faudrait faire une première approche analytique du timbre en cherchant sa nature dans celle de ses éléments constitutifs.

---

1 Conférence de clôture de l'année 1998-1999, consacrée à la *Valiha de Madagascar*. Tananarive : Académie Malgache, juillet 1999.

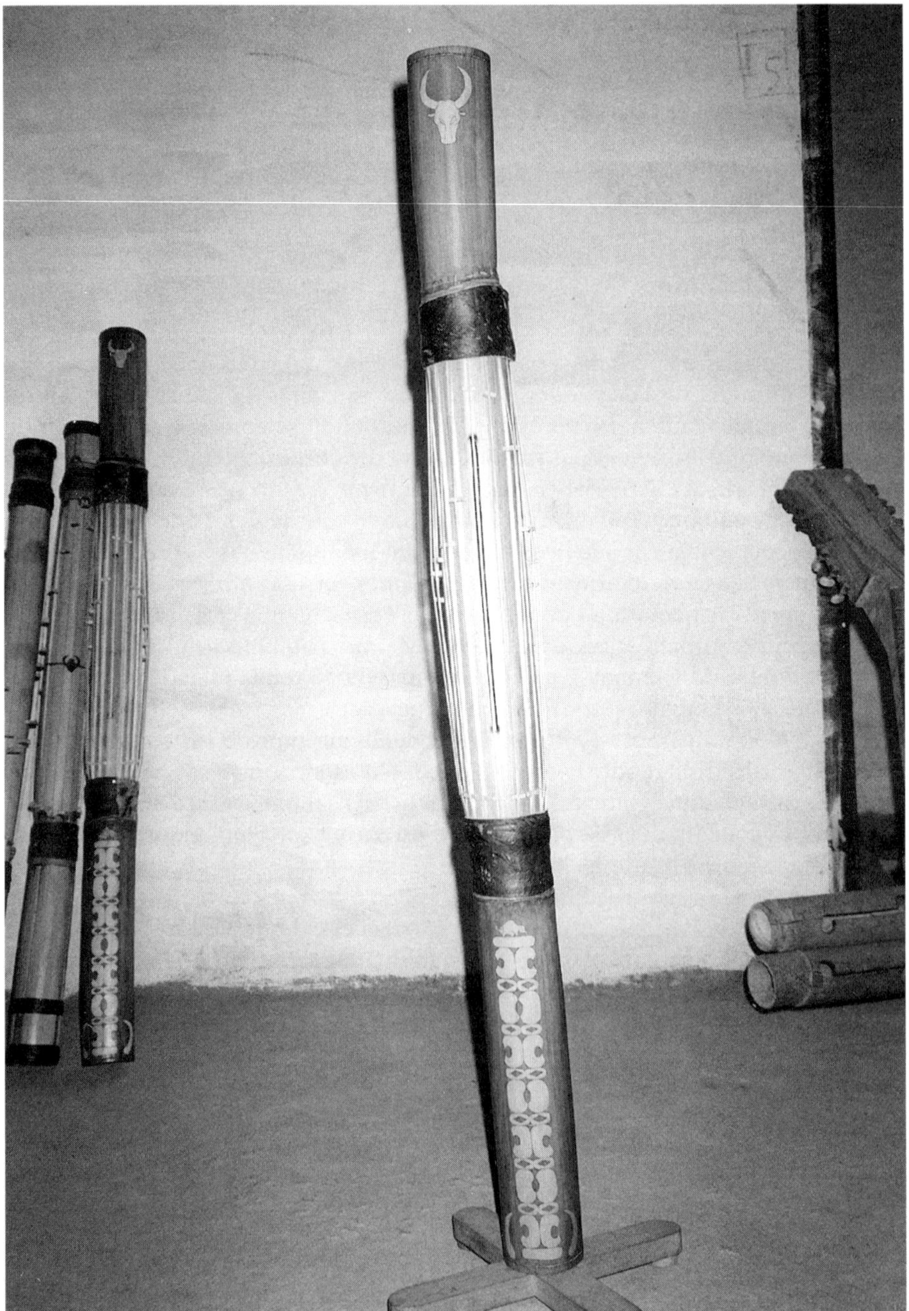

Fig. 1 : La *valiha*.

Les timbres de la *valiha*

Les musicologues distinguent quatre constituants élémentaires de la matière sonore : la hauteur, la durée, l'intensité et le timbre. Or, si les trois premiers sont traditionnellement représentés par les signes de la notation solfégique, il n'en va pas aussi simplement pour le quatrième. Aussi, afin de mieux cerner les problèmes relatifs à sa notation, est-il nécessaire de savoir de quoi le timbre est constitué d'une part, et s'il est immuable ou variable d'autre part. Pour cela, l'acoustique musicale va nous donner un accès spécifique à cet élément sonore. L'analyse du timbre instrumental revient donc à saisir au mieux les ressources acoustiques de l'instrument : d'abord, en caractérisant la « palette sonore » c'est-à-dire le matériau de base constitué par l'ensemble des sonorités dont le musicien dispose (Schaeffer 1966 et Chion 1983) ; ensuite, en analysant l'utilisation musicale de ce matériau. Cette recherche pluridisciplinaire que j'ai menée sur la *valiha* a requis le concours du physicien acousticien, de l'artisan-musicien et de l'ethnomusicologue.

La comparaison entre divers enregistrements de *valiha* surprend par d'énormes différences de sonorités (Duvelle 1963 et Domenichini 1985). En effet, l'organologie instrumentale distingue deux grands types : la *valiha* ancienne dont les cordes végétales sont incisées et soulevées du corps même de l'instrument, et la *valiha* moderne dont les cordes métalliques sont rapportées au corps de résonance (Sachs 1938). Mon propos n'est pas d'en faire ici une étude organologique détaillée, mais de me demander quel est l'impact de ces transformations sur le répertoire traditionnel de l'instrument.

Mon objectif est donc de caractériser ces deux types d'instruments, leurs sonorités et la musique qu'ils produisent, d'abord sur des critères objectivement mesurables, ensuite sur les critères propres à la société *merina* afin de comprendre les choix de facture des artisans-musiciens.

Comparaisons entre la *valiha* à cordes végétales et la *valiha* à cordes métalliques

Le timbre est une donnée multidimentionnelle que l'on peut définir comme suit :

> « [...] c'est essentiellement un attribut relevant simultanément de toutes les dimensions sonores : fréquence, amplitude, durée. Ce que nous appelons communément le timbre comporte en fait deux aspects [...]. Le premier se réfère à l'identification de la source sonore (causalité) et le second aux changements de qualités que le signal peut subir selon l'espace et le temps. Nous employons le terme « sonorité » pour l'aspect qualitatif, réservant celui de « timbre » pour l'aspect d'identification » (Castellengo 1994 : 206).

Cette définition justifie l'étude de groupes et de familles instrumentales d'une part, et d'« êtres sonores » à l'intérieur de chaque famille d'autre part.

L'étude comparative des deux types de *valiha*, à cordes végétales (*valiha toritenany*) et à cordes métalliques (*valiha jihy vy*), a débuté avec la participation de musiciens malgaches au Laboratoire d'Acoustique Musicale (LAM) de l'Université Paris VI, dont un des axes de recherche concerne l'étude du fonctionnement des instruments de musique.

L'analyse sonagraphique

Le recueil des données en chambre sourde, puis l'analyse au sonagraphe audionumérique 5500 ont permis d'obtenir une description fine des paramètres qui régissent le timbre et sa perception auditive, à savoir: l'évolution temporelle, le contenu spectral et l'intensité des composantes.

A la lecture d'un sonagramme, la durée est représentée en secondes sur l'abscisse: transitoire d'attaque et transitoire d'extinction sont les phases dynamiques du son qui encadrent une tenue plus ou moins longue qui est la phase stable du son. Les fréquences exprimées en Hertz sont reportées en ordonnée: l'équidistance des composantes spectrales traduit un rapport simple entre les harmoniques, alors qu'une non-équidistance des raies traduit un rapport complexe entre les partiels. Le son est perçu avec un maximum d'intensité lorsqu'il atteint la zone sensible de l'oreille située entre 2000 et 4000 Hertz. Enfin, l'intensité sonore mesurée en décibels est représentée par l'épaisseur des composantes spectrales ou des zones plus denses appelées formants.

Les sonagrammes des deux types de *valiha* font apparaître des différences spectrales très nettes. Le spectre harmonique de la *valiha* à cordes végétales (fig. 2) se caractérise par une attaque franche qui s'apparente à un choc; on a très peu de composantes, dont aucune nettement visible au-dessus du huitième partiel: la hauteur spectrale reste inférieure à 8 KHz; la tenue du son est brève.

En revanche, l'analyse sonagraphique de la *valiha* à cordes métalliques (fig. 3) se caractérise par un démarrage net et simultané à l'attaque; on peut y dénombrer plus de vingt composantes dont l'étendue va jusqu'à 16 Khz; la phase stable du son est caractérisée par une décroissance exponentielle qui dure quelques secondes.

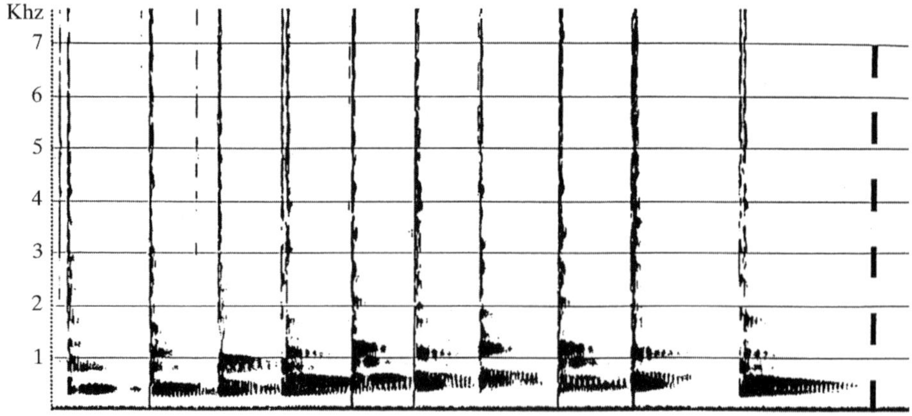

Fig. 2: Sonagramme de la *valiha* à cordes végétales.

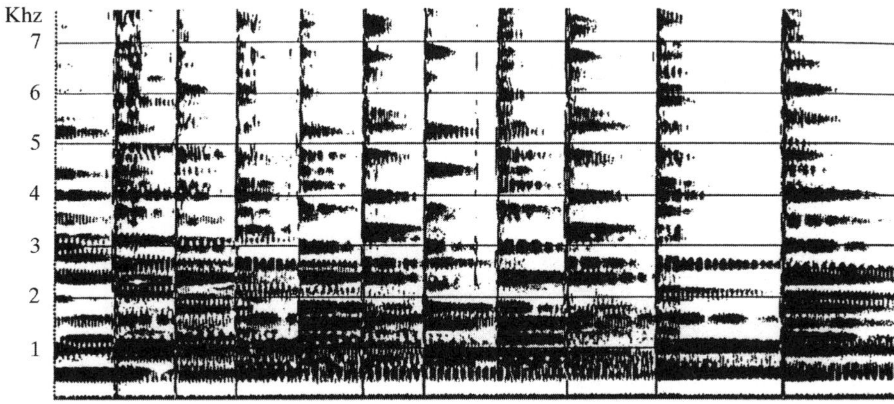

Fig. 3 : Sonagramme de la *valiha* à cordes métalliques.

La courbe du facteur de qualité de la corde

Cette description sonagraphique montre la complexité et la variabilité du timbre. Pour comprendre les raisons de cette variabilité, nous avons mis ces résultats d'analyses sonagraphiques en correspondance avec des critères liés à l'analyse des matériaux. Une programmation déjà établie sur ordinateur a permis de mesurer le facteur de qualité Q de chaque type de corde. Ce facteur traduit le comportement vibro-acoustique de la corde, qui est lié à des phénomènes d'amortissements internes (caractéristiques physiques du matériau) d'une part, et à des phénomènes d'amortissements externes (tel l'air ambiant) d'autre part. Le taux d'amortissement de la vibration est calculé en fonction de la fréquence f et du temps de décroissance τ. Cette méthode avait déjà été éprouvée au Laboratoire d'Acoustique Musicale sur les cordes métalliques de la *tampura* indienne et du clavecin (Cuesta 1990 : 1-263). Totalement novatrice sur la *valiha*, cette méthode a permis par la suite la modélisation de tous types de cordes, incluant le cas de la corde végétale (Valette et Cuesta 1993 : 82-132) dont l'étude physique proprement dite n'avait pas été faite depuis Bouasse (1926).

Considérons l'effet sonore engendré par les deux types de *valiha*. Celle à cordes végétales donne la sensation de sons brefs, de faible intensité et de hauteurs partiellement déterminables : la sonorité est « mate et percutante ». Ce constat est comparable à une analyse faite par G. Rouget sur la cithare à cordes végétales du Bénin dont l'allure sonagraphique s'apparente à celle du langage tambouriné africain (Rouget 1982 : 310-323). Cela s'explique par une courbe du facteur de qualité extrêmement basse dont le maximum, situé à 170, reste relativement éloigné de la zone sensible de l'oreille (fig.4 : $Q_{th\ végétale}$)[2] . En effet, le comportement vibratoire de la corde végétale induit de fortes pertes d'énergie en

---

2 Les mesures que nous avons faites sont indiquées par les points $Q_{mes.\ végétale}$; la courbe théorique correspondante par $Q_{th\ végétale}$.

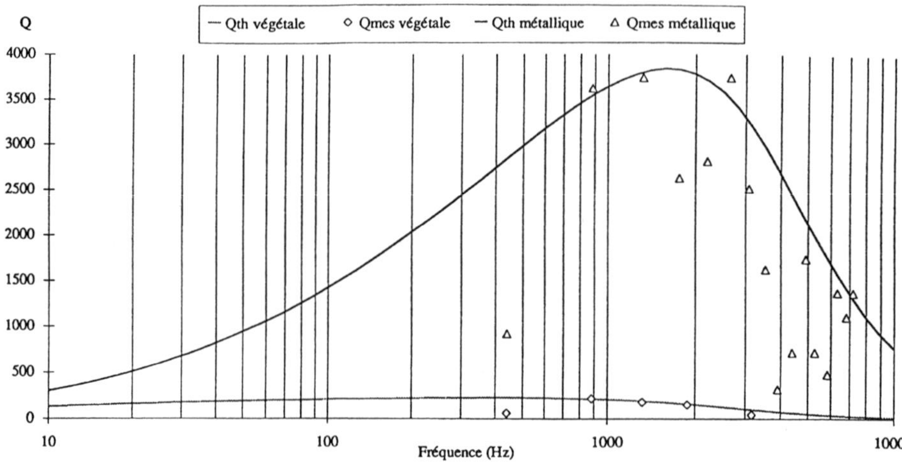

Fig. 4: Comparaison entre les courbes du facteur de qualité Q de la corde végétale et de la corde métallique.

raison de nombreux frottements: frottements intrinsèques des fibres végétales entre elles, frottements internes dûs à la structure monobloc de l'instrument, frottements externes provoqués par la viscoélasticité de l'air. A l'opposé, la *valiha* à cordes métalliques laissera entendre une sonorité «claire et cristalline». La courbe du facteur de qualité indique un maximum à 3700 situé dans la zone sensible de l'oreille (fig. 4: $Q_{th\ métallique}$)[3]. Les caractéristiques métallurgiques de la corde, ainsi que la structure hybride de l'instrument dans laquelle la vibration est peu perturbée par le tuyau de résonance, font que l'amortissement reste relativement faible.

Ces deux types de cordes peuvent s'adapter à un usage musical, mais différent en raison d'un facteur de qualité Q_{CM} de la corde métallique 20 fois plus élévé que celui Q_{CV} de la corde végétale (Razafindrakoto 1991: 1-50).

Les champs de liberté des *valiha*

Cette description du comportement vibro-acoustique de l'un et de l'autre type d'instrument nous donne les raisons pour lesquelles le timbre varie selon les matériaux de fabrication. Mais ces résultats ne nous renseignent ni sur l'utilisation musicale, ni sur la perception du timbre par les musiciens malgaches. Nous avons donc cherché à caractériser chaque paramètre constitutif du timbre à travers l'analyse des «champs de liberté» (Leipp 1965: 1-13) de ces *valiha*, c'est-à-dire

3 Les mesures sont indiquées par les points $Q_{mes.métallique}$; la courbe théorique correspondante par $Q_{th\ métallique}$.

les champs de leurs possibilités acoustiques et musicales. Nous introduirons parallèlement des exemples plus récents de *valiha* qui montrent le passage progressif d'une facture empirique à une facture de plus en plus consciente.

Le champs de liberté des hauteurs

La *valiha* comporte généralement seize cordes réparties sur deux octaves. Dans la région de l'Imerina, il existe plusieurs modalités d'accords dont certaines devenues obsolètes. Nous ne les évoquerons pas ici. Je retiendrai principalement l'instrument accordé en mode de *do* (*valiha lalandava*) qui demeure d'usage courant: les notes de la gamme sont alternativement réparties de part et d'autre d'une fente longitudinale taillée dans le corps de résonance et qui fait office d'ouïe (fig. 5).

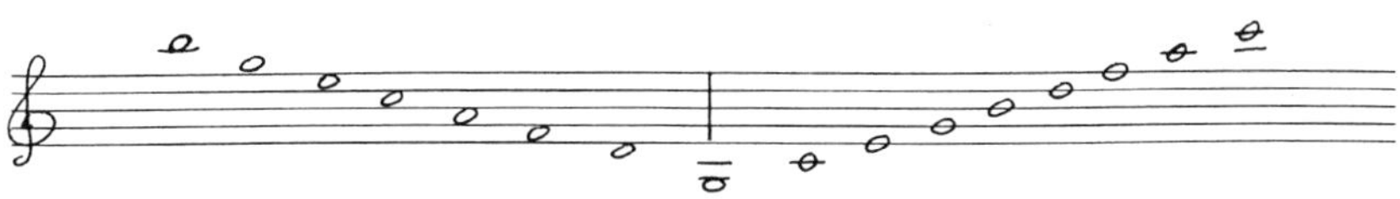

Fig. 5: L'accord *lalandava*.

Les relevés de fréquences ont été faits avec le stroboconn du Laboratoire. Cet appareil permet de mesurer avec précision l'écart d'une note donnée avec un étalon de référence (gamme tempérée: la_3 440 Hz). On émet la note à étudier; sur l'écran de l'appareil se forme un spot lumineux circulaire qui se fractionne en un certain nombre de parties. Ce cercle tourne vers la gauche quand le son est plus grave que l'étalon et vers la droite quand il est plus aigu. On règle le spot jusqu'à ce qu'il soit immobile et on relève directement l'écart en cents, savarts (σ)[4] ou commas par rapport à l'étalon (Leipp 1964: 6).

Une première série de relevés fréquentiels a été effectuée avec un seul et même musicien, successivement sur la *valiha* à cordes végétales puis celle à cordes métalliques. La gamme réalisée sur la *valiha* à cordes métalliques reflète les performances de l'oreille humaine: les écarts de justesse relevés par rapport au la_3 440 ne sont que d'environ 4 cents (ou 1 σ), valeur négligeable à l'oreille (fig. 6).

En revanche, les écarts de justesse observés avec des cordes végétales correctement taillées peuvent atteindre 35 cents (ou 9 σ): l'imprécision est de l'ordre du quart de ton (fig. 7) !

Le musicien connaît de façon empirique les limites physiques de son instrument et le dégré de précision qu'il peut obtenir. Nous en avons déduit qu'indépendamment du musicien, la justesse de l'accord est liée à la nature du matériau de fabrication. La corde végétale est moins facile à accorder par rapport à la corde métallique car sa structure cellulaire produit une inharmonicité intrinsèque

4 Le cent est utile pour la précision des mesures, tandis que le savart (σ) est une unité plus pratique car il correspond à une réalité perceptive (sensation d'intervalle): 1 octave = 1200 cents = 300 σ; 4 cents = 1 σ.

Notes	Valeurs minimums	Valeurs maximums	Ecarts
do3	26	26	0
ré	20	22	2
mi	13	13	0
fa	10	12	2
sol	25	28	3
la	8	12	4
si	15	16	1
do4	15	15	0
ré	18	20	2
mi	12	16	4
fa	8	10	2
sol	20	20	0
la	10	12	1

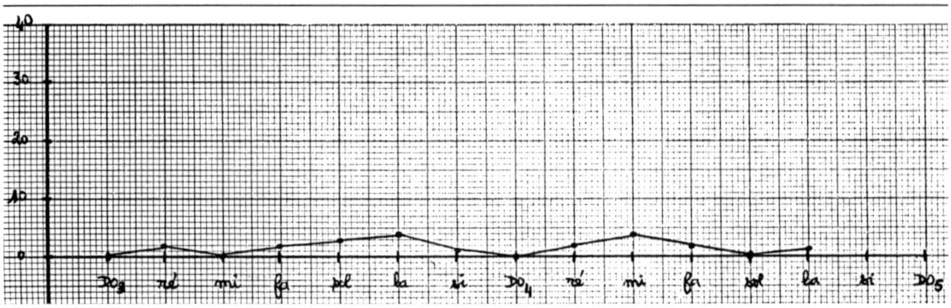

Fig. 6: Relevés de fréquences sur la *valiha* à cordes métalliques. Les écarts observés sont peu significatifs: 4 cents, soit 1 σ.

Notes	Valeurs minimums	Valeurs maximums	Ecarts
do3	10	20	10
ré	-3	-3	0
mi	25	45	20
fa	-35	-30	5
sol	-20	-5	15
la	-25	-10	15
si	-20	5	15
do4	-10	-3	7
ré	-30	-20	20
mi	-40	-40	0
fa	5	10	5
sol	-40	-40	0
la	-40	5	35

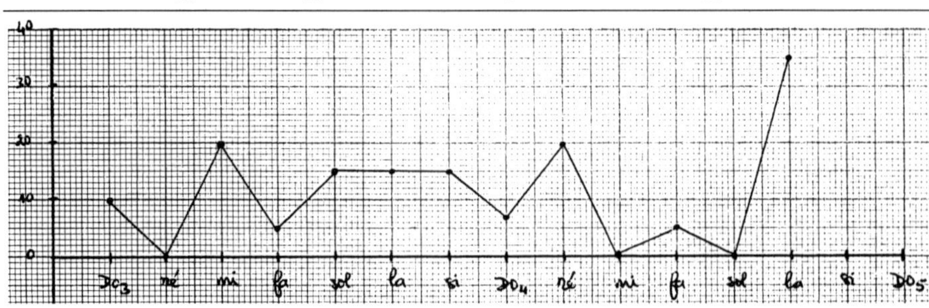

Fig. 7: Relevés de fréquences sur la *valiha* à cordes végétales. Les écarts observés varient de 0 à 35 cents, soit 9 σ.

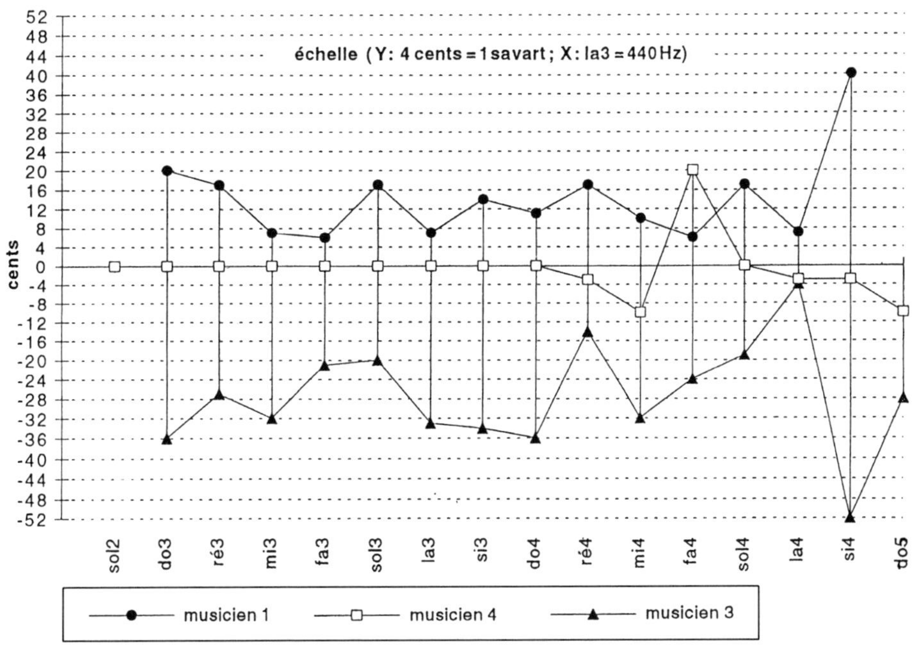

Fig. 8: Accord *lalandava* et tempéraments.

beaucoup plus forte que la structure homogène de l'acier. Ce qui explique pourquoi, même sur des fréquences fondamentales, la sensation d'une hauteur bien définie semble difficile à déterminer (Razafindrakoto 1997: 272, 298).

La deuxième série de relevés fréquentiels a été effectuée à partir de l'instrument à cordes métalliques seul, mais cette fois-ci avec différents musiciens enregistrés successivement. Les résultats d'analyse montrent que chaque musicien réalise un tempérament musical différent: le musicien 1 joue 20 cents plus haut, tandis que le musicien 3 joue 36 cents plus bas par rapport au la_3 440 Hz. Le tempérament égal réalisé par le musicien 4 est une des variantes pratiquée (fig. 8). Il en résulte des couleurs différentes pour une même échelle théorique de référence (*lalandava*).

Notre analyse s'est vérifiée alors que nous enregistrions des ensembles de *valiha* métalliques à Antananarivo, la capitale malgache. Les musiciens qui se préparaient à jouer simultanément ne recherchaient pas l'unisson parfait. Ce principe d'accordage leur permettait de se différencier tout au long de l'exécution instrumentale: chacun d'eux était libre de réaliser son propre tempérament à partir de l'échelle *lalandava*. C'est ainsi que nous pouvons considérer l'existence d'un *ethos* chez les joueurs de *valiha* en Imerina pour qui l'accord traduit une forme d'expression individuelle (Razafindrakoto 1997: 267-268).

Ce « flou » lié à la sensation de hauteur apparaît comme une caractéristique pertinente de jeu du musicien. Or, il semblerait vain pour l'ethnomusicologue d'en noter toutes les variations car il n'y a pas de reproduction univoque des hauteurs : la spatialité n'est pas strictement figée pour les raisons suivantes.

D'abord, concernant la hauteur tonale : la *valiha* à cordes végétales introduit des écarts de justesse partiellement maîtrisables et qui peuvent sensiblement varier d'une facture à l'autre. Il est en effet particulièrement difficile de tailler une fibre végétale de façon homogène sur toute sa longueur ; de plus, l'étude vibro-acoustique de l'instrument montre que des frottements intrinsèques à la nature du matériau agissent inévitablement sur la justesse de l'accord (voir l'analyse précédente du facteur de qualité *Q*). Ensuite, il n'y a pas de tempérament fixe : la finesse d'accordage que l'on peut obtenir sur une corde métallique parfaitement homogène comme l'acier montre que seul entre en ligne de compte le jugement individuel du musicien. L'accord introduit un *ethos* des tempéraments propre à chaque musicien. Enfin, concernant la hauteur spectrale : un modèle de facture particulièrement originale a retenu mon attention. Il s'agit d'une *valiha* dont chaque note est composée d'un chœur de deux ou trois cordes métalliques légèrement désaccordées entre elles (dispositif semblable au luth de la Renaissance ou encore aux notes aiguës du piano). L'attaque simultanée de chaque doublé ou triplé de cordes engendre une sensation de rugosité peu usuelle avec une corde métallique. Ici, le musicien révèle son intention de brouiller toute sensation de hauteur pure en recherchant un timbre à l'effet « granuleux ».

Nous pouvons en conclure que la justesse, liée au degré d'inharmonicité des cordes de la *valiha*, influe sur la sensation de timbre. Un procédé d'analyse numérique de la corde vibrante a été expérimenté à ce sujet sur la *valiha* avec la mise au point d'un programme informatique approprié MATLAB. Ce programme permet d'avoir une plus grande étendue spectrale et une meilleure précision sur le degré d'inharmonicité (Oudot 1995 : 1-48).

Le champ de liberté des durées

L'évolution temporelle des sons de la *valiha* à cordes végétales et celle de la *valiha* à cordes métalliques sont très différentes. A la lecture des sonagrammes, nous avons vu que ce temps est extrêmement bref sur la corde végétale. Cet amortissement rapide est dû à la structure-même du matériau (rappelons-nous les frottements auxquels il est soumis) en dépit d'une énergie vibratoire importante délivrée à l'attaque (cf. fig. 2). A l'opposé, la vibration de la corde métallique affiche une décroissance exponentielle. Compte-tenu des caractéristiques métallurgiques de l'acier et des pertes d'énergie moins importantes, l'amortissement se fait progressivement, les composantes aiguës décroissant plus rapidement que les composantes graves (cf. fig. 3). Cette caractéristique est exploitée sur le plan musical par une maîtrise de la durée des sons de la corde métallique : laisser vibrer cette dernière ou étouffer sa vibration avec la pulpe du doigt. Cette technique de jeu pratiquement inusitée sur la *valiha* à cordes végétales permet de contraster sons tenus et *staccato*, de prolonger les basses (fig. 9), de créer des effets de trémolo (fig. 10) (Razafindrakoto 1997 : 232-233).

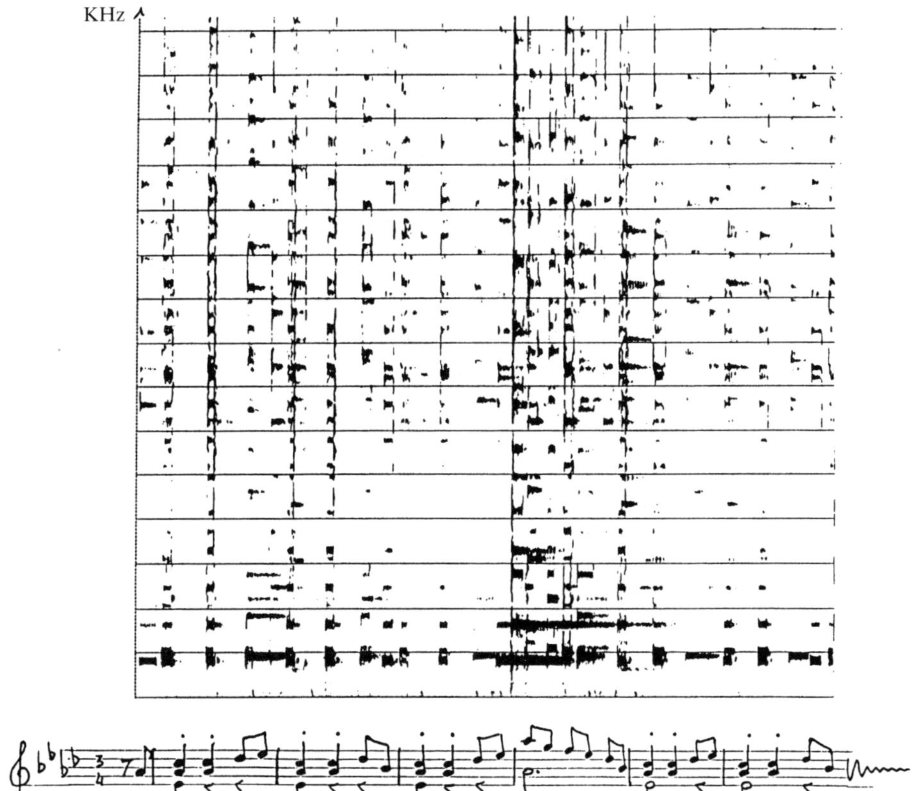

(extrait trad. «Falifaly»/S. Randafison)

Fig. 9: Jeu lié et piqué sur la *valiha* à cordes métalliques.

Deux variantes de facture extrêmement intéressantes montrent que l'évolution temporelle est un paramètre pertinent du point de vue des musiciens. La première est un modèle de *valiha* dont les cordes métalliques sont montées sur un tuyau non pas en bambou comme le veut l'usage, mais sur un corps de résonance en tôle (de forme tubulaire dans la région de l'Imerina, parallélépipédique dans d'autres régions de l'île). La grande homogénéité de ce couplage métal/métal favorise des tenues de sons encore plus longues, intéressantes pour les bourdons.

Le second modèle consiste à contrarier la vibration naturelle des cordes métalliques en les enserrant dans un bracelet en caoutchouc (*valiha* élastique). Cet «étouffement» volontaire des cordes métalliques permet d'obtenir une allure sonagraphique étonnemment similaire à celle de la *valiha* à cordes végétales: recréation judicieuse du comportement vibratoire et de la sonorité de l'instrument originel avec des matériaux modernes. La seule différence est l'émergence de partiels aigus correspondant à la position de l'élastique sur les cordes (Razafindrakoto 1997: 226-229).

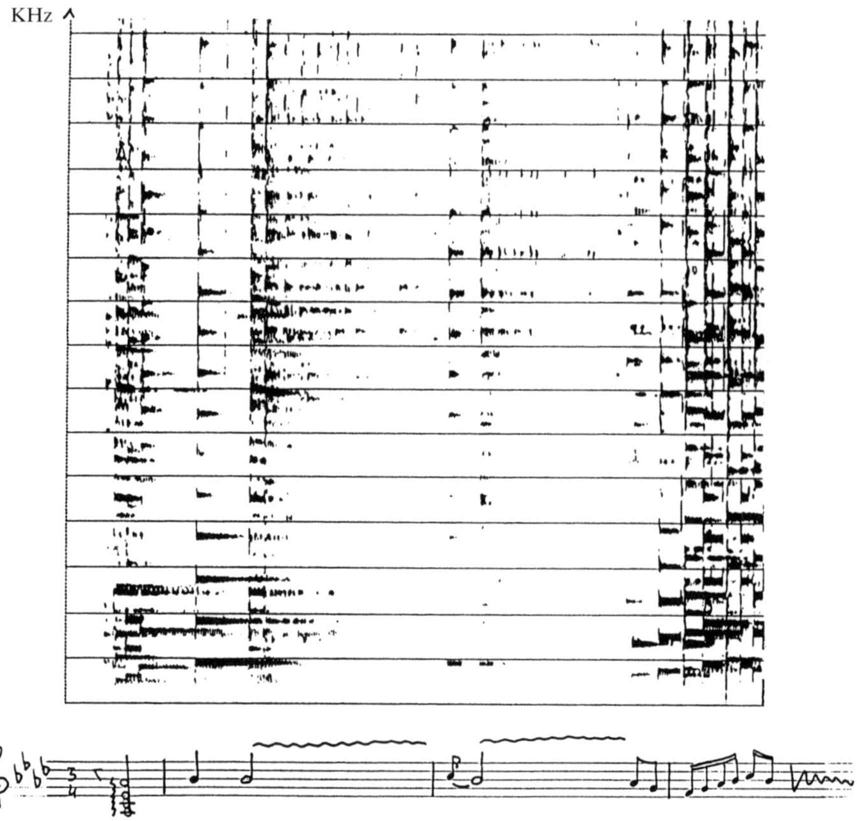

Fig. 10: Trémolo sur la *valiha* à cordes métalliques.

Le champ de liberté des intensités

L'amplitude, c'est-à-dire l'écart entre l'intensité la plus faible et la plus élevée, peut être représentée graphiquement par une courbe qui décrit l'évolution du niveau sonore dans le temps. Les choix de lutherie interviennent dans cette caractéristique. Ainsi, l'amplitude varie selon le type de couplage « corps de résonance/cordes ». Par exemple, dans le couplage « bambou/bambou » qui introduit des pertes d'énergie importantes, l'amplitude reste relativement faible.

Par contre, dans le couplage « bambou/métal », l'amplitude est nettement plus grande et le musicien obtiendra des dynamiques de jeu beaucoup plus contrastées, visibles par la densité des composantes spectrales sur les sonagrammes (fig. 11).

Cette qualité sonore sera musicalement exploitée en variant les techniques d'attaque des cordes. Le musicien obtiendra une intensité douce avec la pulpe du doigt, plus forte avec l'ongle. De même, l'attaque à différents endroits de la corde (bas, milieu, haut) modifie le contenu spectral d'un même son et favorise des zones formantiques (Razafindrakoto 1997: 286-288).

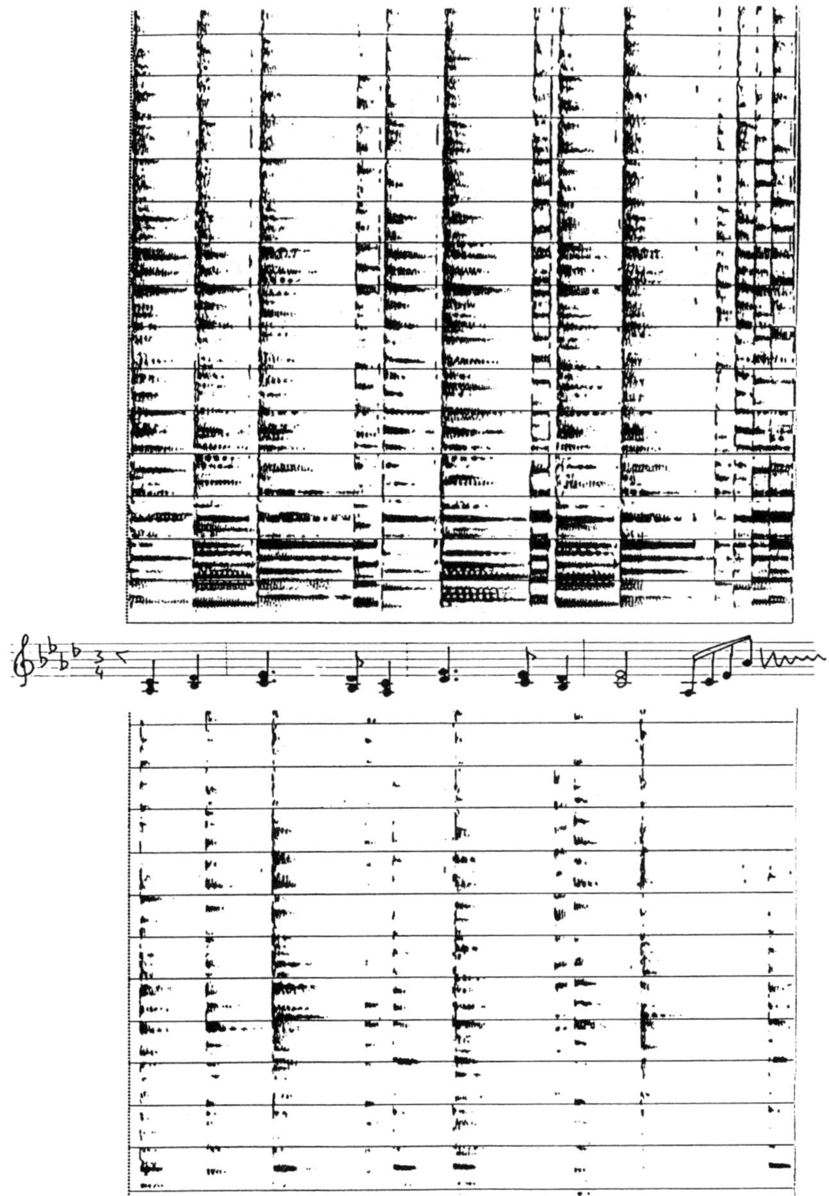

Fig. 11 : Opposition d'intensités dans le jeu de la *valiha* à cordes métalliques.

Malgré les variantes d'intensité offertes par ces différents couplages, un problème technique particulier tel que le dosage de l'intensité sonore lié à une nouvelle spatialisation de la musique se pose aux instrumentistes : distance des instrumentistes entre eux, et des instrumentistes par rapport à l'auditoire. Pour répondre aux exigences du monde moderne, la *valiha* est couramment électrifiée en situation de concert : l'enjeu consiste à conserver le meilleur équilibre entre un instrument d'intimité et de nouveaux espaces acoustiques. Une comparaison avec des expériences de sonorisation de la guitare faites au Laboratoire montre que l'on peut obtenir des solutions optimales en fixant le micro-contact sur la « tête » ou sur le « pied » de la *valiha*: sur ces zones les plus rigides du tuyau de résonance, le son garde le maximum de sa richesse harmonique. Dans la pratique, ce sont effectivement les endroits privilégiés par les musiciens (Razafindrakoto 1997 : 295-296).

Le timbre, une donnée complexe et modulable

Les mesures expérimentales aboutissent à des résultats très différents entre la *valiha* à cordes végétales et celle à cordes métalliques. Les analyses faites avec différents outils (sonagraphe numérique, accordeur électronique, programmations à l'ordinateur) offrent une description physique et acoustique fine et précise de chaque paramètre sonore. La pertinence de cette démarche a été maîtrisée sur deux plans. D'abord, en veillant à ce que les valeurs retenues restent significatives à l'oreille. Ensuite, en cherchant ce qui, d'un point de vue qualitatif, motivait le choix des artisans-musiciens.

Ces quelques exemples choisis parmi les 34 dénominations répertoriées illustrent la manière de faire moduler le son fixe, non entretenu, des cordes pincées de la *valiha*. La variation d'un seul des trois paramètres constitutifs du timbre, menée à travers l'analyse des champs de liberté de la *valiha*, suffit à le modifier. C'est un phénomène dont les musiciens ont parfaitement conscience. Si bien que cette connaissance influe sur leur manière de façonner les instruments pour obtenir tel ou tel effet sonore. J'ai récapitulé l'exploration du timbre dans le tableau ci-contre, en mettant en évidence l'exploitation systématique des différentes composantes.

Les variantes de facture révèlent que le timbre instrumental n'est pas seulement considéré comme une valeur ajoutée aux paramètres musicaux usuels de hauteur, de durée et d'intensité. Le timbre est considéré par ces artisans-musiciens malgaches comme une donnée structurante de la musique en raison de sa complexité (il contient tous les paramètres sonores) et de sa malléabilité (la modification d'une seule de ses composantes suffit à le faire varier).

Les musiciens ont trouvé dans la *valiha* à cordes métalliques un compromis satisfaisant sur le plan de la facture et sur les qualités de jeu. En effet, l'intérêt que présente la corde métallique (prélevée sur un câble de frein de vélo !) tient en premier lieu à ses caractéristiques technologiques : ce matériau est apprécié

Composantes sonores \ Principes de facture	Extrapolation des possibilités naturelles de la corde métallique	Procédés artificiels appliqués à la corde métallique : adjonction d'accessoires spécifiques
Evolution spectrale	*Valiha* « à cordes filées » (enrichissement des composantes harmoniques des sons graves de l'instrument)	*Valiha* « élastique » (appauvrissement de la hauteur spectrale des cordes métalliques avec un bracelet en caoutchouc)
Evolution temporelle	*Valiha* « tôle » (allongement du temps de vibration des cordes métalliques avec un corps de résonance en tôle)	*Valiha* « à cordes sympathiques » (inharmonicité accrue par les doublés et triplés de cordes métalliques)
Evolution dynamique	*Valiha* « tôle » (renforcement naturel des composantes spectrales grâce au couplage des cordes métalliques avec un corps de résonance en tôle) *Valiha* « électrifiée » (adaptation de l'intensité via un micro-contact fixé sur l'instrument)	*Valiha* « élastique » (étouffement de la vibration des cordes métalliques avec un bracelet en caoutchouc)
Résultats sonores	S'opposent au timbre de la *valiha* à cordes végétales	Evoquent le timbre de la *valiha* à cordes végétales

pour sa résistance et sa stabilité hygrométrique. Sur le plan musical, la corde métallique offre une meilleure perception des rapports de hauteurs (grave/aigu), de durées (longues/brèves) et d'intensités (fort/doux) permettant de mettre en valeur des effets de jeu qui demeurent peu perceptibles sur la corde végétale (oppositions de registres, de durées et d'intensités). Ce qui fait d'elle un matériau *unanimement* adopté par les musiciens malgaches.

La fonction esthétique des timbres de la *valiha*

Au terme de cette étude acoustique, il convient d'aborder la question du timbre de la *valiha* dans sa signification fondamentale. Pour les artisans-musiciens merina, le souci du timbre est une préoccupation majeure, que l'ensemble des transformations liées à la facture de l'instrument ne rend pas explicite de prime abord. Or, le timbre devient un élément constitutif du répertoire de la *valiha* dès lors qu'ils lui confèrent une fonction et une signification musicale précises. Quels sont donc les traits culturellement pertinents pour les artisans-musiciens ?

Le timbre comme élément de variation et de stylisation

L'utilisation quasi-généralisée de la corde métallique (d'usage courant depuis le début du XXe siècle) masque une réalité sous-jacente qu'une étude complète (organologique, acoustique et socio-historique) de l'instrument a permis de mettre à jour: les variantes de facture sont conçues par rapport à la *valiha* originelle, à cordes végétales. Il en résulte des sonorités façonnées soit en opposition (colonne de gauche), soit en évocation (colonne de droite) au timbre de cet instrument de référence (Razafindrakoto 1997: 299-301) comme on peut le retrouver dans le tableau synoptique précédent – bien que je n'aie sélectionné ici que quelques cas concrets de facture instrumentale.

La responsabilité de l'artisan-musicien est de taille car il utilise « une palette sonore » définie par la facture de son instrument et par ses techniques de jeu. Les différents qualificatifs juxtaposés au mot «*valiha*» révèlent une conscience aiguë de l'artisan-musicien qui, par le biais de la facture instrumentale, exploite de façon systématique les champs de liberté de l'instrument. Cette expérience empirique, fondée sur un savoir-faire ancestral, montre ici que le timbre est perçu comme une donnée complexe et modulable où la référence au timbre de la *valiha* originelle à cordes végétales demeure sous-jacente et délimite le cadre des variantes sonores de l'instrument.

L'étude de ce répertoire nécessite donc d'admettre la possibilité d'une évolution de l'instrument de musique traditionnel et des musiques qui lui sont associées: ils ne sont pas figés. En effet, la *valiha* est un instrument séculaire qui se maintient grâce au renouvellement de sa facture. L'instrument véhicule un répertoire ancien en même temps qu'il suscite de nouvelles créations. Il n'est pas rare qu'une même pièce instrumentale soit jouée sur différents types de *valiha*. Un même thème musical peut être « traité » différemment selon la *valiha* utilisée: tenues de sons plus ou moins longues sur le plan rythmique, opposition ou complémentarité de registres sur le plan mélodique, création de plans sonores par des variations d'intensités sur le plan dynamique, etc.

Il appartient donc à l'ethnomusicologue de considérer la source sonore, à savoir, les types de sons que l'instrument peut générer et qui conditionnent la stylisation des pièces musicales. Le traitement du timbre que l'on retrouve dans d'autres musiques extra-européennes, comme par exemple le jeu de la *sanza* en Centrafrique (Dehoux 1987: 129-130), est une donnée à prendre en compte dans l'analyse et la notation d'un répertoire. Il détermine la manière de façonner mélodies, rythmes et dynamiques, ainsi que celle de faire varier le jeu d'un même répertoire rendu ainsi différent en apparence.

Le pouvoir expressif du timbre

Noter les caractéristiques du répertoire de la *valiha* consiste à transcrire ce qui est culturellement significatif pour les artisans-musiciens malgaches. Ce « culturellement » englobe un ensemble de données majeures qui se situent en amont et en aval du répertoire musical proprement dit. En amont, nous avons vu l'importance accordée à la source sonore. En aval, dans la mesure où l'instrument est relié au système de pensée et au contexte ethnique qui l'a fait naître (Schaeffner 1980), l'ethnomusicologue doit se soucier de la fonction de l'instrument au sein de la culture étudiée.

Or la pratique actuelle de la *valiha* offre un paradoxe saisissant. Mon observation du terrain m'amène à constater deux faits: premièrement, la *valiha* est souvent remplacée par des instruments d'importation occidentale tels que l'accordéon diatonique (une observation semblable a été faite par Koechlin sur les populations du Sud de Madagascar: 1967-69) dans la plupart des cérémonies rituelles. Deuxièmement, il est désormais courant de retrouver la *valiha*, instrument séculaire, dans des zones urbanisées. Dans le premier cas, la population s'accommode d'instruments dont elle dispose sur le moment: un instrument peut alors se substituer à un autre. Dans le deuxième cas, l'instrument est présent dans des lieux où la musique circule de façon plus diversifiée. Mais le constat est le même: la musique traditionnelle demeure vivante et continue à être jouée.

Mon approche de la *valiha* révèle une conscience profonde du son dans la population merina: le timbre est vécu «de l'intérieur», dans sa nature première c'est-à-dire comme source de la musique. A travers cette matière sonore, les musiciens cherchent, au cours de l'histoire, à faire corps avec les réalités mouvantes de l'environnement. C'est parce qu'elle renvoie à la mémoire collective, c'est-à-dire à un vécu, que la sonorité de la *valiha* acquiert toute sa puissance. C'est ainsi que le timbre de la *valiha* est adapté à une réalité socioculturelle.

En résumant très sommairement, le timbre de la *valiha* à cordes végétales se réfère au monde des Anciens: dans la mémoire de la population merina, la *valiha* évoque les rites ancestraux et les valeurs communautaires qui y sont associées. Au contraire, le timbre de la *valiha* à cordes métalliques (conçu entre le milieu du XIXe et le début du XXe siècle) marque une nouvelle sensibilité à la modernité. La période contemporaine a engendré des variantes avec le timbre de la *valiha* «élastique» qui simule un retour aux sources et celui de la *valiha* dite «à cordes sympathiques» qui symbolise les aléas du monde actuel (modèles de facture apparus en Imerina dans les années 1980-90).

De nombreuses pièces musicales issues du cadre rituel concourent toujours à véhiculer les valeurs communautaires; les procédés d'organisation interne des éléments musicaux (composition) restent stables mais les styles, qui renvoient à une valeur expressive de la musique, se diversifient selon les époques et les personnalités musicales. Il y a une actualisation permanente où timbres et techniques particulières de jeu constituent les variantes essentielles du répertoire. Le timbre de la *valiha* a ainsi évolué en fonction de différentes époques, en veillant à ce que «le musical, [soit] le sonore construit et reconnu par une culture» (Molino 1975: 53). L'artisan-musicien doit assurer cette continuité historique, c'est-à-dire maintenir le statut de l'instrument en trouvant des solutions de compromis techniques et esthétiques par rapport à un paysage socioculturel en constante évolution (Razafindrakoto 1997: 388-390).

Cette recherche montre la dialectique qui existe entre le pouvoir structurel du son considéré pour lui-même d'une part, et le pouvoir expressif du son rattaché aux conditions extérieures au musical d'autre part. Le timbre est ici révélé comme une donnée essentielle dans l'évolution diachronique de la *valiha* en Imerina et dans le traitement stylistique du répertoire traditionnel. Il est conçu comme un élément à la fois structurel et émotionnel de premier ordre qui va s'enraciner dans la conscience et la mémoire collectives. Cette recherche liée à l'efficacité du contenu expressif du son rejoint cette citation de Lutoslawski: «la seule chose qui soit importante et légitime dans une œuvre musicale, c'est ce qui peut aider à produire un résultat précis au moment de la perception» (Bayer 1987: 195).

En conclusion

Le timbre instrumental est une donnée musicale essentielle que les outils technologiques actuels permettent de décrire avec finesse et précision. Les correspondances qui peuvent être généralement établies entre la représentation sonagraphique et la notation solfégique traditionnelle fournissent des éléments d'information utiles sur l'aspect quantitatif du son. Mais l'aspect qualitatif représente encore une source de difficultés pour une transcription complète. La seule indication de l'instrument paraît insuffisante lorsque le timbre est, dans le cas de la *valiha*, traité comme élément fondamental de variations et de stylisation du répertoire. Une solution possible consisterait à caractériser la «palette sonore» du musicien après que l'ethnomusicologue l'ait préalablement déterminée, en prenant en compte certains points déterminants dans la production du son. Le choix des matériaux de fabrication (bambou, acier, tôle...), des dispositifs particuliers de jeu (élastique, doublés ou triplés de cordes, micro-contact...) doivent être spécifiés. De même, les modes de jeu doivent être précisés en notant les types d'attaque correspondant à tel geste instrumental (pincement avec la pulpe du doigt, avec l'ongle, avec ou sans étouffement de la corde, râclement des cordes...).

Références bibliographiques

BAYER Francis
1987 *De Schönberg à Cage*. Paris: Klincksieck.

BOUASSE M.
1926 *Cordes et membranes*. Paris: Delagrave.

CASTELLENGO Michèle
1994 «Perception du signal musical». *Bulletin de l'Union des Physiciens* (Paris) 761: 197-209.

CHION Michel
1983 *Guide des objets sonores: Pierre Schaeffer et la recherche musicale*. Paris: Buchet-Chastel; INA/GRM.

CUESTA Christian
1990 *Corde vibrante isolée mécaniquement, amortissement, non-linéarités; application au clavecin et à la tampura.* Thèse d'Acoustique de l'Université du Maine, 263.

DEHOUX Vincent
1987 «L'un dans l'autre: improvisation et répétition dans un répertoire instrumental centrafricain», in *L'improvisation dans les musiques de tradition orale.* Paris: Selaf, 123-132.

DOMENICHINI Michel
1984 «Valiha», in Stanley Sadie ed.: *New Grove Dictionary of Musical Instruments.* London: Macmillan, vol. 3: 705-706.

LEIPP Emile
1964 «Appareillages et méthodes en acoustique musicale». *Bulletin du GAM* (Paris) 4, 9.
1965 «Les champs de liberté des instruments de musique». *Bulletin du GAM* (Paris) 10, 13.

MOLINO Jean
1975 «Fait musical et sémiologie de la musique», *Musique en jeu* (Paris) 17: 37-62.

OUDOT Marine
1995 *Mesure d'impédance par comparaison d'inharmonicité (application à la valiha).* Mémoire de DEA/ATIAM (Acoustique, Traitement du signal et Informatique Appliqués à la Musique), 48.

RAZAFINDRAKOTO Jobonina
1991 *Comparaisons entre les timbres de la valiha à cordes végétales et de la valiha à cordes métalliques: cithares tubulaires de Madagascar.* Mémoire d'Acoustique Musicale du Conservatoire National Supérieur de Musique de Paris, 50.
1997 *La valiha de Madagascar: tradition et modernité en Imerina de 1820 à 1995 (Etudes organologique, acoustique et socio-historique).* Thèse de doctorat de l'Université Paris IV-Sorbonne, 463.

ROUGET Gilbert
1982 «Cithares et glissando. Nouvelles données sur le chromatisme au Bénin», *Les fantaisies du voyageur.* Paris: Société Française de Musique: 310-323.

SACHS Curt
1938 *Les instruments de musique de Madagascar.* Paris: Institut d'Ethnologie.

SCHAEFFER Pierre
1966 *Traité des objets musicaux.* Paris: Seuil.

SCHAEFFNER André
1980 *Origine des instruments de musique.* Paris, La Haye, New-York: Mouton (2e éd.).

VALETTE Claude, CUESTA Christian
1993 *Mécanique de la corde vibrante.* Paris: Hermès.

Références discographiques

DOMENICHINI Michel
1985 *Marovany/Valiha: Madagascar.* France: GREM G7507, CD et livret.

DUVELLE Charles
1963 *Valiha-Madagascar.* Paris: OCORA 18, disque vinyl et livret.

KOECHLIN
1967-69 *Possession et poésie à Madagascar.* Paris: OCORA 83, disque vinyl et livret; rééd.1982 en CD.

RÉSUMÉ

La *valiha*, cithare tubulaire de Madagascar, est un instrument de musique séculaire largement répandu dans l'île. Sa pratique est particulièrement vivace en Imerina, région des Hautes terres centrales: en témoigne la richesse de la terminologie locale qui sert à désigner des variantes de factures et de jeu.

Le timbre est révélé comme une donnée structurellement et esthétiquement pertinente dans le jeu de la *valiha* en Imerina. Or, tout renouvellement du timbre a des répercussions plus ou moins profondes sur le plan stylistique. L'influence réciproque qui existe entre les procédés de facture et les caractéristiques de jeu a été mise en évidence par une analyse des «champs de liberté» de la *valiha*. Le recours à des outils et des méthodes spécifiques à l'acoustique musicale a permis de décrire ces phénomènes, puis de les confronter à la pratique musicale des artisans-musiciens, afin d'en dégager la pertinence. La complexité et la malléabilité du timbre instrumental ont permis aux artisans-musiciens de le façonner au cours de l'histoire, réactualisant ainsi le répertoire par rapport à un contexte socioculturel en constante évolution. La référence au timbre de la *valiha* originelle à cordes végétales reste sous-jacente et guide les artisans-musiciens dans leurs choix de facture et de jeu: certaines variantes sont conçues en opposition, d'autres en évocation à cet instrument de référence.

Spécifier l'instrument comme il est d'usage dans les partitions d'orchestre classiques paraît insuffisant et la difficulté que pose la notation des variantes stylistiques liées au timbre instrumental n'est pas entièrement résolue.

LE PROJET TAALWIZARD
Transmission électronique du patrimoine rythmique de l'Inde du Nord

Mariano Etchepareborda

L'évolution du mode de transmission de la musique indienne à travers le temps

Transmission orale, mode privilégié

La notion de *guru-shishya parampara* (tradition maître-élève) est le fondement non seulement de la musique, mais de la culture même de l'Inde. Le *guru* ou maître, fût-il uniquement professeur de musique, était révéré comme une divinité. Un élève accepté par un tel enseignant se considérait comme extrêmement fortuné et dédiait des années entières de sa vie à servir son tuteur pour qu'en retour il lui prodigue sa connaissance.

De son côté, le maître de musique choisissait les disciples au potentiel le plus élevé et, fort du soutien financier de la cour ou de riches mécènes, les accueillait chez lui comme ses propres enfants, sans leur demander d'écolage. Libérés des contraintes matérielles, ils pouvaient donc se consacrer entièrement à leur art.

Dans un tel cadre, l'héritage musical a pu se transmettre d'une façon optimale, car le maître était présent en permanence pour corriger l'élève lorsque c'était nécessaire.

Transmission écrite, avantages et limitations

De nos jours, cette tradition ancestrale a fortement décliné, bien qu'elle n'ait pas totalement disparu. La cause principale est probablement le retrait progressif des mécènes, qui oblige maîtres et élèves à gagner leur vie pour subsister, au détriment de l'art.

Parallèlement, l'étude musicale a quitté les cercles fermés des cours pour s'ouvrir au plus grand nombre. En effet, par le passé, cet enseignement se transmettait de père en fils, et il fallait faire preuve d'une détermination de fer pour pouvoir espérer accéder au cénacle. Tout le monde connaît l'histoire de Ustad Allauddin Khan, père de Ustad Ali Akbar Khan et maître de Pandit Ravi Shankar, qui s'était jeté sous les roues du chariot du grand Wazir Khan pour qu'il daigne bien l'instruire.

Avec des personnalités comme Pandit Gyan Ghosh, l'apprentissage du *tabla*[1] s'est démocratisé. Le commun des mortels pouvait dès lors pratiquer ce formidable instrument en amateur. Cette ouverture a suscité un autre genre de transmission: les séquences écrites. L'engouement relativement récent des Occidentaux pour la musique indienne a encore renforcé ce mouvement. En effet, à défaut d'un professeur dans leur ville d'origine, les élèves étaient réduits à ramener le plus de matière écrite possible pour continuer leur pratique chez eux.

Ce mode de transmission a néanmoins de nombreuses faiblesses. L'une des principales, à laquelle se heurte toute personne débutant dans les percussions indiennes, est qu'un seul nom peut se traduire par un grand nombre de frappes différentes. Un *Ta* peut par exemple être joué comme un *Na*, comme un *Te*, comme un *Tin*, ou d'autres encore. Ce flou a plusieurs causes. La plus cocasse est certainement la réticence (pour ne pas dire l'avarice) des grands percussionnistes du passé à l'idée de se faire «voler» leurs précieux *gat*[2] et *paran*[3]. En conséquence, ils avaient recours à une astuce qui consistait à les déguiser en jouant quelque chose, mais en récitant autre chose.

Il est donc peu aisé d'interpréter correctement une séquence en se basant sur les *bol*[4] uniquement. Des commentaires sont nécessaires, mais ils surchargent la séquence et rendent sa lecture malaisée.

Une autre lacune de la notation traditionnelle des séquences est son manque de clarté quant à la rythmique des frappes. Lorsque toutes les frappes tombent sur le temps, tout va bien. Par contre, lorsque des séquences comportant des contre-temps (*off-beats*) se présentent, une certaine confusion commence à pointer. L'artifice utilisé généralement consiste à délimiter les frappes d'un même temps par deux barres verticales, et à noter les espaces s'y intercalant par des tirets. Là encore, si la rythmique à l'intérieur du temps n'est pas continue, cela pose problème, comme le démontrent les deux exemples ci-dessous :

ǁ dhan dhan ǀ dha kitetake ǀ dhum kitetake ǀ dhe – dhe – ǀ
dhe – kitetake ǀ takite dhekite kre ǀ dhe – ta ǀ keta gadigina ǀ
dha kitetake ǀ takite dhekite kre ǀ dhe – ta ǀ keta gadigina ǀ
dha kitetake ǀ takite dhekite kre ǀ dhe – ta ǀ keta gadigina ǁ dha

ǁ dha-gege terikita dhingege dhatete ǀ dha-ge-ge dhin-ge dhin tinnana dha ǀ
dha-terekita tin-tete tin tinnana ta ǀ takatrekre dhin-ge dhintinnana dhatete ǁ

Comme on le voit, les barres de séparation, placées dans le premier cas entre les temps et dans le second entre les *khand*, selon la complexité de la séquence, laissent une grande possibilité d'interprétation quant à la rythmique de leur contenu.

---

1 *Tabla* : membranophone de l'Inde du Nord composé de deux tambours de taille différente. *Tabla* est également le nom du plus aigu de ces deux tambours, mais le nom est généralement utilisé pour l'ensemble.

2 *Gat* : phrase rythmique évoluée qui se joue une seule fois.

3 *Paran* : phrase rythmique.

4 *Bol* : mot correspondant à une frappe simple ou complexe. Ex : *dha*, *tak*, *tirekite*, etc.

La transmission électronique : un grand potentiel d'ouverture

L'avènement de réseaux informatiques comme Internet permet de nos jours un véritable échange mondial de séquences rythmiques. De nombreux forums existent où les aficionados vont proposer ou chercher des séquences selon des caractéristiques données. De telles technologies ouvrent des perspectives impressionnantes en mettant en commun le savoir de milliers de musiciens du monde entier.

Le but du projet TaalWizard est d'utiliser la technologie actuelle pour permettre une transmission non orale des séquences en surmontant les lacunes liées à l'écriture. Les possibilités offertes sont énormes.

Il est néanmoins important de préciser que ce logiciel ne prétend aucunement remplacer l'enseignement d'un professeur. Ce suivi est primordial à tout moment de l'apprentissage, et spécialement au début. Il serait illusoire de croire que l'on pourra apprendre sérieusement un art aussi complexe avec le seul appui de la lecture, d'une vidéo ou d'un programme informatique quelconque. Si la posture des mains est fausse au départ, on aura toutes les peines du monde à la corriger par la suite.

Néanmoins, pour des personnes ayant reçu un bon enseignement de base, ce logiciel peut se révéler d'une grande utilité. Voici les fonctionnalités qu'il entend proposer :

- Affichage : donner une vue correcte du cycle rythmique.
- Ecoute : donner un aperçu sonore le plus réel possible du cycle rythmique.
- Documentation : permettre la saisie de commentaires relatifs à une séquence.
- Réutilisation : insérer des composants rythmiques dans d'autres plus complexes.
- Classification et Archivage : permettre la mise en place d'une bibliothèque de séquences.

Ces fonctions seront expliquées en détail dans le paragraphe suivant.

Fonctionnalités du logiciel

Affichage

Nous avons vu que la notation traditionnelle des séquences comportait deux lacunes importantes : le manque de clarté de l'emplacement des frappes et les *bol* « homonymes ».

Cellules: Pour permettre une vision claire du début et de la durée de chaque frappe, TaalWizard les englobe dans des cellules. Ainsi, en se basant sur le numéro du temps affiché au dessus de celles-ci, il est possible d'avoir un aperçu précis de chaque séquence, comme par exemple celle-ci :

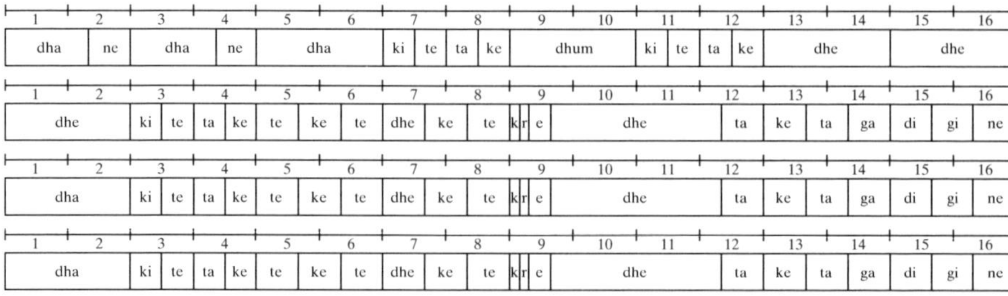

Alias: Pour contourner le problème des frappes homonymes, on a recours à la notion d'alias. Un alias est un «surnom» que l'on donne à une frappe lorsque l'on veut la faire apparaître sous un autre nom que son identité réelle. Pour suivre l'exemple donné précédemment, on pourrait assigner un alias *Ta* à la frappe *Te* comme à la frappe *Tin*. Elle apparaîtrait alors sous son nom d'alias, non seulement dans la séquence à laquelle elle appartient, mais encore dans toute séquence l'englobant, pour autant qu'un alias de plus haut niveau ne soit pas défini.

Les alias sont prévus pour deux alphabets différents:

- l'alphabet romain
- l'alphabet devanagari

Ceci permet, par une simple sélection, de basculer d'une notation occidentale à une notation indienne.

Ecoute

Afficher une séquence à l'écran, c'est bien. Avoir la possibilité de l'entendre, c'est mieux. En liant chaque frappe de base à un son échantillonné, on peut demander au programme de les jouer au moment juste. A noter qu'une frappe des deux mains sera simulée en jouant le son de la main gauche et celui de la main droite en même temps.

Ce partage des sons entre les deux mains permet de changer la tonalités des uns ou des autres séparément. On simule ainsi un joueur de *tabla* qui accorderait indépendamment son *tabla* ou son *bayan*[5].

Le changement de tonalité mis à part, on peut également varier l'intensité du son au niveau global ainsi que pour chaque frappe séparément. Dans le même ordre d'idées, il est possible de spécifier l'orientation du son dans les colonnes par exemple pour accentuer le son des frappes d'une main sur l'un ou l'autre des hauts-parleurs.

---

5 *Bayan* : aussi appelé *dhaga* : grosse timbale basse des *tabla*, généralement en métal.

Documentation

Comme on l'a vu dans le premier chapitre, la documentation d'une séquence écrite est indispensable. A cette fin TaalWizard dispose de champs de remarques au niveau de la séquence comme au niveau des frappes elles-mêmes.

Un aperçu dans chacune des frappes permet de voir de quels *bol* elle se compose et, pour chacun d'entre eux, quelle est l'intensité voulue, ainsi que la hauteur du son (principalement pour le *bayan*, où elle peut être modulée en appliquant plus ou moins de pression sur sa peau).

Ces informations peuvent être visualisées rapidement en laissant brièvement le curseur de la souris sur la cellule que l'on désire consulter; en une fraction de seconde, un *tooltip* (petite boîte de dialogue) apparaît avec un concentré de toutes ces informations.

Réutilisation

On peut considérer la rythmique indienne comme un jeu de LEGO que l'on bâtit au fur et à mesure, en partant des frappes de base et en créant des frappes plus complexes comme *Tirekite* qui, elles, seront utilisées dans des séquences plus importantes pour aboutir finalement à un solo complet.

Dès lors, une approche informatique orientée « objet » s'imposait. Considérons le modèle suivant:

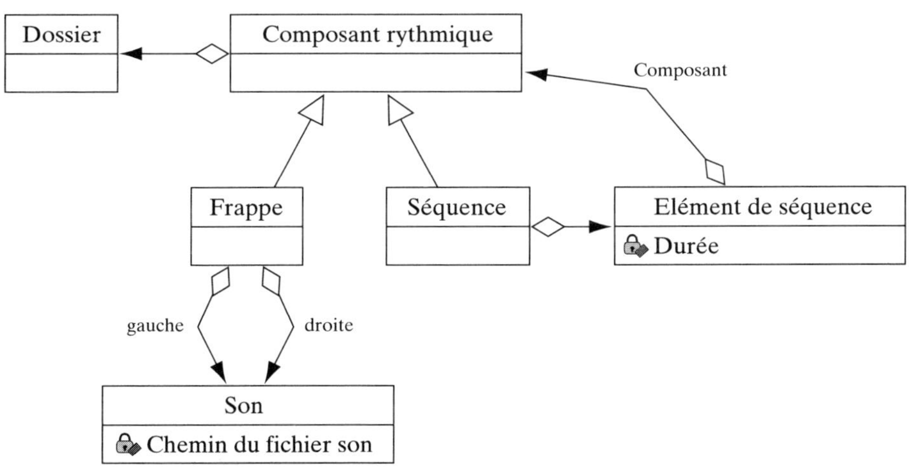

Dans ce diagramme de notation UML[6], les rectangles représentent des objets, les flèches avec un losange définissent un attribut de ces objets, et les flèches triangulaires le fait qu'un objet hérite d'un autre, c'est à dire qu'il en a tous les attributs,

6 UML: acronyme de « *Unified Modelling Language* ». Type de notation pour la modélisation objet.

mais qu'il peut en avoir d'autres qui lui sont propres. Pour prendre un exemple dans la nature, l'objet Homme hériterait de l'objet Mammifère, car il en a toutes les caractéristiques, mais il peut également en avoir d'autres en sus (Parole, Rire, etc.).

On voit ici que les objets Frappe et Séquence dérivent tous deux d'un ancêtre Composant Rythmique dont ils héritent les diverses fonctions et attributs. Ils ont cependant des comportements et des données propres qui viennent s'y ajouter.

L'objet Frappe, de son côté, a deux nouveaux attributs de type Son correspondant aux sons produits par la main gauche et par la main droite. Ceci permet l'écoute de la séquence.

L'objet Séquence, lui, est un peu plus complexe, dans le sens où il contient un ensemble de Composants Rythmiques mis en cadence. Or, comme le Composant Rythmique est leur ancêtre commun, ceci peut donc être une Frappe ou une nouvelle Séquence.

Peut-être qu'un exemple concret éclairera un peu mieux cette architecture:

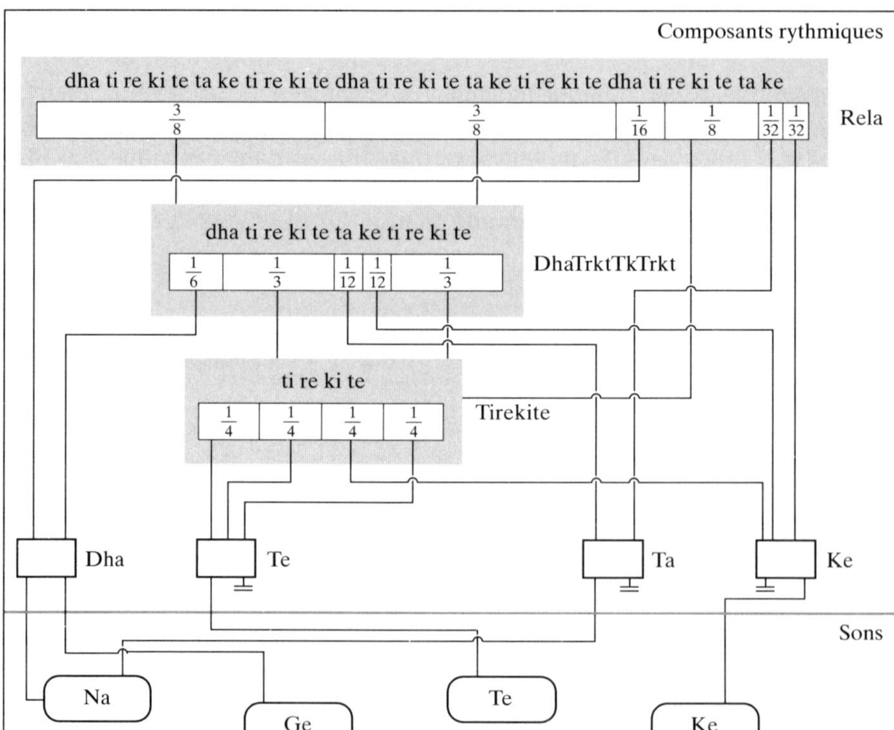

Ce diagramme montre comment on peut construire progressivement une séquence en se basant sur d'autres. La première séquence construite, *Tirekite*, consiste en une suite de frappes simples durant chacune un quart du temps global. On a ainsi dans l'ordre *Te*, *Te*, *Ke* et *Te*. Si l'on joue *Tirekite* en 1 seconde, chacune de ces frappes durera 250 millisecondes (1/4 de seconde).

La séquence suivante *DhaTrktTkTrkt* réutilise *Tirekite* en y ajoutant d'autres frappes simples. On voit que le temps imparti à cette frappe complexe est maintenant de 1 tiers du temps global, ce qui implique que si *DhaTrktTkTrkt* est jouée en 1 seconde, *Tirekite* aura 333 millisecondes pour s'exécuter, et donc chacune de ses frappes uniquement 83 millisecondes.

Le composant *rela*[7] poursuit le mouvement en réutilisant la séquence *DhaTrktTkTrkt* qui devra s'exécuter en 3/8 du temps imparti. Et ainsi de suite...

En ce qui concerne les frappes *Dha*, *Te*, *Ta* et *Ke*, elles ont pour attributs deux sons échantillonnés (c'est-à-dire enregistrés sur un ordinateur): un pour la main droite et un pour la main gauche. Ainsi, lorsque la frappe *Dha* doit être jouée, elle lance simultanément les sons *Na* et *Ge*. S'il s'agit d'une frappe d'une seule main, seul un son est exécuté.

Ceci est une simplification du modèle réel, dans lequel il faut tenir compte d'éléments supplémentaires comme des spécificités au niveau de chaque frappe d'une séquence. Il donne néanmoins un bon aperçu de l'architecture sur laquelle se base le logiciel.

Classification et archivage

A quoi servirait de transcrire des séquences s'il est impossible de les retrouver par la suite ? A cette fin, TaalWizard offre deux niveaux de classification: une structure arborescente et des champs spécifiques par séquence.

La structure arborescente est un ensemble dynamique de dossiers qui permet un premier tri des séquences:

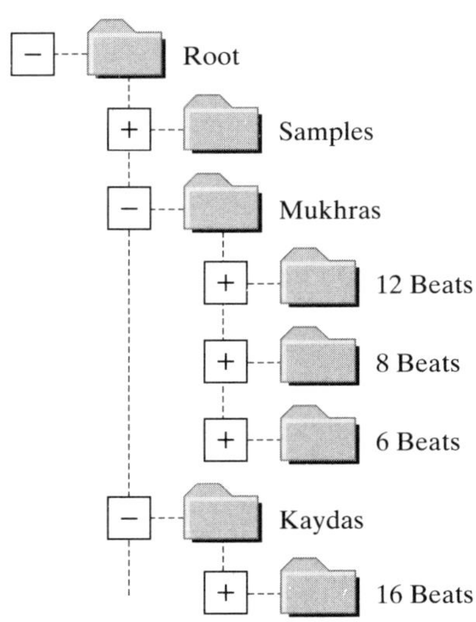

7 *Rela* : thème rythmique terminant généralement un solo et joué à grande vitesse. Son nom viendrait de la ressemblance de l'effet produit avec celui d'un train indien.

Pour affiner la classification, on dispose au niveau de chaque séquence des champs suivants:

- *Gharana*[8] : tradition musicale de laquelle provient la séquence. Le tabla en connaît six principales: Delhi, Punjab, Benares, Farukhabad, Lucknow et Ajara.
- Compositeur: auteur – si connu – du rythme.
- Style: type de composition. Certaines sont cycliques (*theka*[9], *kayda*[10]...) d'autres non (*gat*, *tukhra*[11]...).
- Cycle: theka sur lequel la séquence se base. *Tintal* est le plus connu.
- Introducteur: personne ayant entré la séquence dans le logiciel. Ceci permet de partager une même base entre plusieurs utilisateurs.

Conclusion

Version de démonstration à télécharger

Ce projet a abouti à un partagiciel dont la première version a été mise à disposition du public en mai 1998. De nombreuses améliorations ont été publiées depuis. Il est disponible à l'adresse web http://www.swarsystems.com.

Pistes pour le futur

Un tel logiciel n'est en principe jamais terminé, tant les possibilités de la musique indienne sont illimitées. Je pense travailler prochainement sur le pendant mélodique de TaalWizard: le RaagWizard. Ce logiciel se divisera en différentes familles d'instruments, à commencer par les instruments à cordes pincées (*sitar*, *sarod*...), suivi des instruments à vent (harmonium, *bansuri*...), des instruments à cordes frappées (*santur*) et peut-être d'autres. Son principe restera le même: permettre la saisie et l'écoute des diverses compositions pour chaque instrument en intégrant pleinement la notion de *râga*. Pour en savoir plus, le lecteur peut consulter le site web à l'adresse http://www.swarsystems.com/RaagWizard.

TaalWizard et RaagWizard seront fusionnés en un seul logiciel, le SwarShala qui permettra de jouer et de synchroniser des séquences aussi bien rythmiques que mélodiques.

---

8 *Gharana*: tradition dans laquelle s'est développé un style de musique.

9 *Theka*: cycle rythmique de base, sur lequel peuvent se greffer d'autres formes rythmiques. Ex : *tintal*, *jhaptal*, etc...

10 *Kayda*: cycle rythmique très structuré utilisé comme exercice ou dans une partie précise d'un solo.

11 *Tukhra*: composition rythmique.

Remerciements

Je dédie cet article à Paul Grant, mon professeur de tabla, de qui je tire cette connaissance et le prie de m'excuser pour des erreurs éventuelles. Du côté informatique, un grand merci à Jean-Daniel Nicolet pour m'avoir initié aux subtilités de la programmation orientée objet. Je tiens également à remercier ma femme et mes enfants pour avoir supporté de bon coeur de me voir constamment devant ce fichu ordinateur. Enfin, j'aimerais exprimer ma profonde gratitude à S.S. Shri Mataji Nirmala Devi pour m'avoir fait découvrir la profondeur et la spiritualité de cette musique.

RÉSUMÉ

Le document «Transmission électronique du patrimoine rythmique de l'Inde: Le projet TaalWizard» explique l'origine et les fonctionnalités d'un logiciel de tabla nommé TaalWizard, l'objectif premier étant de transmettre des séquences rythmiques de façon optimale entre des personnes pouvant se trouver aux quatre coins du monde. Il décrit les fonctionnalités que le programme entend proposer, qui consistent en une visualisation correcte de la séquence à l'écran, la possibilité de la faire jouer, une documentation au niveau global comme à celui des frappes individuelles, la possibilité de réutiliser chaque composant pour en créer de plus complexes, ainsi que des moyens d'archivage et de classification.

ENTRETIENS

L'ETHNOMUSICOLOGIE : STRUCTURALISME OU CULTURALISME ? Entretien avec Jean-Jacques Nattiez

Isabelle Schulte-Tenckhoff[1]

Professeur titulaire à la Faculté de musique de l'Université de Montréal, Jean-Jacques Nattiez est aussi un écrivain fécond et érudit, auteur d'une dizaine d'ouvrages, de quelque 150 articles scientifiques et d'un roman. Il est également l'éditeur des écrits de Pierre Boulez. Son œuvre aux facettes multiples[2] met en relief toute la problématique du statut précaire du discours *sur* la musique, que celle-ci provienne du répertoire occidental ou des sociétés à tradition orale. A ces dernières sont consacrés ses disques, déjà parus ou en instance de publication, illustrant les jeux de gorge et les jeux vocaux des Inuit, les chants des Aïnou (Japon), ou encore la musique des Bagandais de l'Ouganda – exemples sur lesquels on reviendra en cours d'entretien.

Jean-Jacques Nattiez est connu internationalement pour son travail de pionnier dans le domaine de la sémiologie musicale. Cet entretien prend donc tout naturellement appui sur l'approche exposée dans *Musicologie générale et sémiologie*, non seulement pour retracer dans les grandes lignes la trajectoire intellectuelle de son auteur[3], mais encore pour soulever la question du rapport entre musicologie et ethnomusicologie. Car pour être valable comme théorie générale en musicologie, la perspective sémiologique doit pouvoir s'appliquer à toutes les musiques, quels que soient leurs spécificités, leurs problèmes particuliers de transcription et d'analyse, leurs liens avec leur culture d'appartenance. On

---

1 Entretien réalisé le 8 juin 1998 à Montréal. Revu et annoté par Jean-Jacques Nattiez en août.

2 Une bibliographie sélective, ainsi que sa discographie complète figurent en annexe.

3 Signalons à ceux qui veulent en savoir plus, la parution d'un « autoportrait » intellectuel sous le titre : *La musique, la recherche et la vie* (éd. Leméac, Montréal).

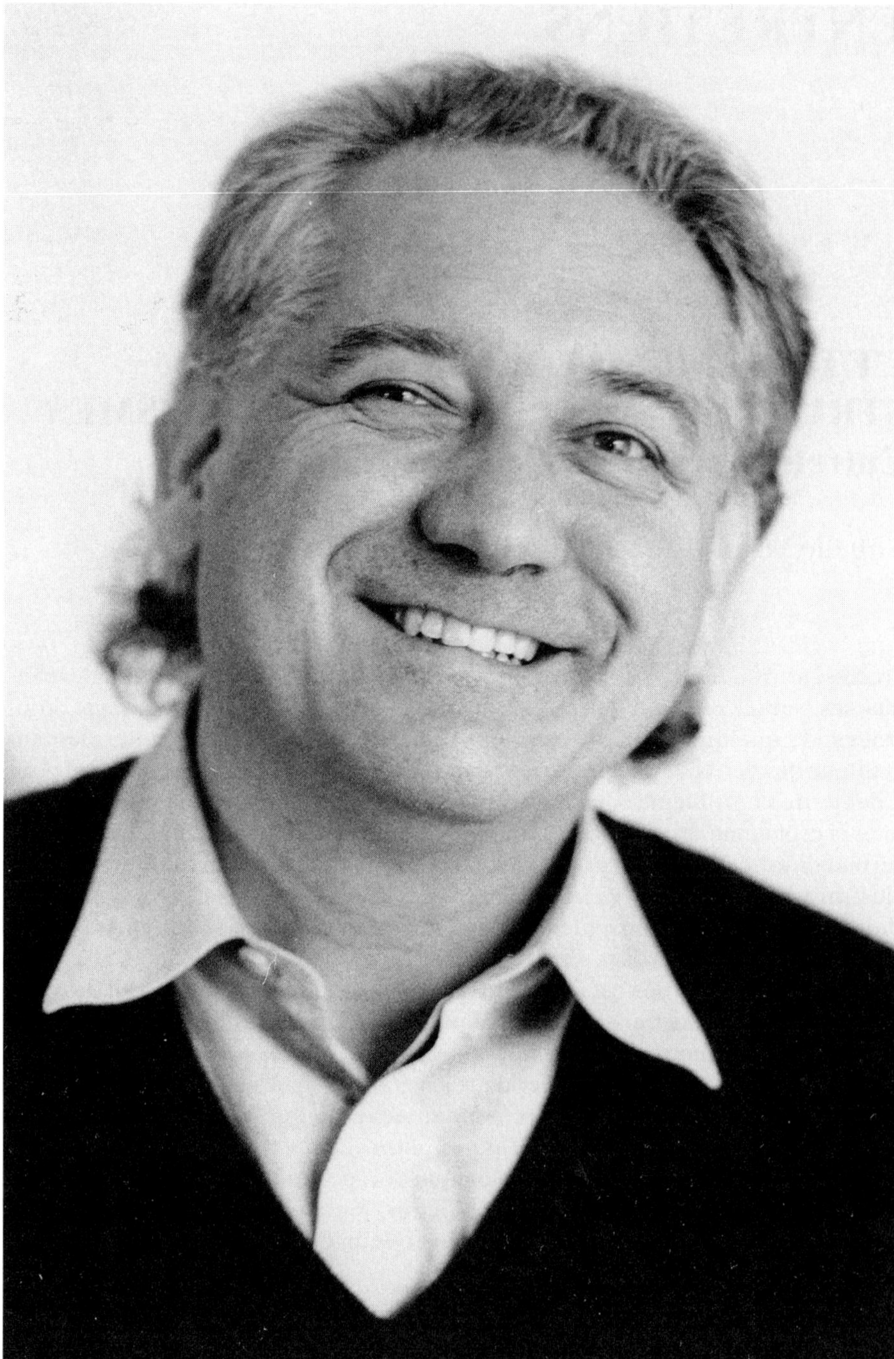

Photo: François Brunelle.

découvrira la recherche ethnomusicologique la plus récente de Jean-Jacques Nattiez, à savoir son terrain ougandais. On découvrira aussi la manière dont il situe sa pensée par rapport à deux grands pôles de l'ethnomusicologie: le structuralisme et le culturalisme.

I.S.-T.

Entrons tout de suite dans le vif du sujet: pourquoi et comment s'est établi pour vous le lien entre musicologie et sémiologie ?

Il faut situer le point de départ de mes réflexions en sémiologie musicale avant 1968: quand j'ai fait ma maîtrise en sémiologie musicale avec Georges Mounin à Aix-en-Provence, on était en pleine effervescence pré-68. La préoccupation de beaucoup d'étudiants qui militaient à gauche à l'époque était d'essayer de rapprocher leur champ d'intérêt spécifique des préoccupations marxistes d'ordre esthétique, une attitude typique de ma génération à cette époque-là. Ayant lu ce qui s'écrivait dans le domaine de l'esthétique musicale marxisante, j'étais frappé par le fait que, pour ce faire, on avait besoin de définir la musique comme un langage, de sonder sa nature expressive et signifiante, et de définir sémiologiquent sa différence avec le langage humain. La motivation de départ était donc idéologique. Comme j'approchais de la maîtrise, j'ai voulu aborder le problème sérieusement. Je suis donc allé prendre des cours de linguistique avec Georges Mounin, initiative qui m'a conduit à rejoindre un courant très typique de l'époque, à savoir la tentative de construire la sémiologie à partir de l'acquis de la linguistique structurale qui s'affichait comme scientifique et prétendait servir de modèle aux sciences humaines. Il faut se souvenir que l'on se plaignait beaucoup du caractère en quelque sorte littéraire – au sens péjoratif du terme – et quelque peu impressionniste du discours tenu sur la musique depuis des décennies. Je me souviens avoir été très frappé par une phrase du *Traité des objets musicaux* de Pierre Schaeffer: «Dans son ensemble, l'abondante littérature consacrée aux sonates, quatuors et symphonies, sonne creux. Seule l'habitude peut nous masquer la pauvreté et le caractère disparate de ces analyses [...] Si toute explication se dérobe, qu'elle soit notionnelle, instrumentale ou esthétique, mieux vaudrait avouer, somme toute, que nous ne savons pas grand-chose de la musique. Et, pis encore, que ce que nous en savons est de nature à nous égarer plutôt qu'à nous conduire» (1966: 19-20).

La construction d'une sémiologie musicale passa donc par deux étapes: la comparaison de la musique et du langage, qui me permettait de tenter de définir la spécificité sémiologique de la musique par rapport au langage humain; je découvrais du même coup les modèles techniques de l'analyse en linguistique, qu'il s'agisse de la phonologie de type fonctionnaliste (Martinet), du distributionalisme américain (Harris) ou de la grammaire générative (Chomsky). J'appris aussi qu'un certain nombre de musicologues, Nettl aux Etats-Unis, Ruwet en Belgique, avaient déjà tenté d'appliquer à la musique des modèles descriptifs linguistiques, ce qui était bien typique de la place occupée par la linguistique nouvelle dans le champ des sciences humaines. C'est dans le contexte de ce climat intellectuel que j'ai écrit mon premier livre, *Fondements d'une sémiologie de la musique* (1975), encore marqué par la sémiologie des années 1960-1970 et par le structuralisme, même si la théorie de la tripartition qui permet de le dépasser y était déjà présente et qu'une des sections de la conclusion s'intitulait: «La mort de la structure.»

Et douze ans plus tard, dans *Musicologie générale et sémiologie* (1987), vous prenez quelque distance à l'égard de la linguistique structurale. Je me souviens du schéma illustrant votre affirmation selon laquelle la sémiologie, justement, n'est pas l'étude de la communication (p. 38). Comment ce pas-là a-t-il été franchi? N'est-ce pas Jean Molino...

C'est cela. A côté de Georges Mounin, qui incarnait une linguistique structurale assez orthodoxe et suivait rigoureusement la ligne fonctionnaliste de Martinet, il y avait cet homme tout à fait extraordinaire qui avait créé avec Mounin, immédiatement après 1968, le certificat de sémiologie à la Faculté des lettres d'Aix-en-Provence. Molino a présenté un cours théorique sur la sémiologie parallèlement à celui de Mounin; le point important étant que, si Molino était plus que favorable à la linguistique structurale (à côté de ses préoccupations épistémologiques, il a toujours été un empiriste), sa théorie générale débordait déjà le consensus structuraliste des années soixante. Il a proposé ce modèle (Molino 1975), dit de la tripartition sémiologique, dont je me suis constamment inspiré depuis, fondé sur la distinction entre le «niveau neutre», le «processus poïétique» (c'est-à-dire le processus compositionnel ou créateur dans le cas de la musique), et le «processus esthésique» (c'est-à-dire ce qui se passe du côté des auditeurs). Voilà un modèle qui nous oblige à penser la description de n'importe quelle forme symbolique (mais restons-en à la musique) autrement que monoplane ou, si j'ose dire, monophonique.

Au tout début, j'ai surtout cherché à étendre et à développer les propositions de Nicolas Ruwet. Mais il faut nuancer. Si Ruwet est surtout perçu comme l'introducteur de la grammaire générative dans l'espace francophone, les articles de musicologie qu'il a publiés avant qu'il ne devienne un chomskien très orthodoxe, étaient influencés, en réalité, par le courant contre lequel Chomsky avait réagi, celui de la linguistique distributionnelle. Il était par ailleurs très marqué par la conception paradigmatique de l'analyse poétique chez Jakobson et de l'analyse du mythe chez Lévi-Strauss. Il se fait que j'ai trouvé les propositions de Ruwet (1972) extrêmement séduisantes, notamment en ce qui concerne l'explicitation des procédures d'analyse. J'ai alors appliqué cette méthode-là à un certain nombre d'œuvres, *Syrinx* de Debussy, un *Intermezzo* de Brahms[4], *Densité 21.5* de Varèse[5], et, du côté de l'ethnomusicologie, dans des travaux qui ne sont encore que partiellement publiés, aux jeux de gorge des Inuit[6].

---

4 *Cf.* Nattiez (1975: 297-354).

5 La version originale en français (Montréal 1975) est épuisée. On pourra se référer à la version anglaise, revue, publiée in *Music Analysis*, vol. I, No. 3, oct. 1982, pp. 243-340.

6 *Cf.* la bibliographie ethnomusicologique ci-après.

Ces analyses empiriques restaient essentiellement sructurales, immanentes et paradigmatiques; mais très vite, je suis entré dans une phase d'interrogation et d'investigation tous azimuts sur les conséquences de cette fameuse tripartition pour des questions générales et diverses en musicologie. C'est ainsi que je me suis penché, dans cette perspective, sur le concept de musique, le concept d'œuvre, la définition des différents paramètres musicaux[7], l'esthétique de Hanslick (et avec elle, toute la question du formalisme), certains aspects de la pensée de Gould et de Boulez[8], le problème de la fidélité dans l'interprétation et dans la mise en scène lyrique[9], et même les problèmes du rapport entre musique et littérature chez Proust[10].

Qu'est-ce que la tripartition implique, de façon générale ?

Ce avec quoi tout chercheur est d'abord confronté, c'est une trace : dans le cas de la musique occidentale, la partition, qui est la première manifestation tangible des intentions du compositeur, et dans la musique de tradition orale, les productions sonores qu'il nous est possible d'enregistrer. Cette trace à laquelle nous avons immédiatement accès, résulte de processus compositionnels ou créateurs qui ne sont pas immédiatement accessibles puisqu'ils existent au niveau de stratégies cognitives que Molino désigne par le terme de poïétique. A partir de la trace commence le processus qui nous conduit vers ce que Molino appelle l'esthésique, c'est-à-dire l'intervention de l'interprète (dans le cas de la musique occidentale), puis celle des auditeurs qui *reconstruisent* – car le processus de perception est un processus actif – ce qu'ils entendent.

Il faut signaler deux aspects importants dans la théorie de Molino. Premièrement, il y a ce que je m'amuse à appeler par un anglicisme, la *discrépance* entre le poïétique et l'esthésique. C'est important, parce que le structuralisme reposait, en un sens, sur l'hypothèse qu'une fois la structure décrite, on avait tout décrit. En réalité, on avait tout ramené à un seul niveau. Or, si l'on se représente le poïétique et l'esthésique comme deux processus dynamiques qui se situent « à gauche et à droite » du fait musical qu'on veut étudier, il faut thématiser la distinction entre les deux pôles, car ce qui se passe dans l'un n'est pas nécessairement identique à ce qui se passe dans l'autre. S'il s'agit d'un aspect que l'on peut trouver de façon latente chez d'autres auteurs, personne n'en avait fait, comme Molino, un axe méthodologique constitutif d'un modèle sémiologique. Au contraire, les modèles sémiologiques classiques, comme ceux de Jakobson ou d'Eco, reposent sur l'idée que la sémiologie vise à rendre compte de la communication. A partir du moment où l'on thématise l'idée de discrépance, au contraire, la communication ne devient qu'un cas particulier de l'ensemble des processus sémiologiques. C'est ce qui m'a fait écrire, de façon quelque peu provocatrice : « La sémiologie

---

7 Nattiez (1987 : chap. II, III et troisième partie).

8 *Cf.* Nattiez (1993 : chap. II, III et VIII).

9 *Cf.* Nattiez (1983 ; 1993 : chap. IV).

10 *Cf.* Nattiez (1984, 1999).

n'est pas la science de la communication.» Du côté des musicologues, tout comme des ethnomusicologues, on peut dire rétrospectivement que cette discrépance entre poïétique et esthésique est peut-être la proposition la plus couramment admise. Un survol de la littérature révèle que beaucoup de musicologues utilisent maintenant les termes «poïétique» et «esthésique» sans même faire référence à qui les a proposés, si bien qu'ils sont vraiment passés dans le vocabulaire de nos disciplines. Ils y sont sinon courants, en tout cas largement acceptés.

Ce qui l'est beaucoup moins, même si c'est là la seconde idée capitale de Molino, c'est le rôle qui revient à l'analyse dite du niveau neutre par rapport aux deux autres pôles. La difficulté, ici, est double. Premièrement, le terme de «niveau neutre» est peut-être malencontreux, surtout proposé au début des années 1970, lorsqu'on entendait dire à qui mieux mieux, sous l'influence de Barthes: «Cela n'est pas innocent.» Le qualificatif de «neutre» suggérait alors l'idée qu'il était possible, pour le musicologue, d'arriver à une sorte d'objectivité pure. Tout se passait comme si le musicologue prétendait réussir à se mettre entre parenthèses dans la production de son discours[11].

Mais n'est-ce pas ce que Molino voulait dire ?

Non, justement. Par «analyse du niveau neutre», il entendait: «mise entre parenthèses *provisoire* du poïétique et de l'esthésique.» Pourquoi insiste-t-il beaucoup sur cet aspect méthodologique ? Parce qu'en décrivant une forme symbolique, on est confronté à un certain nombre de configurations présentes dans l'objet étudié, mais dont on ignore la pertinence *a priori*. Il y en a certaines pour lesquelles on constate immédiatement qu'elles sont pertinentes poïétiquement ou esthésiquement, mais il y en a d'autres pour lesquelles il faut recourir à des outils spécifiques pour déterminer cette pertinence.

Outre cette difficulté de compréhension du concept de niveau neutre et de son articulation avec les deux pôles, si la tripartition dans sa globalité n'a pas encore été vraiment admise en musicologie, c'est parce que j'ai consacré ces vingt dernières années, soit à développer des questions théoriques, soit à appliquer la tripartition à autre chose que l'analyse musicale en tant que telle. Ce n'est que maintenant, après mûres réflexions (parce que c'est extraordinairement difficile techniquement), que je suis en mesure de montrer empiriquement comment fonctionne la tripartition à propos d'un objet musical simple, le solo de cor anglais de *Tristan*, démonstration qui fait l'objet d'un livre en cours de rédaction, et qui constituera le second volume, imprudemment annoncé il y a bien longtemps, qui fait suite à *Musicologie générale et sémiologie*[12].

---

11 Dès 1975, j'insistais sur «les présupposés culturels de l'analyse des trois niveaux» (1975: 60) mais rien n'y fit!

12 Des articles récents cités en référence présentent des applications concrètes de la tripartition à une symphonie de Mozart et à une pièce de Debussy.

Dans une musique comme le jeu de gorge des Inuit, qu'est-ce que la trace ?

La trace, c'est ce qui résulte physiquement du processus de production musicale. Dans la musique occidentale, c'est par le moyen de la partition que l'on tente de transmettre et de préserver l'identité de l'œuvre telle qu'elle est conçue par le compositeur. (Surtout à partir du XVIIIe siècle, le concept d'œuvre devient fondamental). C'est elle qui fait qu'en deçà des 2500 versions discographiques de la Cinquième de Beethoven, on reconnaît quelque chose d'identique. Et c'est à partir de cette notation – prescriptive dans les termes de Seeger (1958) – que l'interprète porte l'œuvre à l'existence sonore.

Pour ce qui est de la musique de tradition *orale*, la trace première qui résulte du processus poïétique, c'est ce qui existe immédiatement comme fait sonore et que le magnétophone peut enregistrer. Toutefois – et c'est sur ce point que beaucoup d'ethnomusicologues ne sont pas d'accord avec moi – je fais partie de cette école qui considère que, pour être capable d'entrer dans l'analyse détaillée du fonctionnement du fait musical en ethnomusicologie, il faut passer par une transcription du sonore. C'est une des raisons pour lesquelles l'analyse qu'on peut construire à partir d'elle est, elle aussi, une *représentation symbolique*. Beaucoup de gens ne sont pas prêts à l'admettre, mais notre connaissance du fait musical passe toujours par un *métadiscours*. C'est pourquoi, toutes ces années, je me suis attaché à montrer comment se construisait le discours musicologique.

Un sonagramme ne fournirait-il pas cette trace dont vous me parliez ?

La trace, c'est vraiment le son brut dans le cas des musiques de tradition orale. Le sonagramme, c'est déjà une représentation. Il peut constituer un des moyens pour construire un équivalent écrit sur lequel on peut entreprendre des opérations d'analyse. Mais l'expérience ethnomusicologique montre aussi que, souvent, le passage par le sonagramme n'est pas utile parce qu'il enregistre trop de détails. Un des acquis majeurs de l'ethnomusicologie sous l'influence de la linguistique, et notamment de la phonologie, est d'avoir incorporé la différence entre les unités étiques et les unités émiques, c'est-à-dire entre celles repérées par une personne étrangère à la culture et celles dont on peut démontrer la pertinence par rapport à la culture étudiée. Le vrai problème n'est donc pas de se donner une notation qui enregistre tous les détails de la production sonore, mais plutôt d'identifier le plus rapidement possible les unités musicales de base culturellement pertinentes, c'est-à-dire les unités émiques. Si l'on peut parvenir à une transcription émique sans passer par des transcriptions étiques ou des sonagrammes, tant mieux. L'essentiel, c'est de parvenir à une transcription descriptive (encore les termes de Seeger) mais culturellement pertinente, c'est-à-dire qui reflète les stratégies de production et de reconnaissance des unités minimales d'un système musical. C'est à partir de cela que travaille l'ethnomusicologue, car l'analyse un tant soit peu élaborée fonctionne toujours à partir de la représentation du son, pas du son lui-même. La question n'est pas de savoir s'il est illégitime de passer par l'intermédiaire d'une transcription, mais de déterminer si cette représentation est bonne ou mauvaise. Regardez les transcriptions de musique inuit faites dans l'entre-deux-guerres, lorsque la différence entre l'étique et l'émique n'était ni reconnue ni thématisée. Elles nous proposent des aberrations, des échelles avec quinze, seize ou dix-sept degrés. Quand on regarde aujourd'hui de plus près, on s'aperçoit qu'en réalité le musicologue a noté des mini-variations autour de hauteurs constitutives, de toute évidence, d'échelles pentatoniques. A cette époque, on voulait noter le moindre détail parce qu'on pensait que, à partir de ces transcriptions, on pourrait exécuter ces musiques. C'était encore l'attitude de Bartók, qui confondait le descriptif et le prescriptif. Aujourd'hui, la première préoccupation doit être de déterminer l'émicité des unités de base. Très souvent, il s'agit des unités scalaires. Pour cette raison, on reproche parfois aux transcriptions des ethnomusicologues de se contenter des hauteurs et des durées, sous l'influence ethnocentrique de la notation occidentale. Je me sens à l'aise par rapport à ce reproche. Dans le travail de mon équipe sur les jeux de gorge des Inuit, nous avons pu établir que ce sont les contours intonatifs, et non les hauteurs, qui sont pertinents, et qu'il faut distinguer entre sons voisés et non voisés, et entre sons expirés et inspirés à partir desquels se développe une combinatoire extrêmement riche (*cf.* Beaudry 1978 et Charron 1978). Si vous établissez convenablement les unités de base, vous disposez de la représentation, substitut symbolique de la trace, à partir de laquelle les opérations d'analyse proprement dites sont possibles.

Ne faut-il pas dire, dès lors, qu'il y a un travail préalable à la transcription dans l'étude des musiques de tradition orale – un travail préabable d'un autre genre, justement, que le solfège ?

Dans la musique occidentale, la notation est, si j'ose dire, acquise : c'est l'outil utilisé pour être en relation avec le phénomène musical, au niveau aussi bien de ce qu'on lit que de ce que l'on produit. Dans le cas des musiques de tradition orale, je dirais que la notation est un artefact scientifique – de la même façon qu'on va faire en linguistique des transcriptions phonétiques ou phonologiques pour savoir de quoi est faite la langue, avant de se mettre à analyser la morphologie et la syntaxe. C'est rigoureusement la même chose en ethnomusicologie. Il me paraît décisif de reconnaître à sa juste valeur le travail de transcription et d'analyse, travail considéré comme ethnocentrique par certains. A mon avis, cette position anti-analytique est aussi aberrante que de contester l'existence de la phonologie sous prétexte que les gens ne sont pas conscients que leur langue est faite à partir de phonèmes. Le propre du travail scientifique est précisément de faire apparaître que nous fonctionnons – que ce soit au niveau de l'énoncé du langage ou à celui de la production musicale – à partir de modèles ou de *patterns* dont nous ne sommes pas nécessairement conscients, comme Pike l'avait souligné lorsqu'il a donné la première définition des phénomènes émiques (1967 : chap. II). Mais au fond, ces critiques dépendent beaucoup du type d'ethnomusicologie que l'on pratique.

A quoi pensez-vous ?

A mon sens, il y a deux grandes orientations en ethnomusicologie depuis trente ans: l'orientation structuraliste, et ce que j'appellerai le «culturalisme».

Grosso modo, depuis le début des années soixante, l'ethnomusicologie vit dans la mouvance culturaliste dont les deux ouvrages fondateurs sont *The Anthropology of Music* de Merriam et *How Musical is Man?* de Blacking. Pour Merriam, la musique est faite de structures résultant du comportement qui lui-même dérive de concepts (Merriam 1964: 7), si bien qu'il faut commencer par analyser la situation socioculturelle qui a engendré le phénomène musical, avant d'analyser la musique elle-même, comme l'a suggéré Blacking (1980: 82, 99).

Sur le plan du principe, il me paraît tout à fait normal, en ethnomusicologie, de commencer par s'intéresser à la culture. Mais transformée en axiome méthodologique, cette position a eu dans la pratique un effet pervers. A partir du moment où l'on a considéré de manière *déterministe* que la musique était le *produit* de la culture, on a eu tendance à considérer qu'il suffisait de décrire le contexte et l'environnement culturels pour décrire le phénomène musical. Il y a là une perversion d'autant plus grande que cette idée voulant que le fait musical soit le produit de la culture est loin d'être vraie à 100 %. Quand Blacking dit que la musique est le produit de la culture, il utilise la métaphore des structures profondes et des structures de surface de la grammaire générative. L'ironie de la chose, c'est que, ce faisant, il fournit une arme pour se faire battre car, si on pouvait passer de la structure profonde (la culture) à la structure de surface (la musique) selon le modèle génératif, on devrait pouvoir générer la musique à partir de la description de la culture. Or c'est impossible. La musique et «la» culture sont deux formes symboliques de natures sémiologiques très différentes.

Vous vous opposez ici au relativisme extrême propre à un certain culturalisme, par opposition à ce qu'on pourrait appeler un relativisme contrôlé...

En fait, dans *Le combat de Chronos et d'Orphée*, je plaide pour ce que j'appelle les vérités locales...

... mais qui s'articulent sur les universaux ...

Les vérités locales ne sont pas nécessairement reliées à des universaux, mais je suis loin d'en nier l'existence. Le problème de l'orientation que j'appelle un peu péjorativement culturaliste, c'est que, pour elle, tout, dans une forme symbolique, doit être expliqué comme produit de la culture. Or, il y a bien des aspects de ces formes qui s'expliquent autrement: par l'histoire, par des facteurs individuels – qu'on a trop tendance à négliger dans notre discipline – et aussi parce qu'il existe, effectivement, des universaux. Tant pis si c'est politiquement incorrect. Car enfin, que je sache, il y a bien des contraintes biologiques propres à toute l'espèce humaine dans la production et la perception des faits sonores: le fait, par exemple, que l'oreille ne soit pas capable de discriminer des micro-intervalles. Une grande partie de la

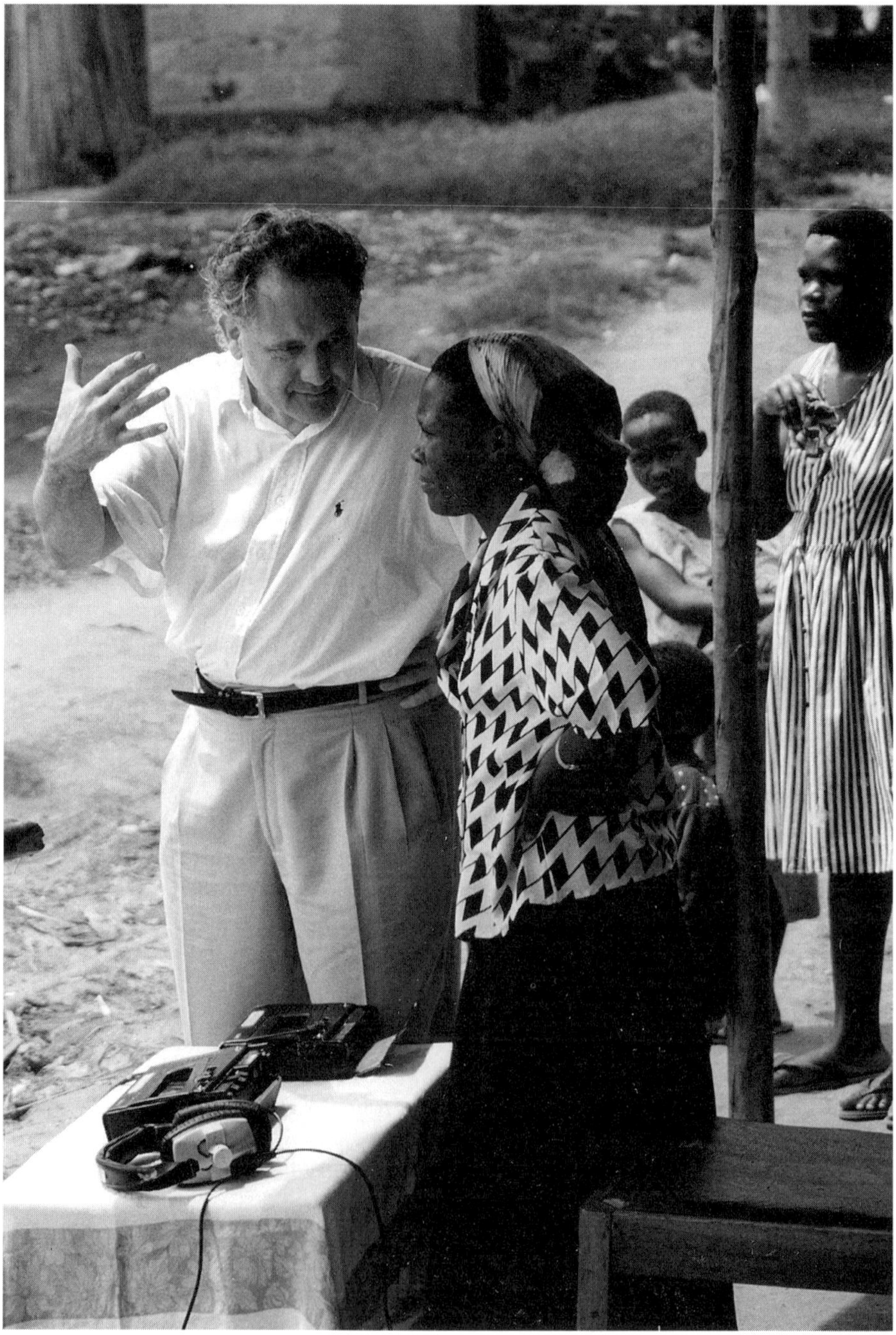

Jean-Jacques Nattiez dans le village de Kanyanya (Ouganda) avec Sylvia Nanyonga-Tamusuza, musicienne et ethnomusicologue (mai 1996). Photo: Sonia Rémi.

musique de tradition orale est fondée sur des échelles pentatoniques, la musique tonale occidentale sur des gammes heptatoniques. Puis on est monté jusqu'à douze unités scalaires dans la musique sérielle, avec les problèmes que l'on sait. Il y a des limitations d'ordre biologique dans notre capacité de distinction de deux sons, qui font que l'on n'a jamais trouvé dans les musiques de tradition orale, pour autant que je sache, des échelles de plus de sept notes. De la même façon, personne n'a écrit ou produit une œuvre ou une pièce musicale qui dure trois mois. Même lorsque Wagner compose une tétralogie de seize heures, il lui faut la diviser en quatre opéras. Un autre universel capital : toute musique – je le crois profondément – est fondée sur la dialectique entre la répétition et la variation, ce qui explique que le modèle paradigmatique peut être appliqué à n'importe quel type de musique.

Je crois qu'une bonne théorie ethnomusicologique, c'est-à-dire un programme pour l'analyse des musiques non occidentales, doit réussir à reconnaître et à intégrer sur un pied d'égalité l'existence des universaux, des particularités propres à une culture et des faits d'ordre individuel. Penser autrement, c'est, une fois de plus, tomber dans les pièges du réductionnisme (ce contre quoi, du reste, la tripartition permet de combattre de son côté). Je suis fasciné et exaspéré par le fait que mes contemporains (mais est-ce nouveau ?) sont trop souvent incapables de penser en stéréophonie !

Mais en anthropologie, idéalement, le concept de culture renvoie d'abord à un outil d'analyse, permettant de penser certains phénomènes humains.

J'aime beaucoup le mot « analyse » dans votre question, car la seconde orientation fondamentale de l'ethnomusicologie à laquelle je faisais allusion tout à l'heure, c'est celle qui s'est inspirée du structuralisme pour analyser la substance sonore des musiques de tradition orale. Pour moi, cette tendance est incarnée par le travail de Simha Arom, même si, face à l'orientation culturaliste, elle est aujourd'hui minoritaire, ce qui ne veut pas dire qu'elle ne soit pas importante.

L'aspect remarquable de l'œuvre d'Arom – je pense en particulier à son *opus magnum* sur la musique polyphonique et polyrythmique de Centrafrique (Arom 1985) – est qu'il a su démontrer que les productions sonores dérivaient d'un modèle abstrait que l'on n'entend pas directement mais qui est à la base de la production sonore et que, par conséquent, il faut mettre en évidence. Avec sa technique de play-back, il a trouvé un moyen extraordinaire pour séparer les différentes voix de ces polyphonies[13]. Par l'analyse paradigmatique faite sur chacune de ces voix, il a pu montrer que ces productions reposaient sur un modèle abstrait. Modèle qui, en fait, existe bien pour les autochtones (tout autant que, chez le musicien occidental, le cycle des quintes « derrière » la musique tonale ou

[13] L'efficacité de la méthode d'enregistrement en play-back n'est pas seulement pratique mais également analytique. Chez les Inuit, le jeu de gorge est pratiqué par deux femmes; chez les Tchouktches de Sibérie, par plusieurs. Lorsque j'ai utilisé cette technique sur le terrain, j'ai demandé à la troisième femme si elle voulait chanter par rapport à la première ou par rapport à la seconde. Elle choisit la première. Et il en fut ainsi pour toutes les autres femmes. Donnée capitale : c'est par rapport au chant de la première femme que toutes les autres improvisent leur partie.

les progressions harmoniques dans une improvisation de jazz): il a obtenu que ses musiciens enregistrent une espèce de faux, en ayant élagué toutes les variations. Il est allé ensuite faire entendre dans d'autres villages cette musique absolument insipide. Mais, après s'être plaints du peu d'inventivité de ces «mauvais» musiciens dans les variations, les personnes interrogées ont été capables de lui donner le titre de la pièce. Ce qui prouve bien que, cognitivement, ce modèle obtenu par l'analyse et de façon tout à fait artificielle correspond à quelque chose qui se trouve dans la tête des gens. C'est absolument génial. Pour moi, n'en déplaise à ses détracteurs, le tour de force analytique auquel il parvient à la page 573 de son livre devrait lui valoir le Prix Nobel de l'ethnomusicologie s'il existait.

Peut-on voir dans le modèle exhibé une sorte d'équivalent à la partition ?

Je ne dirais pas que c'est l'équivalent de la partition. Il faut considérer ici, une fois encore, la différence entre la musique occidentale et les musiques de tradition orale. Dans la musique occidentale, le détail de l'organisation des hauteurs et des durées est fixé par la notation, et c'est à partir de cela que l'interprète interprète. Mais c'est tout de même par rapport à l'image qu'on se fait de l'œuvre transmise par l'intermédiaire de la partition qu'on évaluera les qualités et la fidélité de l'interprète. Dans les musiques de tradition orale, fondamentalement, la production sonore dérive de modèles sous-jacents et varie à chaque performance. (Et je suis convaincu que, si l'ethnomusicologie générale voulait faire quelque progrès, elle devrait collecter et comparer les différents types de modèles sous-jacents à l'œuvre dans les différentes cultures, mais le retour à un comparatisme bien compris se fait attendre ...) Pour démontrer le rôle de la sous-jacence, Arom a dû passer par cet *intermédiaire* méthodologique qu'est la transcription, afin de déterminer, au départ, quelles sont les unités culturellement pertinentes.

En remontant des transcriptions au modèle sous-jacent, en fait, il pratique ce que j'ai appelé, dans *Musicologie générale et sémiologie,* la poïétique inductive (un des six points par lesquels je développe la tripartition de Molino). Elle consiste à remonter de l'analyse du niveau neutre aux processus de composition ou de production. Cela prouve bien, d'ailleurs, que les propositions d'Arom ne sont pas aussi strictement structuralistes qu'il le croit.

Vous esquissez ici une critique d'Arom...

Au-delà du modèle, du système, Arom considère que tout le reste – le vocabulaire utilisé par les autochtones, les instruments joués, les fonctions d'exécution, les associations symboliques – tout ce qui n'est pas musical au sens restreint du terme – ne sert qu'à *vérifier la pertinence* de la reconstruction du modèle. Sa conception de la musique est essentiellement formaliste. Il lui dénie toute dimension sémantique. Or, quand on écoute l'*Appassionata* de Beethoven ou une production des Banda-Linda ou des Kaluli, on constate la présence essentielle d'associations émotives et affectives qui sont l'une des modalités de la sémantique musicale. Mais il y a plus que cela: ce qui est un peu exceptionnel dans la musique occidentale et plus répandu qu'on ne croit dans les musiques de tradition orale, en particulier à cause des contextes rituels et religieux, c'est que la musique comprend des éléments porteurs d'informations sémantiques plus dénotatifs encore que le caractère affectif que je viens d'évoquer. C'est ce qu'a démontré admirablement Charles Boilès (1969, 1973a, 1973b), prématurément disparu, et dont l'œuvre n'a pas eu toute l'influence qu'elle méritait – sauf sur certains de mes étudiants, parce qu'il a enseigné à l'Université de Montréal.

A propos des cérémonies religieuses des Tepehua et des Otomí du Mexique, Boilès avait démontré l'existence de racines musicales qu'il situait – ce n'est peut-être pas suffisant – dans des combinaisons intervalliques référant à telle ou telle divinité. Une étudiante de Boilès, Monique Desroches (aujourd'hui professeur d'ethnomusicologie à la Faculté de musique de l'Université de Montréal), a publié récemment son étude sur la musique des anciens esclaves tamouls de la Martinique, *Tambours des dieux* (1996). Elle a travaillé sur un rituel dans lequel le prêtre marche dans le feu, danse sur des lames de coutelas, sacrifie une chèvre, etc., rituel accompagné de roulements de tambours. Ce qui est tout à fait passionnant dans cette recherche faisant appel à la fois à des enregistrements, à l'observation ethnographique, à la transcription et à l'analyse paradigmatique des données musicales, ainsi qu'à une méthode expérimentale de vérification des informations sémantiques, c'est le fait que les battements des tambours se répartissent en quatre grandes familles: les unités musicales de la première famille renvoient à un dieu végétarien, Maliémin, celles de la quatrième, à un dieu carnivore, Maldévilin. Voilà des éléments que la perspective d'Arom laisserait complètement de côté: il dirait simplement que son travail étant essentiellement musicologique, ce qui compte ce sont les structures. Or, la raison d'être de ces unités musicales, ce n'est pas leur organisation structurale (même si, musicalement, celle-ci existe et est fondamentale pour comprendre leur fonctionnement), mais les significations qu'elles véhiculent dans leur contexte rituel. C'est par la musique que les divinités sont présentes pendant le rituel. L'exemple de *Tambours des dieux* démontre bien que c'est seulement par le biais des transcriptions et de leur analyse – une analyse de niveau neutre, en fait, puisque, lorsqu'elle est entreprise, on ignore encore tout de la pertinence des unités dégagées –, assorties de l'investigation ethnographique classique auprès des informateurs, qu'il devient possible d'établir le fameux lien tant recherché entre musique et culture.

Vous voyez donc quelle est ma position par rapport au culturalisme extrême, mais aussi par rapport au structuralisme réducteur. Il me semble nécessaire de tenter de combler le hiatus entre ces deux approches. Je définirai ainsi ce qui me semble le défi actuel de l'ethnomusicologie:

- d'une part, parvenir à montrer le lien entre environnement culturel et phénomènes musicaux d'une façon qui ne soit pas allégorique, comme elle l'est trop souvent, c'est-à-dire en montrant, de façon explicite, le lien entre musique et culture;
- d'autre part, donner toute l'attention requise aux différentes types d'associations symboliques qui permettent de saisir ce que Molino (1975) appelle le fait musical total.

Il faut donc savoir naviguer entre Charybde et Scylla. Quel itinéraire suggérez-vous ?

Permettez-moi de vous répondre en prenant un exemple concret, celui de ma recherche ethnomusicologique la plus récente chez les Bagandais (j'ai fait trois terrains jusqu'ici en Ouganda, en 1995, 1996 et 1997). Les Bagandais sont de langue bantoue et pratiquent un type de musique qui, sans fonctionner exactement comme celui des Banda-Linda étudiés par Arom, obéit à peu près aux mêmes principes. Au bout de cinq minutes – mais c'est grâce aux vingt ans de travaux d'Arom – je me rendis compte qu'il y avait un modèle « derrière » ce que j'entendais. Mais il y a un autre aspect que je n'aurais pas envisagé si je n'avais pas eu la conviction qu'il fallait aller voir du côté de la culture, et de la sémantique en particulier, et sans lequel je n'aurais pas vraiment compris le fonctionnement de cette musique.

J'ai travaillé principalement sur une danse d'initiation au mariage. Je m'aperçus assez vite que cette danse était en réalité une suite de danses et qu'elle était faite de neuf morceaux enchaînés les uns aux autres. Si je m'en tiens à une analyse formelle, je peux tout de suite vous donner la grammaire générative de cette danse : I-II-III-IV-V-VI-V-VI-V-VI et ainsi de suite très longtemps, puis VII-VIII-IX-IX-IX-IX…, etc. Chaque morceau de la danse est fondé sur un rythme doté d'un nom : pour I, *akalatti akajja*, qui signifie « se mettre de bonne humeur » ; pour II, *okusimbula amazina*, « commencer à danser », etc. Et que font les musiciens ? Ils font des variations sur ce rythme de base. Donc vous retrouvez bel et bien, pour chaque morceau de la danse, le modèle d'Arom : les deux tambourinaires sont, comme en Centrafrique, valorisés auprès du public selon leur virtuosité et l'inventivité de leurs variations à partir de ce motif. Et je peux montrer quel est le stock de variations possibles propre à chaque tambourinaire pour le motif I, le motif II, etc. De plus, le motif VIII apparaît comme le plus important de tous.

Je ne crois pas qu'il m'aurait été possible de découvrir tout cela si je n'étais pas passé par la transcription. Et voilà autant d'« analyses du niveau neutre » pour les battements de tambour accompagnant chacun des neuf morceaux de la danse.

Jusqu'ici, vous me semblez un aromien orthodoxe. En quel sens votre analyse diffère-t-elle de celle de Simha Arom ?

Arom cesserait l'investigation une fois qu'il aurait mis le doigt sur le modèle des modèles, et effectivement, il aurait saisi le système à la base du fonctionnement musical. Mais il n'aurait pas tout expliqué. En particulier, son cadre analytique ne lui permet pas de comprendre pourquoi cette danse peut durer entre vingt minutes et deux heures, ce qui est un problème tout de même important ! Cette élasticité tient, bien sûr, à la quantité de variations que les tambourinaires peuvent produire sur chaque motif, mais aussi à la longueur de la réitération des motifs V-VI et du motif IX. Pour en comprendre la signification, en fait, il faut interroger celle des figures chorégraphiques propres à chacun des neuf moments de la danse. En réalité, chacun des motifs fonctionne comme un signal adressé à la cheffe des danseuses. Puisque les neuf morceaux sont enchaînés, il faut lui indiquer qu'on est passé au morceau suivant pour qu'elle enchaîne avec la chorégraphie correspondante. N'oublions pas que nous sommes dans une danse d'initiation au mariage. IV décrit les préliminaires sexuels, V et VI, différents aspects de la relation sexuelle proprement dite. Lorsque les hommes, dans le public, sont satisfaits, ils donnent aux danseuses un peu d'argent pour les inciter à recommencer, et il y a un grand nombre de figures chorégraphiques reliées à V et VI. Quant à IX, c'est la reprise de V !!!

Dans tout ce qui précède, je n'ai décrit le système, formel et sémantique, que dans ses grandes lignes. Lorsque je publierai ce travail, j'expliquerai aussi pourquoi, culturellement, c'est le motif VIII qui est à la base de tous les autres, et pourquoi cette danse est la seule du répertoire des Bagandais à être exécutée par des femmes. Je montrerai aussi le lien entre l'aspect musical de ce que jouent le tambour masculin et le tambour féminin, et les rôles sexuels de l'homme et de la femme chez les Bagandais. Enfin, je m'attacherai à montrer comment les instruments autres que les tambours et le chant de la soliste se greffent sur les battements rythmiques, et comment ils ont un fonctionnement musical *sui generis* qui échappe à l'explication culturelle.

C'est qu'il ne faut pas oublier la dimension gratuite et ludique de la musique.

Absolument. On tend à oublier que les gens ont du plaisir à faire de la musique. Au fond, un des défauts epistémologiques du culturalisme, c'est l'hyperfonctionnalisme : tout doit servir à quelque chose. La réalité musicale dans les danses bagandaises, c'est qu'il y a trois vièles, deux flûtes et une lyre qui ne participent pas au fonctionnement sémantique de la danse, mais ceux qui en jouent font bel et bien de la musique. Les vièles ont une espèce de petite ritournelle, avec des décalages entre eux. Les principes sont simples, mais le résultat est très complexe. Une fois que la machine est en route, elle ne s'arrête plus. Ils font des variations qui n'ont plus aucun rapport avec les femmes qui sont en train de montrer aux jeunes mariés ce qu'il faut faire entre 11 heures du soir et 6 heures du matin ! Les tambourinaires sont valorisés par leur virtuosité. Le style d'exécution, capital musicalement pour le plaisir de tous, n'a pas d'efficacité sémantique proprement dite. La qualité musicale de la danse réside dans la superposition de ces couches multiples. L'analyse doit inventorier tout cela et être très précise quant à leurs fonctions symboliques respectives.

Et la tripartition ?

Les Bagandais ont un répertoire constitué de cinq danses, toutes apprises à l'école, sauf une, la danse d'initiation au mariage qui, traditionnellement, était interdite à la vue des enfants. Donc, tous les enfants bagandais, garçons ou filles, apprennent à faire les rythmes de quatre danses. En conséquence, les significations sémantiques relatives aux morceaux I à IX de la danse nuptiale ne sont connues en réalité que des deux tambourinaires et de la cheffe des danseuses. La seule chose que comprenne ou perçoive le public, c'est ce qui est montré dans la danse, alors qu'il n'a pas accès aux sémantismes dont les rythmes sont porteurs. On retrouve donc au niveau sémantique musical la cassure entre le poïétique et l'esthésique.

Vous voilà en Afrique, mais il vous reste à rédiger le travail d'ensemble sur les jeux vocaux des Inuit…

Deux raisons m'ont empêché de le faire jusqu'ici. La première, c'est que je savais depuis longtemps que je devais tenir compte de ce qui existe en Russie. La tombée du rideau de fer en 1989 a fait que c'est devenu possible. J'ai eu la chance non seulement de participer à deux congrès consacrés à la musique circumpolaire au Japon et en Sibérie, mais aussi d'y faire du terrain. Je suis revenu avec des dizaines de vidéos inaccessibles et passionnantes qu'il va me falloir décrypter. Or le second problème qui m'a retardé, c'était de décider quel serait le meilleur support pour publier ce travail. Je pense aujourd'hui que ce sera le CD-ROM, car il sera capital de donner la possibilité au lecteur, donc au regardeur, de comparer les figures chorégraphiques et les gestes associés aux jeux de gorge Inuit et aux chants de gorge sibériens. Il ne me reste plus qu'à trouver les fonds.

Qu'est-ce que la musique, pour vous ?

Elle fait partie des aspects définitoires de l'espèce humaine : il y a une faculté de musique comme il y a une faculté de langage. On assiste, chez le bébé, à une dissociation du musical et du linguistique. C'est là que loge le substrat universel : nous avons la faculté de proposer quelque chose que nous appelons musique. Là-dessus – et ceci est l'un des enjeux de mon travail sur la musique circumpolaire – se greffe la catégorisation culturelle. Sans tomber dans l'hyperrelativisme, cela veut dire simplement que chaque culture établit certaines frontières entre les différentes formes symboliques qui varient selon les cultures, mais à partir d'un substrat paramétrique commun. Montrer comment ce substrat est pris en charge par chaque culture, tel est l'enjeu de la comparaison que je tente de développer entre jeux de gorge au Nouveau-Québec et chants de gorge en Sibérie[14].

Je dois à Nicole Beaudry, dans mon équipe de recherche des années 1970, d'avoir mis le doigt sur le fait que l'on a affaire, au Nouveau-Québec, non pas à des chants mais à des jeux : dans le *katajjaq* il y a une gagnante et une perdante. En Sibérie, j'ai retrouvé la même technique et, dans certains cas particuliers, la même position des femmes, face à face, mais dans un contexte de danse. De plus, l'aspect compétitif si important chez les Inuit canadiens est totalement absent chez les Tchouktches de Sibérie. L'émission des sons gutturaux est intégrée au

14 *Cf.* mon article sur les musiques circumpolaires paru dans *Ethnomusicology* (1999).

chant où ils ont le même statut que l'imitation de cris d'animaux et l'utilisation de hauteurs précises analogues à ce que nous connaissons dans le chant occidental. Chez les Inuit, jeux de gorge et chants (de danse à tambour, de jeu, de chamane, etc.) constituent des catégories clairement distinctes. J'ai émis récemment l'hypothèse que ces genres différemment compris dans chaque culture mais qui, d'un point de vue étique, ont bien des aspects substantiels communs, dérivaient d'une protoforme commune. Il faut faire appel, ici, aux travaux des généticiens et des linguistes qui gravitent autour de Cavalli-Sforza. Contrairement à une croyance répandue, l'ethnomusicologue ne doit pas seulement s'attacher à l'émique dans ses investigations...

Somme toute, seriez-vous de ceux qui s'interrogent sur la pertinence du préfixe «ethno» à musicologie ?

Non. Dans la préface que j'ai écrite pour le livre de Monique Desroches (*Tambours des dieux*), je dis que les culturalistes voulaient faire de l'*ethno*musicologie, Arom de l'ethno*musico*logie. Moi, je voudrais qu'on fasse de l'*ethno-musicologie*, avec un trait d'union. Encore une fois, je n'essaie pas de diminuer l'importance de la culture dans l'investigation ethnomusicologique, ce serait absurde. Mais il faut parvenir à transcender ce que j'appellerais le syndrome de McAllester. McAllester est un ethnomusicologue qui a écrit en 1954 un ouvrage intitulé *Enemy Way Music.* Pour la première fois dans l'histoire de l'ethnomusicologie, bien avant les travaux de Merriam et de Blacking, il accordait à la description du contexte et des cérémonies, des fonctions sociales et religieuses, une place aussi importante qu'à la transcription, à la traduction et à l'analyse des chants. Mais ces deux approches sont simplement juxtaposées, le rapport entre la description du contexte et celle de la musique n'est jamais posé. Pour moi, tout le problème réside dans le lien qu'on peut tenter d'établir entre les deux sphères. Le travail de Monique Desroches constitue, à mon sens, une des voies possibles pour cela, aux côtés de ce qu'ont proposé Anthony Seeger (1987) dans une optique structuraliste et Regula Qureshi (1986) en se fondant sur l'analyse des performances de musiciens.

Comment s'enrichissent mutuellement vos travaux sur la musique occidentale et ceux sur les musiques de tradition orale, vos préoccupations de musicologue et vos recherches en ethnomusicologie ?

La raison pour laquelle j'ai travaillé sur la musique des Inuit immédiatement après mon arrivée à Montréal, en 1970, était que je m'étais proposé de construire à partir de la sémiologie une théorie générale de la musicologie. Le seul lien qu'il y ait entre mes recherches sur la musique classique et celles que j'ai menées chez les Inuit, les Aïnou, les Tchouktches et maintenant en Ouganda, c'est de tester et d'appliquer à des objets culturellement et historiquement différents un même cadre général de réflexion, qui est la tripartition. J'ai considéré que l'on ne pouvait pas le faire en en restant à la musique occidentale.

Mais faut-il dire dès lors que votre préoccupation principale est méthodologique, qu'elle s'intéresse surtout à l'outillage conceptuel ?

Il est vrai que, depuis vingt-cinq ans, mes préoccupations ont été avant tout d'ordre épistémologique. Mais on ne définit pas une orientation spécifique de la musicologie sans la démontrer empiriquement. Dans la suite à *Musicologie générale et sémiologie* que j'ai annoncée plus haut, je ferai d'une pierre deux coups: illustrer concrètement comment fonctionne la tripartition et décrire deux phénomènes musicaux: le solo de cor anglais de *Tristan* et la musique de la danse nuptiale des Bagandais. A propos de ces deux objets, je montrerai comment fonctionnent les six points du modèle tripartite que je définis dans *Musicologie générale et sémiologie*: analyse du niveau neutre, poïétique inductive, poïétique externe, esthésique inductive, esthésique externe, communication entre les trois niveaux – et à quel secteur de la pratique musicologique tout cela fait appel (historique, anthropologique, analytique, cognitif, psychologique). Dans cette entreprise, la notion de paramétrisation qui parcourt tout l'œuvre de Leonard B. Meyer[15] sera essentielle. En même temps, j'essaierai de montrer les parallélismes et les différences entre musicologie et ethnomusicologie vues du point de vue sémiologique. J'espère poursuivre ainsi la construction d'une musicologie générale.

Références

AROM Simha

1985 *Polyphonies et polyrythmies instrumentales d'Afrique Centrale. Structure et méthodologie.* Paris: S.E.L.A.F., 2 vol.

BEAUDRY Nicole

1978 «Toward Transcription and Analysis of Inuit Throat-games: Macro-structure». *Ethnomusicology* XXII (2): 261-273.

BLACKING John

1973 *How musical is man?* Seattle: University of Washington Press (trad. française: *Le sens musical.* Paris: Minuit, 1980).

BOILÈS Charles

1969 *Otomi Cult Music.* Ph. D. Dissertation, Tulane University, New Orleans.

1973a «Sémiotique de l'ethnomusicologie». *Musique en jeu* 10: 34-41.

1973b «Les chants instrumentaux des Tepehua: un exemple de transmission musicale de significations», *Musique en jeu* 12: 81-99.

CHARRON Claude

1978 «Toward Transcription and Analysis of Inuit Throat-games: Micro-structure», *Ethnomusicology* XXII (2): 245-259.

DESROCHES Monique

1996 *Tambour des Dieux.* Montréal: L'Harmattan.

15 Une sélection des ouvrages de Leonard B. Meyer, sous le titre *Comprendre la musique*, paraîtra aux éditions Contrechamps à Genève.

MERRIAM Alan P.
1964 *The Anthropology of Music*. Evanston (Illinois): Northwestern University Press.

MOLINO Jean
1975 «Fait musical et sémiologie de la musique», *Musique en jeu* 17: 37-62.

PIKE Kenneth L.
1967 *Language in Relation with a Unified Theory of the Structure of Human Behavior*. La Haye: Mouton.

QURESHI Regula
1986 *Sufi Music of India and Pakistan*. Cambridge: Cambridge University Press.

RUWET Nicolas
1972 *Langage, musique, poésie*. Paris: Seuil.

SCHAEFFER Pierre
1966 *Traité des objets musicaux*. Paris: Seuil.

SEEGER Anthony
1987 *Why Suya Sing*. Cambridge: Cambridge University Press.

SEEGER Charles
1958 «Prescriptive and Descriptive Music Writing», *Music Quarterly* XLIV (2): 184-195.

Bibliographie sélective de Jean-Jacques Nattiez

Livres

1975 *Fondements d'une sémiologie de la musique*. Paris: U.G.E. 418 p.(10/18, N° 1017)
1983 *Tétralogies. Wagner, Boulez, Chéreau. Essai sur l'infidélité*. Paris: Christian Bourgois. 287 p.
1984 *Proust musicien*. Paris: Christian Bourgois. 181 p. Nouvelle édition revue et corrigée: 1999.
1987 *Musicologie générale et sémiologie*. Paris: Christian Bourgois. 401 p.
1988 *De la sémiologie à la musique*. Montréal: Université du Québec à Montréal, Cahiers du Département d'études littéraires N° 10. 345 p.
1990a Pierre Boulez-John Cage, *Correspondance et documents*, réunis, présentés et annotés par Jean-Jacques Nattiez. Winterthur: Amadeus Verlag. 232 p.
1990b *Wagner androgyne*, Paris: Christian Bourgois, 414 p.
1993 *Le combat de Chronos et d'Orphée*. Paris: Christian Bourgois. 243 p.
1997 *Opera* [roman]. Montréal: Leméac. 222 p.
1999 *La musique, la recherche et la vie: un dialogue et quelques dérives*. Montréal: Leméac. 253 p.
s.d. *Traité de sémiologie musicale* (en préparation).

Quelques articles récents d'orientation sémiologique

1989 «Peut-on parler de narrativité en musique?», *Revue de musique des universités canadiennes* X (2): 68-91.
1992 «Nicolas Ruwet musicologue», in L. Tasmowski et A. Zribi-Hertz (dir.), *De la musique... à la patalinguistique, Hommages à Nicolas Ruwet*. Gand: Communication and Cognition: 24-38.
1995 «Herméneutique, sémiologie, analyse musicales», in R. Pozzi (dir.): *Tendenze e metodi nella ricerca musicologica. Atti del convegno internazionale* (Latina, 27-29 sept. 1990), Florence: Olschki editore: 143-162.
1995-96 «Les trois Nornes et la petite madeleine – Les esquisses de Richard Wagner pour *Siegfrieds Tod* (1850)», *Revue de musicologie* 81(2): 191-213; 82 (1): 39-122 (réédition en livre en préparation).
1997 «De la sémiologie générale à la sémiologie musicale. L'exemple de *la Cathédrale engloutie* de Debussy», *Protée* (Chicoutimi), automne 1997: 7-20.

1998a «A comparison of analyses from the semiological point of view (the theme of Mozart's Symphony in G minor, K.550)», *Contemporary Music Review* XVII: 1-38.

1998b «Le solo de cor anglais de *Tristan*: esquisse d'une analyse sémiologique tripartite», *Musicae Scientiae*, numéro spécial 1998: 43-61.

Articles d'ethnomusicologie

a. Textes généraux

1977 «Petite histoire critique de l'ethnomusicologie» (en collaboration avec Charles L. Boilès), *Musique en Jeu* 28: 26-53.

1986 «Ethnomusicologie», *Encyclopedia Universalis*, vol. VII, Paris, p. 478-482.

1991 «Arom, ou le sémiologue sans le savoir», *Analyse musicale* 23: 77-82.

1995 «Musique, structures, cultures», *EM, Annuario degli Archivi di Etnomusicologia dell'Accademia Nazionale di Santa Cecilia* III: 37-54.

b. Études sur la musique des Inuit et des populations arctiques

1982 «Comparisons within a Culture: the Example of the *katajjaq* of the Inuit», in R. Falck et T. Rice (eds), *Cross-cultural Perspectives on Music*. Toronto: University of Toronto Press, p. 134-140.

1983a «Some Aspects of the Study of Inuit Vocal Games», *Ethnomusicology* XXVII (3): 457-475.

1983b «The Rekkukara of the Ainu (Japan) and the Katajjaq of the Inuit (Canada): a comparison», *The World of Music/Le Monde de la musique* (Berlin) XXV (2): 33-44.

1987 «Sémiologie des jeux vocaux Inuit», *Semiotica* LXVI (1-3): 259-278.

1988-89 «La danse à tambour des Inuit Igloolik», *Recherches amérindiennes au Québec* XVIII (4): 37-48.

1993 «Jeux vocaux des Inuit», in H. Kallmann, G. Potvin et K. Winters (dir.), *Encyclopédie de la musique au Canada*. Montréal: FIDES: 1691-1694 (2e éd.).

1995 «Analyse d'"un" chant inuit (Paradigmes et mises-en-série)», in V. Dehoux et al. (dir.), *Ndroje balendro: Musiques, terrains et disciplines. Textes offerts à Simha Arom*. Paris: Peeters (SELAF N° 359): 305-321.

1999 «Inuit throat-games and Siberian throat-songs: a comparative, historical and semiological approach», *Ethnomusicology* XLIII (3): 399-418.

Disques ethnomusicologiques

1985 Réédition, en collaboration avec Laurent Aubert, de la *Collection universelle de musique populaire enregistrée* de Constantin Brăiloiu. Genève: Archives internationales de musique populaire AIMP I-VI, VDE-30-425-340 (coffret de 6 disques 33 t. avec plaquette).

1989 *Jeux vocaux des Inuit* (en collaboration avec A. Balikci, N. Beaudry, B. Cavanagh, D. Harvey et R. Pelinski). Paris: OCORA C-559071 (un disque compact).

1991 *Chants et jeux des Inuit* (en collaboration avec N. Beaudry, C. Charron et D. Harvey). Paris: Audivis, UNESCO D8032 (un disque compact).

1993a *Ainu Songs/Chants des Aïnou* (en collaboration avec K. Tanimoto). Audivis, UNESCO D 8047 (un disque compact).

1993b *Inuit Iglulik Canada*. Berlin: Museum für Völkerkunde, CD 19, enregistrements de J.-J. Nattiez et Paula Conlon, texte de J.-J. Nattiez (un disque compact et une plaquette de 120 pages anglais-français).

1996 *An Anthology of Music from Uganda*, recordings and presentation [en français et en anglais] by Jean-Jacques Nattiez, foreword by François Descoueyte, Ambassade de France en Ouganda et Faculté de musique de l'Université de Montréal, 10 cassettes et un livret (distribué auprès des communautés visitées).

s.d. *Musiques, danses et chants des Baganda (Ouganda)* (disque compact en préparation).

TROIS BRÈVES REMARQUES SUR L'ETHNOMUSICOLOGIE ET UNE CONCLUSION

Simha Arom

L'entretien ci-dessus ayant été soumis avant sa publication à la lecture de Simha Arom, celui-ci a souhaité exprimer son point de vue à propos du contenu de certains passages mettant en cause sa démarche. Plutôt que d'adopter une attitude polémique et de reprendre point par point les allégations de Jean-Jacques Nattiez le concernant avec lesquelles il n'était pas d'accord, Arom a préféré préciser sa position actuelle de façon constructive, en nous livrant ce petit «précis d'ethnomusicologie», qui a le mérite de la clarté et de la concision (n.d.l.r.).

1. Ethnologie/Ethnomusicologie

Un des problèmes récurrents de l'ethnomusicologie, c'est qu'elle n'a pas su et ne sait toujours pas délimiter son domaine, d'où une série de malentendus et de polémiques.

Pourquoi a-t-on éprouvé le besoin de créer des disciplines hybrides liant entre elles les caractéristiques de l'une et de l'autre ? C'est que le phénomène social étant éminemment complexe, son étude nécessite pour chacune de ses branches une spécialisation poussée dans un domaine propre. C'est dire que cette spécialisation prime sur le préfixe «ethno».

Peut-on concevoir un ethnolinguiste qui ne soit pas linguiste, un ethnobotaniste qui ne soit pas botaniste, un ethnozoologue qui ne soit pas zoologue, un ethnomédecin qui ne soit pas médecin ? De la même manière, un ethnomusicologue est d'abord musicologue. Tous ces spécialistes ont en commun d'exercer leurs disciplines respectives dans le cadre de l'ethnologie, c'est-à-dire: 1) de la pratiquer dans un contexte socioculturel donné; 2) d'étudier la manière dont chacun de ces domaines est articulé avec le contexte social et culturel spécifique où il s'insère. Il en va de même pour l'ethnomusicologie.

Ce qu'il y a de particulier chez l'ethnomusicologue, c'est que l'objet de sa spécialisation – *la musique* – est un système sémiologique formalisé, dont l'analyse, à un stade donné de l'étude, peut et doit se faire en soi.

C'est pourquoi il est précisément le seul qui soit à même de mettre au jour le lien entre ce système (fondé le plus souvent sur des traits musicaux intrinsèques) et son contexte socioculturel sous tous ses aspects.

La pratique de l'ethnomusicologie se justifie là où la compétence de l'ethnologue s'arrête.

2. Culture et système musical

Les relations émotionnelles et/ou affectives qui se rattachent au phénomène musical relèvent à la fois du psychologique et du socioculturel. On retrouve le socioculturel dans le système musical et le système de la musique dans le socioculturel; ils se projettent l'un dans l'autre et c'est précisément la manière dont s'articule cette corrélation qui singularise chaque société. En d'autre termes, il s'agit de montrer comment chaque société se représente et vit cette corrélation, en tenant compte de son caractère dynamique et évolutif.

L'analyse structurelle de la musique elle-même, en tant que système autoréférentiel, est nécessairement préalable à l'étude de la corrélation. Le plus souvent, cette corrélation se fonde sur des traits musicaux liés à telle circonstance culturelle de façon bi-univoque.

Envisagés sous cet angle, culture et structure ne se trouvent pas en opposition mais en symbiose, ce qui prouve la cohérence du système global.

3. Culture et fonctions musicales

D'une manière générale, le lien causal entre musique et culture n'est ni organique, ni même logique: le plus souvent il est de tradition, c'est-à-dire qu'il comporte une part d'arbitraire. C'est la cristallisation d'un état de fait qui a prévalu dans une société donnée à un moment donné de son histoire et qui s'est maintenu par un consensus tacite: dans telle ethnie africaine, les chants pour l'initiation des filles sont accompagnés d'une harpe, alors que ceux pour l'initiation des garçons le sont par deux xylophones; l'inverse eût été tout aussi plausible – car il n'y a aucun lien intrinsèque entre l'instrument et sa fonction.

Mieux: la musique qui, dans tel groupe pygmée, sert à l'inauguration d'un nouveau campement est employée, dans tel autre, comme musique de funérailles. De tels exemples abondent.

Conclusion

La musique n'est pas un prétexte pour l'ethnomusicologie: elle en est l'essence.

LES MAÎTRES DU *JEMBE*
Entretiens avec Fadouba Oularé, Famoudou Konaté, Mamady Keïta et Soungalo Coulibaly

Vincent Zanetti

Du mercredi 5 au dimanche 9 mai 1999, une partie de la population de la ville de Conakry, la capitale de la République de Guinée, eut le privilège d'assister gratuitement à la naissance d'un nouvel événement culturel d'importance internationale. Pendant quatre jours, répondant à l'invitation de la Direction Nationale de la Culture, un certain nombre d'artistes guinéens et étrangers se retrouvèrent sur plusieurs scènes réparties entre quatre quartiers différents de la ville, à l'occasion de la Première Biennale Internationale de Percussions. Essentiellement subventionnée par l'Union européenne, cette manifestation s'inscrit dans la continuité d'un effort de promotion à long terme du patrimoine culturel de la Guinée. En effet, dès les premières heures de l'indépendance du pays, le souci légitime de protéger et d'encourager la création musicale à partir des différents répertoires traditionnels régionaux fit partie des préoccupations du gouvernement. Ahmed Sékou Touré, premier président de la République de Guinée, était considéré comme un père par les artistes: sous son impulsion, les Ballets Africains et le Ballet National Djoliba furent rapidement considérés comme les ballets les plus virtuoses et les plus prestigieux d'Afrique de l'Ouest[1]. Les crises politiques et économiques qui se succédèrent dès le début des années 1980 devaient pourtant ramener les musiciens et les danseurs à un statut social proche de la marginalité. Plus nombreux que partout ailleurs en Afrique – sous le régime révolutionnaire de Sékou Touré, le fait de ne pas participer aux fêtes par la danse ou la musique était considéré comme un manquement civique – les artistes se mirent à tenter leur chance à l'étranger. Il fallut attendre la création de l'Ensemble National des Percussions de Guinée, en 1988, grâce aux efforts conjugués de la Coopération française et de la Direction Nationale Guinéenne de la Culture, d'une part, et d'autre part grâce au travail acharné du musicien et agent culturel français François Kokelaere, pour que les Guinéens se rendent compte qu'il leur restait de vrais maîtres du tambour *jembe*[2], et que leur art trouvait un

---

1 Zanetti 1990: 166 et 1996: 173.

2 Une fois encore, j'ai choisi de respecter l'orthographe mandingue telle qu'on l'utilise au Mali, de préférence à l'orthographe «francisée» qui est pourtant largement entrée dans les mœurs et qui était à l'affiche lors de cette première Biennale. Au-delà du mot, il y a non seulement l'instrument, mais aussi le contexte culturel auquel il appartient et dans lequel le problème de l'écriture est étudié avec compétence par des spécialistes. Or comme le rappelait avec justesse l'historienne Adam Konare Ba, «la grande majorité des Maliens ne se reconnaît pas dans les noms des peuples

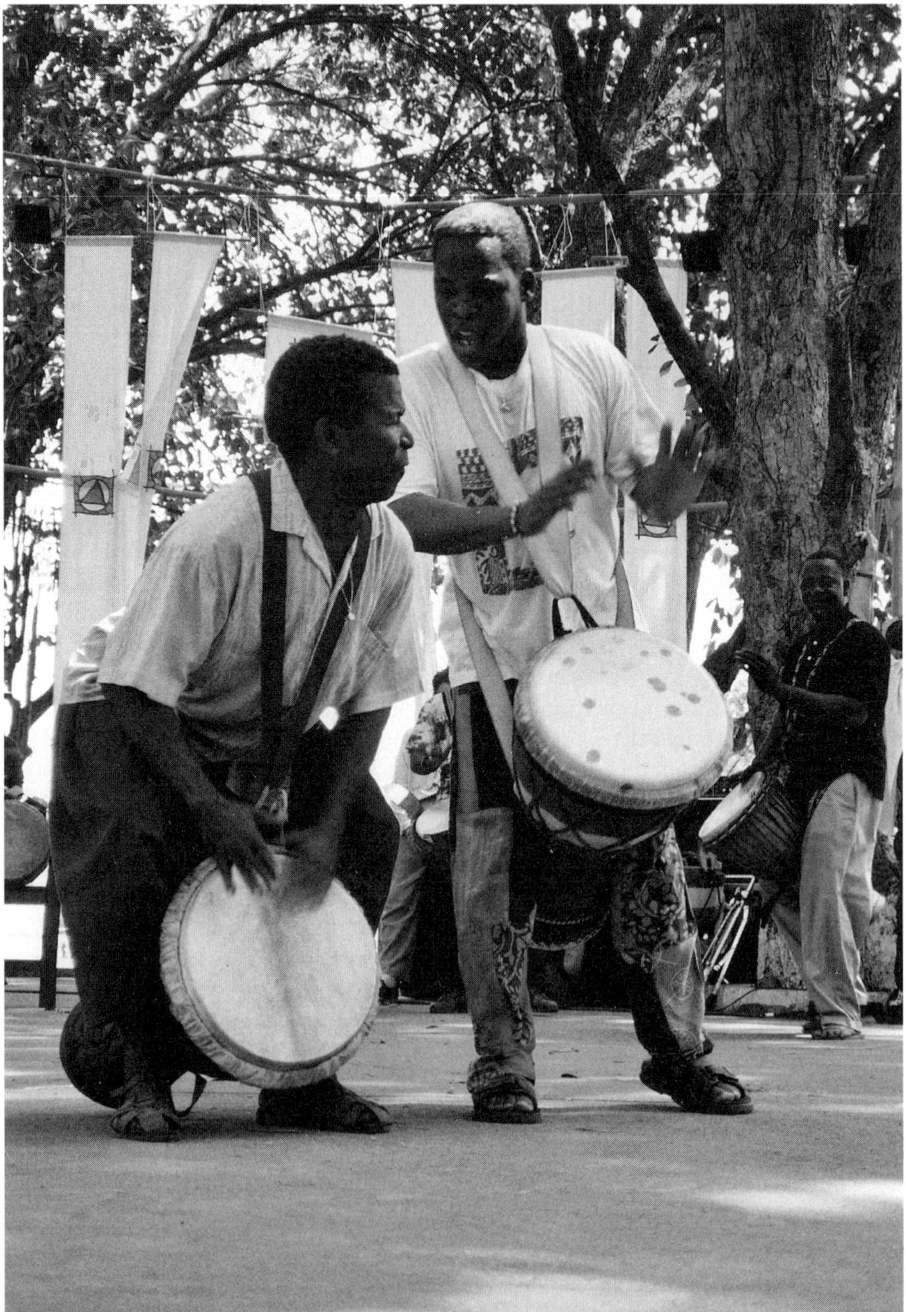

Fig. 1 : Famoudou Konaté, Mamady Keïta et Soungalo Coulibaly (à droite, en arrière-plan). Photo : Anne-France Brunet, 1999.

réel écho dans l'intérêt des milieux culturels européens, américains et même japonais. Au succès international de cette troupe vint s'ajouter celui, plus retentissant encore, du *jembefola* Mamady Keïta, ancien soliste du Ballet National Djoliba, dont le retour dans son village a fait l'objet d'un film magnifique du cinéaste français Laurent Chevallier: ce document émouvant a permis à de nombreux jeunes musiciens de s'identifier au maître-tambour malinké, qui désormais rentre au pays chaque année, entraînant dans son sillage de nombreux musiciens étrangers avides de s'initier aux percussions guinéennes. Avant lui, un autre maître du *jembe*, de dix ans son aîné, avait déjà pris l'habitude d'amener en Guinée une clientèle européenne: Famoudou Konaté, ex-premier soliste des Ballets Africains, qui jouit aujourd'hui d'une reconnaissance unanime de la part de tous les amateurs de musique mandingue.

L'idée de la création d'un festival de la percussion à Conakry était donc dans l'air depuis un certain temps. Mais au-delà des instances culturelles locales, il fallait également convaincre les partenaires économiques étrangers, qui seuls pouvaient assurer le financement d'un tel projet. Or pour ces interlocuteurs, l'organisation de la manifestation ne pouvait avoir de sens que si elle était associée à une entreprise à la fois plus large et plus profonde. D'où l'idée de la création à Conakry d'un Centre International de Percussions, avec pour objectifs prioritaires la formation de professeurs et de créateurs, tant dans le domaine strictement musical que dans les métiers qui y sont liés (décors, costumes, fabrication d'instruments, technique et prise de son, etc.), en même temps que l'encouragement à la recherche ethnomusicologique, particulièrement dans le domaine des percussions.

Le festival biennal et le centre international appartiennent donc à un même projet, lequel a pu être présenté à la presse internationale invitée (en fait essentiellement francophone), par le représentant de l'Union européenne en Guinée, Monsieur Stefan Frowein. Lors de cette conférence, et par la suite lors de mes nombreux entretiens avec les plus fameux *jembefolaw* présents lors de la manifestation, j'ai pu me rendre compte que, contrairement à ce qu'on aurait pu croire, personne n'avait vraiment demandé l'avis des véritables tenants de la tradition quant à l'organisation du futur centre. Il semblait en revanche plus important aux organisateurs de récolter les avis des quelques grands musiciens occidentaux invités, comme le batteur de jazz Elvin Jones ou sa consœur danoise Marilyn Mazur. Sans vouloir porter de jugement sur la capacité de ces artistes prestigieux à pouvoir percevoir la réalité culturelle d'un pays au patrimoine aussi riche et diversifié lors d'un bref séjour passé essentiellement dans un des plus grands hôtels de la capitale, il me semblait essentiel de récolter au plus tôt les impressions des batteurs traditionnels, en fait les premiers intéressés par la

---

et des lieux généralement retenus dans les documents publiés» (1987). Cette remarque s'applique aussi aux objets et vaut assurément pour les habitants de la Haute-Guinée comme pour ceux des régions à peuplements mandingues du Sénégal, de la Côte-d'Ivoire ou du Burkina-Faso. A l'heure où j'écris ces lignes, le mot «djembé» n'est toujours pas entré dans le dictionnaire français. Je préfère donc laisser aux mandingues le soin de choisir la meilleure orthographe pour ce terme qui, dans leur langue, existe depuis des siècles.

création d'une école de percussions à Conakry, avant de s'engager trop en avant dans sa réalisation. Les organisateurs avaient eu la bonne idée de réunir pour la première fois sur la même scène trois des figures les plus fameuses de l'histoire des ballets guinéens et d'inviter à leurs côtés un des plus grands maîtres maliens du *jembe*. Il y avait là Fadouba Oularé, le doyen des batteurs de ballets, né entre 1930 et 1935, aujourd'hui retiré dans le village de Faranah; Famoudou Konaté, né en 1940 dans la région de Kouroussa, premier soliste des Ballets Africains de Guinée pendant vingt-six ans; Mamady Keïta, né en 1950 dans le village de Balandougou, dans le Wassolon, membre fondateur à l'âge de quatorze ans, puis premier soliste et directeur artistique du Ballet National Djoliba jusqu'en 1986; et enfin, Soungalo Coulibaly, né en 1955 dans le village de Beleko, dans le Baninko, au sud-ouest de Ségou (Mali). Soungalo Coulibaly est peut-être le seul véritable autodidacte parmi les maîtres reconnus du *jembe*, le seul en tout cas qui n'ait pas suivi la filière des ballets: originaire d'une région où cet instrument était inconnu quand il était enfant, il a d'abord joué des autres tambours traditionnels du patrimoine bambara, avant de découvrir le *jembe*, puis d'émigrer en Côte-d'Ivoire où sa virtuosité l'a très vite fait remarquer. Malgré ce départ atypique, sa connaissance des rythmes traditionnels et sa rare sensibilité musicale lui valent d'être aujourd'hui considéré par ses pairs guinéens comme un des grands *jembefolaw* traditionnels de cette fin de siècle.

En marge des concerts, j'ai eu l'immense plaisir de pouvoir rencontrer ces légendes vivantes de la percussion mandingue. L'un après l'autre, les quatre batteurs ont exprimé leur satisfaction de voir ainsi leur art reconnu et leur statut de *jembefola* revalorisé, alors qu'il est traditionnellement peu considéré dans la société. Mais ils ont aussi fait part de leur inquiétude face à ce que leurs successeurs font de la musique de *jembe* sur les scènes internationales et même en Afrique.

Entretien avec Famoudou Konaté et Fadouba Oularé[3]

Vincent Zanetti: Famoudou Konaté, parmi tous les batteurs de *jembe* qu'on a entendus ici à la Biennale, vous et votre grand frère Fadouba Oularé, vous faites partie de ceux qui ont été initiés au village. Pour vous, qu'est-ce qui fait la différence avec les musiciens qui restent en ville ?

FAMOUDOU KONATÉ: Ca c'est très important! Nous, les grands batteurs, c'est-à-dire les vieux batteurs, qui tapons le *jembe* comme depuis les siècles passés, nous avons toujours vécu dans un milieu en écoutant et en voyant nos proches chanter et danser, c'est pourquoi nous aimons toujours notre région. Chaque année nous venons dans notre région, nous voyons des nouveautés en même temps que des

3 Dans la mesure du possible, pour restituer au mieux le caractère de mes interlocuteurs, j'ai tenu à conserver leurs propos dans la forme où ils l'énonçaient.

choses anciennes et ça nous sert beaucoup dans notre musique. En ce moment, tous les autres batteurs qui jouent ici, et que moi j'appelle des batteurs modernes, ne connaissent pas l'explication des choses. Les rythmes, c'est une chose, mais nous, les vieux batteurs, tout ce que nous faisons, ça signifie quelque chose, ça parle et ça danse et ça chante. Pour moi, c'est ça la musique. On peut créer de nouvelles musiques; par exemple, moi, je crée, Mamady Keïta crée, mais c'est toujours à travers la tradition. Quand tu veux créer un rythme, tu écoutes l'ancien, ancien, ancien, et l'ancien rythme te donne une idée pour faire le nouveau. Par exemple, moi j'ai créé «Lolo»: ce rythme, c'est le chant des oiseaux, des pigeons qui jouent «Ku Ku Kuku Kuku, Ku Ku Kuku Kuku...» Je l'ai entendu le matin, et le soir, j'ai créé le rythme. Mais Fadouba, Famadou, Soungalo, Mamady Keïta, nous tous, nous jouons toujours des rythmes de la tradition. C'est tout ce que j'ai pour le moment à vous répondre.

Est-ce que vous avez l'impression que les batteurs modernes ne développent que la virtuosité et que justement, parce qu'on n'entend qu'eux maintenant dans les ballets, c'est à eux qu'on doit l'accélération des rythmes ? Maintenant, on a l'impression que c'est la vitesse et la force qui comptent. Vous-même, que pensez-vous de ce changement dans la musique ?

Merci beaucoup, je pense que je vais aimer toutes tes questions. Moi, je suis vraiment opposé à ce développement de la musique. C'est pour ça que je suis en train d'écrire un livre: il faut que les gens comprennent la situation du rythme en Afrique. Avec la génération d'aujourd'hui, le *jembe* est devenu en même temps le soleil et la lune dans le monde entier, avec plein de succès. Nous sommes très contents de cela. Ca nous donne du courage et ça nous permet de développer les rythmes africains. Nous, nous sommes très sérieux dans la musique. Nous sommes très contents qu'à l'étranger, on développe la musique africaine, surtout au *jembe*. Mais ceux qui font la musique autrement, pour moi c'est du *business*. Il y a un grand problème en Afrique: nous, les Africains, on n'apprend pas l'un à l'autre. Je ne sais pas pourquoi, peut-être parce qu'on dit que tous les Africains savent jouer les rythmes. Non, tu connais seulement ce que tu connais; mais nous, en Afrique, on n'enseigne pas. On n'a pas d'élèves. Par exemple, Fadouba est un des vieux grands batteurs, mais il n'a pas d'élèves africains dans son village en Hamanah. Moi, je vis cinq mois en Afrique, cinq mois en Europe, j'ai des élèves européens partout, comme Mamady, mais je n'ai pas d'élèves africains en Guinée. Alors cela me touche beaucoup. Je voudrais que nous, les Africains, on fasse aussi quelque chose, qu'on prenne exemple sur les autres. C'est à cause de ce défaut-là que la musique est mélangée en Afrique, et surtout en Guinée. Tu peux dire à quelqu'un: joue le *dunum*[4]: il joue à sa façon, tout est mélangé. Cest

---

[4] Le mot *dunum* désigne généralement le tambour basse à deux peaux de vache, que l'on bat avec une baguette en accompagnement de la musique de *jembe*. Dans le discours de Famoudou et de Fadouba, il recouvre également une famille de rythmes et une danse *maninka* spécifique, également appelée *dunumba* («le gros tambour de basse»), par laquelle les hommes manifestent leur

pour ça que quand Mamady Keïta m'a invité à faire un CD consacré uniquement au *dunum*, je lui ai dit: «OK, on va faire ça ensemble pour que les autres comprennent»[5]. J'entends tout le temps des rythmes modernes, le *guaguancó*, le *kuku* moderne... Pour moi, c'est la façon des jeunes de vivre dans la musique. Quand je viens en Europe, j'écoute des rythmes que je ne connais même pas en Afrique, que je n'ai jamais entendus. Même dans ce festival-là, il y a des grands batteurs qui sont avec les jeunes et qui jouent des rythmes que je ne connais pas. Je suis derrière, dans la loge, et je dis, «*Koro*[6] Fadouba, mais qu'est-ce que c'est que ce rythme ?» et lui me répond en bon Malinké: «Ah, mon petit frère, oublie ça». Au festival, quand on a joué les rythmes, le vieux Fadouba m'a dit: «Mon frère, sur le morceau de *dunum*, il ne faut pas aller vite, prends ton temps, joue comme au Hamanah.». Donc on a joué avec ce conseil et voilà comment le public a réagi. C'était la folie, tout le monde est monté sur scène. C'est ça, nous devons beaucoup travailler et prendre exemple sur d'autres: je veux que l'Afrique fasse quelque chose pour elle-même. Il faut qu'on apprenne à écouter les maîtres, à regarder les maîtres. Il faut des écoles pour que les enfants viennent apprendre chez le maître. Mais ici, on n'apprend pas. Chacun tape à sa manière. Les Européens voient la peau noire et pensent que tous sont professeurs. Mais *koro* Fadouba est là: laissons parler le grand batteur.

Vous-même, Fadouba Oularé, vous pensez la même chose ?

FADOUBA OULARÉ: Je ne peux pas te dire plus que Famoudou. Tout ce qu'il a dit, c'est ça. La musique maintenant, là, et notre musique, c'est pas la même chose! C'est nous qui sommes originaires du Mandé. C'est nous qui connaissons profondément la tradition. C'est pour ça que les Européens ont besoin de nous pour venir voir la situation. Parce que dans la musique du Mandé, il y a beaucoup de rythmes. Tout ce que vous voyez là, en ville, ce sont des copies et des photocopies. Chacun fait comme il veut, un peu partout, mais ce n'est pas ça. Nous, on n'a plus la force, mais on connaît la source. Parce qu'il y a beaucoup de noms de rythmes du Mandé. Quand tu parles du Mandé réellement, c'est la moitié du Mali, Siguiri, Kouroussa et Faranah, c'est tout. La musique du Mandé, c'est ça. Je ne parlerai pas de la musique des Peuls, ni des forestiers, ni des *Susu*. Le *jembe* a commencé au Mandé, le pays de mon papa, des vieux, vieux, là... Nous, on a appris avec eux. Maintenant les jeunes n'écoutent pas Famoudou, n'écoutent pas Fadouba, n'écoutent pas Mamady, ils font seulement comme ils ont vu et entendu, chacun

force et leur courage. Très populaire en Haute-Guinée, dans les régions de Kankan, Siguiri et Kouroussa, cette «danse des hommes forts» peut être tout à la fois un rituel de passage d'une classe d'âge à une autre pour les jeunes gens, un divertissement pour toute la communauté et un mode de régulation de la société en cas de conflits personnels. Lors du concert des «Maîtres du djembé», le rythme du *dunumba* a provoqué une très forte réaction d'enthousiasme auprès des nombreux danseurs masculins qui étaient dans le public.

5 Keïta, 1996

6 Littéralement, «grand frère»: chez la plupart des peuples d'Afrique de l'ouest, c'est la coutume d'exprimer ainsi son respect à l'égard d'un interlocuteur plus âgé.

fait comme il veut, mais ce n'est pas comme ça qu'il faut faire. C'est pour ça que vous, vous avez besoin de nous trois en Guinée : parce qu'il ne faut pas taper quelque chose si tu ne connais pas le fond. Nous, on connaît le fond, on sait pourquoi et à quelle occasion on joue tel rythme : au Wassolon, à Siguiri, le rythme du *soboninkun*; dans le Hamanah, autour de Kouroussa, les rythmes de *dunumba*. Le Hamanah, c'est le pays d'origine de Famoudou Konaté, et pour moi, Fadouba Oularé, c'est à Faranah. Mais moi aussi, j'ai passé tout mon temps à Kouroussa depuis l'âge de 12 ans. C'est pour ça que je connais moi aussi profondément le *dunumba*. Ma maman vient de Kouroussa. Famoudou, c'est en quelque sorte mon oncle maternel. Je connais aussi à quelle occasion on doit jouer le *menjani*. Il y a aussi le *soli*, qui accompagne chez nous la circoncision des enfants. Il y a encore *kawa*, *sòkò*, *kala*, *sòliwulen*. Les jeunes maintenant ne connaissent pas la musique de tout cela. J'ai entendu la musique du *kawa* hier au jardin, ce n'est pas ça... *(Fadouba chante le rythme en mimant la vitesse)* Non, non, ce n'est pas ça. Si moi, je prends le tam tam, si Famoudou prend le tam tam, si le flûtiste est à côté de nous, tu vas comprendre maintenant ce que c'est que le rythme du *kawa*[7]. On est venu me chercher à Faranah, mais j'aurais dû amener avec moi ce qu'on appelle vraiment le *kawa*. Avec un flûtiste, Famoudou et moi, nous t'aurions montré le vrai *kawa*, le vrai *sòliwulen*... Les jeunes maintenant, là, chacun fait comme il veut, mais ils ne connaissent pas le sens profond des choses. C'est ça qui fait la plus grande différence entre eux et nous. Ce n'est pas de leur faute : ils ne sont pas à côté de nous, ils sont ailleurs. On n'apprend pas à écrire le Coran sans être à côté d'un professeur : d'abord on le regarde, puis on écrit. Mais eux ne veulent pas faire ça. C'est tout ce que j'ai à ajouter à la parole de notre maître, là... Si tu veux savoir mon histoire, depuis l'âge de douze ans, en 1956, j'ai fait partie de la troupe de Keïta Fodeba. En 1959, lorsqu'il a formé les Ballets Africains, j'étais le seul soliste, le premier grand batteur de la Guinée. Il y en a un qui venait de Siguiri, Bitibiri Siaka, et il y en a un, Laye Camara, qui était à Dakar, où il y avait le batteur malien Dugu Fana. Aujourd'hui, il est à New York. C'est un de ceux qui ont commencé, mais en ce temps-là, c'est nous qui étions les jeunes batteurs. Après Fadouba, c'est Famoudou Konaté qui est arrivé. Chacun parlera autrement, mais j'ai des documents, je peux vous les montrer. Des premiers temps des Ballets, tu ne trouves plus ici aucun artiste, sauf moi. Certains disent « moi, je suis ancien... » Non ! Il faut me montrer la preuve. Nous verrons alors qui est qui. J'ai des documents, des programmes, des photos, je vous les montrerai tout à l'heure...

FAMOUDOU KONATÉ : A propos de Fadouba, il y a une histoire que je dois écrire dans mon livre... Moi, j'étais dans le village, j'entendais que les Ballets Africains tournaient en Europe, je n'étais pas instruit. Puis on nous a recrutés aux Ballets Africains. C'est eux, avec Fadouba, qui sont venus dans la région. Le groupe

7 Le *kawa* et le *sòliwulen* sont des masques protecteurs très redoutés dans la société traditionnelle *maninka*. Le premier traque les « gens de l'ombre », les sorciers qui pratiquent la *suya*, la magie noire, et les frappe à l'aide d'un sac magique qu'on appelle *bòrò*. Le second protège les *bilakoro* et les *sunkudun*, c'est-à-dire les jeunes garçons et les jeunes filles qui n'ont pas encore vécu la circoncision ou l'excision. Tous deux dansent toujours seuls, répandant la crainte sur leur passage.

jouait, jouait… A ce moment-là, Fadouba était cravaté. Nous, on a dit: «Eh! C'est des Africains qui ont des cravates. C'est quoi, cet habillement-là? Ils ont des lunettes, costumés, tout ça, là…» *(rire)* Alors, on nous a fait jouer. Avec Fadouba, il y avait un grand danseur, Leba Kouyaté: il ne pouvait pas rester en place, tant le son de mon *jembe* le touchait. Hop! Je vois tous les danseurs devant moi. Fadouba est venu et il a dit au directeur général: «Le petit, là, il ne faut pas le relâcher.» Lui, il ne voulait plus rester dans le ballet, parce qu'il y avait eu beaucoup d'histoires avec la direction, et c'était difficile d'accepter cette situation. Au moment où moi je suis venu, il a quitté. Il est entré dans l'armée, et il y est resté. Mais son nom est toujours resté là en Guinée, comme celui d'un grand batteur. Nous sommes très heureux aujourd'hui de l'organisation de ce festival en Guinée. Moi, le fait que François Kokelaere organise cela, ça m'a beaucoup touché.

Entretien avec Mamady Keïta et Soungalo Coulibaly

Soungalo Coulibaly: Premièrement, quand on m'a parlé du festival pour venir en Guinée, on m'a parlé du nom de Mamady, donc j'ai dit: je suis content de venir en Guinée, et c'est grâce à Mamady, sinon il n'y a personne qui me connaît ici[8]. Mamady, quand tu m'avais invité pour venir à Bruxelles, j'ai été bien accueilli. Je peux dire que Mamady et moi, on est de la même famille: Keïta, Coulibaly et Konaté, tous les Africains connaissent l'histoire de cette grande famille. Donc ça m'a donné envie de venir voir mes grands frères ici, chez moi; parce que quand je suis chez Mamady, c'est comme si j'étais chez moi; parce que lui, il est mon grand frère. Donc après l'invitation du festival, je n'ai pas pensé à la Biennale, je suis venu pour voir mon grand frère en Guinée, comment il se porte, et aussi pour réfléchir, pour échanger des idées ensemble, des idées à propos de la vie. En Afrique, dans la tradition, il faut toujours s'approcher des grands frères, pour qu'ils puissent te conseiller sur la manière de mener ta vie. Moi je suis content aujourd'hui de venir en Guinée pour voir les artistes guinéens, le peuple guinéen, mais surtout pour voir Mamady, pour voir ce qu'il peut faire pour son petit frère, pour me conseiller.

Mamady Keïta: Je suis très, très, très content. Bon, ça fait plaisir de te voir ici, Soungalo, vraiment. Je veux en profiter pour te poser pleins de questions, ça va chauffer. Comment trouves-tu les rythmes guinéens, joués en Guinée, c'est à dire les rythmes guinéens mais avec l'ambiance de la Guinée. Parce qu'on joue des rythmes guinéens à l'extérieur, à Bruxelles, à Abidjan, tout ça, là, mais venir à la source et jouer avec les grands maîtres, comment est-ce que tu t'en es sorti?

8 En juin 1998, lors du Festival Couleur Café, à Bruxelles, à l'occasion d'un spectacle organisé pour fêter le dixième anniversaire de son ensemble *Sewa Kan* en Belgique, Mamady Keïta avait invité Soungalo Coulibaly à le retrouver sur scène, en compagnie de Famoudou Konaté et du fameux maître-tambour sénégalais Doudou N'Diaye Rose.

S.C. : Merci, ça c'est une très bonne question. Moi, je suis un peu loin de la Guinée, je suis malien, mais ça fait presque vingt-trois ans que je suis installé en Côte-d'Ivoire. J'y ai un peu travaillé avec des Guinéens. Les rythmes aussi, je les ai entendus avec vos disques et vos cassettes. Il y avait un *jembefola* aussi, peut-être tu ne le connais pas, qui s'appelle Fodé Bagayogo. Il était installé en Côte-d'Ivoire. Le jour où j'ai mis mon pied en Côte-d'Ivoire, Fodé m'a rencontré et m'a dit : « Il faut que tu viennes jouer avec moi .» En ce temps-là, je connaissais mes rythmes maliens, mais pas les rythmes guinéens. Fodé, chaque fois qu'il avait besoin de moi, venait me chercher pour qu'on puisse faire les fêtes guinéennes ensemble. Là, j'ai commencé à regarder comment ils jouaient, lui et les autres Guinéens de Côte-d'Ivoire. Il fait les mêmes chansons traditionnelles qu'en Guinée, les mêmes danses traditionnelles, mais aujourd'hui je suis content de tomber au milieu de tout ça, grâce à toi Mamady, pour voir si c'est comme en Côte-d'Ivoire ou bien s'il y a des différences. J'ai vu qu'il n'y avait pas beaucoup de différences. Chaque fois que je rencontre Mamady, c'est mon grand frère, il est plus âgé que moi, je dis : « Grand frère, je suis derrière toi. Tout ce que tu vas me dire, je vais essayer de le faire. Même si je ne le connais pas, je vais faire tout mon possible pour m'adapter.»

M.K. : Bien. Je t'ai vu hier sur la scène : nous les vieux, tu nous chauffais, hein ? A un moment donné, on s'est dit : « Le jeune, là, attention ! Il faut qu'on attache nos ceintures parce qu'il va nous mettre par terre.» Quand on joue avec ses grands frères, on fait attention. Alors comment as-tu trouvé le doyen, le plus vieux de nous, Fadouba Oularé ? Puisque tu as joué hier avec lui, comment as-tu trouvé le jeu de Fadouba Oularé ?

S.C. : C'est la première fois que je le rencontrais. Avant de l'approcher pour jouer, on m'a dit que c'est quelqu'un qui n'a pas de limites dans la musique. Il est toujours comme un jeune. Pour lui aussi, j'ai fait comme si c'était un papa : on peut dire que Fadouba c'est comme le papa de Soungalo. Ce que tu viens de dire, c'est vrai. Moi, je suis content de faire un tout petit bout de concert avec vous, parce que le respect, c'est aussi sur la scène, ce n'est pas seulement de dire : « Grand frère bonjour », de baisser la tête. Il faut toujours avoir du respect, même quand on est au milieu du public. Je voulais voir comment Fadouba jouait la musique traditionnelle de Guinée. Et il a joué des rythmes, j'ai entendu des sons que je n'avais jamais entendus même quand j'étais en Côte-d'Ivoire. Et toi c'est pareil. Quand on a joué ensemble, c'était la musique traditionnelle. Quand on est sorti, on a réveillé le pays. Les gens ont pensé : « C'est comme ça qu'on danse chez nous, c'est comme ça que la Guinée devait danser avant de former les ballets.» J'ai vu qu'il y avait des vieilles femmes qui dansaient, des jeunes aussi, avec nous. Et le succès venait de quoi ? De la tradition ! Vous avez bien fait de réfléchir et de rester fidèles aux traditions. Sinon toi même, tu as vu plein de *jembefolaw* hier, ils ne jouent que de la modernisation. Mais nous, on a fait réfléchir les jeunes, on leur a fait comprendre que c'est comme ça qu'on jouait avant. Le public disait : « Voilà, les vieux sont arrivés pour nous le rappeler.» J'étais content avec ce plan. Merci pour ça.

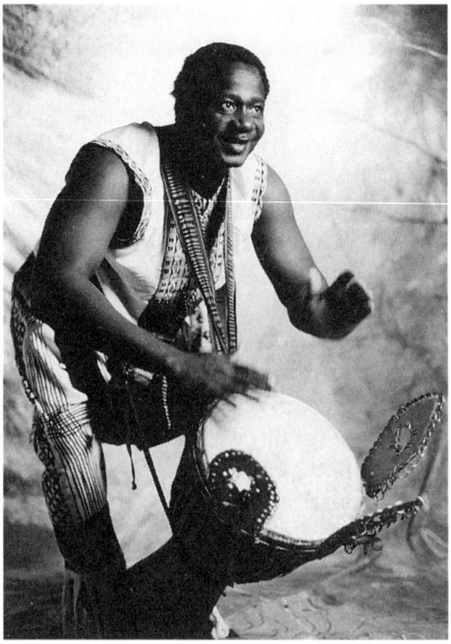

Fig 2: Soungalo Coulibaly.
Photo: Suzy Mazzanisi.

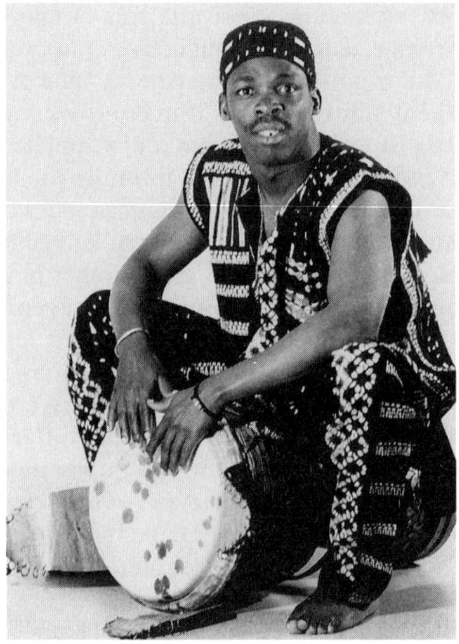

Fig. 3: Mamady Keïta.
Photo: Jean-François Lust.

M.K.: Soungalo, merci beaucoup, mais la question n'est pas terminée. Depuis que le festival international de percussion a commencé à Conakry, tu as vu beaucoup de percussions, tu as entendu beaucoup de musique moderne aussi. Comment trouves-tu les jeunes qui sont à Conakry, leurs rythmes ? Où vois-tu une différence entre leurs idées et la tradition.

S.C.: Tu sais, grand frère, je pense qu'on est la même chose. Nous, on dit: «Avant d'être musicien, il faut d'abord connaître plusieurs rythmes différents.» Hier, j'ai écouté plusieurs rythmes des jeunes et je peux dire que c'est comme s'ils répétaient toujours le même. J'ai remarqué hier que quand les jeunes changent de musique, c'est comme s'ils répétaient encore ce qu'ils viennent de jouer. Nous, où on est maintenant, on ne compte pas sur le solo. Le soliste, c'est lui qui gâte la musique. Le soliste, c'est celui qui est là pour faire n'importe quoi sur la musique. Et maintenant, on a un grand problème avec les jeunes: ils n'essayent pas de construire la musique. Quand quelque chose n'est pas construit, on entend toujours la même chose. C'est le défaut des jeunes batteurs que j'ai vus. C'est pareil en Côte-d'Ivoire, au Mali aussi. Notre force, c'est de connaître les rythmes traditionnels. D'en faire de la modernisation, mais tout en gardant toujours à l'esprit le côté traditionnel. Si les jeunes pouvaient essayer d'apprendre la musique traditionnelle d'abord, avant de faire plein de «conneries» de solo… On ne peut pas faire de solo de *jembe* tant que ce n'est pas bien construit. Le soliste, c'est le plus mauvais dans la musique. Merci.

M.K. : C'est bien ! Là, je suis très content, parce que c'est ce que j'ai aussi remarqué. Tu vois dix groupes qui jouent, mais quand ils montent sur scène, tu as l'impression qu'ils sont en train de jouer un seul rythme parce qu'ils répètent chacun le solo que l'autre a fait. C'est le manque d'expérience et le manque d'exploitation technique ! Mais voici maintenant la question que je veux te poser, Soungalo. Tu m'as expliqué la différence entre les jeunes et les maîtres de percussion, je suis d'accord avec toi : les jeunes doivent réfléchir, faire un pas en arrière pour apprendre les rythmes traditionnels, sinon on est en train de les perdre ; ça, c'est la réalité. Que ce soit à Bamako, en Côte-d'Ivoire, à Conakry, au Burkina-Faso, c'est la même chose. Les jeunes ne se donnent pas beaucoup à la tradition, ils ne jouent que l'actualité et c'est terminé. Il y aussi une question d'argent. Mais revenons aux maîtres : toi, tu as joué avec Famoudou à Bruxelles, tu as joué avec Famoudou à Conakry, pour toi quelle est la différence ?

S.C. : Famoudou, c'est un grand frère. Il est très bien aussi en Guinée. Quand j'étais chez lui, j'ai vu de jeunes enfants qui jouent, et il a un groupe autour de lui. J'ai vu comment Famoudou discute avec ces jeunes-là : je trouve qu'on a presque les mêmes idées. Famoudou, c'est le plus âgé. De quoi a-t-il besoin ? Normalement, tout le monde devrait être à côté de lui, pour recevoir ses conseils, savoir comment on était avant. Le premier jour où je suis venu, j'ai dit à Famoudou : « Voilà, je suis venu en Guinée. Comment ça se passe, en Guinée ? », il m'a répondu qu'il y avait un peu de différences. Il appelle les gens pour leur parler un peu de la tradition. J'ai vu qu'il avait fait venir chez lui une griotte et qu'il discutait avec elle pour arranger la musique. Mais j'ai vu qu'il restait toujours traditionnel. C'est la tradition qui a fait que le *jembe* est sorti d'Afrique. Excuse-moi, mais chacun a son idée dans la vie. Je ne sais pas si toi, Mamady, tu as aussi pris cette décision. Maintenant, quand je donne un cours, en Afrique comme en Europe, je dis : « A quelqu'un qui ne sait pas faire des accompagnements, il ne faut jamais donner le solo .» Parce que le solo, c'est le plus « bordel » dans la musique. J'ai trop entendu de gens qui ont vingt solos dans leur tête, mais qui n'ont aucune idée pour construire la musique. Dans ce cas-là, tous les solos sont faux. Au départ, dans la tradition, il y avait toujours un *dunum*, un *jembe,* rien d'autre... Maintenant si tu cherches chez les moins de trente ans deux personnes pour jouer comme ça, un *jembe* avec un *dunum*, pour aller jouer dans les fêtes, elles vont te dire : « Moi, patron, je ne peux pas aller jouer », et je sais pourquoi elles me disent cela : parce qu'elles ne vont pas réussir à construire la musique avant de faire le solo. J'aimerais Mamady, que tu parles aussi de ce problème-là.

M.K. : Merci Soungalo, ça c'est très bien. De toutes les façons, les jeunes de maintenant sont pressés, ils courent derrière le solo et derrière l'argent aussi. Personnellement, j'ai fait sept ans d'accompagnement sans faire de solo. Mais en accompagnant les solistes, j'arrivais à ramasser tout ce qu'ils oubliaient. J'avais tous les éléments en main. Donc quand j'ai commencé le solo, je jouais des techniques qu'ils avaient oubliées. Ca, c'est la patience: les jeunes n'en ont pas pour apprendre la base. C'est la première chose.

Vincent Zanetti: J'ai posé l'autre une jour une question au représentant à Conakry de l'Union européenne et j'aimerais vous la reposer à vous. Il est question d'une école qui va être faite ici, un grand centre de la percussion. Pour le moment, on nous a parlé du financement, de la gestion ici à Conakry, mais il semblerait que personne ne se soit posé la question de savoir quelle répercussion cela peut avoir sur les musiciens dans les régions. Tout à l'heure, on disait: la base, ce qui fait votre force à vous, c'est que vous pouvez rentrer n'importe quand au village et que vous pouvez parler la langue musicale du village: vous connaissez les rythmes, vous pouvez jouer pour les fêtes, vous pouvez jouer pour les masques. C'est donc quelque chose de vivant et pas seulement une mise en scène dans laquelle vous reprenez les vieilles phrases des solistes qui vous ont précédés. Si les musiciens savent qu'il y a une école, et si Conakry devient réellement la capitale de la percussion, est-ce qu'on ne court pas le risque de voir les bons batteurs, qui représentent les forces vives d'une région, faire le choix de l'exil, quitter systématiquement leur village et leur famille pour tenter leur chance à Conakry? On a déjà vu ça ailleurs, par exemple dans de nombreux villages du nord de la Côte-d'Ivoire, dont les meilleurs musiciens sont partis au Burkina Faso, parce qu'on leur avait dit que c'était à Bobo Dioulasso qu'il y avait le plus de blancs en quête du *jembe*. Quand ils ne trouvent pas ce qu'ils cherchent, ces musiciens n'osent pas rentrer au village et sont obligés d'accepter n'importe quel travail. L'exode des tenants de la tradition représente un problème réel que les promoteurs du futur centre international des percussions n'ont pas envisagé: l'autre jour, devant la presse, le représentant de l'Union européenne m'a ouvertement avoué qu'il ne s'était pas du tout posé cette question-là. Vous-mêmes, est-ce que vous pensez qu'il y a un danger et si oui, est-ce qu'il y a quelque chose à faire, des conseils à donner à ce sujet?

M.K.: Le problème d'ici, c'est qu'aux gens qui ont de l'expérience, qui connaissent la situation, à ces gens-là on ne pose pas la question. On ne leur pose de questions que quand la chose a déjà commencé. Qui a eu l'idée de la Biennale de la Percussion? C'est Mamady Keïta. Mais moi on ne m'informe pas. Et ça, c'est une erreur. Je me rappelle encore, il y a cinq ans, avoir dit au directeur de la culture, Baïlo Telivel Diallo, qui est un ami: «Telivel, j'ai réfléchi à une chose et chaque fois je me pose cette question: pourquoi ne pourrait-on pas organiser, ici en Guinée, un festival international de la percussion. Quand tu vas au Burkina Faso, les Burkinabé se sont battus pour que Ouagadougou soit la capitale du cinéma africain, et tu as vu le succès qu'il y a eu. Je suis sûr et certain, vu l'expérience à l'extérieur et à l'intérieur, que Conakry est la mieux placée pour être la capitale de la percussion. Pourquoi ne le faites-vous pas? Il faut essayer.» Il faut qu'on organise un endroit pour la percussion. Ici, il y a des percussionnistes qui sont fatigués, qui sont à la retraite. Ils n'ont plus rien, certains passent la journée difficilement pour gagner à manger, mais ils ont de l'expérience. On pourrait prendre ces gens-là, on les formerait pour être les professeurs de *jembe*, de *dunum*, de *tama*, de *bolong*, de balafon, de *kora*, de tout, comme dans une académie. Quand tu vois la situation des artistes en Guinée, ils sont tellement abandonnés parfois que tu pleures. Ca me fait mal au cœur, parce que je les connais. Mais il y a la possibilité aussi de récupérer ces gens, car leur expérience, elle, n'est pas fatiguée. Ils sont à la retraite, mais leur expérience non. Tu sais que dans tout ce qu'on entreprend dans la vie, il y a des risques. Jouer du *jembe*, il y a des risques, boire de l'eau, il y a des risques, dormir, il y a des risques: on dort et parfois on ne se réveille plus. Dans l'amour, il y a des risques, dans tout, tout, tout... Donc c'est un risque de faire ce travail-là car les gens vont dire: «Maintenant, il y a de l'argent dans le *jembe*, il faut qu'on descende, qu'on aille à Conakry pour donner des cours aux Européens, aux Américains, aux Japonais, pour gagner notre vie.» La communication va vite. Mais il faut le faire tout de même, sinon plus tard notre tradition va disparaître complètement. Je crois que c'est mieux de prendre ce risque que de laisser aller et perdre notre tradition. Parce que ça, c'est grave. En mettant l'organisation sur place et en limitant certaines choses, les gens qui viennent du village vont se rendre compte qu'il faut d'abord parler la langue française pour communiquer avec les gens qui ne comprennent pas notre langue maternelle, et qu'il faut un tout petit peu savoir parler en anglais si tu donnes des cours à un Américain ou à un Anglais ou à un Chinois. Ils vont se rendre compte qu'ici, ils ont moins de place, et qu'eux doivent être là-bas pour garder la tradition. Tout cela, il faut l'expliquer, et il faut s'adresser pour cela aux gens qui connaissent. Mais la chose grave qui se passe tout le temps ici, c'est que les gens qui ont la parole, qui ont les moyens, prennent les décisions sans dire aux connaisseurs, et après ils se cassent la gueule, ils commencent à crier entre eux, à s'engueuler pour savoir à qui est la faute. Pourtant, les pauvres connaisseurs sont là, mais on les laisse de côté. Sinon, pour ce centre de percussion, je dirai que ça vaut la peine. J'enseigne dans le monde entier, je sais ce que c'est, je connais aussi ce qu'on enseigne faux. On dit: «Ce rythme s'appelle Fatoumata», mais ce n'est pas vrai, au village ça s'appelle Mamadou. Il y a toutes ces transformations-là. Donc, si on n'invite pas les gens à venir voir, à venir s'informer, notre culture va se foutre en l'air. Le seul objectif sera de taper, de bien transpirer, boire sa bière, et voilà, ça y est... Alors que ce n'est pas ça. Nous, nous savons ce que c'est que la percussion traditionnelle à travers le pays. Chaque culture a sa tradition: par rapport au risque que représente une école, ce qui est sûr et certain si on ne la fait pas, c'est que cette tradition va partir. Les grands maîtres ne seront pas éternels. Si on ne forme pas les jeunes maintenant, ça ne va pas. J'ai dit aux responsables de la culture: «Je me moque de ce que le gouvernement me paie ou ne me paie pas, ce n'est pas le problème. Il faut simplement me dire à quel moment je dois me libérer pour venir ici former les formateurs, donner des cours aux professeurs.» Parce qu'en Afrique, il y a des bons *jembefolaw*, mais ils ne savent pas enseigner. Ils ne peuvent pas t'expliquer ce qu'ils jouent. Il faut détailler ça aux gens qui ne connaissent pas la pédagogie. Il faut les discipliner et tout simplement leur apprendre à transmettre leur savoir. Il faut les informer d'abord, avant que les étrangers arrivent, leur dire : « Qu'est-ce que tu joues là, d'où ça vient ? Quelle ethnie joue ça ? Et cette ethnie se trouve où ? Au nord, au sud, au centre ou bien à l'est ? Ce rythme-là, comment s'appelle-t-il ? A quelle occasion le joue-t-on ? » Il faut les informer d'abord, et ensuite tu leur apprends à jouer.

Quand on m'a recruté dans le ballet, je n'avais pas fait de demande, on nous a dit : «Tu sais jouer, viens, tu vas faire ça.» Nos parents n'étaient pas d'accord. Pour me retirer de mon village, c'était la folie, je ne voulais pas y aller. Bon, ce temps est passé. Petit à petit, ça s'est modernisé, et maintenant les gens se battent, certains paient même pour être dans les ballets, puisqu'ils voient que les ballets voyagent et que ça rapporte de l'argent. Les gens écrivent maintenant leur demande. Si tu demandes aujourd'hui aux ballets combien de stagiaires ils ont, tu ne vas pas le croire. Mais avant on n'avait pas de stagiaires, on te prenait et tu jouais. C'est tout. Par rapport à ça, quand on va commencer le centre, les gens vont venir, ça va les attirer, mais on leur montrera que leur place est là-bas, chez eux, parce que s'ils n'y sont pas, nous, on ne peut rien avoir ici : il faut rester là-bas pour qu'on puisse y prendre ce dont on a besoin et l'amener ici dans la capitale. Il faut beaucoup réfléchir, mais il faut que les responsables, les organisateurs, s'adressent aux gens qui connaissent, qui pour l'instant sont dans l'obscurité. Ces gens-là marchent à pied dans la rue, ils cherchent leur manger du jour, mais il faut les contacter pour qu'ils donnent leur avis. Sinon ce sera l'échec.

S.C. : Je pense que tous les grands *jembefolaw* sont des enfants des villages. Quand on parle de villageois ici, en Afrique, on sait bien qu'il s'agit de gens qui souffrent, et qui ont besoin des musiciens pour «ambiancer» le village. Les musiques traditionnelles, au village, c'est aussi dur que si on était dans une place de militaires. Je suis un musicien traditionnel. J'ai commencé la musique pour accompagner les cultivateurs, toute la journée. A partir de neuf heures du matin, je portais le *bara*[9], j'étais derrière les cultivateurs pour jouer jusqu'à six heures du soir, et je ne pouvais pas dire que j'étais fatigué. Moi, je ne cultivais pas, c'est eux qui travaillaient. Je savais qu'ils avaient des douleurs et moi aussi j'avais des douleurs, mais je ne pouvais pas dire que j'étais fatigué. Je sais que le grand frère aussi a beaucoup fait ça. Maintenant, on vient on tape vingt minutes, on souffle sur ses mains, le professeur dit : « Qu'est-ce qu'on fait pour lui ? » Non, il faut frapper l'élève qui se plaint ou bien il faut le menacer. Ah, moi, je dis la vérité ! C'est à cause de ça que moi, je ne veux pas faire l'école. C'est pour remplir les paroles du grand frère. Ma décision est là.

Si on veut faire une école, il faut que ce soit comme une école de militaires. Si on ne se soucie pas de la tradition, ça ne peut pas marcher. Je pense qu'il faut commencer par les jeunes Africains et voir si eux peuvent tenir. Alors seulement, les Européens peuvent venir. Pour faire une école de *jembe*, ce n'est pas une petite affaire. Si tu tapes le *jembe*, il ne faut pas te plaindre ni souffler sur tes mains, ça doit être interdit dans une école. Il ne faut pas faire une école que pour gagner de l'argent, la tradition ce n'est pas ça. Il faut trouver des gens qui savent

9 Ici, timbale faite d'une calebasse recouverte d'une peau de chèvre.

comment on était, nous, au village, comme on était fatigué. Si on pouvait fatiguer les gens, ils sauraient ce que c'est qu'une école. Mais si c'est seulement pour l'instruction, tu viens, tu notes ton nom, on gagne l'argent là-dedans, alors ce n'est pas une école. Si c'est vraiment une école pour le *jembe*, ici en Afrique, quand tu vois ton patron qui arrive, tu dois avoir peur et là tu vas jouer le *jembe*. On ne peut pas jouer le *jembe* comme ça, en écrivant, en parlant, ah non. Si c'est une école, il faut commencer par nos enfants d'abord et les gens verront comment ils souffrent avec nous. Mais tu crois que nous, on peut diriger les jeunes Africains d'aujourd'hui comme nous on l'a été ? Le problème commence d'abord par là. Moi et mon grand frère Mamady, on n'avait pas le choix, on était commandé, et les autres aussi, à cette époque, ils étaient commandés. Maintenant, les jeunes Africains et les jeunes Européens sont-ils d'accord d'être commandés ? Dans une vraie école, tu es d'accord ou pas d'accord, tu dois aller jouer. Tu as mal aux mains, tu dois aller jouer. Quand on me dit qu'on va faire une école, je pense à l'apprentissage qu'on a suivi et qui nous a permis d'amener le *jembe* là où il est aujourd'hui. Il ne faut pas penser à l'argent que l'on gagne. Tout le monde peut faire une école n'importe où. Mais l'école que moi j'aimerais voir maintenant, c'est l'école où l'on apprend à tenir la douleur. Si tu n'es plus d'accord de tenir la douleur, ce n'est plus la peine de venir à l'école. Si on essayait de retourner à zéro, je pense que la chose serait bien. Mais ça ne suffit pas de dire «Tape comme ci, tape comme ça.» Il faut que les professeurs fassent vraiment taper leurs élèves et le lendemain, qu'ils les fassent réviser tout. Là, tu verras vraiment si les élèves sont là pour apprendre. Le grand frère a déjà fini la parole, moi c'était les deux mots que je voulais dire.

M.K.: Avant, quand nous avions cinq, sept, dix ans, le *jembefola* n'était pas considéré, ou alors seulement au moment de la fête. Quelqu'un veut faire son mariage, il amène dix noix de kola, il va chercher le *jembefola* du village et celui-ci vient jouer. La considération d'un *jembefola*, ça s'arrêtait là. Je connais très bien cela: si toi, batteur de *jembe*, tu demandes la main d'une femme, tu te vois répondre: «Non, notre fille ne va pas se marier à un *jembefola* parce qu'il n'a pas de métier. C'est un nul, un vaurien, qui ne pourra pas faire manger notre fille, qui ne pourra pas s'en occuper.» Cela a évolué et l'organisation des ballets est venue. Depuis la capitale, on a commencé à faire appel aux gens des villages pour former les ballets. Les gens nous demandaient: «Où vas-tu ? — Je vais à la répétition du ballet. — Quelle répétition ? Fais mon travail d'abord, ça c'est plus important.» Puis les ballets ont commencé les tournées. Les artistes revenaient des tournées, bien habillés, avec un petit peu d'argent pour leur famille, ils racontaient à leurs amis: «Ah ! l'Europe, quand tu vois l'Europe, il y a ça et ça... Ne meurs pas, tu dois aller en Europe.» Alors ça a attiré les gens. Comme ils ramenaient des petits cadeaux à leurs parents, ceux-ci ont commencé à réfléchir. Mais leur réflexion était intéressée. Ce n'était pas un phénomène culturel, mais économique. Si les cadeaux ne sont pas là, même si tu es un bon batteur, tu es le plus nul de la planète. C'est comme ça que ça c'est passé. Maintenant on voit que les petits foncent et n'écoutent pas leurs parents. Ils pensent suivre la trace des Fadouba, des

Famoudou, des Gbaworo, des Kumgbanan Kondé, des Noumody[10], des Mamady Keïta, ils voient maintenant que nous sommes arrivés à quelque chose dans le *jembe*, et ça leur donne beaucoup d'idées. Je crois qu'ils ont besoin d'encouragements, et c'est notre rôle d'être là pour les aider. Les responsables voient passer plein de groupes qui se forment, puis se disloquent: les jeunes se réunissent entre eux et viennent se présenter devant les responsables. Ceux-ci les font patienter et en attendant, pendant leur formation, ce sont les jeunes qui paient leur transport, aller-retour. Ils se forment et viennent se présenter à nouveau, on leur dit d'attendre encore un an. Ils reviennent un an après, on leur dit: «attendez!» Deux ans, ils reviennent, trois ans... Alors puisqu'il n'y a rien pour le groupe et que chacun paie son transport, finalement chacun marche au pas de caméléon, le découragement vient, la tension monte entre les responsables du groupe et les artistes et le groupe explose, plus rien. Ces jeunes poussins qui sont là, qui commencent, ont besoin d'encouragements, mais ils ont besoin d'être encadrés, d'être disciplinés, qu'on leur montre le bon chemin. Ils ont besoin de moniteurs pour leur montrer vraiment quelle direction il faut prendre. Même si on n'a rien à leur donner, il faut venir auprès d'eux pour les encourager. C'est mon sentiment.

Je crois qu'il faut laisser les gens rêver. Si on ne rêve pas on ne réalise rien. On n'y peut rien, il faut laisser la nature agir. En Guinée, il y a une révolution maintenant pour le *jembe*. Si tu dis à un jeune qu'il n'a pas d'avenir dans le *jembe*, arrête, tu seras son premier ennemi. Parce qu'il rêve et ne veut pas qu'on l'interrompe. Il faut le laisser aller jusqu'au bout de la réalité et quand il va comprendre, il va retourner en arrière. Moi, je suis en Europe, mais quand j'arrive ici, il y a des centaines de percussionistes qui viennent me voir et qui me demandent de les aider à partir en Europe. Tu peux enlever ton cœur, le poser par terre pour leur faire comprendre que leur rêve ne correspond pas à la réalité, ils ne vont jamais te croire. D'ailleurs souvent ce sont les parents qui sont derrière et qui disent: «N'écoute pas Mamady, il ne veut pas t'aider, c'est de la jalousie, il sait que tu joues mieux que lui et il ne veut pas t'emmener sinon tu vas l'écraser là-bas...» Ils racontent toutes sortes de bêtises, tu deviens leur ennemi numéro un. Moi je ne veux pas me créer des ennemis, mais je leur donne quand même des conseils et des exemples. En Europe et aux Etats-Unis, les gens commencent à comprendre maintenant qui sont les vrais *jembefolaw* et qui ne l'est pas. Je dis à tous mes élèves d'essayer de s'informer. Il faut reconnaître les maîtres de *jembe*, ceux qui sont bons de ceux qui sont mauvais. Ici tu ne peux convaincre les gens d'arrêter de rêver. J'en connais plein qui sont venus à Conakry et sont partis en Europe; là-bas ils ont cherché du travail avec la musique et ils se sont retrouvés sur le trottoir en train de balayer pour pouvoir payer leur transport pour revenir en Guinée. On a beau dire, c'est impossible de leur faire comprendre.

---

[10] Gbaworo Keïta, Noumody Keïta et Koumgbanan Kondé sont des solistes illustres de l'histoire des ballets nationaux guinéens. Tous trois ont participé dès son début, en 1988, à l'aventure de l'Ensemble National des Percussions de Guinée, laquelle s'est interrompue en 1995, avec le décès prématuré de Noumody Keïta.

S.C. : Quand je cause avec Mamady, on se retrouve toujours avec les mêmes idées. C'est comme si on était toujours ensemble, je ne sais pas pourquoi. On a invité les jeunes sur la scène pour leur faire plaisir, mais ils doivent aussi essayer de réfléchir tout seuls. En Afrique, on dit que la chance ne vient pas devant, mais derrière soi, mais les jeunes veulent que la chance vienne toute seule. Toi-même, tu es assis et tu veux voir ta chance arriver. La chance doit arriver derrière pour que tu te retournes, sans que tu saches ce qui t'arrive. Avec mon grand frère, on a eu notre chance, telle qu'on ne l'aurait jamais imaginée. J'ai fait quinze jours d'école, peut-être lui il a fait vingt jours, on essayait de parler français, on a beaucoup voyagé. La chance est venue derrière. Maintenant les jeunes portent le *jembe* en pensant à l'argent, en pensant aux Européens qu'ils vont pouvoir rencontrer pour partir en Europe. C'est comme si tu essayais de faire venir ta chance devant. Alors que la musique, comme pour n'importe quel travail, il faut l'aimer d'abord, avant de voir arriver sa chance. Nous, on a construit des choses que les *jembefolaw* ne devaient pas avoir. Tous les jeunes veulent être comme nous, mais ils doivent comprendre notre caractère. Ce n'est pas seulement le *jembe* qu'on joue, le caractère compte aussi là-dedans. Tu ne dois pas te dire à toi-même : « Je suis charmant », c'est les gens qui doivent te le dire. Maintenant les nouveaux *jembefolaw* disent eux-mêmes qu'ils sont bien. C'est le public qui doit dire que tu es bien. Si tu veux avancer avec le *jembe* ici, il faut que tu soies d'accord avec la tradition, comme nous. Sinon tu ne vas jamais avancer. Je sais que mon *jembe,* c'est un don : je n'ai pas de patron, parce que j'ai commencé les percussions dans la brousse. Après, en écoutant, je vole. Je n'ai pas de patron en *jembe.* Le *jembe* a besoin de sport, de résistance. Tu dois pouvoir jouer plus de dix minutes sans souffrir, sinon tu n'es pas un *jembefola.* Tous les jeunes maintenant, à partir de douze ans, ils commencent à fumer, et la fumée va sur les poumons. J'ai vu des élèves qui quittaient l'Europe et qui venaient planter des drogues chez moi. J'ai dit : « C'est quoi, ça ? » Ce jour-là, ils n'ont pas dormi, je les ai chassés. Le *jembe* a besoin de bras solides pour jouer. Tu peux jouer un beau solo de dix minutes, puis tu vas pisser le sang noir. Tu ne peux pas donner rendez-vous à une femme, après le *jembe*, pour coucher avec elle. On n'a jamais fait ça. Nous, pour coucher avec des femmes, on a attendu des années : à vingt ans, on ne connaissait pas encore les femmes. Maintenant, à quinze ans déjà, ils fument et couchent avec des femmes, mais ils n'ont aucune réserve dans leur corps pour tenir la douleur. Alors si je fais une école, ça va être difficile avec moi. Ca, je vous le dis !

M.K. : La popularité du *jembe* a d'abord envahi l'Afrique avant d'arriver en Europe. On peut dire que c'est un instrument populaire et accessible. Car il y a plusieurs étapes : tu peux faire ta vie avec le *jembe*, gagner ta vie avec lui, jouer dans la rue, tout ça, sans pour autant être professionnel ; mais on peut aussi arriver à être un maître de *jembe*, un vrai connaisseur, enseigner et connaître la vraie tradition du *jembe*, il y a cet aspect-là aussi. Nous sommes en train de nous battre pour qu'on reconnaisse la vraie valeur du *jembe* et qu'on la respecte.

Conclusion

De ces entretiens et des nombreux autres que j'ai eu le privilège d'échanger en privé pendant ces dix dernières années avec les maîtres du *jembe*, il ressort une reconnaissance unanime à l'égard des musiciens occidentaux, essentiellement européens, qui par leur intérêt passionné pour les cultures traditionnelles d'Afrique de l'Ouest, ont permis aux batteurs de *jembe* de faire connaître leur tradition dans le monde entier. Tous reconnaissent en outre que leur créativité artistique est stimulée par leurs rapports avec la scène internationale[11]. Mais tous ont également remarqué que l'immense majorité de leurs élèves occidentaux n'entretenaient pas le même rapport au rythme que les batteurs africains. Alors que ces derniers privilégient toujours l'art de pouvoir bien faire «parler» leur instrument et se soucient en définitive assez peu de maîtriser des rythmes qu'ils n'auront pas l'occasion de jouer lors des fêtes, en accompagnement de la danse, les Occidentaux ont trop souvent une approche quantitative du répertoire traditionnel. Dans une certaine mesure, on pourrait même parler d'une approche horizontale et superficielle, par opposition à celle des *jembefolaw* traditionnels, tout en profondeur et que l'on pourrait dire verticale: les musiciens occidentaux aiment collectionner les structures rythmiques et se plaisent à y penser comme à des données immuables et académiques que l'on devrait pouvoir enseigner dans les conservatoires. Mais ils oublient souvent que ce qui donne la vie au rythme, comme le dit si bien Famoudou Konaté, c'est que lorsque les *jembefolaw* traditionnels jouent, «ça signifie quelque chose, ça parle et ça danse et ça chante». Fadouba, Famoudou, Mamady et Soungalo sont tous d'accord: il ne suffit pas d'acquérir une espèce de grammaire du *jembe* et quelques lieux communs rythmiques; il faut «parler», et pour cela avoir l'habitude de s'adresser aux interlocuteurs qui comprennent la langue du tambour, qui en connaissent la signification profonde, qui peuvent y répondre parce que pour eux, ce langage parle de la vie et d'expériences collectives bien réelles. Il faut enfin comprendre, et cela paraît particulièrement important pour Fadouba Oularé et pour Famoudou Konaté, que ce langage est né dans un contexte géographique, social et culturel bien spécifique et qu'il a ensuite évolué en même temps que les sociétés traditionnelles, en fonction des migrations, des métissages, des relations de commerce, des syncrétismes religieux... Vouloir rechercher la source, cela implique une démarche à très long terme, faite avant tout de patience et de respect. S'ils sont d'accord sur la nécessité de faire quelque chose pour que la tradition ne se perde pas, les quatre maîtres cités ci-dessus ont tous, explicitement ou implicitement, exprimé leurs doutes et leurs craintes par rapport à une école de percussion qui ne ferait pas appel au savoir traditionnel des vieux musiciens, avec tout ce que cela implique, y compris, si on suit Soungalo Coulibaly, l'apprentissage de la douleur.

---

11 A propos de l'évolution et des transformations du répertoire des *jembefolaw*, cf. Zanetti, 1996: 184 sq.

A première vue et si l'on en croit le programme de la Première Biennale Internationale de la Percussion, le futur Centre de la Percussion de Conakry devrait en principe répondre aux attentes des *jembefolaw*. Mais à y regarder de plus près, le projet exposé à la presse par le représentant de l'Union européenne, principal bailleur de fonds, répond surtout aux exigences du marché de la *world music*: conçu pour «assurer des tâches de formation, de recherche, de création, de promotion et de conseil en ingénierie culturelle, [...] le Centre sera une base-ressources et un relais pour tous les artistes guinéens résidant hors du pays, ainsi que pour les autres artistes intéressés par les services qu'il offre (enregistrements, études sur le patrimoine ethnomusicologique, stages de formation, acquisition d'instruments de qualité). Le Centre sera également en contact avec les professionnels de l'organisation de festivals, des éditeurs de musique, des promoteurs et des organisateurs de tournées, en vue d'établir éventuellement des contrats de coproduction, de coédition...»[12]. Bref, un superbe programme d'exploitation des ressources, mais pas de traces des préoccupations de nos quatre maîtres-tambours quant aux problèmes de transmission des traditions auprès des batteurs guinéens dans leur propre pays. Il est certes question d'études ethnomusicologiques, mais lors de la Biennale, le seul débat prévu sur ce thème n'a pas pu avoir lieu et s'est vu purement et simplement annulé sans avertissement ni explication, ni à la presse ni au seul chercheur invité. Quand on sait l'indigence dans laquelle se trouve la littérature scientifique contemporaine en ce qui concerne le *jembe* et les différents contextes culturels dans lesquels cet instrument est pratiqué, on peut légitimement s'inquiéter du peu d'importance accordée à cet incident pourtant significatif par les organisateurs de la manifestation[13]. C'est à se demander si dans le commerce des «musiques du monde», auquel l'événement s'apparente évidemment, l'ethnomusicologie n'est pas simplement considérée comme la petite touche scientifique dont un usage à dose homéopathique permet de faire croire à la clientèle visée qu'on s'intéresse bel et bien aux traditions, même si on ne vend que du produit sur mesure conçu pour la scène internationale. Elle subit alors le même sort que les cultures traditionnelles qu'elle est censée étudier: on parle d'elle, mais on ne la pratique pas pour autant, de même qu'on continue à parler des traditions sans vraiment donner la parole aux traditionalistes. Or la vraie recherche sur le terrain a une autre parenté avec l'apprentissage des différents savoirs traditionnels: il s'agit toujours d'une démarche à long terme et il ne faut jamais s'attendre à des résultats immédiats. Un seul informateur ne suffit jamais, même s'il est lui-même un maître reconnu: ce n'est pas pour rien qu'on parle d'enquêtes ethnomusicologiques comme on parle d'enquêtes policières. Il faut accumuler les témoignages, se faire accepter par les communautés que l'on veut étudier, respecter les codes et les usages des gens auxquels on s'intéresse. Mais pour cela, il faut commencer par les écouter.

---

12 Extrait du programme officiel de la Biennale Internationale de Percussions, Conakry, 1999.

13 A cet égard, l'état de la recherche n'a pas vraiment évolué depuis mon précédent article paru en 1996. Les conclusions d'alors restent hélas toujours valables.

A l'heure où j'écris ces lignes, le Centre International des Percussions n'est encore qu'un projet, bien avancé certes, mais malgré tout un peu semblable à une boîte dans laquelle ses futurs responsables ne savent pas encore très bien ce qu'ils pourront mettre. Cela ne dépend d'ailleurs pas que de leur seule volonté: le financement extérieur implique des comptes à rendre et une rentabilisation aussi rapide que possible. Il y a donc un grand risque de ne voir finalement rien naître d'autre qu'une école internationale pour musiciens étrangers en quête de tourisme culturel, juxtaposée à un magasin d'instruments et à un studio d'enregistrement dans lequel ne travailleront jamais que les ensembles agréés et quelques artistes urbains privilégiés. Fort heureusement, on peut pourtant imaginer un autre avenir et garder un espoir de voir reconnues les inquiétudes des maîtres-tambours: Monsieur Baïlo Telivel Diallo, le directeur du Centre, qui semble n'avoir en fait pas eu véritablement la possibilité d'en choisir et d'en déterminer lui-même les enjeux, est en effet aussi depuis des années Directeur de la Culture en Guinée, et à ce titre, il est à la base d'un autre projet radicalement différent, mais riche des mêmes potentialités de recherche et de transmission des traditions. Il s'agit de la création du premier cirque national de la République de Guinée, un cirque dans lequel seront bien sûr exploitées au maximum les traditions d'acrobaties propres aux différentes régions et aux différentes populations du pays, mais où la musique occupera une place essentielle. Et là, force est de constater qu'il ne s'agit pas de promesses ni d'accroche médiatique: les artistes ont commencé à travailler depuis des mois, épaulés par des professionnels occidentaux du cirque, motivés aussi par la présence du cinéaste Laurent Chevallier, premier initiateur du projet, mais surtout dirigés par des artistes guinéens directement liés aux cultures traditionnelles de leur pays. A leur tête, on retrouve le lieutenant-danseur Kabinet Traoré, un des membres fondateurs du Ballet National Djoliba et grand connaisseur de la culture *maninka* dont il peut à juste titre être considéré comme un traditionaliste. Parmi les professeurs, à côté des tout jeunes batteurs, il y a le vieux Mamady Condé, qui toute sa vie a joué les accompagnements de *jembe* dans ce même ballet Djoliba, et surtout Fadouba Oularé, dont le savoir incontestable trouve là une ultime reconnaissance. Enfin, et c'est significatif, le premier objectif de cette troupe n'est pas de faire fortune à l'étranger, mais de commencer sa carrière par une tournée dans les différentes régions de la Guinée, à la fois pour rencontrer les artistes traditionnels dans leur milieu et pour exciter la créativité de ces mêmes artistes. Du même coup, certains chercheurs seront très probablement du voyage et en profiteront pour lancer les bases de nouveaux travaux. De quoi rendre le sourire aux traditionalistes et, on peut l'espérer, donner des idées aux promoteurs du futur Centre...

Références

Guinée. Récits et épopées. 1 CD Ocora C 560009, Paris, 1992.

COULIBALY Soungalo
1996 *Dengo.* 1 CD Djinn Djow Productions, 22601, BIP distribution.
1999 *Sankan Wulila.* 1 CD Arion ARN 64791.

KEÏTA Mamady
1995 *Mögöbalu.* 2 CD Fonti Musicali fmd 205.
1996 *Hamanah.* 1 CD Fonti Musicali fmd 211.

KONARE-BA Adam
1978 *L'épopée de Ségou.* Lausanne: Pierre-Marcel Favre.

KONATE Famoudou
1991 *Rythmen des Malinke, Guinea.* 1 CD Museum Collection Berlin CD 18.
1998 *Guinée: percussions et chants malinké.* 1 CD Buda 92727-2.

ZANETTI Vincent
1990 « Le griot et le pouvoir; une relation ambiguë», *Cahiers de musiques traditionnelles 3*: Musique et pouvoirs: 161-172.
1996 « De la place du village aux scènes internationales; l'évolution du jembe et de son répertoire », *Cahiers de musiques traditionnelles 9*: Nouveaux enjeux: 167-188.

COMPTES RENDUS

LIVRES

L'encyclopédie Garland des musiques du monde

The Garland Encyclopedia of World Music. New York and London: Garland Publishing, Inc., 1998-2004, 10 vol.

Depuis le siècle des Lumières, les successeurs de Diderot et d'Alembert sont légion qui tentent régulièrement de faire état, le plus exhaustivement possible, de l'ensemble des connaissances du moment. Jusque là, c'est sous forme de dictionnaire qu'il avait été envisagé de traiter d'un domaine particulier. Les premiers dictionnaires de musique européens réunissent exclusivement des termes techniques comme le *Terminorum musicae diffinitorium* de J. Tinctoris (circa 1475, rééd. Paris 1876, 1951). Dans cette veine, paraissent au XVIIIe siècle les Janowka, Grassineau, de Brossart, Rousseau, Hoyle, Sulzer et Koch respectivement à Prague, Londres, Paris, Leipzig et Francfort-sur-Main. En 1790, la voie des dictionnaires biographiques est ouverte par Gerber, qui publie à Leipzig son *Historisch-biographisches Lexikon der Tonkünstler*. Mais dans un cas comme dans l'autre il n'est traité que des musiques écrites occidentales du domaine savant. Lorsqu'il est fait allusion aux musiques populaires et aux rares descriptions de musiques «non occidentales», c'est dans l'idée d'en tirer matière à comparaison et à explication d'ordre évolutionniste. C'est pourquoi l'entreprise encyclopédique des philosophes du XVIIIe siècle bouscule, par sa conception, les idées reçues. Le fait d'envisager réunir la somme, et non une partie, des savoirs sous toutes leurs formes oblige les auteurs à prendre en compte d'autres cultures, d'autres traditions musicales. Si l'ouverture reste encore timide chez Walther (*Musikalisches Lexicon*. Leipzig, 1732), elle s'affirme dans les encyclopédies musicales qui le suivent.

Avec l'avancée des sciences au XIXe siècle, les encyclopédistes circonscrivent leurs travaux à des domaines de plus en plus spécialisés. L'œuvre n'est plus celle d'un seul érudit. Pour chaque question, il est fait appel aux meilleurs spécialistes. Les musicologues allemands produisent une importante quantité de travaux, regroupés dans des ouvrages au nombre de volume croissant: Schilling, Schladebach & Bernsdorf, Mendel, Riemann. A Londres, le premier Grove paraît en 1878. Il compte alors quatre volumes. Un siècle plus tard, il dépasse la vingtaine. Français et Italiens rattrapent leur retard avec les encyclopédies Lavignac & de La Laurencie (1913-22) et Della Corte & Gatti (1926). On sait le rôle joué par les articles consacrés à l'Inde, par exemple, sur la création musicale française de la première moitié du XXe siècle. Le monumental *Musik in Geschichte und Gegenwart* (1949) ouvre ses colonnes aux musiques du monde, s'appuyant principalement sur les travaux de l'école de Berlin.

Le ton avec lequel les musiques du monde sont parfois traitées dans ces encyclopédies européennes prête aujourd'hui à sourire, voire à s'indigner. Une place suffisante leur est pourtant réservée pour que soit marqué officiellement leur acte de naissance dans la recherche musicologique. Cette reconnaissance, encore empreinte de l'ethnocentrisme ambiant de l'époque coloniale, marque un premier pas dans la conquête d'un espace scientifique et prépare l'opinion internationale.

Cependant, l'étude des musiques populaires et savantes de tradition orale, l'organologie, l'improvisation, les polyphonies non écrites, la rythmique, les échelles, les systèmes musicaux, les structures formelles, la transe, la magie, l'enquête de terrain, musique et société, musique et pouvoirs, musique et religions, les systèmes de représentation, etc., en un mot l'ensemble des champs de recherche couverts par l'ethnomusicologie actuelle, ne font l'objet que de rares tentatives d'inventaires. Alors que le projet des pères de l'ethnomusicologie caressait l'utopie d'une mise en ordre du désordre apparent des musiques autres qu'occidentales savantes, la réflexion semble porter à présent sur une modeste observation des faits, une description précise et méthodique certes, mais une interprétation prudente. La recherche d'universaux continue d'animer la plupart des chercheurs, mais la conscience de la pluralité domine très largement. Les monographies, de plus en plus détaillées, qui plongent le lecteur dans des entités humaines de dimensions réduites au village, au quartier, à la famille, voire à l'individu, nous éloignent sensiblement des grandes perspectives théoriques d'antan. Dans ce contexte, il n'est pas simple pour les ethomusicologues généralistes, dont je revendique avec d'autres la spécialité, de rester informés. Au développement du morcellement des travaux s'ajoute l'élargissement de l'éventail des champs de recherche. De plus, l'écart temporel a tendance à se creuser entre les recherches pointues et leur diffusion en dehors des cercles de spécialistes, ce qui risque de rendre caduques des réflexions déjà contredites par d'autres à l'heure de leur lecture.

Il paraît donc légitime de proposer de temps à autre un panorama de l'avancée des connaissances. Les Américains sont assez habitués à ce genre de synthèses, d'ordinaire destinées au grand public. Ces guides de *world music*, écrits à la va vite, et soumis à des contraintes plus commerciales que scientifiques, vont du meilleur au pire. Quand bien même ils sont de la plume d'auteurs connus pour le sérieux de leurs recherches, les erreurs et contre-vérités n'en sont pas toujours absentes. Comment pourrait-il en être autrement ? Survoler les sons de la planète à une vitesse supersonique ne donne qu'une déflagration de plus !

Les ouvrages pédagogiques me paraissent d'une bien meilleure qualité. Le chercheur européen peut toujours critiquer la façon simpliste avec laquelle les musiques non occidentales y sont abordées, qui dénote d'une touchante naïveté de la population estudiantine nord-américaine (en particulier les *under-graduated*), mais, pour avoir quelque peu enseigné de part et d'autre de l'Atlantique, je puis témoigner de la nécessité et de l'efficacité de ces méthodes didactiques. N'était un lectorat restreint dans le domaine francophone, nous aurions le même genre d'ouvrage, ce qui faciliterait d'ailleurs grandement l'enseignement et ouvrirait ses portes à un public plus large.

C'est dire la signification que prend la publication, au tournant du XXIe siècle, d'une encyclopédie couvrant les musiques de tous les peuples du monde. Signification scientifique, qui souligne les avancées de l'ethnomusicologie mondiale, et plus particulièrement anglo-saxonne, dans le monde de la recherche. Signification politique, puisque preuve est faite au grand jour de l'unité de l'homme à travers cet universel qu'est la pratique musicale, mais aussi de l'infinie diversité des cultures, qui rend caduque toute tentative de hiérarchisation. La matière semble, en effet, inépuisable. Cinquante ans après l'invention du mot ethnomusicologie, le besoin d'ouvrages de référence donnant un tour d'horizon assez complet des «musiques du monde» se faisait de plus en plus sentir. L'Encyclopédie Garland tombe à pic. Cet vaste projet prit naissance en 1988, et l'éditeur se donna dix années pour le mener à bien. L'ambition est donc clairement affichée dès le départ de couvrir toute la planète, tous les continents, toutes les cultures. Plutôt que de suivre un ordre alphabétique, l'équipe de rédaction opta pour une approche géographique proposant une division en neuf grandes régions. Le découpage, plus physique que culturel, résulte d'un choix guidé par un besoin de clarté. Il a l'avantage de parer aux attaques de spécialistes, souvent campés sur leurs positions lorsqu'il s'agit de définir les grandes aires culturelles. D'autant que les distinctions historiques, religieuses, sociales et économiques tendent à se modifier sensiblement au cours du XXe siècle. Un volume 10 présentera les musiques du monde dans leur ensemble, en insistant sur des perspectives générales et en donnant des outils de référence. Sont prévus:

1. L'Afrique (851 p.).
2. L'Amérique du Sud, le Mexique, l'Amérique centrale, les Caraïbes (1082 p.).
3. Les Etats-Unis, le Canada.
4. L'Asie du Sud-Est (1024 p.).
5. L'Asie du Sud: le sous-continent indien.
6. Le Moyen Orient (*Middle East*).
7. L'Extrême Orient: Chine, Corée, Japon.
8. L'Europe.
9. L'Australie et les îles du Pacifique (1088 p.).

A propos du volume 6, la terminologie française reste floue. Pour certains, le Moyen-Orient comprend l'Egypte et les Etats d'Asie occidentale. Pour d'autres, elle englobe à l'ouest la Libye, recouvrant partiellement ce qui est aussi désigné sous le nom de Proche-Orient, et à l'est l'Afghanistan et le Pakistan. Ces discussions géographiques mises à part, l'encyclopédie Garland est digne de notre plus grande attention, et ce à plus d'un titre. Le programme d'édition n'est pas achevé, mais plusieurs volumes sont déjà parus (1, 2, 4, 9). Ils suivent tous une organisation interne similaire, privilégiant l'approche pluridisciplinaire. Aux côtés d'ethnomusicologues reconnus, sont conviés des anthropologues, linguistes, ethnologues de la danse, historiens, folkloristes, spécialistes de littérature mais également, ce qui dénote d'une belle clairvoyance, compositeurs et interprètes musiciens. Chacune des neuf grandes régions est abordée sous trois angles différents et complémentaires.

I. Une introduction générale aux cultures, musiques et travaux les concernant.

II. Les principales problématiques que soulèvent les musiques de ces régions.

III. Des études de cas.

Les coordinateurs de chaque volume déterminent eux-mêmes les proportions de ces trois parties en fonction de la nature des régions présentées. Un bon appareil documentaire complète le tout: glossaires, bibliographies régionales, discographie, filmographie, index géographique et thématique. Illustrations noir et blanc (souvent inédites), cartes, notations musicales, schémas et références viennent enrichir les trois grandes sections, qui se présentent chacune comme une succession d'articles de longueurs variables (entre 10 et 40 pages). Si bien que le lecteur se familiarise assez vite avec ce principe éditorial, retrouvant sans peine l'information recherchée. D'aucuns trouveront toujours à ergoter sur les références, mais en cherchant bien, on finit par trouver l'auteur ou l'article auquel on tient, et qui semblait avoir été oublié dans telle ou telle rubrique. La présentation aérée (pas de note en bas de page, texte sur une colonne occupant seulement 2/3 de page, typographie simple et claire) en rendent la lecture facile et agréable. L'anglais me paraît très accessible dans la mesure où les styles de chaque auteur, bien que personnels, utilisent un ton didactique privilégiant la clarté. Evitant, autant que faire se peut, tout jargon et néologisme, les articles sont rythmés de nombreux sous-titres. C'est peut-être regrettable pour les amateurs de belles lettres, mais très efficace dans l'accès à la connaissance. Un CD encarté présente une sélection de pièces qui se veulent représentatives de l'ensemble de la région. C'est mieux que rien, mais c'est bien peu quand on sait que les musiques du monde, tous genres confondus, comptent près de 80 000 titres sur le marché et que les médiathèques regorgent d'enregistrements inédits. Ici, le noyau éditorial réuni autour de l'Indiana University, à Bloomington, Indiana, fait largement appel au riche fonds des *Archives of Traditionnal Music* de cette très prestigieuse université.

Examinons rapidement les deux premières livraisons. D'emblée on regrette l'absence de note biographique sur les auteurs, quelles que soient leur réputation et leur carrière. Silence total dans le volume 1, et simple liste alphabétique avec indication des laboratoires de rattachement dans le volume 2. Excès de pudeur ou volonté d'atténuer l'omniprésence américaine (31 auteurs sur 48 dans le volume 2) ? Tout comme les publications françaises d'ethnomusicologie d'envergure internationale relèvent, pour leur grande majorité, de l'équipe du Musée de l'Homme à Paris, il paraît naturel qu'une encyclopédie américaine fasse plutôt appel aux chercheurs américains. D'autant que les compétences ne manquent pas. Dans le volume 1, dirigé par Ruth M. Stone, il faut donc compter avec une majorité d'articles traitant de cultures musicales pratiquées dans les pays d'Afrique sous ancienne influence anglaise.

Quelques surprises nous attendent pourtant. La carte recouvre la totalité du continent africain (jusqu'à la Méditerranée et la Mer Rouge), incluant Madagascar, mais oubliant les îles du Cap Vert. Mais surtout, le tracé rigoureux des frontières étatiques ne laisse pas de nous étonner, donnant fidèlement l'emplacement des capitales et négligeant toute indication de relief et de cours d'eau. On ne sait pourquoi le Togo est en gris, laissant penser qu'il s'agit d'un fjord ou d'un grand lac. «Par son étendue géographique et ses diversités régionales l'Afrique est stupéfiante. De par son riche héritage culturel nous assistons aujourd'hui à une vitalité extraordinaire de son expression artistique», nous est-il indiqué en guise de légende. Dans une encyclopédie de cette envergure on pouvait s'attendre à plus qu'une simple carte politique comme on en trouve dans tous les agendas de poche. Différentes approches, moins vides de sens eussent été possibles (linguistique, ethnique, religieuse, climatique). Elles n'étaient pas sans risque et nos encyclopédistes misent probablement sur une stabilité politique au XXIe siècle, tout en ménageant avec diplomatie les susceptibilités gouvernementales. Tout bien pensé, cette approche prudente se calque sur d'autres modèles comme l'Europe, guère plus stable depuis peu. Il semble pourtant admis de parler désormais de la France, de l'Italie, de l'Espagne ou de la Grande-Bretagne alors que chacun est conscient de l'existence de minorités vigoureuses: galloises, basques, siciliennes, bretonnes, catalanes ou corses.

La première partie de l'ouvrage donne un inventaire assez exhaustif de l'histoire des recherches sur les musiques en Afrique. Quelques citations d'administrateurs, d'explorateurs et de missionnaires permettent de mesurer l'importance du colonialisme, tout en nuançant ses effets. L'évolution du regard exogène, des centres d'intérêt, des méthodes d'investigation et des résultats obtenus ne me semble pourtant pas apparaître franchement, bien qu'il soit fait état de la prise en main progressive du patrimoine africain par les Africains eux-mêmes. Gageons que les scientifiques africains prennent une part plus active aux travaux de haut niveau à l'avenir, et félicitons l'équipe de rédaction d'avoir déjà donné la parole à plusieurs musiciens et musicologues africains dans ce premier volume.

Les «inventaires détaillés de cultures musicales», de la troisième partie, n'apportent, eux, que d'épars éléments de réponse aux questions de géographie humaine. Ils offrent un aperçu des réalités, privilégiant quelques aspects, certes bien présentés, mais franchement réducteurs. A vouloir traiter du continent le plus visité par les ethnomusicologues, on s'expose à des impasses. L'Afrique du Nord (comprenant ici les pays au nord d'une ligne Mauritanie-Soudan) n'a droit qu'à deux articles, au demeurant intéressants, mais franchement insuffisants. Artur Simon nous présente la musique du plus grand pays africain, le Soudan, en s'attardant notamment sur la musique instrumentale (accord des lyres, ensembles de trompettes *waza*). Caroline Card Wendt expose quelques éléments des musiques touarègues, insistant assez longuement sur la vièle monocorde *anzad* et le tambour *tende*, donnant transcriptions et analyses. C'est tout. L'introduction à cette région d'Afrique compense en partie cette faiblesse en donnant des indications générales et de bonnes références bibliographiques. Le lecteur reste cependant sur sa faim. Deux pages sur la musique arabo-andalouse, quelques lignes sur le raï, on cherche en vain l'évocation de la chanson égyptienne. Tout cela ne dépasse pas le bon article de dictionnaire et semble faire peu de cas des quelque cent millions d'habitants concernés. Les deux exemples sonores enregistrés à Tamanrasset (Algérie) et Agadez (Niger) en 1976 et 1977 ne peuvent refléter qu'une faible partie de ces univers musicaux, et le néophyte qui souhaite se faire une idée plus précise de ces cultures en sera pour ses frais.

L'Afrique de l'Ouest est un peu mieux servie. A une bonne introduction générale de Jacqueline Cogdell DjeDje succèdent des présentations des traditions Yoruba, Haussa et des descendants de l'empire malien. Laura Arntson livre un très solide article faisant une sorte de synthèse des traditions mandingues de chants épiques et surtout de prières chantées. Bien que son terrain d'observation se situe au nord du Sierra Leone, il permet de couvrir une part très importante des cultures musicales communes aux peuples Malinké, Bambara, Soninké, Dioula, et autres héritiers de ce vaste empire qui domina la région du XIIe au XIXe siècle.

L'Afrique Centrale (Guinée équatoriale, Gabon, Congo, nord-Angola, nord-Zambie, République Démocratique du Congo et République Centrafricaine) n'a droit qu'à une seule étude de cas, précédée, comme toujours, d'une présentation générale bien faite, de Gerhard Kubik, qui, cette fois, tient compte des zones linguistiques. L'essai de Michelle Kisliuk sur la vie musicale en République Centrafricaine oppose, intelligemment en non sans humour, les bruits de la ville (le *zoleka*) à ceux de la forêt équatoriale chez les Pygmées Baka. Belle leçon d'humilité de l'ethnomusicologue trop souvent tenté d'enfermer ses objets d'étude dans « une boîte culturelle intemporelle » (sic).

Nous pourrions passer en revue les autres régions d'Afrique, en clamant notre insatisfaction de ne pas y trouver tout ce à quoi nous pensions avoir droit. Procès facile et d'un autre âge. Car petit à petit le lecteur mesure les enjeux d'un tel projet éditorial. Plutôt que de rechercher l'exhaustivité, l'équipe de rédaction semble avoir opté pour des séquences denses, insistant sur des questions représentatives d'un lieu, d'une époque et d'un groupe humain mais qui, avec un minimum de précautions, peuvent assez souvent se transposer ailleurs. Inutile d'insister: le point fort de cette encyclopédie ne réside pas dans son aspect « encyclopédique », objectif d'ailleurs impossible à atteindre, vu l'énorme documentation accumulée depuis un siècle sur l'ensemble des musiques du monde. Il tient dans la sélection subtile de sujets abordés en profondeur et dans la livraison d'études thématiques inédites (mis à part l'article de Ruth M. Stone, déjà paru en 1988).

Beaucoup plus passionnants m'ont paru les articles de fond, et non plus descriptifs, de la deuxième section, véritable ossature de l'ouvrage. Y sont traitées avec minutie et lucidité des questions essentielles comme l'identité (Barbara L. Hampton), tradition orale et notation (Kay Kaufman Shelemay), le timbre

(Cornelia Fales), les procédés de composition (Atta Annan Mensah), la création contemporaine (Johnson Akuma-Kalu Njoku), le rapport théorie/techniques (Simha Arom & Frédéric Voisin), les pratiques de guérison chez les Tumbuka du nord-est Malawi (Steven Friedson), la danse dans la vie communautaire (Patience A. Kwakwa), les courants africains d'influences internes (Gerhard Kubik), l'islam au Libéria (Lester P. Monts), la guitare en Afrique (Andrew L. Kaye), les «mariniers» Kru et les émigrants de la côte ouest africaine (Cynthia Schmidt), l'influence latino-américaine au Zaïre (Kazadi wa Mukuna), les échanges ville-campagne chez les Anlo-Ewe (Daniel Avorgbedor), les échanges exo-indogènes chez les Yoruba (Christopher Brooks), la musique populaire en Afrique (Angela Impey).

Au bout du compte, ces approches thématiques, conçues comme des communications majeures, traitées en profondeur avec tout le soin nécessaire, me paraissent mieux refléter la diversité des réalités africaines, qu'une énumération fastidieuse de monographies dont on ne verrait jamais le bout. Les éditeurs peuvent se féliciter, par exemple, d'avoir intégré dans leur champ de recherche les musiques urbaines (*chimurenga, fuji, highlife, juju, kwela, makossa, rumba* zaïroise, et autres *soukouss*), domaines trop délaissés, à mon sens, par les ethnomusicologues francophones.

La diversité de ces approches est renforcée par celle des auteurs, «meilleurs spécialistes», nous dit-on, originaires d'Asie, Afrique, Europe et Etats-Unis. Tous firent des terrains en Afrique, expérimentant l'observation participante. Leurs remarques résultent d'échanges avec des musiciens, avec des spécialistes de rituels et avec les auditoires. Ils donnent parfois la parole aux informateurs dans des citations. Certaines réflexions convergent, d'autres se contredisent, apportant chacune leur part à cette notion de cercle d'apprentissage (*circle of learning*) chère à l'*Oxford English Dictionary*, quand il s'agit de donner une définition au mot encyclopédie et qui semble avoir servi de fil conducteur dans la mise en place de cet édifice.

Dirigé par Dale A. Olsen et Daniel E. Sheehy, qui livrent chacun plusieurs articles, le volume 2 sur l'Amérique du Sud, l'Amérique centrale et les Caraïbes se présente assez différemment. La première partie, très courte mais sans doute suffisante, joue le rôle d'une introduction synthétique: description générale (géographique, démographique et culturelle) de trois pages et présentation en vingt pages des sources (archéologiques, iconographiques, mythologiques, historiques, ethnographiques). La deuxième partie compte onze articles, non pas d'analyses musicales, mais qui mettent cette fois l'accent sur les contextes sociaux dans lesquels évoluent toutes ces musiques. Le terrain impose très nettement ses objets et, bien que les musiques restent au cœur de ces travaux, d'autres dimensions retiennent ici l'essentiel de l'attention des chercheurs. Dans une sorte de profession de foi, les auteurs annoncent (p. 27): «La musique n'existe pas en dehors d'un contexte social. Même la musique enregistrée «ex situ», comme dans un studio, est partie prenante d'une situation de studio. De même, toute musique est impliquée dans des questions sociales, religieuses ou économiques, et un processus quelconque est toujours en cours. Ce sont souvent des phénomènes complexes exigeant, pour être compris, des analyses approfondies. Les instruments, par exemple, ne résonnent pas d'eux-mêmes, mais sont liés au comportement culturel. [...] Les Amériques sont diverses pour plusieurs raisons, notamment parce qu'elles sont largement peuplées par des émigrants. Des identités ethniques et culturelles sont souvent négociées par la musique au sein des sociétés d'immigrés (plus couramment dans les Caraïbes et en Amérique du Sud). La musique connaît aussi des transformations sous l'effet d'influences internes et de contacts avec l'extérieur. De nouvelles idées sont empruntées aux musiques récentes ou «pop», qui émergent en Amérique du Sud, au Mexique, en Amérique centrale aux Caraïbes». Le ton est donné, et c'est tout l'intérêt de cette encyclopédie que d'avoir laissé suffisamment de latitude aux responsables d'édition pour présenter la région dont ils sont responsables sous l'aspect qui leur semble le plus parlant. Dans ce volume 2, la dimension ethnohistorique prend toute son importance, couvrant ainsi un champ important de l'ethnomusicologie contemporaine. Les descriptions de micro-sociétés et de traditions locales ne sont pas non plus absentes. Bien au contraire. Près des neuf dixième de l'ouvrage y sont consacrés. On ne compte pas moins de 73 articles organisés en cinq chapitres:

1. Limites territoriales et musiques des Amérindiens du Sud.
2. Pays et peuples d'Amérique du Sud et leurs musiques.
3. Le Mexique: un seul pays, quantité de musiques.
4. L'Amérique centrale: interface entre l'Amérique du Nord et du Sud.
5. De nombreuses îles, de nombreux sons.

Suivent trente-neuf exemples musicaux, allant du chant de guérison chamanique (très bel exemple *hoarotu* du Vénézuela) au *rara* haïtien, en passant par de séduisants ensembles de flûtes de Pan quechua ou une séquence de *jarocho* mexicain. Toutes ces illustrations sonores bénéficient de commentaires nourris de descriptions précises, voire d'analyses que l'on retrouve grâce à un ingénieux jeu de symboles et de renvois. Ce portrait d'une très grande région du monde, dont les cultures musicales syncrétiques inondent le show business international tout au long du XXe siècle, a l'honnêteté de ne faire aucune concession sur les réalités contemporaines incluant un grand nombre d'éléments extra-musicaux parfaitement éclairants.

En attendant de présenter les autres volumes, je puis d'ores et déjà recommander l'acquisition de cette première encyclopédie, partiellement ou complètement. Malgré les réserves émises plus haut, il apparaît que, globalement, les premières livraisons tiennent leurs promesses. De format 22 x 28 cm, ces gros volumes offrent une documentation exceptionnellement riche et variée, impossible à réunir par soi-même. Les études conceptuelles renforcent la qualité scientifique de ces approches diversifiées et peuvent combler les exigences les plus sévères. Cette entreprise audacieuse mérite tous nos encouragements. Elle fera date dans l'histoire de notre discipline et devrait rencontrer beaucoup de succès, tant auprès de la population estudiantine que de celle des enseignants et chercheurs. C'est un outil de travail indispensable pour tout esprit curieux, à mettre en bonne place dans les bibliothèques et centres de documentation, d'autant que l'usage d'une encre sans acide garantit la longévité du papier... jusqu'à 250 ans: de quoi rassurer les institutions encore hésitantes.

Yves Defrance

Leonardo D'AMICO, Francesco MIZZAU, eds: ***Africa: folk music atlas.*** Firenze: Amharsi Edizioni Multimediali, 1997. 93 p. Nombreuses photos en couleurs et n/b. Ouvrage multimédia, accompagné d'un disque CD-Rom et de trois disques CD-audio. ISBN 88-87036-06-3.

A première vue, ce livre de petite taille (22 cm) à couverture rigide a été conçu comme support pour quatre CD, dont un CD-Rom. Ses quatre-vingt-treize pages en papier couché semi-glacé sont pratiquement toutes illustrées de dessins ou de photos couleurs et noir/blanc fort bien imprimées. Bref, l'ensemble correspond exactement à ce qu'il faut attendre d'un ouvrage destiné, comme le stipule la brève description du verso, «aux enthousiastes de tous les genres musicaux, enseignants, familles, étudiants et à tous ceux qui désirent s'aventurer dans le monde complexe et fascinant de la culture musicale africaine». Cette description précise encore «96 pages de texte» (alors que la pagination s'arrête à 93 !), ce qui paraît un peu exagéré si on tient compte des «150 photographies» mentionnées, toutes dans le texte et parfois en double-page. En fait, on parvient à peine à une cinquantaine de pages de texte assorties d'une marge d'un tiers de page. Voici pour une première impression, particulièrement subjective, puisqu'il s'agit en fait d'une œuvre multimédia dont le livre n'est qu'une composante-prétexte (ou alibi). En effet, le but de l'exercice a été de livrer un CD-Rom didactique accompagné de trois CD audio.

Cet ouvrage hybride constitue le premier volume d'une collection intitulée *World Music Atlas Series*, qui devrait en compter huit et qui est consacré à un «voyage multimédia dans l'une des activités humaines qui, avec le langage, a accompagné l'humanité tout au long de son développement matériel, mental et spirituel». Le choix de l'Afrique pour initialiser le projet est justifié comme «juste et naturel» puisque ce continent est le creuset de la civilisation humaine d'une part, et que cette musique de l'Afrique, restée attachée au cœur des esclaves du Nouveau Monde comme la «douce mémoire d'un pays sauvage et maternel, est devenue la source rythmique et mélodique des principaux genres qui constituent la musique de diffusion massive du vingtième siècle» (p. 8).

Le livre proprement dit est divisé en deux parties. La première contient des textes qui figurent aussi intégralement dans le CD-Rom; la seconde est consacrée aux commentaires (descriptifs des groupes de musiciens) accompagnant les trois disques CD-audio, mais ne figurant que très partiellement dans le CD-Rom. Il est donc nécessaire au lecteur-auditeur-spectateur de naviguer entre les trois médias pour prendre connaissance de l'ensemble. Ce compte rendu va donc envisager tout d'abord le livre, puis les CD-audio et enfin le CD-Rom.

Le premier chapitre, signé du collectif d'édition, est consacré à l'ethno-histoire de l'Afrique: sur une dizaine de pages, sont abordés superficiellement les origines de l'humanité, les cultures afro-asiatiques, les migrations bantoues, les anciens empires, la diffusion de l'islam et du christianisme, l'esclavage et le colonialisme. La musique de l'Afrique du Nord est traitée en quatre pages au deuxième chapitre (Claudio Vedovati), tandis que celle de l'Afrique sub-saharienne (Leonardo D'Amico) fait l'objet de plusieurs petits paragraphes abordant pêle-mêle: hétérogénéité, homogénéité, concept de musique, danse, culture, production et usages, rythme («âme de la musique africaine»), littérature orale, musique et langage, vocalité, formes et improvisation, apprentissage, tradition et modernité. Tous ces petits textes sont entrecoupés de photographies en couleurs dont l'une semble s'être égarée dans ce premier volume: il s'agit manifestement d'un groupe de Papous en tenue de fête ou de guerre, puisque chacun tient une lance dans sa main (p. 31). Par ailleurs, deux cartes physiques identiques du continent africain sont présentées en double page (pp. 14-15; 34-35): sur l'une d'elles figurent les noms des zones et régions géographiques, sur l'autre, les noms des pays et de leurs capitales, mais sans découpage des frontières politiques. Les auteurs ont-ils voulu ainsi illustrer l'Afrique sous la forme d'une seule entité géopolitique ? Et pourquoi ont-ils rattaché l'ensemble de la Péninsule arabique (y compris la Syrie, le Yémen et les Emirats) au continent africain ?

La musique vocale est évoquée dans le troisième chapitre par Serena Facci, qui souligne le rôle du chant pour conserver la tradition orale, ses fonctions dans la vie quotidienne et les différentes techniques vocales. En toute logique, le chapitre suivant est consacré aux instruments de musique (D'Amico), à leurs fonctions, leur dimension magique, leurs langages, leur caractère anthropomorphe et sexualisé, aux relations entre la musique et la transe, à l'esthétique du son des instruments et à l'organologie des instruments de musique.

Quelques pages sur la musique moderne africaine (David Ryder) accompagnées d'une discographie sélective précèdent un dernier chapitre qui reproduit un mythe d'origine du tambour *baa* des Dan de Côte-d'Ivoire repris de l'ouvrage de Hugo Zemp, *Musique dan* (1971: 123-126). Malheureusement, le tambour illustrant ce texte (un tambour d'aisselle) ne correspond pas au tambour dont il est question dans le texte (un tambour de type *jembé*).

La deuxième partie du livre débute par la liste des plages des trois disques audio: 1.1.: «Voices of Africa»; 1.2.: «Winds & Strings of Africa» et 1.3.: «Drums of Africa». Cette liste révèle d'emblée la tendance des choix musicaux opérés par les auteurs: il ne s'agit presque que d'orchestres enregistrés sur des scènes ou dans des studios, donc de groupes pour ainsi dire «néo-traditionnels» ou carrément «folkloriques», en général de bonne qualité, mais ayant opté pour des répertoires destinés au public commercial. Par ailleurs, certains de ces groupes se retrouvent à plusieurs reprises sur les trois CD, selon qu'ils ont mis l'accent sur la musique vocale ou instrumentale. C'est ainsi que « La famille Dembélé » (Burkina Faso) apparaît deux fois sur le premier disque, de même que le Somalien Cabdulahhi Qarshi. En outre, on trouve sur ce même CD un ensemble Haoussa-Ibo-Yoruba, probablement constitué pour faire la promotion des musiques traditionnelles nigérianes. On l'aura compris : ce ne sont là que des « exemples sonores » illustrant plus ou moins bien les formes musicales et les instruments évoqués dans le texte, afin de permettre à l'auditeur de se faire une idée des musiques africaines. Chaque orchestre fait l'objet d'un texte de présentation relativement complet, mais parfois lacunaire en ce qui concerne l'instrumentation. On voyage ainsi de l'Afrique du Nord (Musiciens du Nil, *nawba* algérienne, chanteuse tunisienne avec accompagnement de *´ûd*) à l'Afrique du Sud (groupe xhosa Amampondo), en passant par l'Afrique de l'Ouest (Mali, Burkina Faso, Guinée, Ghana, Nigéria et Côte-d'Ivoire), par l'Afrique centrale (les deux Congo, Rwanda, Burundi), Madagascar et les Comores.

Le CD-Rom (qui peut être consulté en trois langues : anglais, italien et allemand) s'ouvre sur un sommaire reprenant les chapitres du livre : Ethnohistory, Music of the African People, Vocality, Musical Instruments et New African Music. Le premier chapitre reproduit les textes du livre, assortis de quelques exemples musicaux. La deuxième partie propose un découpage de l'Afrique par zones géographiques ainsi qu'un choix de musiques de vingt-cinq ethnies représentatives de ces zones. Pour l'Afrique du Nord, par exemple, figurent les Arabes avec la *nawba* algérienne, de la *zurna* tunisienne et les Musiciens du Nil ; les Touaregs du Mali, avec des tambours sur mortier *tendey*, de la flûte et de la vièle monocorde *imzad*; les Gnawa marocains, avec le luth *gnbri* et les castagnettes *qrqb*. On a parfois la possibilité de visionner un document vidéo, en très petit format et de qualité médiocre. Des photos peuvent aussi être appelées à l'écran par hyper-texte, ainsi que des textes explicatifs, de même qu'il est possible de choisir plusieurs exemples sonores d'instruments qui figurent dessinés sur une carte de l'Afrique sous le chapitre en question. L'ensemble est facilement consultable, les « boutons » de commande sont bien visibles et les commandes réagissent rapidement. On notera cependant l'absence de tout commentaire parlé, et les textes doivent être lus à l'écran, ce qui devient vite fastidieux et frustrant lorsqu'ils sont longs et qu'ils figurent également dans le livre. Or le CD-Rom devrait plutôt mettre l'accent sur le son et les images, fixes ou animées, et l'interactivité entre ces différents médias pour remplir son rôle d'outil didactique moderne.

Malgré ces réserves, ce nouveau venu dans la série des ouvrages de vulgarisation sur les musiques du monde rencontrera très probablement un certain succès auprès des enseignants anglophones, germanophones et italophones.

François Borel

Amnon SHILOAH: *Les traditions musicales juives.* Paris: Maisonneuve et Larose, 1995, 336 p.

Entre 1985 et 1987, le Professeur Shiloah faisait paraître *HaMoreshet HaMusiqalit Shel Qehilot Israel* (*L'héritage musical des communautés juives*), synthèse en douze volumes de son travail de pédagogue à l'Université Hébraïque de Jérusalem et à l'Université Ouverte de Tel Aviv. Cette étude allait être révisée et abrégée pour être publiée en anglais en 1992 sous le titre: *Jewish Musical Traditions*. C'est de la version française de cet ouvrage qu'il sera question ici.

Dans l'introduction, l'auteur s'interroge sur les concepts d'héritage et d'authenticité à propos des musiques juives, soulevant d'emblée la question récurrente qui hante tous ceux qui entreprennent leur «odyssée à travers les sentiers sinueux des traditions juives», à savoir: existe-t-il un noyau musical originel qui soit commun à toutes les communautés d'Israël d'aujourd'hui? Pour y répondre, jugeant insuffisantes les approches systématiques, géographiques et historiques, l'auteur opte pour une étude à la fois synchronique et diachronique de la musique, envisagée dans son contexte culturel. Dans cette perspective, neuf thèmes de recherche vont être abordés, chacun constituant un chapitre de l'ouvrage.

Dans *Identité et caractère de la musique juive*, le lecteur est tout d'abord convié devant le Mur des Lamentations, lieu où s'entremêlent les traditions musicales juives dans toutes leurs diversités. Face à cette «tour de Babel» (p. 17), existe-t-il une véritable identité musicale? La quête d'une source commune a été l'obsession de nombre de chercheurs, et au premier chef, celle d'Abraham Zvi Idelsohn – le père de la recherche musicale juive – auquel l'auteur consacre la plus grande partie de ce premier chapitre. Dès 1906, Idelsohn entreprenait une étude comparative de plus de mille chants issus des diverses communautés juives de Jérusalem. Dans son ouvrage majeur, paru en 1928, il soutenait la thèse d'une source commune – les modes de lecture des cantillations – et de son ancienneté – avant la destruction du Second Temple. Il y exposait en outre les grandes similitudes existant entre le chant grégorien et les mélodies juives orientales, et plus particulièrement celles d'origine yéménite. S'il reconnait l'importance de cette étude, Amnon Shiloah considère certaines de ces théories historiques comme invérifiables du fait de l'absence de sources écrites explicites. Quant à la méthode usitée, il lui préfère celle employée dans les années 30 par Robert Lachmann dans son étude de la tradition musicale juive de Djerba, au cours de laquelle, dans un espace très limité, ce dernier mit en lumière les influences de la culture musulmane sur la communauté juive.

Dans *Problèmes de méthodologie dans l'étude de la musique juive*, il est fait le constat que, pour être appréhendées dans toutes leurs dimensions – orale, historique, géo-culturelle – les musiques juives nécessitent le recours à des méthodologies à la fois diverses et combinées. Le chercheur dispose de sources écrites nombreuses, mais éparses. Les plus importantes proviennent de la sphère religieuse: la Bible, bien sûr, mais aussi le Talmud et la *Halakha* (lois et coutumes) dans lesquels sont évoqués la symbolique et le pouvoir merveilleux de la musique vocale et instrumentale. Les récits de voyageurs étrangers sont de même souvent riches d'informations, telle la description d'un mariage juif à Tanger vu à différentes époques, par le poète juif Romanelli (1787), le peintre Delacroix (1832) et l'écrivain Dumas père (1845). On dispose également d'écrits internes, provenant le plus souvent de rabbins décrivant la vie musicale d'une communauté à un moment donné de son histoire. Leurs textes montrent les influences subies par le monde environnant comme leur lutte pour parfois s'en démarquer. D'une façon générale, ces textes dénotent la participation des théoriciens juifs à la vie musicale en Europe et en Méditerranée.

Musique et religion traite de l'emprunt face à la norme religieuse. Le chapitre s'ouvre sur le phénomène d'infiltration de mélodies étrangères au sein de la synagogue. L'auteur nous livre quelques exemples frappants pour illustrer différents processus d'intégration. Le premier est d'ordre émotionnel: c'est le cas de la chanson de variété *Yerushalaim Shel Zaav* (*Jérusalem d'Or*). Le fait que sa diffusion ait coïncidé avec l'avènement de la Guerre des Six Jours (1967) allait rapidement faire entrer cette mélodie dans l'hymnodie sabbatique. Il peut arriver qu'un chant soit intégré à la synagogue du fait de son contenu, comme le montre l'exemple d'une chanson traditionnelle française où l'amour d'un berger et d'une bergère a été interprété comme une allégorie de la relation entre Dieu et Israël. Autre moyen d'accès: le phénomène de mode, illustré par le cas étonnant de *Chéri[e] je t'aime, Chéri[e] je t'adore*, succès mondial des années 1960 qui allait servir de nouveau support au *Qaddish*, l'une des prières les plus importantes du rite juif. L'introduction de ces nouvelles mélodies est souvent due à l'initiative des cantors – coordinateurs des prières durant les offices – animés par le désir de briller, de plaire à leur communauté en repoussant toujours plus loin les interdits religieux. Comme l'explique longuement Shiloah, il faut dire l'attitude ambiguë du judaïsme à l'égard de la musique. Si cette dernière permet de glorifier l'Eternel, elle peut aussi entraîner l'Homme dans le péché. Cette dualité transparaît dans les réactions diverses observées par les autorités rabbiniques au cours des siècles, oscillant entre la rigueur de la lettre et la souplesse de l'esprit.

Le quatrième chapitre a pour thème *La Cantillation*, élément essentiel du rite. Mais qu'est-ce que la cantillation? Pour l'auteur, elle est sans doute plus proche de la déclamation que du chant. C'est le temps du discours qui prime. Son rôle essentiel consiste en la mise en valeur du texte. La transmission de la cantillation s'est opérée par deux canaux: l'un écrit et l'autre oral, mais tous deux sont intimement liés puisque, si le premier sert à l'apprentissage, le second est appliqué au cours de l'office. Le système écrit date du Xe siècle de notre ère. Il se résume à 26 symboles graphiques dont le rôle est à la fois celui de la ponctuation, de la mélodie et de l'emphase. Toutefois, l'emploi de ces accents fait état d'une relative souplesse, et donc, à un signe particulier peuvent correspondre différentes mélodies en fonction de la nature d'un texte, ou de la spécificité d'un office. Les contours mélodiques restent – par définition – assez flous: leur interprétation varie ainsi d'une communauté à l'autre. Ce qui fait dire à Amnon Shiloah que la démarche d'Idelsohn visant à remonter à la source originelle par l'analyse de la cantillation ne tient pas.

Le cinquième thème concerne *Le Piyyut, facteur de développement de la musique synagogale*. Il s'agit là de la grande tradition poétique religieuse, née vers le IVe siècle, qui allait transformer la liturgie en l'enrichissant par de nouveaux éléments. L'auteur en fait l'historique, passant en revue et dans le détail les diverses techniques poétiques usitées au cours des époques. La création toujours plus grande d'hymnes synagogaux devait donner naissance à de nombreux recueils d'anthologies. L'engouement pour ce type de chants allait d'ailleurs largement dépasser le cadre de la synagogue pour pénétrer le domaine paraliturgique. Sur le plan des pratiques, le *piyyut* devait modifier profondément l'attitude des fidèles pour lesquels une plus grande participation au rite était ainsi offerte. C'est dire la place incontournable de cette forme dans l'histoire musicale juive.

La musique dans le monde de la mystique nous entraîne dans le monde du *Zohar* (traité ésotérique du XIIIe s.) et de la Kabbale. Au XVIe siècle, l'école mystique de Safed en Palestine reprenait le flambeau de l'Age d'Or espagnol, développant toute une tradition au sein de laquelle la musique allait prendre une place prépondérante. Tout est musique : le corps de l'Homme vibre comme la harpe de David, le *shofar* (corne de bélier) peut infléchir le jugement divin, le chant de l'Homme s'unit à celui des anges dans une symphonie cosmique le conduisant à l'extase. Dès lors qu'il s'agit de glorifier le Créateur, même les chants profanes sont sanctifiés. De ce courant mystique devait naître quantité de pratiques : louanges et supplications nocturnes comme nombre de chants liturgiques et paraliturgiques. L'auteur en fait l'exposé et, dans un style empli de lyrisme, il démontre finalement, qu'en matière de musique, c'est l'enseignement des kabbalistes qui devait l'emporter sur celui des réfractaires à toute musique.

La musique non-synagogale entre le sacré et le profane est un domaine d'étude aux frontières mouvantes. Pour Idelsohn, par définition, la musique juive ne peut être profane. Shiloah entend montrer qu'un folklore juif existe bel et bien, avec ses propres répertoires, ses langues diversifiées en sus de l'hébreu et ses formations instrumentales. Certes, toutes les célébrations associées au cycle des fêtes sont empreintes de religiosité, mais elles font l'objet de toutes sortes de manifestations musicales qui se démarquent très distinctement du monde synagogal. C'est dans le cycle de vie que l'auteur trouve que le chant folklorique parvient à sa plénitude. Pour célébrer les naissances et les mariages, chaque communauté puise dans le patrimoine qui lui est propre. Ce qui leur est commun est, outre certaines thématiques récurrentes, l'emploi de formations intrumentales et la présence forte et remarquée des chants féminins dont l'auteur reconnaît, après Bartók, le caractère souvent très archaïque.

Le rôle de l'interprète est le thème développé dans *Créativité populaire et pratique de l'interprétation*. Dans le chant populaire, l'interprète est le lien entre les individus et leur communauté, entre le passé et le futur. Dans le cas de l'interprète juif, son auditoire peut être juif ou non. Quant à son répertoire, là encore, il est double : les paroles qu'il ajoute au fonds textuel préexistant peuvent concerner des événements survenus au sein de la communauté, ou bien atteindre un niveau plus large. Dans ce type de tradition populaire existe ce que l'auteur nomme un « cachet juif », comme par exemple dans le *diwan* (recueil de chants) juif yéménite qui associe les airs traditionnels du Yémen, ceux du judaïsme espagnol ainsi que des hymnes paraliturgiques. Il en est de même pour d'autres traditions visitées par l'auteur – la judéo-espagnole ou la hassidique. Le chapitre s'achève sur des exemples d'ensembles musicaux juifs qui, malgré leur statut souvent précaire, ont marqué de leur empreinte la vie musicale locale, voire nationale, de leurs pays.

Le dernier chapitre de l'ouvrage est dédié à *La danse*, forme d'expression qui soulève souvent les mêmes interrogations que la musique juive, mais qui, par rapport à celle-ci, n'a fait l'objet pour l'heure d'aucune étude systématique. Il faut dire que les sources sont plutôt minces. Il est difficile de se faire une idée de la danse dans l'Israël antique hormis par quelques traces archéologiques et par quelques indications dans la Bible. Il faut dire également que la danse, plus encore que la musique, à suscité de fortes réticences religieuses au cours des siècles, exception faite du mouvement hassidique pour lequel la danse est aussi prière. Avec la renaissance de l'Etat d'Israël est né le désir de créer pour la danse un patrimoine national, inspiré à la fois des fêtes agraires bibliques et des traditions dansées locales ou étrangères. Ce projet a vécu, mais la danse folklorique est encore présente, au même titre que les diverses danses communautaires issues de la diaspora.

Dans *Rétrospective et prospective*, l'auteur reprend la question du noyau commun éventuel à toutes les traditions musicales juives – dont certaines ont pu être évoquées au fil de l'ouvrage – lui donnant l'occasion d'exprimer avec plus de force encore ses postulats méthodologiques. S'il reconnaît des similitudes entre les diverses communautés, il estime plus importante encore la prise en compte des traits distinctifs révélés dans la pratique interprétative. Reprenant Sachs, il juge plus intéressant «le faire» (la musique) que «l'être». Autre postulat: alors qu'il considère Idelsohn comme un archéologue en quête de «l'authentique», il dit vouloir accepter et s'intéresser précisément au changement. S'appuyant sur le célèbre verset de l'Ecclésiaste [9:1] «*Ce qui a été sera (...)*», l'auteur estime que le changement est une part imperceptible de la continuité. Son intérêt pour la contribution des musiciens orientaux dans l'élaboration d'un nouveau style national israélien l'a amené à étudier, avec le sociologue Eric Cohen, les directions du changement dans la musique ethnique. Et de proposer au final une typologie des dynamiques stylistiques dans la musique juive orientale en Israël.

Dans le court *Epilogue* qui suit, est fait le constat suivant: la religion a somme toute préservé la musique de changements trop radicaux, tandis que le contact avec d'autres cultures a engendré de réelles affinités. Celles-ci ont-elles dénaturé la musique juive, ou bien l'ont-elles sauvée de la disparition? Question qui, à l'instar de beaucoup d'autres, et comme l'écrit Shiloah sous forme d'excuse, demeurera sans doute sans réponse.

Le plus grand mérite de cet ouvrage réside dans la richesse de la documentation. On devine qu'elle est le fruit d'un long travail de pédagogue toujours désireux d'enrichir ses connaissances et, par là même, celles de ses étudiants. Ici, c'est au tour du lecteur d'en profiter et de s'instruire réellement sur le sujet. Qu'il soit néophyte ou plus averti, il sera intéressé, souvent étonné, par les nombreux exemples donnés. Le chapitre sur la mystique est sans doute le plus abouti. C'est d'ailleurs le seul qui comporte une réelle conclusion. On y découvre une vision religieuse qui tranche avec les clichés qu'on a l'habitude de lire sur le sujet. Quant à la méthodologie employée, si l'on n'est pas forcé d'y adhérer pleinement, le fait que l'auteur fasse partie intégrante de son sujet est sans aucun doute un atout.

Mais ce livre appelle toutefois quelques remarques. La première concerne la forme. On regrettera tout d'abord que l'auteur n'ait point jugé nécessaire de numéroter ses chapitres et surtout les sous-titres qui les composent. Le lecteur est obligé de faire des aller et retours permanents pour mieux se situer dans le propos. Quant aux quelques exemples musicaux donnés, il est dommage qu'ils apparaissent rarement dans la continuité du discours, et surtout que les textes des chants soient peu souvent translittérés et jamais traduits, empêchant tout lecteur non-hébraïsant d'y participer. Autre remarque, qui concerne cette-fois l'édition: le texte est émaillé de nombreuses 'coquilles' et la traduction n'est pas toujours satisfaisante, ce qui, de la part d'un auteur francophone, est regrettable.

Sur le fond même de l'ouvrage, notre première remarque concerne le choix thématique des chapitres. La formule, sans être nouvelle, est intéressante, mais la frontière entre les thématiques exposées dans les différents chapitres est souvent fort ténue, provoquant bien souvent des redondances qui alourdissent le discours. Par ailleurs, si l'histoire et la géographie de la diaspora juive peuvent sembler une évidence pour un spécialiste du sujet, ces deux aspects auraient sans doute mérité un bref chapitre explicatif à l'adresse du grand public. Enfin, la version française, parue dix années après la publication originale en hébreu, aurait mérité une réactualisation des sources. En effet, la bibliographie fait état majoritairement d'ouvrages publiés il y a plus de vingt ans, négligeant ainsi les travaux de recherche réalisés depuis lors en Israël et ailleurs. Pour ne prendre qu'un exemple, le chapitre consacré à la cantillation biblique aurait gagné en intérêt pour le lecteur si les travaux de Reinhard Flender et ceux de Frank Alvarez-Pereyre y avaient été intégrés.

En dépit de ces réserves, il est indéniable que l'ouvrage d'Amnon Shiloah apporte de nouveaux éléments pour notre compréhension de ce formidable puzzle que représentent les traditions musicales juives.

Olivier Tourny

Références

ALVAREZ-PEREYRE Frank
1990 *La transmission orale de la mishnah. Une méthode d'analyse appliquée à la tradition d'Alep*. Yuval Monograph Series VIII. Jérusalem: The Magness Press, The Hebrew University.

DELACROIX Eugène
1893 *Journal d'Eugène Delacroix*. Paris: Plon.

DUMAS Alexandre (père)
1849 *Le Veloce en Tanger, Alger et Tunis*. Bruxelles.

FLENDER Reinhard
1992 *Hebrew Psalmody. A structural Investigation*, Yuval Monograph Series IX. Jérusalem: The Magness Press, The Hebrew University.

IDELSOHN Abraham Zvi
1922-28 *Otsar Neginot Israel*. 5 vols. Leipzig: Breitkopf & Harpel. [Reprints: 1965, Amsterdam, B.M. Israel, 1965, et New York: Ktav Publishing House, 1985.]
1914-33 *Hebraïsh-Orientalischer Melodienschatz* 10 vols. Leipzig: Breitkopf & Harpel. [Reprints: 1965, Amsterdam, B.M. Israel, 1965, et New York: Ktav Publishing House, 1985.]
1923-33 (Vols 1-2, 3-10, *Thesaurus of Hebrew Oriental Melodies*, 10 vols. Leipzig: Breitkopf & Harpel. [Reprints: 1965, Amsterdam, B.M. Israel, 1965, et New York: Ktav Publishing House, 1985.]

ROMANELLI S.A.
1791 *Masa BeArav*, *in* H. Schirman ed., 1969, *Romanelli's Selected Writings*. Jerusalem: Mosad Bialik (en hébreu).

SHILOAH Amnon
1985-87 *HaMoreshet HaMusiqalit Shel Qehilot Israel*, 12 vols. Tel Aviv: HaUniversita HaPtouha.
1992 *Jewish Musical Traditions*. Detroit: Wayne State University Press.

Bernard LORTAT-JACOB: *Chants de Passion: au cœur d'une confrérie de Sardaigne*; photogr.: Bachisio Masia, dessins originaux: Nino Sanna. Paris: Ed. du Cerf, 1998. 342 p. Glossaire et index analytique; bibliographie (La voie esthétique). Ouvrage accompagné d'un disque CD encarté. ISBN 2-204-05897-1.

La première édition italienne (*Canti di passione. Castelsardo, Sardegna*, Lucca: LMI, 1996) de cette belle œuvre de Bernard Lortat-Jacob ayant déjà fait l'objet d'un compte rendu par Antonello Ricci (*CMT* 10, 1997: 318-321), on ne pourra que souligner l'excellence de la présentation de cette édition française, dont le contenu est enrichi de photographies en noir-blanc qui ponctuent le cours du récit.

Rappelons cependant que l'ouvrage est divisé en trois parties: 1. D'une passion à l'autre; 2. La passion de l'autre; et 3. Matériel, transcriptions et analyses. Il est suivi d'annexes dont les textes des chants, un glossaire et le descriptif du disque CD encarté.

N'ayant pas eu en mains l'édition originale en italien, l'auteur de ces lignes ne peut que se référer à Lortat-Jacob qui nous indique que la présente édition a été enrichie de plusieurs pages, dont une introduction, écrite à la première personne, et de quelques paragraphes complétant les chapitres III («L'épaisseur du rituel») et VI («La *quintina*») de la première partie. En outre, la deuxième partie, notamment dans ses aspects interprétatifs, comprend dix-huit chapitres contre treize dans l'édition italienne. En revanche, le nombre de photos a été réduit (de 97 à 53).

L'adjonction du texte consacré à «La *quintina*: quatre voix qui n'en font qu'une» paraît particulièrement heureux et indispensable, tant ce phénomène acoustique, fait de la «fusion des harmoniques des quatre voix, distincte des quatre fondamentales produites par chacune des voix» (p. 139), semble être recherché par les membres des confréries et par le public de Castelsardo, puiqu'il entre dans la symbolique de la Passion, et dont «chaque année, quand vient la semaine sainte, on attend la réapparition» (p. 143). Et il est vrai qu'à l'écoute du passage indiqué par l'auteur (plage 6 du CD), l'auditeur ne peut qu'être émerveillé par la pureté de cette cinquième voix ´»virtuelle» qui sort du néant.

Il semble superflu d'ajouter que cet ouvrage doit faire partie de toute bibliothèque digne de ce nom et qu'il doit servir d'exemple pour toute investigation aussi bien ethnologique qu'ethnomusicologique, tant part sa démarche méthodologique que par la pertinence de ses analyses et, *last but not least*, par l'élégance de son écriture.

François Borel

Caterina PASQUALINO: *Dire le chant. Les Gitans flamencos d'Andalousie.* Paris: CNRS Editions / Editions de la Maison des Sciences de l'Homme, 1998. 294 p.

«Paradis fermé à beaucoup, jardins ouverts à peu» (García Lorca 1981: 872), telle est l'impression que le flamenco donne depuis son apparition remontant à la fin du premier tiers du XIXe siècle, en Basse Andalousie. Les nombreux essais sur ce thème s'attachent à analyser le répertoire flamenco d'un point de vue historique, littéraire et parfois musicologique. Rares sont ceux qui évoquent la question de la pratique musicale intime du flamenco. Caterina Pascualino a conduit sa recherche anthropologique au sein de deux communautés gitanes andalouses habitant la ville de Jerez de la Frontera. A la différence des études ethnologiques sur les Gitans, elle a fondé son enquête ethnographique sur l'observation et la compréhension d'une très riche réalité musicale, puisque les familles côtoyées comptent parmi leurs membres des chanteurs, des guitaristes et des danseurs professionnels renommés. A partir de cette réalité, elle dévoile la portée anthropologique de certains jalons posés par Lorca dans sa conférence: «Chant primitif andalou appelé '*cante jondo*'».

«Le *cantaor*[1], lorsqu'il chante, célèbre un rite solennel, il met au jour les vieilles essences endormies et les lance aux vents, enveloppées dans sa voix..., il a un profond sentiment religieux du chant. La race se sert d'eux pour libérer sa douleur et son histoire véritable. Ce sont de simples médiums, les crêtes lyriques de notre peuple.» (García Lorca 1981: 825).

Dans son livre, Caterina Pasqualino lui répond en définissant «le flamenco comme pierre angulaire de l'identité gitane». Dire le chant, expression gitane pour désigner la bonne manière flamenca de chanter, renvoie aussi au lien étroit que les Gitans andalous établissent entre l'oralité et le *cante*[2], «comme si leur parole quotidienne se prolongeait dans le chant flamenco. Mais ce dernier est plus qu'un mode d'expression naturel, il fonde leur vision du monde.» (p. 11). Dire le chant, c'est aussi mettre en jeu une conception du sacré et du sentiment religieux, propre à la culture gitane.

---

1 *Cantaor*: chanteur flamenco.

2 *Cante*: chant flamenco.

Devenir flamenco ne dépend pas d'une forme d'éducation particulière. L'apprentissage se fait par mimétisme. Bercé au son des *bulerías*[3], l'enfant en acquiert le rythme et une gestuelle, celle du moulinet. Dès l'âge de quatre à six ans, il «joue au flamenco» déjà en pratiquant le chant et la danse dans le cadre de concerts organisés pour les voisins. L'adulte ne lui prodigue pas de conseils techniques, mais des remarques relatives à l'interprétation. L'adolescence est le temps où l'apprentissage atteint son apogée. La danse se mue en expression de la séduction, tant pour les jeunes gens que pour les jeunes filles. Elle réside dans l'art du regard et de la démarche. A l'âge adulte, la femme conquiert la danse comme son espace de prédilection, tandis que l'homme se tourne vers le chant. Bien qu'étant une affaire d'homme, le chant constitue pour les femmes une manière d'oublier leurs problèmes quotidiens.

Lorsque la pratique du chant ou de la danse est professionnelle, le métier dit d'«artiste» sert les valeurs gitanes par l'affranchissement du travail manuel, de la monotonie du travail salarié et de la subordination à un patron. Il se situe au sommet de la hiérarchie des professions actuelles embrassées par les Gitans, puisqu'il pérennise un certain anticonformisme. Caterina Pascualino éclaire cet aspect à l'aide d'une synthèse critique abordant les questions de sédentarisation et de mythologie.

En rythmant les étapes de la vie, le flamenco est véhicule de l'apprentissage d'un mode d'être. Il ne repose pas sur un ensemble de règles énoncées, mais sur l'expérience de l'interprétation. A travers elle, s'acquiert une esthétique définie à l'aide d'un vocabulaire présenté par l'auteur et marque d'une différence.

Le fait d'interpréter dévoile un rapport au monde qui diffère selon les situations musicales. Les circonstances propres à l'exécution publique dite professionnelle ramène la notion d'interprétation à celle de style pour distinguer le geste musical gitan du geste musical *payo*[4]. Or, l'acte de chanter consiste à blesser, non à plaire. Pour les Gitans, la pratique flamenca devant un auditoire *payo* relève de l'esbroufe, car l'interprète gitan donne à entendre une souffrance artificielle qu'il distingue de celle exprimée au sein des fêtes intimes.

Le mode d'interprétation flamenca est aussi un signe d'identité distinctif entre des communautés gitanes comme celles du quartier de San Miguel d'origine nomade dite *canastero* et du quartier de Santiago d'origine sédentaire dite *casero*. Selon l'auteur, l'histoire de leur quartier permet d'expliquer des coutumes variées et complémentaires que traduit notamment la musique.

La description faite par Caterina Pasqualino des fiançailles et du mariage, concerne essentiellement les deux communautés de Jerez de la Frontera. Elle met en évidence à la fois la structure commune à ces deux rites, et les valeurs déterminant le statut de l'homme et de la femme au sein du couple, de la famille et du groupe social.

---

3 *Bulerías*: forme flamenca festive originaire de Jerez.

4 *Payo*: non-Gitan.

La *pedida* est la demande en mariage où l'engagement est consacré par un dialogue entre les deux parties en présence de témoins et est validé par la formule: «ceci fait loi». Quelques jours après, sont célébrées les fiançailles. Cette fête se déroule en deux étapes; la première, de nature festive, réunit toutes les générations, et connaît son apogée dans le rituel de la *Toronja*[5]. Une danse *por bulerías* est exécutée à l'intérieur d'un cercle entre la fiancée et chaque convive venant déposer une *toronja* dans son tablier. Lorsqu'elle s'achève, les femmes encerclent la fiancée, déchirent son tablier et sa jupe. Celle-ci réapparaît vêtue d'une nouvelle robe. Elle est soulevée par des porteurs femmes, puis par des hommes au son des *alboreás*[6]. Les hommes déchirent à leur tour leurs vêtements en signe d'émotion. Tard dans la soirée, la seconde étape rassemble uniquement ces derniers pour interpréter les grands chants: *bulerías pa escuchar*[7], *soleares*[8], *siguiriyas*[9].

A l'occasion du mariage, ce cérémonial est amplifié et magnifié. Peu à peu se dessine dans l'espace un cercle unique appelé *Tálamo*[10], autour duquel se répartissent les deux familles selon un ordre précis, puis les invités. Ici les *alboreas* ont pour fonction de consacrer l'annonce officielle de la virginité de la fiancée.

La description comparative des festivités de la Semaine Sainte propres aux communautés gitanes de San Miguel et de Santiago, présente un autre aspect du flamenco appréhendé encore comme musique de rituel. Elle nourrit la symbolique de leurs variantes coutumières et musicales.

A travers l'analyse de ces rites apparaît un ensemble de correspondances structurales. Dédié à la femme, le rituel de la *Toronja* célèbre la fécondité à venir que le cercle du *Tálamo* matérialise. Caterina Pascualino fait observer que la première partie des fiançailles, du mariage, du baptême, est d'essence féminine grâce à la prédominance de la danse, expression de la femme par excellence. La seconde partie, réorganisant le cercle par la seule présence des hommes pour «rester avec les chants», est d'essence masculine. A cette opposition féminin / masculin, l'auteur associe celle, symbolique, de la poule et du coq, animal prisé des Gitans, et celle symbolisée par le Christ de Santiago appelé El Prendi, le captif, dont l'attitude rappelle une figure de danse *por bulerías*, et par celui de San Miguel désigné Malena en raison de sa chevelure flottante dont la scène évocatrice de l'expiration renvoie à la quintessence du chant: son *macho*[11] exécuté sans reprendre sa respiration dans un ultime soupir.

---

5 *Toronja*: gâteau en forme d'anneau.

6 *Alboreás*: chant de mariage gitan.

7 *Bulerías pa escuchar*: *bulerías* spécifiques à l'écoute et non à l'accompagnement de la danse.

8 *Soleares*: forme flamenca d'expression dramatique.

9 *Siguiriyas*: forme flamenca d'expression dramatique

10 *Tálamo*: lit conjugal.

11 *Macho*: partie finale d'un chant.

A la différence des fiançailles, du mariage, du baptême, d'une communion, de la *zambomba* de Noël[12] ou de la Semaine Sainte, la *juerga* est une réunion familiale à l'occasion de laquelle sont invités des amis autour d'un banquet. Elle revêt un caractère moins solennel, puisqu'elle fête un anniversaire, le départ d'un jeune homme au service militaire ou d'autres événements rythmant la vie quotidienne. Caterina Pasqualino montre comment la *juerga* est un rituel à part entière, et comment le flamenco, considéré jusque là comme musique de rituel, devient une musique ritualisante: le désordre apparent, spécifique de la *juerga*, cache la structure bipartite décrite à propos des fiançailles et du mariage. La première étape va crescendo, les femmes initient la fête, relayées par les jeunes gens qui la portent à son paroxysme. A cette partie dominée par les femmes et la danse, succède celle commandée par les hommes et le chant. Prise à sa plénitude, elle va decrescendo jusqu'à sa lente agonie.

La *juerga* symbolise, au travers de la pratique flamenca conçue pour elle-même, un ensemble de spatialités propres à la société gitane. Le cercle de la danse est, selon l'auteur, le territoire où l'homme est convié. Il témoigne de la stabilité sociale des femmes par opposition à l'errement des hommes incarné par le cercle du chant. Celui-ci est vide en son centre de par la disposition des hommes sur son pourtour. Il renvoie aux espaces erratiques particuliers à ces derniers. Cette symbolique du cercle permet aussi de distinguer les spécificités complémentaires des quartiers gitans de Santiago et de San Miguel.

Comme les autres circonstances musicales, la *juerga* est un lieu propice à l'expression personnelle. Le sens des *coplas*[13] sert une parole tenant lieu soit de confession publique, soit de déclaration publique comprise des deux seuls protagonistes. Mais les termes peuvent être hostiles, le chant est alors le siège de règlements de compte. Selon l'auteur, un dicton dit que «le chant ne connaît ni ami, ni famille». Le cas limite du *cante a porfías*, chant alterné entre deux hommes, est rare: les griefs sont rappelés par le truchement des couplets.

L'apport essentiel du travail de Caterina Pascualino se situe dans ce qu'elle appelle «l'agonie du chant». Lors de la seconde partie des rituels, le cercle du chant s'inaugure par l'évocation des morts. Situé dans le hors-temps, le chant répond à des critères esthétiques très précis et met en jeu, autour de la symbolique du souffle dans sa phase expiratoire, l'idée de purification, de lutte avec le chant et de sa mort afin que surgissent les *duendes*, forces positives de l'au-delà, signe de l'expression d'une vérité.

Selon Caterina Pasqualino, l'appellation «Gitans flamencos» désigne des communautés gitanes andalouses dont les pratiques rituelles du flamenco fondent l'identité. Cette étude a le mérite de remettre en question un discours général sur le flamenco en l'appréhendant à travers sa seule réalité intime. L'interprétation flamenca apparaît comme le mode d'expression de la cohésion sociale, ou

12 *Zambomba*: tambour à friction joué à Noël; par extension, ce terme désigne les fêtes durant lesquelles sont exécutés les chants de Noël dits *villancicos*.

13 *Copla*: strophe brève et très suggestive.

comme le révélateur d'un conflit. Elle a plusieurs fonctions: celle de bercer, celle du jeu, celle du langage séducteur. Mais son usage demeure ambivalent car le chant peut servir à traduire le conflit et se muer en facteur de division du groupe. Cependant, rares sont ces occasions. Plus fréquente est celle où la succession des danses et des chants incarne un lien sans rupture. Le *Tálamo* en est la manifestation la plus accomplie. L'autre situation du flamenco est celle de la réunion incitant chacun à exprimer un sentiment.

L'image du cercle propre au flamenco matérialise la dimension sacrée qui marque sa pratique musicale. L'auteur démontre comment cette place accordée au sacré est nourrie d'une ferveur religieuse dont l'Eglise catholique inspire certaines coutumes.

Dire le chant, c'est se révéler et s'affirmer homme dans son authenticité au sens de Leenhardt (1971: 309): le flamenco et «la personne ont des rapports si grands, qu'on les voit s'appuyer l'un sur l'autre, procéder l'un de l'autre, se consolider, s'expliquer, et se justifier l'un par rapport à l'autre.»

Corinne Frayssinet Savy

Références

GARCIA LORCA Federico
1981 *Œuvres complètes*, Vol. 1. Paris: Gallimard.

LEENHARDT Maurice
1971 *Do kamo. La personne et le mythe dans le monde malésien*. Paris: Gallimard.

Les danses du monde. Exemples musicaux, textes (en français et en anglais) et illustrations rassemblés et présentés par Hugo Zemp. Livre-disque avec deux CD. Collection CNRS/Musée de l'Homme. Le chant du Monde CNR 574 1106.07, 1998. Durée: 2h36'.

En publiant son coffret *Les danses du monde*, Hugo Zemp s'est attelé à la tâche périlleuse de fournir un maximum d'informations sur la danse, mode visuel d'expression humaine intimement lié à la musique. Gravitant autour de la relation étroite et compliquée qui unit la musique à la danse, les exemples parviennent à illustrer de façon équilibrée la grande diversité de l'expression vocale et instrumentale, sa richesse rythmique et dynamique, ainsi que la variété des formes de la danse et du vocabulaire du mouvement; ils évoquent aussi le rôle symbolique joué par la danse, la musique, la poésie et d'autres modes d'expression humaine dans différents contextes sociaux. Une des difficultés dans ce genre d'entreprise est la répartition géographique des danses et de leur musique, dont une sélection réfléchie et rigoureuse implique une somme de connaissances considérable. Il en résulte ici un choix de quarante exemples, appartenant à vingt-huit pays groupés en cinq zones continentales, qui parviennent à donner une image représentative de la grande diversité et de la richesse de ces modes de communication expressive. Cependant, les exemples ne couvrent pas certaines régions du monde et proviennent, dans certains cas, d'un même pays: Côte d'Ivoire (3), Italie (3), Papouasie-Nouvelle-Guinée (3), Îles Salomon (3). Malgré cette apparente limitation, la plupart d'entre eux permettent, en tant que symboles métonymiques, d'établir des relations et des associations avec les réalités de la danse et de la musique d'autres pays.

Le livre-disque est composé de sections reliées entre elles. L'introduction théorique au domaine de la danse permet au lecteur-auditeur d'élargir son point de vue sur cet art et d'apprendre à écouter les exemples. Elle est suivie d'une section qui se propose de décrire la musique, la danse et leurs contextes. Afin de créer des représentations visuelles pour la musique et de les camper dans la réalité, en leur donnant plus de précision et de clarté, la description verbale est accompagnée de photos et de croquis situant la danse dans l'espace et illustrant la relation entre la danse, la musique et les gestes, le tout étant complété par des textes et des notations chorégraphiques. La grande cohérence de cette publication est perceptible dans la relation intime qui unit l'introduction théorique, la description ethnographique et les exemples enregistrés. Il faut donc à la fois regarder, lire et écouter ce live-disque pour tirer le meilleur profit qui soit de l'information riche et complexe qu'il recèle.

La première partie, intitulée « Pour entrer dans la danse », est importante par l'étendue de son champ de vision et son caractère pluridimensionnel. Grâce à son esprit de synthèse, l'auteur réussit en une vingtaine de pages à présenter la danse d'un point de vue anthropologique. Il décrit avec clarté la danse comme un processus artistique multifonctionnel et polysémique ne se produisant jamais de façon isolée, mais plutôt en interaction avec d'autres modes d'expression qui se combinent entre eux et réagissent les uns sur les autres différemment selon les contextes sociaux. Cette introduction établit un cadre où la plupart des exemples trouvent leur place et illustrent les différents aspects traités.

Se référant à des ouvrages théoriques fondamentaux – une bibliographie sélective mentionne Judith Lynne Hanna, Ania Petersson Royce, Jean-Michel et Yves Guilcher, Gilbert Rouget –, l'auteur présente la danse comme un domaine à plusieurs niveaux de signification, impliquant une recherche interdisciplinaire dans les spécialités de l'anthropologie physique, culturelle et sociale, de l'anthropologie de la danse et de la musique, de la psychologie, de la communication et de la sémiotique.

Le premier chapitre, « Concepts et vocabulaires », est consacré à la détermination culturelle du concept de danse. Certaines cultures ne possèdent pas de termes tels que danse et musique, l'existence syncrétique de celles-ci étant conceptualisée par d'autres expressions. Les exemple décrits appartiennent aux traditions non-européennes, à l'exception du *musikê* de la Grèce antique, et donnent l'impression que l'existence syncrétique de la danse, de la musique, de la poésie, etc. n'a plus cours en Europe en tant que concept. Cependant, de tels termes, comme la désignation d'une activité dansante par le nom d'un instrument, existent toujours, voir par exemple le terme *highege* qui signifie à la fois le violon et la danse du même nom, dans le Nord de la Roumanie. Cette remarque permet de souligner que la plupart des informations données dans les exemples du livre peuvent s'appliquer à d'autres cultures.

Le chapitre consacré à la relation entre la musique et la danse, à sa richesse et sa diversité, joue un rôle central dans l'ensemble de l'ouvrage. Il faut noter cependant que la danse n'est pas toujours accompagnée de musique et qu'il existe des danses «silencieuses» où le seul élément sonore est le bruissement du rythme des mouvements. Le texte explore, à travers une série d'exemples suggestifs, l'interaction entre les musiciens et les danseurs qui implique une grande diversité de rythmes, de tempos, d'intensités et de structures. Les cas de superposition polyrythmique et polymétrique des partitions chorégraphiques et musicales sont notamment très bien décrits.

Dans les «relations hommes-femmes», c'est la portée sociale de la danse qui est étudiée, exprimée symboliquement par le vocabulaire des mouvements, le mode d'exécution, la dynamique, la disposition dans l'espace, les costumes, les accessoires et la relation à la musique. Alors que la ségrégation sexuelle est, comme le montrent la plupart des exemples, une caractéristique commune à toutes les cultures non-européennes, la danse de couple forme, à quelques exceptions près, un trait typique de la culture européenne et des cultures influencées par elle. L'auteur affirme que la religion, en particulier l'islam, ne joue pas un rôle déterminant dans la séparation des sexes pendant la danse. En effet, des exemples judicieusement choisis démontrent qu'il existe, par delà les frontières culturelles, plusieurs stades de relation homme-femme reflétant la diachronie dans la synchronie; ils vont de la ségrégation totale dans des contextes rituels à la danse de couples enlacés, en passant par la danse simultanée en groupes séparés et celle de couples sans contact physique.

Dans le domaine de la danse, l'opposition introduite par Gilbert Rouget entre «musiquant et musiqué», permet de distinguer la danse exécutée sur un accompagnement musical fourni par le danseur lui-même de celle interprétée sur une musique produite par des personnes qui ne dansent pas. Cette dichotomie s'applique aussi bien à des cultures de danse particulières qu'à différentes catégories de sexe, d'âge ou de groupe rituel. La plupart du temps, cependant, les deux formes coexistent. La tendance générale est une substitution progressive de la situation du musiquant au profit de celle du musiqué; elle permet aux danseurs de se concentrer plus librement sur leur danse et de devenir plus habiles. Considérant le cas du musicien danseur, l'auteur remarque que le fait de jouer d'un instrument peut parfois être perçu comme une danse, et que, souvent, le musicien se balance ou bat le rythme du pied pendant qu'il l'accompagne.

«Danser pour soi-même/danser pour un public» est une autre dichotomie considérée du point de vue de la communication entre les interprètes et l'audience qui dépend strictement du contexte social de l'exécution de la danse. Les exemples choisis illustrent bien trois modes relationnels entres les interprètes et l'audience: participatif, où les interprètes et leur public prennent part au même événement et peuvent à tout moment échanger leur rôle; représentatif, où les interprètes et l'audience sont complètement séparés par des interdits rituels ou des normes théâtrales; enfin ésotérique, où la place du public est occupée par des êtres surnaturels à qui la danse s'adresse dans des contextes sacrés.

L'auteur aborde un sujet d'actualité en examinant la fonction de la danse sur le plan politique, autrement dit, la danse manipulée en tant que symbole d'identité ethnique ou nationale. On pourrait même ajouter: la danse en tant que symbole de légitimation du pouvoir politique. Pour montrer le processus inhérent au changement, l'auteur cite les danses populaires devenues des spectacles théâtraux, l'influence respective de la ville et de la campagne sur le répertoire et le style, et enfin la mondialisation des danses traditionnelles dans le contexte des spectacles artistiques professionnels.

Le chapitre «Sacré/Profane» examine la signification religieuse de la danse, souvent cachée sous une forme apparemment profane. Seize exemples illustrent les danses célébrant ou invoquant des divinités, danses masquées perçues soit comme des personnifications de divinités, soit comme de simples divertissements, ou encore danses exécutées en état de transe. Provenant de quatre continents dont l'Europe, ces dernières sont l'expression de la possession du danseur par des êtres surnaturels (ancêtres, démons ou saints). Elles sont expliquées en suivant les théories de Rouget dans son ouvrage fondamental sur la musique et la transe.

Le dernier chapitre aborde le sujet controversé de la signification de la danse. Ayant plusieurs niveaux de signification, un même message peut être décodé par chaque participant selon sa connaissance, ses intérêts, son éducation et sa psychologie. Les exemples vont de la signification univoque véhiculée par des mouvements codifiés servant de langage gestuel (comme les *mudras* du *kathakali*, théâtre rituel du Kerala) à la gestuelle imitant les activités animales et humaines, en passant par les gestes stylisés des mains et des bras, traduisant la poésie des chansons. Dans des contextes rituels, certains mouvements et danses peuvent symboliser des animaux totémiques, la présence d'ancêtres parmi les vivants et des mythes d'origine de l'humanité. Enfin il existe un grand nombre de danses non figuratives n'ayant de sens que dans leur structure artistique, qui expriment des sentiments et des états d'âme très généraux. Selon les circonstances, le même type de danse peut avoir différentes fonctions. L'auteur conclut en insistant sur le niveau de signification le plus profond et par conséquent le plus général, à savoir le niveau esthétique. Il est essentiel que les danses trouvent leur sens et remplissent leurs fonctions, aussi bien dans les contextes sacrés que profanes.

Cette première partie est illustrée par des photos et des descriptions graphiques de neuf *mudras* du *kathakali*. Choisies à bon escient, les citations de spécialistes de l'anthropologie de la danse viennent enrichir des sujets tels que la notation (Jean-Michel Beaudet), les concepts (Judith Lynn Hanna), l'identité (Ania Peterson Royce), la contemporanéité (Jean-Michel et Yves Guilcher) et la transe (Gilbert Rouget).

La seconde partie de l'ouvrage est consacrée à la présentation analytique et ethnographique des exemples musicaux (vingt-trois enregistrements originaux, le reste provenant de la collection du CNRS/Musée de l'homme) couvrant l'Europe et l'hémisphère Sud comme suit: CD 1, Afrique (12 exemples), Europe (6 exemples); CD 2, Asie (8 exemples), Océanie (8 exemples) et Amérique (6 exemples). Une fiche signalétique accompagnant chaque exemple rehausse la valeur documentaire du matériel et informe sur le numéro de la plage, le lieu d'origine, la date d'enregistrement, le nom des chercheurs ayant réalisé l'enregistrement, le texte, les photos et les sources bibliographiques.

L'auteur a le mérite de s'être assuré la collaboration de trente-deux spécialistes, en majorité des ethnomusicologues, qui fournissent une information scientifique fiable fondée sur leurs propres domaines de recherches. En ce qui concerne la richesse et l'ampleur de l'information, beaucoup de descriptions parviennent à garder l'équilibre entre la musique, la danse, le comportement rituel, etc. Nous ne citerons ici que quelques unes d'entre elles: (CD 1/1) – Danse des garçons *umtshotsho*, Xhosa, Afrique du Sud, (CD 1/6) – Musique/danse de trompes *tlutã*, Dan, Côte d'Ivoire, (CD 1/10) – Danse des jeunes, Peul, Burkina Faso, (CD 2/7) – Toraja, Indonésie, (CD 2/10) – Rite totémique Yangis, Yafar, Papouasie-Nouvelle-Guinée, (CD 2/18) – Musique et danse *pujllay*, Tarabuco, Bolivie, (CD 2/20) – Wayãpi, Guyane. Cependant, certains exemples ne décrivent la danse qu'en termes assez généraux, d'abord parce que peu de spécialistes ont été impliqués dans ces cas précis et parce qu'il est aussi plutôt difficile d'expliquer l'organisation structurelle de ces arts. Ce «défaut» est compensé par l'adjonction de citations tirées d'ouvrages de base tels que *Le branlou ayrejan*, France (CD 1/13), décrit par Jean-Michel Guilcher et *Une cérémonie de tarentulisme*, en 1959, Italie (CD 1/16), par Ernesto de Martino.

La présentation du *lakalaka* des Iles Tonga (CD 2/16), par un anthropologue de la danse, est très instructive en ce qu'elle fournit la description d'un spectacle complet de danse mêlant la poésie et le chant au mouvement. Celle du *candomblé* de Bahia, Brésil (CD 2/21) est un exposé ethnographique minutieux d'un contexte religieux impliquant la possession.

Il faut ajouter que les exemples musicaux sont dans l'ensemble d'une excellente qualité sonore, et que ceux qui ont été enregistrés au cours des danses sont particulièrement évocateurs. En outre, la qualité esthétique de la mise en page met en valeur les différents types d'informations (textes, citations, croquis, fiches), si bien que le livre répond aux plus hautes exigences du lecteur-auditeur.

Je recommande donc chaleureusement cet excellent livre-disque consacré aux danses du monde, unique en son genre, surtout pour des raisons pédagogiques, tant aux spécialistes qu'aux étudiants en anthropologie de la musique et de la danse et aux folkloristes, mais surtout aux non-spécialistes qui cherchent à élargir leur horizon culturel en s'informant sur les danses du monde, acquérant ainsi une expérience grâce à la musique, au texte et aux images.

Anca Giurchescu

Traduit de l'anglais par Ramèche Goharian

Mathieu RICARD: ***Moines danseurs du Tibet***. Paris, Albin Michel, 1999; 127 pp.; ill. ISBN 2-226-10170-5.

Mathieu Ricard ne m'en voudra pas, je l'espère, si je dis que son dernier livre est une belle histoire d'amour. Une histoire d'amour non seulement envers ses maîtres et ses coreligionnaires, mais aussi envers le Tibet et sa culture qu'il a su si bien approcher.

Faut-il encore présenter Mathieu Ricard? Fils de l'essayiste Jean-François Revel et ancien scientifique chevronné, Ricard a été ordonné dans les années 1970 au sein de l'ordre bouddhique tibétain des Anciens (Nyingma-pa) et il a suivi avec une affection toute filiale un grand maître de cette tradition, Dilgo Khyentsé Rinpotché (1910-1991), «véritable fontaine d'amour, de sagesse et de compassion». C'est à ce dernier que Ricard a d'ailleurs consacré son premier livre, lui aussi superbement illustré par ses soins, *L'esprit du Tibet* (Seuil, 1996). Réfugié au Népal, Khyentsé Rinpotché entreprit à partir de 1980 d'y reconstruire le monastère de Shéchen, à Bodnath, près de Kathmandou, lequel compte aujourd'hui quelque deux cents moines. Cinq ans plus tard, Khyentsé Rinpotché put commencer la reconstruction du monastère originel de Shéchen, dans le Kham (est du Tibet), qui avait été entièrement détruit lors de la Révolution culturelle, alors qu'il comptait comme l'un des six principaux monastères Nyingma-pa de l'ancien Tibet. Construit à la fin du XVIIe siècle à l'instigation du Ve Dalaï-Lama, ce sanctuaire passait pour un excellent conservatoire des traditions religieuses et artistiques tibétaines. C'est ce précieux héritage qui a été ressuscité à Bodnath et que le nouveau livre de Ricard présente chaleureusement au public occidental.

L'ouvrage se présente comme un magnifique album réunissant de superbes photos réalisées par l'auteur, décidément plein de ressources, ainsi qu'un texte fournissant une vulgarisation, dans le meilleur sens du terme, de la tradition des danses sacrées (*cham*), qui ont fait la réputation du monastère de Shéchen. Mais le livre déborde ce seul sujet puisqu'il offre également une introduction aux grands principes du bouddhisme tibétain et à sa culture. Le premier chapitre «Terre sacrée, Terre d'exil» évoque ainsi la continuité de la tradition à travers les maîtres qui se sont succédés au cours des siècles. Le bouddhisme tantrique tibétain ne se fonde pas seulement sur le Canon des Écritures traduit du sanskrit (*Kanjour* et *Tanjour*), mais aussi sur des textes particuliers, les *terma*: ces derniers sont attribués à Padmasambhava (VIIIe siècle), l'un des principaux introducteurs du bouddhisme au Tibet, qui les aurait cachés pour qu'ils soient redécouverts en temps opportuns. Les danses puisent précisément leurs sources à ces *terma* ainsi qu'aux expériences visionnaires de plusieurs maîtres, parmi lesquels Gourou Chöwang (1212-1270), Péma Lingpa (1450-1521), et Khamtrul Kunga Tendzin (XVIIe).

Les *cham* eux-mêmes auraient été introduits au Tibet par Padmasabhava. Anciens rituels d'exorcismes sur les démons qui hantaient le Tibet avant l'introduction du bouddhisme, ils sont célébrés aujourd'hui encore dans les grandes circonstances, notamment lors des fêtes du Nouvel An. Les *cham* ne se limitent pas à de simples spectacles de danse: ils sont en fait la mise en action dramatique d'une *pûja*, c'est-à-dire d'un rituel complexe relevant du bouddhisme tantrique.

Le deuxième chapitre, «A la recherche de la vision pure», situe précisément les *cham* dans le contexte de la pratique tantrique, leur but étant d'amener à la «vision pure», permettant de «reconnaître la nature de bouddha dans tous les êtres et la pureté originelle des phénomènes.» Bien plus qu'un spectacle, les *cham* recréent ainsi un véritable *mandala* vivant. Le troisième chapitre, «Des moines qui dansent» décrit les éléments essentiels constitutifs des *cham*. On en retiendra les trois points du danseur mentionnés par Drudi, un maître venu du Tibet à Shéchen: pour accomplir son art, le moine-danseur doit (1) produire la pensée d'éveil, soit le vœu de devenir bouddha pour délivrer les êtres; (2) posséder une concentration parfaite, par la maîtrise de ses gestes, la répétition des *mantra* et la visualisation de la divinité qu'il incarne; (3) dédier tous les mérites de sa pratique au bonheur de tous les êtres. La musique elle-même a une fonction bien particulière, puisqu'elle «libère par l'ouïe, tous les sons sont perçus comme des *mantra* dont la nature ultime est la vacuité». Sa transmission s'effectue toujours directement de maître à disciple, les notations manuscrites servant tout au plus d'aide-mémoire. Le monastère conserve plus de cent masques fabriqués à Séchen par des sculpteurs bhoutanais, et quelque cent cinquante costumes de brocart. Les masques sont faits de couches de tissu collées sur un moule d'argile sculpté, et affinés avec des spatules de fer chauffées au rouge. D'autres sont en bois sculpté, plus lourds, voire en cuivre martelé.

Le quatrième chapitre, «Les grands cycles de danse», évoque les principaux festivals, dont celui de fin d'année, qui parachève une pleine semaine de rituel. Comme la plupart des *cham*, il comprend une danse de purification par les danseurs à coiffe noire et culmine dans la destruction d'une figurine représentant l'ego illusoire qui nous enchaîne au cycle des naissances et des morts. Le Festival du Dixième jour, le plus grandiose, a lieu à la 2ᵉ lune au Népal, et à la 5ᵉ lune au Tibet. Il évoque les huit manifestations de lui-même créées par Padmasambhava pour vaincre les démons du Tibet[1]. Ce chapitre s'achève par une description des «Danses didactiques» du Bhoutan: disparues du Tibet, elles mettent en scène le jugement des morts, soumis à leur karma, et elles préparent ainsi aux visions qui jalonnent le *bardo*, cet intervalle post-mortem qui sépare deux existences.

Une bibliographie succincte, mais pertinente, permettra au lecteur de poursuivre une étude plus approfondie des *cham*, auxquels le livre de Mathieu Ricard l'aura si bien introduit.

Jérôme Ducor

---

1 A signaler qu'un ensemble des huit costumes et masques de ces manifestations a pu être acquis récemment par le Musée d'ethnographie de Genève, grâce à l'entremise de Mathieu Ricard et à la bienveillance de Rabjam Rinpotché, petit-fils de Dilgo Khyentsé Rinpotché et actuel abbé de Schéchen.

Yves GUILCHER : ***La danse traditionnelle en France: d'une ancienne civilisation paysanne à un loisir revivaliste.*** Collection Modal folio. Parthenay: FAMDT Editions, 1998. 276 p., illustrations, bibliographie, lexique.

Sans nul doute, «la danse est bien le parent pauvre de la recherche»[1]. Pratique éphémère par excellence, la danse se prête plus difficilement encore que la musique à l'analyse, surtout lorsqu'il s'agit de danse traditionnelle, par nature évolutive, non codifiée, et laissant une large place à l'interprétation et à la variation individuelle et collective. Néanmoins, la recherche a beaucoup progressé, du moins et en ce qui concerne la danse du XVIe au XVIIIe siècle. Mais, dans ce cas précis, il y avait des documents écrits – quelque difficile qu'ils fussent à déchiffrer et à interpréter – tels l'*Orchésographie* de Thoinot Arbeau publié en 1596, ou le *Traité de la cadence* de Feuillet, publié en 1706. Au reste, la tentative de mise en notation écrite des danses de cour ne résout pas tous les problèmes du chercheur, loin de là, elle lui en crée même de nouveaux, mais elle lui donne au moins du grain à moudre. Point de tout cela dans le domaine des danses traditionnelles de nos campagnes et provinces. On ne peut alors chercher que du côté des folkloristes du XIXe siècle pour les documents écrits, même s'ils sont forts imprécis, et surtout compter sur le travail de terrain, qui, lui non plus, ne donne pas toutes les réponses.

De fait, comme le montre avec pertinence Yvon Guilcher dans ce livre passionnant, les danses traditionnelles ne sont pas entièrement solubles dans l'enquête ethnographique. On l'aura compris, ce livre a le grand mérite de soulever nombre d'interrogations concernant ce champ particulier de la recherche que constitue l'«ethnodanse», à la connaissance de laquelle la famille Guilcher aura décidément beaucoup contribué depuis plus d'un demi-siècle.

Dans l'«Avant-propos qu'on peut lire après» mais qu'il est quand même préféable de lire avant, l'auteur éclaircit un certain nombre de questions relatives à sa réflexion quant à la démarche et à la problématique que sous-tend une optique de recherche sur l'histoire de la danse. Une large place est faite dans ce livre aux questions méthodologiques évoquées à plusieurs reprises, notamment le subtil mélange entre recherche historique et enquête ethnographique qui, dans bien des cas, n'est plus guère possible. Le chercheur doit en effet suivre un parcours malaisé entre le dernier aspect social revêtu par les danses traditionnelles françaises, celui d'une paysannerie finissante, et les pratiques «revivalistes» plus actuelles aux contours plus ambigus. Tâche d'autant plus délicate que l'auteur n'est pas seulement observateur, mais également participant actif de ces pratiques depuis une trentaine d'années. Au-delà du discours polémique, il ouvre le débat et «cherche la vérité». C'est la connaissance qui est l'enjeu de la recherche, même si dans cet ouvrage, l'auteur «s'adresse au grand public et non à des chercheurs», et en premier lieu, aux danseurs eux-mêmes.

---

1 Cf. «*L' histoire e la danse, parent pauvre de la recherche*» Jean Michel et Yvon Guilcher. Isatis/Cahiers d'ethnomusicologie régionale. Toulouse: Conservatoire occitan, 1994.

L'ouvrage proprement dit est divisé en dix variations relativement autonomes. Les deux premiers chapitres sont essentiellement axés sur les problèmes théoriques et méthodologiques. Guilcher y précise notamment le concept de «danses populaires traditionnelles» dont il souligne les caractéristiques essentielles: diversité régionale, profondeur historique, caractère populaire, en distinguant entre folklorique, populaire et régional, termes dont certains auteurs, tel Curt Sachs[2] lui-même, ont quelque peu contribué à entretenir la confusion. Après avoir évoqué quelques théories fantaisistes qui ont encore cours, notamment parmi les danseurs, l'auteur arrive à l'essentiel: l'enquête de terrain. Celle-ci n'est pas réductible au simple collectage même si ce dernier est nécessaire et indispensable, d'autant que dans bien des cas, il est soumis à des contraintes d'urgence: le témoignage et la conservation de ce qui est en train de disparaître.

L'enquête, qu'elle soit intensive ou extensive, suppose une problématique de recherche, et implique de faire table rase des théories ou des intuitions – qui, au demeurant, se révèlent souvent fausses – pour se «mettre en quête des faits susceptibles de vérification et de critique» et en rechercher les différents aspects: moteurs, musicaux, sociaux, psychologiques, géographiques et historiques. C'est le va-et-vient constant entre le terrain et le dépouillement des sources écrites qui éclaire l'enquête. L'enjeu est bien de «comprendre la danse à travers la société».

L'enquête, cependant, ne résout pas tout, notamment à cause de la période tardive à laquelle on l'entreprend, et ce sont là ses limites. Il n'existe plus de «société traditionnelle» depuis au moins le premier quart du XXe siècle, milieu dans lequel les danses traditionnelles évoluaient jusqu'alors. «L'enquête ne nous donne plus à observer autant qu'on voudrait». Les répertoires sont souvent affaiblis. Les informateurs recréent bien souvent une réalité qu'ils interprètent et dont le témoignage peut varier au cours du temps[3]. Par ailleurs, le statut même de la danse a évolué et l'informateur réagit à cette évolution: réticence à danser et à raconter dans les années cinquante ou valorisation par le regard de l'autre dans les années quatre-vingt-dix. En résumé, «le fait n'est donc pas donné, il est à construire».

Une autre difficulté méthodologique tient aux relations entre danse et danseur. La danse, en passant d'un corps à un autre, change de visage. Autrement dit, il s'agit de savoir quels sont les invariants de telle ou telle danse: qu'est-ce qui appartient au collectif et quelle est la part de variation ou d'invention individuelle ? Problème que l'on retrouve aussi dans l'étude des musiques traditionnelles. Enfin, sont évoqués également les liens entre permanence et changement, dont la complexité ne facilite pas non plus la tâche du chercheur. La danse, comme toute production culturelle, est le produit d'une histoire, celle du groupe social dont elle est issue. Si les changements entre le *trihory* breton du XVIe siècle

---

2 «*La signification de la danse (des derviches tourneurs) est manifestement astrale*» (Curt Sachs) ; «*Le caractère sabbatique (des goignades d'Auvergne) était indéniable*» (M. Louis), cités par Y.Guilcher (note p. 18).

3 Cf. l'intéressante relation entre le régime de Vichy et les groupes de danses folkloriques (p. 29).

et la *dañs tro* d'aujourd'hui sont peu significatifs, et si la ligne qui conduit du *branle* simple au *laridé* à six temps est relativement rectiligne, nombre de danses en revanche, que l'on a longtemps crues très anciennes, se sont révélées en fait d'acquisition assez récente. On se méfiera donc des généralisations hâtives comme de tout évolutionnisme primaire, et d'« ancienneté de la tradition » en matière de danse.

Toutefois, des lignes de force se dessinent, que Y. Guilcher expose dans les chapitres suivants. De façon générale – et dans une perspective que ne démentirait pas Durkheim – la trajectoire de la danse passe du plus communautaire au moins communautaire et à l'émergence du couple et de l'individu. Ainsi, au moyen âge, les pratiques de danse laissent une place de choix à la ronde chantée à travers la *chorea*, devenu ensuite *carole*. Cette sorte de chanson dansée en rond est citée à maintes reprises dans les romans courtois. Parallèlement, l'existence de la chaîne ouverte est aussi attestée dans la *tresque*, à côté de la ronde fermée. La danse en chaîne se maintient longtemps encore à travers les *branles* de la Renaissance, dans un contexte, dit l'auteur, où le sentiment communautaire domine encore largement la société. Les basses-danses se développent au XVe siècle, époque à laquelle les clivages entre danse populaire et danse aristocratique s'accentuent[4]. La chaîne elle-même s'étiole, se raccourcit, la ronde unique se transforme en plusieurs rondes plus petites. Apparaissent dans ce développement les danses à figures. Cette évolution des danses traditionnelles reflète, selon l'auteur, une mise en ordre sociale, surtout dans la société dominante, car en ce qui concerne les danses des milieux populaires, la difficulté augmente au fur et à mesure qu'on remonte dans le temps.

Le XVIIe siècle voit s'épanouir le ballet et la « belle Danse », destinés à un public aristocratique pour qui la danse devient un spectacle. Mise en ordre où règnent la symétrie, l'équilibre et la mesure, dans laquelle « la figure est conçue plutôt comme un dessin que comme un parcours », et où « le mouvement est soumis à la position ». En réaction à cette esthétique majestueuse et hiératique, la contredanse émerge, privilégiant le mouvement et non la position, préfigurant la danse de couple fermée qui apparaîtra autour des années 1840. *Polka*, *mazurka*, *scottish* et autre *valse* déferlent alors dans ces nouveaux cercles sociaux que constituent les salons et que les campagnes adopteront sans y apporter grand changement. Ainsi, les « diverses formes de la danse correspondent à des âges de la société » et accompagnent les formes de la vie sociale. Il ne s'agit pas de représentation symbolique de la société, précise l'auteur, les danseurs « expriment seulement la relation sociale telle qu'ils la connaissent ».

La question cruciale des emprunts est évoquée dans le chapitre suivant. Refus des thèses qui veulent que les campagnes n'aient rien créé ou, à l'inverse, tout inventé ! La réalité est plus complexe, et là comme ailleurs il faut étudier chaque danse en tenant compte du contexte particulier. Le même terme peut voyager et s'appliquer à des danses différentes n'ayant aucun rapport entre elles ou ayant elles-mêmes connu des évolution diverses, tels le *branle*, la *gavotte* ou la *bourrée*, derrière lesquels se cachent, selon la période considérée, des danses savantes ou populaires, des musiques à deux ou à trois temps.

Chaque danse est ainsi le produit de sa propre histoire comme le montre Yves Guilcher à travers les danses de trois régions aux différences historiques très marquées: la Basse-Bretagne, où la persistance au XXe siècle de danses issues du XVIe siècle est due à son isolement à la fois géographique et linguistique, à son habitat dispersé et à la quasi-absence de milieux urbains, la Provence ensuite, lieu de brassage et d'échanges très importants, l'Auvergne, enfin, avec sa grande mobilité démographique vers l'Espagne d'abord, puis vers Paris, marquant son influence à la fois sur la musique, sur la danse et sur sa pratique.

Les deux chapitres suivants ne traitent pas directement de la danse, mais de la transformation de ce que l'auteur appelle «les milieux traditionnels dans l'histoire». Etude historico-sociologique qui découpe la société rurale jusqu'à nos jours en trois périodes, et dans laquelle la danse n'est d'ailleurs pas évoquée. Cette partie semble la moins pertinente. Construite à partir des écrits de G. Duby et de H. Mendras, elle donne l'impression d'un collage entre deux approches différentes de la société rurale. De plus, s'appuyer sur Mendras pour affirmer que «s'il n'y a pas de ville, il n'y a pas de paysans» (p. 131), c'est prendre un sérieux raccourci avec l'histoire. La division de la société entre *bellatores* et *laboratores*, ou chevaliers et paysans, est presque aussi vieille que l'Etat lui-même. Il n'est pas sûr non plus que «dans le cas où la population est majoritairement paysanne», elle «mène un genre de vie uniforme». La différenciation sociale, pour ne parler que de la France, est déjà très visible sous l'Ancien Régime, où le servage a largement reculé devant une paysannerie enrichie par l'acquisition de terres et qui domine une paysannerie appauvrie par le morcellement des parcelles, phénomène qui s'accentuera après la Révolution avec la suppression du droit d'aînesse. Ces «milieux traditionnels» ne sont pas figés. Ils seront largement imprégnés par la ville tout au long du XIXe siècle, modifiant aussi leur mode de vie, (habillement, pratiques culinaires...), intégrant à leur manière les danses de salon dont l'introduction est facilitée par l'arrivée du chemin de fer dans les campagnes. En revanche, en terme de statut et de créativité, la paysannerie perd du terrain contre la bourgeoisie industrielle dont les valeurs s'imposent de plus en plus à l'ensemble de la société, à une époque qui coïncide d'ailleurs avec les premiers collectages des folkloristes.

La dernière partie de l'ouvrage est consacrée au revivalisme qui peut être entendu comme la «récupération des danses traditionnelles par d'autres catégories sociales que celles qui les ont élaborées». Dans le revivalisme, la danse est dissociée du milieu qui l'a vu naître. Ainsi en est-il des groupes folkloriques qui apparaissent dans l'entre-deux-guerres et seront valorisés par le Front Populaire, plus ou moins utilisés par le régime de Vichy, jusqu'aux groupes *folk* de la fin des années soixante. La danse se transmet alors par l'enseignement et non par la tradition: ateliers, stages... Jusqu'à aujourd'hui, le bal *folk* malgré son relatif essoufflement, continue son bonhomme de chemin où, pour la première fois sans doute dans l'histoire, peuvent se côtoyer rondes bretonnes, valses, polkas, et branles de la Renaissance!

---

4 La basse-danse peut apparaître comme une danse de couple ou de suite de couples. Cf. article de J.-M. Guilcher sur la danse in *Science de la Musique*, Paris : Bordas. 1976.

En résumé, voici un ouvrage d'une grande érudition, dénotant une intimité manifeste avec le sujet qui n'est possible qu'au terme de nombreuses années de terrain et de réflexion, et qui remplit un espace encore trop peu exploré par la recherche en sciences sociales.

Michel Plisson

DISQUES

Une réédition des archives de Hugh Tracey

At the Court of the Mwami – Rwanda 1952. CD SWP007/HT OI (25 plages, plaquette de 16 p. avec texte en anglais et 9 photos).

Royal Court Music from Uganda 1950 and 1952. CD SWP008/HT 02 (30 plages, plaquette de 20 p. avec texte en anglais et 9 photos).

On the Edge of the Ituri Forest-northeastern Belgian Congo 1952. CD SWP009/HT 03 (26 plages, plaquette de 16 p. de texte en anglais et 16 photos, carte).

Kalimba and Kalumbu Songs, Northern Rhodesia/Zambia 1952. CD SWP010/HT 04 (Plaquette de 20 p. avec texte en anglais, 7 photos, transcriptions musicales, dessins et carte).

C'est une nouvelle réjouissante que l'annonce de la réédition des importantes archives musicales constituées par Hugh Tracey; en effet, une partie des enregistrements que ce chercheur avait effectués dans plusieurs pays d'Afrique au cours des années 1950 sont aujourd'hui disponibles sur CD. Leur édition a été réalisée grâce au travail du personnel de la Bibliothèque internationale de musique africaine[1], actuellement dirigée par Andrew, le fils d'Hugh Tracey.

Témoins de traditions musicales qui, pour la plupart, ont été déjà remplacées, ces enregistrements ont acquis une valeur historique indéniable depuis presque un demi-siècle. Bien que les disques aient été disponibles dès les années 1970, dans la collection *The Sound of Africa Series*, cet ensemble de 210 disques vinyl longue durée n'a jamais pu, de par son énorme volume, être diffusé auprès d'un public étranger aux principales institutions ethnomusicologiques et aux archives. Quatre CD viennent donc de sortir et d'autres sont annoncés.

Respectueux du génie musical de ses informateurs, Tracey les enregistrait toujours très scrupuleusement, utilisant pour cela l'équipement le plus perfectionné disponible à l'époque. La dextérité avec laquelle il maniait le microphone, associée au système moderne du montage digital a permis la réalisation de CD d'excellente qualité. Les plaquettes qui accompagnent ces disques commencent

---

1 International Library of African Music (ILAM), Rhodes University, Grahamstown 6140, South Africa.

toutes par le même hommage rendu aux méthodes et aux techniques d'enregistrement de ce chercheur; elles fournissent également des renseignements ethnographiques précieux sur les traditions représentées, en donnant pour chaque plage les commentaires de Hugh Tracey et ceux de son éditeur. Ce dernier met souvent en lumière des aspects particuliers de la musique tels que le rythme, l'accordage ou la structure.

Le premier CD, «Musique de cour des Mwami», est un document remarquable qui comporte des exemples de la musique des rois Tutsi (Abaami) du Rwanda, toujours en fonction à la cour dans les années cinquante. Ces styles musicaux continuent d'être joués de nos jours: des chercheurs comme Jos Gansemans en ont publié des enregistrements plus récents de grande qualité effectués au Rwanda et au Burundi. Les tambourinaires du Burundi participent à des festivals de musiques du monde, interventions parfois taxées de «vulgarisation» de la tradition (Gansemans 1982), où l'on ne retrouve plus aujourd'hui la majesté sereine qui se dégage des enregistrements de Tracey, des chants de louange en particulier. Là où elles survivent encore, les communautés Batwa continuent par exemple de chanter en respectant le même style (j'ai moi-même enregistré leur chant à Bunyarwanda, près de la frontière rwandaise en Ouganda). Mais leurs textes n'ont plus rien à voir avec les traditions de la cour et expriment au contraire des situations personnelles. Nul doute qu'après les terribles événements de cette dernière décennie, les Rwandais aient envie de raconter autre chose dans leurs chants, ceci malgré la reprise du pouvoir par le groupe ethnique Tutsi. Le CD présente un bon échantillon des genres musicaux de la cour et comprend notamment des ensembles de trompettes en hoquet *Amokandera* pour la danse *intore*, des tambours royaux ainsi que des chants de louange, mais il manque malheureusement un genre important: les chants accompagnés à la cithare en chéneau *inanga* (Tracey n'a peut-être pas réussi à les enregistrer à la cour alors qu'il a pu recueillir des versions populaires de cette musique).

Consacré à l'Ouganda, le deuxième CD propose des musiques liées aux anciennes cours de Buganda, Bunyoro et Ankole (Nkore). Aucune de ces cours ne fonctionne comme avant, malgré la réintronisation des rois de Buganda et de Bunyoro en 1993, quelque vingt-sept ans après l'abolition de la royauté. Une partie de l'héritage musical de ces traditions sophistiquées est maintenue vivante dans les villages, mais le savoir-faire des clans de musiciens qui y séjournent est rarement sollicité par les nouveaux monarques. La fanfare de la cour de Bunyoro est une exception; ses musiciens se réunissent encore chaque année pour jouer lors des cérémonies Mpango célébrant l'anniversaire du couronnement du roi. Le chef de cet orchestre a même, dit-on, réagi très positivement à la parution des CD car il désire ardemment faire revivre certains des morceaux que les musiciens de son ensemble ont oubliés. Ce fait témoigne de la valeur d'une telle collection dont certains éléments risquent d'être avidement réappropriés par les membres des communautés étudiées par Tracey il y a près d'un demi-siècle. Cependant la façon dont Tracey récolte son matériel est sujette à caution. Comment peut-on être sûr d'avoir trouvé les meilleurs musiciens ? Comment peut-on se fier à ses connaissances pour évaluer les différentes interprétations sélectionnées ? Apparemment, le meilleur des ensembles royaux d'*amadinda* (xylophone) n'était pas présent le jour où Tracey a visité le palais du roi de Buganda car les tambourinaires *entamiivu* qui accompagnent l'*amadinda* ne sont pas dans la pulsation implicite de la mélodie telle qu'elle s'exprime dans la richesse sonore de la partie du xylophone, mais jouent légèrement en dehors du rythme. Les groupes de musiciens résidaient à tour de rôle dans le palais, certains étant meilleurs que d'autres. Ceci dit, les Baganda pourront tout de même apprécier à loisir le talent de certains des meilleurs musiciens du passé, notamment le légendaire Temutewo Mukasa (harpiste du roi) et l'*entenga* (ensemble de quinze tambours). D'autres ensembles représentés sur ce CD ont totalement disparu de la scène tels le trio de flûtistes et l'orchestre de lyre et de vièle du roi. Aujourd'hui pour pouvoir entendre le style de l'*akadinda* (grand xylophone), comme sur les plages 8 et 9, il faut aller chercher dans leurs villages les vieux musiciens et leurs descendants.

D'après le matériel recueilli à Bunyoro, on peut supposer que l'ensemble de flûtes et de tambours *ensegu* était incomplet le jour où Tracey a eu l'occasion de les enregistrer car on n'entend jouer que deux sifflets, alors que l'on sait par expérience qu'en Ouganda, ce genre d'ensemble est d'habitude plus important et comporte au minimum quatre ou cinq joueurs de cet instrument. Tandis que l'excellente prestation des tambourinaires *ntimbo* et de l'ensemble de trompes illustrent fort bien la tradition de la cour à Bunyoro, les deux dernières plages du CD ne sont qu'en partie représentatives de la musique de cour à Nkore (Ankole). Apparemment, Tracey n'a pas réussi à enregistrer au palais même et deux plages du CD nous livrent le style très mélismatique des chanteurs Hima (groupe ethnique auquel appartenaient les clans dirigeants, essentiellement composé d'éleveurs). Un des chants a toutefois été composé à l'occasion du couronnement de l'Omugabe (roi de Nkore).

Le troisième CD, *On the edge of Ituri Forest* (*A la lisière de la forêt de l'Ituri*), contient des exemples impressionnants d'une musique que certains lecteurs connaissent peut-être déjà par les disques vinyl édités par l'anthropologue Colin Turnbull chez Folkways (FE 4457) et Lyrichord (LLST 7157). Enregistrées chez les Budu, les sept premières plages du CD contiennent d'étonnants morceaux de tambours, joués sur une variété de percussions comprenant d'énormes tambours à fente, auxquels s'ajoutent de temps en temps les acclamations et les applaudissements d'une foule de spectateurs. Deux exemples de musique pour percussion et chant *mangbele* sont suivis de trois plages consacrées à la musique des Nande, dont les deux premières (plages 10 et 11) posent problème. Il s'agit là d'une série de mélodies courtes mais ravissantes jouées sur trois lamellophones différents, dans un style musical et avec des accordages qui ne sont vraisemblablement pas nande. Ce sont des pièces pentatoniques à structure descendante qui ressemblent plutôt à la musique des Mbuti et de leurs voisins ougandais, les Amba. La musique nande est essentiellement heptatonique, comme l'illustre parfaitement l'excellente compilation de Serena Facci (Facci 1991). Tracey s'est-il trompé dans le choix de sa documentation lorsqu'il enregistrait ces morceaux ?

La plage suivante (12) caractérise mieux la musique des Nande, en présentant quatre des huit airs enregistrés par le berger nande, Katsuba Mwongolo, sur sa flûte *nyamulera*. Ce sont ces enregistrements que John Blacking choisit peu après leur réalisation pour aborder la musique africaine pour la première fois (Blacking 1955). Les transcriptions qu'il fit de ces pièces, incluses ici, méritent qu'on s'y arrête. Comme il ne pouvait effectuer qu'une «analyse de cabinet», n'ayant pas assisté personnellement à la réalisation des enregistrements, Blacking entreprit une démarche originale pour essayer de faire une analyse qui fut à la fois physique et musicale, en jouant lui-même sur une flûte semblable à celle de Mwongolo. Il tenait toutefois à souligner que ce genre d'analyse était nécessairement sujette à caution, étant donné qu'«une analyse vraiment fiable ne pouvait s'effectuer qu''en laboratoire' et avec l'aide de Mwongolo lui-même» (Blacking 1955: 46). Je suppose que ce sont ses propres expériences avec ce type d'enregistrements qui ont poussé Blacking à écrire: «Je doute de la fiabilité et de la valeur de toute analyse de la musique africaine qui serait fondée uniquement sur des enregistrements réalisés de cette façon.» Et, se référant à la manière dont Tracey et d'autres voyageaient et procédaient à ces enregistrements, il continue: «Je rejette toute analyse faite d'après le son de la musique gravé sur disque sans disposer d'informations sur les techniques de jeu et le contexte social dans lequel l'enregistrement a été réalisé» (Blacking 1973: 177).

Les exemples de musique «pygmée» des Mbuti (plages 13 à 25) sont extrêmement intéressants et complètent bien ceux qui figurent sur le disque Folkways de Turnbull; ils comprennent des chants de femmes délicats et intimes, une berceuse, des chants yodelés pour la collecte de miel, de la «musique» de chasse, le *luma* (ensemble de sifflets) et d'autres types de chants. Je me demande pourquoi, dans sa documentation, Tracey met en question l'accordage des flûtes *luma* utilisées par les Mbuti, sur la plage 13. Bien qu'il spécifie que ce sont les Nande qui ont fabriqué cet ensemble particulier de flûtes, les ensembles de flûtes nande comme ceux de leur parents Konzo sont vraisemblablement heptatoniques (Cooke et Doornbos 1982). Pourtant l'ensemble utilisé sur cette plage sonne clairement pentatonique. Je présume que les Mbuti ont dû laisser leurs flûtes entre les mains de leurs voisins nande (avec qui ils avaient des relations amicales comme beaucoup de groupes «pygmées» avec leurs voisins sédentaires), ou alors (et ceci est moins vraisemblable) qu'ils avaient délibérément décidé de ne pas utiliser certaines des flûtes d'un ensemble nande. La musique de cet ensemble ressemble beaucoup à la musique pentatonique *eluma* des Amba, leurs voisins vivant à la lisière de la forêt de l'Ituri sur la frontière ougandaise; le contraste avec les ensembles heptatoniques des Konzo est frappant.

La dernière plage du CD, consacrée à la musique du peuple Bira vivant à l'ouest du lac Albert, comprend un charmant duo de *likembe* (lamellophones), un aigu et l'autre grave. Tracey constatait que l'instrument grave était «peut-être le plus grand de toute la famille des *mbira*». Il écrivait cela il y a un demi-siècle: aujourd'hui, ce genre d'instrument est devenu banal en Ouganda, à cent kilomètres plus à l'est, et semble même petit par rapport au *likembe* basse des Acholi et des Lango qui utilisent trois ou quatre instruments de tailles différentes dans leurs grands orchestres. On se demande si de tels développements se sont aussi produits au nord-est de l'ex-Zaïre depuis le passage de Tracey. Malheureusement les chances sont minces aujourd'hui de trouver des réponses à ces questions dans cette région déchirée par la guerre.

Le CD zambien témoigne de l'intérêt de Hugh et d'Andrew Tracey pour la musique instrumentale; il est entièrement consacré à deux types d'instruments: le *kalimba* (lamellophone à résonateur en calebasse), ainsi que d'autres instruments de la même famille, et l'arc musical *kalumbu*. Plusieurs pages de notes sur l'accordage, la disposition des clés, les techniques musicales et la distribution géographique accroissent considérablement la valeur de ce séduisant ensemble. Les peuples représentés sont les Mbunda, les Lala, les Tonga du Plateau et de la Vallée, les Lozi, les Lunda et les Bemba. On nous dit que la guitare a presque totalement remplacé aujourd'hui ces instruments en Afrique méridionale.

Ces quatre CD et ceux qui, nous l'espérons, vont bientôt suivre, seront appréciés non seulement comme outils de comparaison par les chercheurs en musique africaine et les enseignants des musiques du monde, mais par les descendants des musiciens eux-mêmes. Ils représentent un échantillon, certes limité, mais précieux d'un héritage musical merveilleusement varié dans un contexte qui a connu bien des changements depuis l'époque de Hugh Tracey.

Peter Cooke
Traduit de l'anglais par Ramèche Goharian

Références bibliographiques

COOKE P. & M. DOORNBOS
1982 «Rwenzururu Protest Songs», *Africa* (London) 52/1, 37-60.

BLACKING John.
1955 «Eight Flute Tunes from Butembo, East Belgian Congo – An Analysis in Two Parts, Musical and Physical», *African Music* (Roodeport, S.A.) 1, 2: 24-52.
1973 «Fieldwork in African Music», *Review of Ethnology*, iii/23, 177-183.

Références discographiques

FACCI Serena.
1991 Zaire – *Entre le lac et la forêt. La musique des Nande.* AIMP XXIII, VDE CD-652.

TURNBULL Colin
1959 *The Pygmies of the Ituri Forest.* Folkways FE 4457.
Music of the Ituri Forest (Zaire). Folkways FE 4483. (ces deux disques sont aujourd'hui disponibles sur cassettes, publiées par Smithsonian Folkways.

Mozambique, deux publications récentes

Moçambique. Makwayela. A viagem dos sons/The journey of sounds. Enregistrements (1997 sauf plages 11 et 12, 1992): Estúdios da Rádio Moçambique; texte: João Soeiro de Carvalho; photographies: João Soeiro de Carvalho et Jorge Murteira. Livret de 72 pages en portugais et anglais, 6 photographies, 17 plages. 1 CD Tradisom VS09, 1998. Durée totale: 58' 13''.

Ce CD, édité par le Pavillon du Portugal de l'Expo '98 de Lisbonne, propose quatre groupes différents: la Makwayela Riya Ndlheve Muyingiseti (plages 1 à 5), la Makwayela Confiança (plages 6 à 10), la Makwayela LAM – Lineas Aéreas de Moçambique – (plages 11 et 12), et la Makwayela TPM – Transportes Públicos de Maputo – (plages 13 à 17).

La *makwayela* inclut le chant, la danse, la littérature orale et le vêtement élaboré. C'est un style musical chanté essentiellement par des hommes – même si aujourd'hui les groupes de *makwayela* acceptent aussi des femmes – et accompagné par le seul rythme des mains et des pieds. Typique des quartiers de Maputo, on peut classifier ces chants dans la catégorie des musiques urbaine .

Les textes de la *makwayela* sont remplis de paraboles et d'allégories se référant à tous les aspects de la vie sociale comme la famille, la santé, la religion, le mariage, la guerre, la mort. Malgré le fait que les groupes de *makwayela* soient aujourd'hui moins nombreux, ils continuent à jouer un rôle social important à Maputo.

La *makwayela* est née et s'est développée à partir de l'Afrique du Sud, mais, plus que d'autres modes d'expression, elle reflète les événements historiques qui forment la société moderne mozambicaine; elle évoque les vicissitudes des travailleurs mozambicains au Transvaal (Afrique du Sud) résultant de l'expansion de la ville de Lourenço Marques (aujourd'hui Maputo), et les différents changements économiques et politiques suite à la Première (1975) et à la Deuxième (1988) République.

La *makwayela* a revêtu un rôle important pour l'expression de l'identité nationale: comme le pays, elle était moderne, africaine, mais pas exclusivement communautaire et prolétaire. La *makwayela* est le symbole d'une double identité: elle est en même temps occidentale et africaine dans sa forme; elle n'est pas seulement prolétaire et paysanne; elle est urbaine, mais rurale de par ses origines et son réseau; elle est enfin tant coloniale que post-coloniale dans ses modèles cognitifs.

Il est difficile de trouver à l'intérieur des frontières mozambicaines la date d'origine de la *makwayela* telle qu'on la connaît aujourd'hui. Sa pratique est attestée au sud du pays dès les années 1930; mais il s'agirait, comme il est dit plus haut, d'une pratique expressive empruntée par les travailleurs mozambicains dans les mines d'Afrique du Sud. Elle serait donc inspirée d'un style de musique sud-africain appelé *marabi*, même si dans les fait les deux styles sont fort différents. Un autre genre qui semble être à l'origine de la *makwayela* est la *isicathamiya*, pratiquée au Natal et au Transvaal par les populations migrantes. Ce chant harmonique zulu a influencé tout l'univers sonore d'une grande partie de l'Afrique Australe, elle-même influencée par les *minstrels* afroaméricains. Aussi la façon de danser semble puiser dans le *mbube*, qui voulait imiter la chorégraphie des films de Fred Astaire et Ginger Rogers, développant des pas sans bouger la partie supérieure du corps.

Le chant commence toujours par l'introduction du thème de la part du *chairman*, parfois suivi d'un commentaire. Suit une partie homophonique et mélodique plus compliquée, qui se caractérise par le chant d'un ou de plusieurs solistes détachés du chœur à quatre voix. Le chant est entrecoupé de battements de pieds très vifs.

Le livret donne des informations sur la composition des groupes, les gestes et la mimique, ainsi que sur l'organisation vocale. Ensuite, on trouve pour les 17 plages une introduction, la transcription du texte en changana avec sa traduction en portugais et en anglais. Pour la plage 12, il faut toutefois regretter l'absence de toute explication et de traduction.

Ce CD, présenté par João Soeiro de Carvalho – qui a aussi le mérite d'avoir fondé le Département d'etnomusicologie des ARPAC (Archives du Patrimoine Culturel) de Maputo – a le privilège de montrer un autre visage musical du Mozambique et de contribuer à la mise en évidence d'une expression artistique de qualité.

Moçambique. Instrumentos Tradicionais. Volume 4. Enregistrements (1997?), texte, photographies et illustrations: Luís M. Vilanculo; coordination: Luís Covane. Livret de 14 pages en portugais, 2 photographies, 9 illustrations, 21 plages. 1 CD Vidisco Moçambique 17.60.1076, 1998? Durée totale: 68' 31''.

Cette publication est la suite d'une petite collection lancée il y a quelques années avec la collaboration de la maison italienne Crocevia/NordSud. Le premier volume, datant de 1993, était dédié aux flûtes et aux instruments à corde du Centre et du Sud du Mozambique Le deuxième date de 1994 et porte le titre de *Instrumentos Makua,* alors que le troisième concernait exclusivement l'Ile du Mozambique (1995) (le premier et le troisième volume ont fait l'objet d'un compte rendu dans le vol. 10/1997 des *Cahiers.*

Cette fois-ci les ARPAC, enrichies de cette collaboration italienne, s'est finalement lancée dans une entreprise «made in Mozambique». Nous ne pouvons que soutenir et encourager cette initiative du Département d'ethnomusicologie pour préserver et mettre en évidence la richesse de la culture musicale mozambicaine, aux prises quotidiennes avec le manque de personnel et de moyens.

Il faut toutefois regretter des imperfections dans la présentation du livret et peut-être aussi du choix des différentes pièces; mais on peut sûrement considérer ces détails comme des erreurs de jeunesse.

Une première remarque concerne un problème de date: quand les enregistrements ont-ils été réalisés ? et quelle est la date d'édition du CD ? Les dates que nous avons mises dans la fiche technique ont été extrapolées à partir de nos connaissances personnelles.

Deuxièmement, le livret est peut-être un peu maigre; on trouve quelques informations sur les instruments utilisés – même si la flûte globulaire *xigovia* a été oubliée –, mais très peu sur le contexte et le contenu de la production musicale. Encore une remarque sur les instruments de musique: le *ngoma* est décrit comme s'il était un instrument spécifique, alors que cette terminologie désigne les tambours en général et, de plus, seulement au Sud du pays !

En outre, comme il n'est pas possible de traiter de manière exhaustive de tous les instruments traditionnels du Mozambique dans une publication de 68 minutes, un autre choix aurait dû être fait: le Mozambique compte dix provinces; mais ici seules quatre sont concernées et, sur 21 pièces, 10 proviennent de la province de Sofala. Alors, de deux choses l'une: soit les instruments sont présentés par région, soit l'offre est élargie à tout le pays. Concernant encore le choix des morceaux, on peut se questionner quant à la pertinence des plages 10 et 21, exécutées à la guitare par un musicien de Maputo.

Cette remarque pourrait ouvrir un débat entre ce qui provient de la tradition et ce qui relève de la modernité, ou du moins d'une appropriation par la tradition d'influences externes. Bien sûr, la tradition n'étant pas quelque chose de figé dans le temps, elle assimile des éléments extérieurs pour les faire siens. Mais, est-ce qu'il ne serait pas plus judicieux de «classifier» cette musique comme urbaine ou métisse, étant donné que si, d'un côté, elle emploi les fondements de la tradition pour ce qui concerne le contenu, l'expression vocale, la musicalité, etc., elle est aussi le résultat d'influences propres à la vie des quartiers de Maputo. Pour cette raison ces deux morceaux ne sont pas à considérer au même titre que la danse *tufu*, expression ancestrale d'un peuple.

Malgré ces quelques observations, les enregistrements proposés sont de qualité, non seulement pour ce qui est du son, mais aussi, et surtout, pour la valeur de témoignage sur la richesse de la vie musicale au Mozambique et sur l'importance que la population accorde encore à la tradition au moment où le pays doit faire face à un processus de modernisation et de globalisation inéluctable.

Moira Laffranchini

Mali. Musique bambara du Baninko. Enregistrements: Edda Brandes. Textes (en français et en anglais): Salia Malé, Edda Brandes et Josué Thierno. Collection Archives Internationales de Musique Populaire (Musée d'ethnographie de Genève), AIMP LVIII, en collaboration avec le Musée National du Mali, Bamako. 1 CD VDE 980, 1998.

Dans le Mali contemporain, le groupe ethnique le plus important numériquement est celui que la littérature ethnographique a définitivement contribué à faire connaître sous le nom de « Bambara ». Installés sur un vaste territoire recouvrant grosso modo le quart sud-est du pays, les Bambara, qui dans leur propre langue se désignent en fait sous le nom de *bamananw* (au singulier : *bamanan*), se distinguent les uns les autres selon leur répartition géographique, dans les trois régions suivantes : Beledugu, Kaarta et Baninko.

Le présent disque s'est intéressé exclusivement aux musiques traditionnelles de cette dernière partie du pays *bamanan*, laquelle s'étend entre les cercles de Buguni et de Dioïla, au sud-est de Bamako. Il constitue la première concrétisation d'un projet conçu en 1989, dont le principal objectif était la constitution d'archives musicales détaillées sous forme de cassettes audio et vidéo. La grave crise politique – et forcément économique – qu'a traversée le Mali dans les années qui ont suivi cette heureuse initiative, en a bien évidemment ralenti l'exécution. Cela ne donne que plus de valeur à ces enregistrements, lesquels participent dès lors à leur manière à l'image d'un Mali nouveau, soucieux de se montrer dans toute sa diversité culturelle et de faire oublier les graves conflits ethniques qui ont secoué sa partie saharienne. Pour les réaliser, six chercheurs ont visité vingt-deux villages du Baninko, entre 1991 et 1992, invitant à chaque fois les habitants à présenter une spécialité musicale qui les distingue des villages voisins. D'où une heureuse diversité des pièces, particulièrement intéressante, pour ne pas dire rafraîchissante, en des temps où le public occidental a trop souvent tendance à assimiler le patrimoine musical traditionnel d'Afrique de l'ouest avec les seules percussions, et en particulier avec le tambour *jembe*. Ordonnées en une succession attrayante, les pièces permettent de se familiariser avec des instruments à cordes (luth *bamanan'goni* à quatre cordes des griots de caste, harpe-luth à chevalet *donzon'goni* des *soraw*, les chantres des chasseurs), avec des trompes, des sifflets, des percussions très variées, mélodiques ou purement rythmiques, et bien sûr, toute une gamme de genres vocaux différents, tant masculins que féminins.

La qualité des prestations musicales est toujours très bonne et c'est un vrai plaisir de constater que certaines traditions, pas forcément reconnues dans le Mali moderne des villes, parviennent encore à survivre dans le monde rural. Ca n'est malheureusement pas toujours le cas et on a bien souvent entendu des personnes d'âge mûr, notamment des gens originaires du Baninko, se plaindre que leurs villages n'étaient plus animés comme par le passé et que les jeunes gens n'étaient plus motivés à entretenir leur patrimoine culturel.

Cela dit, les enregistrements ne sont pas toujours à la hauteur des manifestations qui en font l'objet : une part importante de la matière musicale ne parvient malheureusement pas jusqu'à l'auditeur, ou alors d'une façon bien déformée. Ainsi le chant du griot Fotigui Jabaté et le timbre de son *n'goni* perdent beaucoup de leur profondeur, parce qu'enregistrés de trop loin dans une pièce trop réverbérante, alors qu'on aurait certainement pu l'inviter à jouer à l'extérieur et lui consacrer deux microphones séparés. Même constat, ou presque, pour Abel Malé et son *donzon'goni*, dont la chaleur et la profondeur des notes basses ne sont pas du tout perceptibles ici. De même encore pour les chœurs de femmes qui sont censés faire naître le rythme et la danse *Bonjalaa*, mais qui sont ici complètement couverts par le jeu des tambours. C'est d'autant plus malheureux que tant que les ethnomusicologues ne seront pas plus attentifs à la qualité de leurs prises de son, ils ne toucheront jamais qu'un public restreint d'érudits et de spécialistes. A une époque où le marché de la *world music* tend de plus en plus à influencer les répertoires traditionnels en fonction de la demande artistique des scènes occidentales, les traditionalistes sont en droit de se sentir trahis: c'est leur image qui est en jeu et c'est bel et bien eux que l'on juge, consciemment ou non, à travers ces enregistrements.

Ceci dit, il y a tout de même des plages très fortes, comme celles consacrées à l'orchestre de trompes *buru*, enregistrées dans le village de Balun. Et puis il y a le texte de Salia Malé, très riche et pertinent, qui parvient en quelques pages à rendre accessibles la conception *bamanan* de la musique et sa relation indissociable avec la parole chantée et avec la danse: c'est le *fòli*, «la manifestation culturelle où la modulation du chant, le rythme de la musique et l'exécution de figures de danse concourent pour donner à l'expression son plein sens de dire.»

En conclusion, de par sa diversité, de par la richesse de sa présentation et bien sûr, de par la qualité des interprètes, ce disque des musiques *bamanan* du Baninko parvient à rester une œuvre attachante, malgré ses défauts de réalisation. Il représente un témoignage indispensable de la survie d'une certaine manière de penser et de vivre la musique et rappelle la richesse de la culture bambara traditionnelle. On ressort de son écoute en attendant la suite, ce qui est déjà une marque de qualité.

Vincent Zanetti

Iran. Bardes du Khorassan. Chants et luth* dotâr*/Bards of Khorassan. Songs and* dotâr *lute. Enregistrements et texte: Ameneh Youssefzadeh (livret français/anglais, 24 p.). 1 CD (77'00/DDD) Ocora Radio France C 560136, 1998.

Les bardes (*bakhshi*, mot d'origine chinoise signifiant «érudit») du Khorâssân, province du nord-est de l'Iran, contiguë à l'Afghanistan et au Turkménistan, sont des musiciens professionnels qui chantent en s'accompagnant au luth *dotâr*. Après leur avoir consacré sa thèse de doctorat en ethnomusicologie, soutenue à l'université de Paris X-Nanterre en 1997 sous la direction de Jean During (*Les bardes* bakhshi *du Khorassan iranien*), Ameneh Youssefzadeh publie aujourd'hui un CD rare et documenté, fruit de sa longue fréquentation de ces bardes.

Sur les treize plages proposées, plusieurs sont dues à de grands maîtres (Roshan Golafruz, Hâj Qorbân Soleymâni, Mohammad Yegâne), et deux à une femme (Golnabât Atâ'i). Chacune se présente sous la forme d'une alternance de strophes chantées (*dâstân*) et de motifs improvisés (*âhang* ou *maqâm*) sur le luth. Les *bakhshi* sont des Kurdes ou des Turcs d'Iran qui chantent en kurde, en persan ou en turc, ou bien des Turkmènes. Leur voix, rustique et rauque, contraste avec leur technique instrumentale brillante et la poésie de leurs textes, ballades à caractère amoureux, épique ou mystique. La polyphonie sur deux cordes révèle à coup sûr une influence de l'Asie centrale et évoque le chamanisme.

La plupart des *bakhshi* exercent une autre activité que la musique (barbier le plus souvent, luthier, chauffeur, agriculteur). En tant que musiciens, ils se produisent dans certaines cérémonies religieuses (*sinezani*, processions de flagellants; *ta'ziye*, commémorations théâtrales du martyre de l'imam Hosseyn), dans des cafés (*qahvekhâne*, où, malgré leur nom, on ne sert que du thé), dans des réunions privées. Leur art se transmet de père en fils ou d'*ostâd* (maître) à *shâgerd* (élève). Contrairement aux *'âsheq*, musiciens méprisés des festivités populaires, où l'on danse (mariages), les *bakhshi*, en tant que «musiciens-poètes» inspirés et «gardiens des traditions», jouissent d'un statut social relativement élevé. Le titre lui-même de *bakhshi* comporte une connotation respectueuse. Et l'on cite même le cas d'un kurde Bicherânlu dont les compétences en tant que barde lui ont valu d'être promu chef de sa tribu.

Aussi surprenant que cela puisse paraître, la République islamique elle-même commence à s'intéresser aux *bakhshi.* En effet, l'une des conséquences les plus inattendues de la campagne lancée en 1992 contre l'«agression culturelle de l'Occident» (*tahâjom-e farhangi-e qarb*) a été de rendre sa légitimité à la musique traditionnelle iranienne, entraînant une production relativement importante de cassettes et de disques, l'organisation de festivals, etc. Les idéologues de la République islamique opposent «musique d'excitation» (*motrebi*), musiques moderne (*jadid*), modifiée, dont l'authenticité n'est pas respectée (*taqyir karde*), condamnables ou suspectes, d'une part, et musiques traditionnelle (*sonnati*), régionale (*navâhi*), instructive (*âmuzeshi*), «musique ennoblissante», d'autre part. L'art des *bakhshi* – heureusement pour eux – entre dans cette dernière catégorie. Mais il existe d'autres hommages, moins suspects, plus valorisants, que celui des organes de la République islamique. Le travail d'Ameneh Youssefzadeh, puisé aux meilleures sources, réalisé avec soin et rigueur, en est le meilleur exemple.

Jean-Pierre Digard

Qin Music on Antique Instruments. 1 CD, enreg. 1998, Durée 67' 29''. Department of Music, University of Hong Kong. Produced in conjunction with exhibition 'Gems of Ancient Chinese Zithers', HK Univ. Museum. (1998) Dept. of Mus. HK, Pokfulam Rd, HK. Fax 852-2858.4933. E-mail: irene @ hkucc. hku.hk

Rares sont les occasions d'entendre le son du *qin*, l'antique cithare chinoise, montée de cordes de soie. La quasi totalité des enregistrements disponibles sur le marché en Chine continentale, à Taiwan ou même en Occident sont en effet marqués par le timbre sui generis des cordes en acier filées de nylon qui, depuis quelque trente ans, ont presque totalement remplacé, même sur des instruments très anciens, la soie millénaire.

Conçu pour servir d'illustration sonore à une remarquable exposition des *qin* de la collection Shum Hing-shun qui s'est tenue du 14 octobre au 5 décembre 1998 au musée de l'Université de Hong Kong, ce disque témoigne de la richesse et de la distinction du timbre d'instruments anciens montés, à deux exceptions près, de cordes de soie. Certains de ces instruments sont vieux de près de dix siècles et remontent à la dynastie des Song du Nord (968-1127); le plus récent date de la dynastie des Ming (1368-1644). La plupart d'entre eux sont en bon état de conservation et parfaitement jouables grâce à une restauration soigneuse de la surface de laque recouvrant la table d'harmonie. (Avec les siècles, cette dernière a tendance à se craqueler et finit parfois par interférer avec la vibration des cordes pour les notes appuyées).

Ce disque est également un hommage rendu par cinq de ses élèves à Madame Tsar Teh-yun dont le style élégant et raffiné, bien dans l'esprit de la tradition lettrée, témoigne d'une grande intégrité artistique. On ne trouvera ici nulle trace de recherche de «l'effet» qui caractérise souvent le jeu des tenants du style dit «de conservatoire», mais une attention constante à la pulsation intérieure de la musique et au message dont les œuvres sont porteuses. C'est le cas, entre autres, de la belle version de *Yi guren* («En pensant à un ami») par Lau Chor-wah, dont le déroulement paisible et naturel met en valeur les sons glissés et les harmoniques limpides d'un instrument au timbre généreux et profond. Egalement fort belle est l'interprétation que donne Sou Si-tai de *Pu'an zhou*, morceau méditatif tout empreint de tranquillité bouddhique, sur un instrument du XIe siècle au son grave et rond dont les harmoniques chantent avec aisance. Il faut encore mentionner le bref mais saisissant «Chant de Huaxu» joué de façon libre et joyeuse par Bell Yung sur un *qin* des Song du Sud (1127-1279) d'une rare consistance sonore, à la fois pure et robuste. Seule concession aux cordes métal, deux morceaux interprétés par Tse Chun-yan: *Shuixian cao* («L'immortel des eaux»),pièce incontournable du grand répertoire, jouée sur un instrument des Ming, et *Shuang Yifandiao*, une composition récente de l'interprète, qui explore les caractéristiques du mode *Yifan,* typique de la musique cantonaise, exécutée sur un instrument des Song du Sud. Ces deux mélodies, par ailleurs fort artistement rendues, permettent de se faire une idée de la différence profonde qui existe entre le son des cordes métal et celui des cordes traditionnelles.

Reflet vivant des activités artistiques d'un groupe d'amateurs de *qin* de Hong Kong, ce disque devrait réjouir tous ceux qui appellent de leurs vœux un retour à une approche respectueuse du timbre originel d'un instrument dont la beauté continuera longtemps à nous surprendre.

Georges Goormaghtigh

TRAVAUX RÉCENTS

Dans le dernier volume des *Cahiers de musiques traditionnelles*, nous avons initié cette rubrique, en priorité dédiée à la recension des thèses d'ethnomusicologie en français. Pour la présente édition, nous n'avons reçu l'annonce que d'une seule thèse, qui figure ci-dessous. Les auteurs ou directeurs de thèses récentes sont priés de nous communiquer régulièrement les informations dont nous n'aurions pas eu connaissance dans ce domaine afin que nous puissions en faire part à nos lecteurs.

La Rédaction

GAO Ya-li
Musique, Rituel et Symbolisme. Etude de la pratique musicale dans le rituel Shuilu chez les bouddhistes orthodoxes à Taiwan. *VI-353 p., 40 pl. couleur, 20 transcriptions, 1 CD.*
Thèse de doctorat de l'Université de Paris X-Nanterre (Département d'ethnologie et de sociologie comparative), soutenue le 14 juin 1999.
Directeur de thèse: Mireille Helffer

Dans la communauté bouddhique taiwanaise, la pratique est indissociable de la vie des bouddhistes et des rituels en général. Mais elle n'est pas considérée comme un «Art pur» et elle ne dispose pas d'un vocabulaire approprié pour s'exprimer. L'objectif de cette étude est de comprendre: d'une part comment, dans ce contexte, la musique a été pensée et dite, d'autre part, comment elle est pratiquée.

L'analyse s'appuie sur des observations recueillies depuis une dizaine d'années dans la communauté bouddhique taiwanaise. Celles-ci concernent non seulement la formation musicale des moines, mais aussi la célébration du rituel du *Shuilu*, réputé pour sa richesse musicale, pour son ampleur ainsi que pour les dépenses somptuaires qu'il entraîne. L'analyse des interventions musicales dans différents aspects du rituel permet de démontrer le rôle performatif de la musique dans le rituel bouddhique. Au moment de la célébration, c'est la pratique musicale qui conditionne directement l'existence et l'efficacité du rituel. En outre, la musique est également un outil privilégié pour structurer, ponctuer, rythmer et caractériser les différentes étapes du rituel.

Par ailleurs, l'organisation des répertoire musicaux dévoile finalement la vision du monde et l'ordre social hiérarchique de la société chinoise traditionnelle. Ainsi, chez les bouddhistes taiwanais, penser la musique est en même temps penser le monde et la relation entre la société et soi.

En temps que fait musical et social, dans la société taiwanaise, la célébration du *Shuilu* est une ritualisation de l'union des relations entre les pouvoirs religieux, économique et politique. Dans cette étude, elle apparait comme un dispositif qui permet de réunir des convictions, des croyances et des manifestations politisées auxquelles les représentations musicales apportent une contribution essentielle.

Rectificatif

Suite à une inadvertance, nous avons indiqué dans la rubrique «Travaux récents» du vol. 11/1998 des *Cahiers* (p. 250) que la thèse de Philippe Vigreux, *La darbûka: histoire, organologie, ethnomusicologie d'un instrument de percussion*, avait été dirigée par Bernard Lortat-Jacob. Cette thèse a en fait été dirigée par Jean During.

PUBLICATIONS REÇUES

Les publications figurant ici ont été reçus par la Rédaction et n'ont pour l'instant pas pu faire l'objet de comptes rendus.

Les auteurs, éditeurs ou diffuseurs désirant voir leurs publications mentionnées dans cette rubrique sont priés de les adresser à:

Ateliers d'ethnomusicologie. Case postale 318. CH-1211 Genève 25.

LIVRES

Khaled ARMAN: *Chansons populaires d'Afghanistan,* *recueillies et arrangées par Khaled Arman.* Traductions de Serge de Beaurecueil et Nadjib Manalaï; dessins de Bismillah Khusravi; préface de Sayed Qâssem Resthia. Collection Etudes et Documentation. 90 p., transcriptions musicales. Paris: CEREDAF (Centre d'études et de recherches documentaires sur l'Afghanistan), 1996.

Brigitte BACHMANN-GEISER: *Das Alphorn. Vom Lock- zum Rockinstrument*. 224 p., photographies noir-blanc et couleurs, transcriptions. Bern/Stuttgart/Wien: Verlag Paul Haupt, 1999.

Pierre-Alain BAUD: *La danse au Mexique. Art et pouvoir.* *Préfaces de Georges Couffignal et Javier Contreras Villaseñor.* Collection Recherches et Documents – Amériques latines. Paris: Editions L'Harmattan, 1995.

Jorge DAJER: *Los artefactos sonoros precolombinos, desde su descubrimiento en Michoacán*. 128 p., photographies couleurs. Mexico: ELA (Empresa Libre de Autoeditores) / FONCA (Fondo Nacional para la Cultura y las Artes), 1995.

Eric de DAMPIERRE: *L'humanité des harpes*. 38 p. Nanterre: Société d'ethnologie, 1998.

Jean DUVIGNAUD et Chérif KHAZNADAR, ed.: *Les musiques du monde en question. Internationale de l'Imaginaire*, nouvelle série, 11. 336 p. Paris: Maison des Cultures du Monde / Arles: Babel, 1999.

Luciana GALLIANO: ***Yôgaku. Percorsi della musica giapponese nel Novecento.*** 342 p., photographies noir-blanc, transcriptions. Venezia: Cafoscarina, 1998.

Claude GERBEX: ***Barrense-Dias. Six cordes pour une vie.*** 168 p. Collection Archives vivantes. Yens/Morges: Cabédita, 1998.

John HARPER & Wyn THOMAS, ed: ***Welsh Music History 3: Robert ap Huw Studies / Hanes Cerddoriaeth Cymru 3 Astudiaethau Robert ap Huw Studies.*** Edition bilingue anglais/gallois. 346 p. Cardiff: Univserity of Wales Press, 1999.

Lothaire MABRU: ***Comment la musique vient aux instruments. Ethnographie de l'activité de lutherie à Mirecourt.*** Préface de Jacques Cheyronnaud. 204 p., photographies noir-blanc, croquis. Saerreguemines: Pierron, 1998.

José MACEDA: ***Gongs and Bamboo. A Panorama of Philippine Music Instruments.*** 326 p., photographies noir-blanc, croquis. Quezon City: University of the Philippines Press, 1998.

Bruno NETTL & Melinda RUSSELL, ed.: ***In the Course of Performance. Studies in the World of Musical Improvisation.*** 414 p., photographies noir-blanc, transcriptions. Chicago: The University of Chicago Press, 1998.

Miguel OLMOS AGUILERA: ***El sabio de la fiesta. Música y mitología en la región cahita-tarahumara.*** 172 p., photographies noir-blanc, transcriptions. México: Instituto Nacional de Anthropología e Historia, 1998.

Jean-Luc TOULA-BREYSSE: ***Cultures du monde en France. Le guide.*** Avec la collaboration de Delphine Laurent et de Pierre Bois. 285 p. Paris: Maison des Cultures du Monde / Plume, 1999.

LIVRES AVEC CD

Gérard BÉHAGUE: ***Musiques du Brésil. De la cantoria à la samba-reggae.*** 192 p., accompagné d'un CD. Paris: Cité de la Musique / Arles: Actes Sud, 1999.

Joep BOR, ed.: ***The Raga Guide. A Survey of 74 Hindustani Ragas.*** 196 p., photographies couleurs, transcriptions, avec 4 CD audio. Gwent: Nimbus Records & Rotterdam: Conservatory of Music, 1999.

Philippe BRUGUIERE et Jan-Lodewijk GROOTAERS, ed.: ***La parole du fleuve. Harpes d'Afrique centrale.*** 404 p., accompagné d'un CD. Paris: Musée de la musique / Cité de la musique, avec e concours de la Société d'ethnologie (Nanterre), 1999.

Jean DURING: *Musiques d'Asie centrale. L'esprit d'une tradition.* 172 p., accompagné d'un CD. Paris: Cité de la Musique / Arles: Actes Sud, 1998.

Daniel GENTON: *Djembefola. Les nouveaux rythmes du djembe / The latest djembe rhythms.* Edition bilingue français-anglais, 64 p., accompagné d'un CD. Courbevoie: Editions musicales françaises, 1999.

Kay KAUFMAN SHELEMAY: *Let Jasmine Rain Down. Song and Remembrance among Syrian Jews.* 291 p., photographies noir-blanc, accompagné d'un CD. Chicago & London: The University of Chicago Press, 1998.

CD

Afrique

COMORES. Musiques traditionnelles des Comores. Production: Soeuf Elbadawi; réalisation: Bruno Bonnefoy; textes: Damir Ben Ali, Soeuf Elbadawi. 1 CD Buda Records 92732-2, 1999.

GUINÉE. Musique des Malinké. Enregistrements (1952) et texte de Gilbert Rouget. Collection CNRS/Musée de l'Homme. 1 CD Le Chant du Monde CNR 2741112, 1999.

MALI. Les Dogons. Musique de masques et de funérailles. Enregistrements (1999): Pierre Bois; textes: Françoise Gründ et Pierre Bois. 1 CD Inédit W 260089, 1999.

TEMOUCHENT-ORAN. A l'origine du pop-raï. Bellemou, Bouteïba Sghir, Benfissa Younès. Enregistrements (1973-75); texte: Nidam Abdi. 1 CD Night & Day, Cléopâtre Ounassar, Barbès Café BAC 101, 1999.

TROIS CHEIKHATES MYTHIQUES DU MAROC. LHajja Hamdaouia, Fatna Bent El Hocine, Sabah Hosni. Enregistrements (1970-73); texte: Nidam Abdi. 1 CD Night & Day, Cléopâtre Ounassar, Barbès Café BAC 104, 1999.

TUNISIA AND NORTH AFRICA. Musical Arabesque and Andalusian Pilgrimage. Enregistrements (1982-84) et texte: Nobuo Mizuno. Collection Music of the Earth. 1 CD Multicultural Media MCM 3017, 1998.

AHMED WAHBY. La voix de velours d'Oran. Enregistrements (s.d.); texte: Nidam Abdi. 1 CD Night & Day, Cléopâtre Ounassar, Barbès Café BAC 105, 1999.

ZANZIBAR. Bi Kidude. The Venerable Queen of Taraab & Unaygo. Enregistrements (1988-96) et texte: s.n. 1 CD RetroAfric' RETRO12CD, 1998.

Amériques

RAUL BARBOZA – JUANJO DOMINGUEZ. Enregistrements (1998): Boly Yseas; texte: Francis Couvreux. 1 CD Label La Lichère LLL 277, 1999.

LUZMILA CARPIO. Kuntur Mallku (The Messenger). Direction artistique: Saïd Assadi; textes: Etienne Bours et Joël Flores. 1 CD Accords Croisés 09107-2, 1999.

WOODY GUTHRIE. Buffalo Skinners. Enregistrements (1944-49): Moses Asch; texte et sélection des pièces: Jeff Place et Guy Logson. The Asch Recordings, vol. 4. 1 CD Smithsonian Folkways SFW CD 40103, 1999.

MADEMOISELLE, VOULEZ-VOUS DANSER ? Franco-American Music from the New England Borderlands. Projet dirigé par Theodore Levin, Dartmouth College. 1 CD Smithsonian Folkways SFW CD 40116, 1999.

THE MISSISIPPI RIVER OF SONG. A Musical Journey Down the Mississippi. Enregistrements (1995-97); production: Elijah Wald; textes: Anthony Seeger et Elijah Wald. 2 CD Smithsonian Folkways SFW CD 40086, 1998.

PUERTO RICO. Grupo Afro Boricua. *Director: William Cepeda.* Enregistrements (1998): Pericle Covas; texte: Al Pryor & William Cepeda. 1 CD Blue Jackel BJAC #5027-2, 1998.

PETE SEEGER. Headlines & Footnotes. A Collection of Topical Songs. Enregistrements (1955-96) compilés anotés et produits par Mark Greenberg. 1 CD Smithsonian Folkways SFW CD 40111, 1999.

PONTOS DE MACUMBA. Chants religieux afro-brésiliens. Enregistrements (années 1960-70): x; texte: Claire Leibovitz 1 CD Rardum / Iris Musique 3004 085, 1999.

SEPTETO NACIONAL & GUESTS. Mas Cuba Libres. Septeto Nacional «Ignacio Piñeiro». Enregistrements (s.d.): Manuel López Mantecón; texte: Christian Scholze; production: Gloria Ochoa, Ignacio Ayme Castro, Christian Scholze. 1 CD Network Medien GmbH 33.182, 1999.

VASSOURINHAS DE OLINDA – ORQUESTRA DE FREVO. Hot brass-band dancemusic. Pernambuco, North-East Brazil. Production: Rein Spoorman. 1 CD Pan Records PAN 175CD, 1999.

Asie

BAGLAMA RESITALI-1. Arif Sağ & Musa Eruglu. Production: Haydar Gögercin; enregistrements: Can Yesilyurt. 1 CD ASM Müsik Üretim CD-004, s.d.

FIDELES D'AMOUR. Un oratorio soufi (mystique d'islam et de christianisme). Nidaa Abou Mrad, Mohamed Saïd Chami, Sylvie Haddad. Enregistrements (1998): Tony Farah; texte: Nidaa Abou Mrad. Collection Maqâm. 1 CD Byblos BLCD 1011, 1999.

INDE. Percussions rituelles du Kerala. Vol. 1: Kshetram Vadyam; Vol. 2: Tayambaka. Enregistrements (1995-96) et texte: Rolf Killius. Collection Archives internationales de musique populaire AIMP LIV-LV. 2 CD VDE-Gallo VDE 971-972, 1998.

INDE – RAJASTHAN. Chants populaires de dévotion. Mahesa Ram Group. Enregistrements (s.d.), texte et photos: Eddy Pennewaert. Collection de musiques populaires du monde. 1 CD Colophon Records Col. CD 101, 1998.

JAPON. Yoshikazu Iwamoto, flûte Shakuhachi. L'esprit du crépuscule. Enregistrement (1999): Hervé Martin; texte: Henri Lecomte. 1 CD Buda Records 92734-2, 1999.

MADJID KHALADJ. Daf (tambour mystique), dayré & zang-é Saringôshti. Enregistrements (1999): Hervé Martin; texte: Madjid Khaladj. 1 CD Buda Records 92741-2, 1999.

OUZBEKISTAN. Les grandes voix du passé (1940-1965). Archives de Abdorahim Hamidov; texte et sélection des pièces: Jean During, avec la collaboration de Abdorahim Hamidov. 1 CD Ocora C 560142, 1999.

OUZBEKISTAN. Musique classique instrumentale. Enregistrements (1997-98): Razia Sultanova, avec la collaboration de Jean During; texte: Razia Sultanova. Collection Archives internationales de musique populaire AIMP LVII. 1 CD VDE-Gallo VDE 974, 1998.

TADJIKISTAN. Chants des bardes. Enregistrements (1990-92) et texte: Jean During. Collection Archives internationales de musique populaire AIMP LVI. 1 CD VDE-Gallo VDE 973, 1998.

TURKEY. Echoes of Anatolia. Music from Istanbul. Enregistrements (1980) et texte: Keiji Azami. Collection Music of the Earth. 1 CD Multicultural Media MCM 3016, 1998.

VIET-NAM. Anthologie de la musique Edé. Enregistrements (s.d.) et texte: Patrick Kersalé. 1 CD Buda Records 92726-2, 1999.

VOIX DU FINISTERE ARCTIQUE. Nenec, Sel'kup. *Sibérie 7.* Enregistrements (1997) et texte: Henri Lecomte. 2 CD Buda Records 92743-2, 1999.

YANG LINING. China Racines. Enregistrements (1998): Daniel Deshays; direction artistique et texte: François Picard. 1 CD Espace Dragon 927402, 1998.

Europe

BALKAN BLUES. Souffles de l'âme. Grèce – Serbie – Roumanie – Bulgarie – Albanie – Bosnie – Macédoine. Production et sélection: Christos Scholzakis et Jean Trouillet. 2 CD Network LC 6759, 1999.

JEAN BLANCHARD, ROBERT AMYOT, SYLVIE BERGER. Fleur de terre. Chansons traditionnelles d'en France. Enregistrements (s.d.): Pascal Cacouault. 1 CD Compagnie du Beau Temps BT.678.3, 1999.

BOSNIE. Nešidu-l-Huda. Chants soufis de Sarajevo. Enregistrements (1996): Errol Maibach et Christian Oestreicher; texte: Laurent Aubert. Collection Archives internationales de musique populaire AIMP LII. 1 CD VDE-Gallo VDE 927, 1998.

EL CABRERO. Como el viento de poniente. Enregistrements (1996): Abelardo Jimenez, J. Marvizon et Luis Mangas. 1 CD Flamenco Darte CD-02657, 1996.

LE CYCLE DE LA VIE. Chants traditionnels grecs. *Ensemble Musiko Polytropo, dirigé par Iannis Kaïmakis.* Enregistrements (1997): Dimitri Nistikakis; direction artistique et texte : Iannis Kaïmakis. 1 CD L'Empreinte Digitale ED 13105, 1999.

FLAMMES DU CŒUR / GYPSY QUEENS. La Macanita, Mitsou, Romica Puceanu, Gabi Lunca, Dzansever, Esma Redzepova. Production, compilation et texte: Christian Scholze. 2 CD Network LC 6759, 1999.

FRANCE. Accordéonistes en Aubrac. Enregistrements: Frédéric Loth (s.d.); texte: Michel Esbelin. 1 CD Buda Records 92742-2, 1999.

GÉORGIE. Polyphonies vocales de Svanétie. Ensemble Riho. Enregistrements (1999): Pierre Bois; textes: Frank Kane et Joseph Jordania. 1 CD Inédit W 260090, 1999.

GUITARRA FLAMENCA. Parrilla de Jerez: Nostalgia. Enregistrements (1998): Errol Maibach; direction artistique et texte : Laurent Aubert. Collection Archives internationales de musique populaire AIMP LIX. 1 CD VDE-Gallo VDE 985, 1999.

INSTRUMENTS ET RYTHMES BULGARES. Enregistrements (1970-99) et texte: Marcel Cellier. 1 CD Disques Cellier 022, 1999.

MONTFERRINE. Musique de Romandie et des Alpes. Enregistrement (1999): Marc Champod; texte: Nikita Pfister. 1 CD VDE-Gallo VDE 12000, 1999.

NORVEGE. La langleik. Gunvor Hegge. Enregistrement (1999): Agnès Wargnier, Radio France; texte et direction artistique: Jacques Leininger. 1 CD Ocora C 560145, 1999.

PORTUGAL. Musique de l'Alentejo. Enregistrements (1993-1997): RDP-Radiodifusão Portuguesa; texte: Luis Ramos. 1 CD Ocora C 600008, 1999.

SERBIE. Anthologie de la musique populaire serbe. Enregistrements (1975-96): Dimitrije O. Golemović, Dragoslav Dević et Katarina Knežević; texte: Dimitrije O. Golemović et Katarina Knežević. Collection Archives internationales de musique populaire AIMP LX. 1 CD VDE-Gallo VDE 993, 1999.

TENORES DI ONIFERI. A s'andira. Enregistrements (1997): Lucio Garau; texte: Paolo Scarnecchia. 1 CD Ideas ID 0002-2, s.d.

CD-ROM

Simha AROM, Serge BAHUCHET, Alain EPELBOIN, Susanne FÜRNISS, Henri GUILLAUME et Jacqueline M.C. THOMAS: ***Les Pygmées. Peuple et musique.*** 1 CD-ROM. Paris: Montparnasse Multimedia / CNRS / ORSTOM, 1998.

Leonardo D'AMICO & Francesco MIZZAU, ed.: ***Africa. Folk Music Atlas.*** Livre (96 p., photographies noir-blanc et couleurs), avec 1 CD-Rom et 3 CD audio. Collection World Music Atlas, vol. 1. Firenze: Amharsi / Centro Flog, Tradizione Popolari, 1998.

VIDÉO

KHYAL: Classical Singing of North India. Vidéo Ethno VC1, accompagnée d'une brochure de 20 p. (texte de Martin Clayton et Veena Sahasrabuddhe). Milton Keynes (UK): The Open University Worldwide, 1998.

WAYANG GOLEK: Performing Arts of Sunda (West Java). Vidéo Ethno VC2, accompagnée d'une brochure de 20 p. (texte de Martin Clayton et Simon Cook). Milton Keynes (UK): The Open University Worldwide, 1998.

AUTEURS

Simha AROM est Directeur de Recherche Émérite au CNRS. Il dirige le département Ethnomusicologie du LACITO (Laboratoire de Langues et Civilisations à Tradition Orale) et un séminaire de formation doctorale à l'EHESS (École des Hautes Études en Sciences Sociales).

Mariano ETCHEPAREBORDA est un développeur de systèmes informatiques résidant à Genève en Suisse. Passionné par l'art et la culture de l'Inde, il a fondé en 1998 la société Swar Systems qui a pour but d'élaborer des logiciels de musique indienne. En dehors du monde virtuel, il étudie le *tabla* sous la tutelle de Paul Grant et participe à un groupe de chants dévotionnels de traditions diverses, Nirmal Bhakti. Il peut être atteint à l'adresse email mariano@swarsystems.com.

Judit FRIGYESI a étudié la musicologie et l'ethnomusicologie à l'Académie Franz Liszt de Budapest, à l'Ecole Pratique des Hautes Etudes à Paris et à l'Université de Pennsylvanie, à Philadelphie, où elle a obtenu son doctorat en 1989. Elle a enseigné dans les universités de Brown et de Princeton avant d'être nommée professeur à l'Université Bar-Ilan, en Israël. Dans une trentaine d'articles publiés dans des revues spécialisées, elle a traité de sujets analytiques (rythme, types mélodiques, structures tonales, mode) et étudié le contexte culturel (modernisme, littérature et musique, musique, rituels et pensée religieuse) surtout de la musique de Belá Bartók, de la liturgie juive d'Europe centrale et de la musique populaire hongroise. Dans son livre *Belá Bartók and Turn-of-the-Century Budapest* (1998), elle tente de saisir les principes de l'art de ce compositeur à travers la vision du monde de cette époque telle qu'elle se révèle dans la poésie, le roman, les arts visuels, la politique et l'esthétique.

François PICARD, né une année du cheval de feu à Paris, est professeur d'ethnomusicologie à l'Université Paris IV Sorbonne. Musicien, il a joué avec la fanfare Eustache et ses trompes, l'ensemble de musique médiévale et Renaissance La Maurache, le groupe de jazz-rock E. Coli, au gamelan du Musée de l'Homme. Lors de son séjour à Shanghai en 1986-87, il pratique au sein des ensembles de musique locale Jiangnan sizhu. Depuis son retour, il joue de la musique chinoise (vents) au sein de l'ensemble Fleuve Jaune puis fonde son ensemble, Fleur de Prunus, et accompagne occasionnellement les maîtres de passage. Il mène parallèlement une activité de directeur artistique. Il travaille depuis 1995 avec Jean-Christophe Frisch sur les échanges musicaux entre Européens et Chinois à Pékin aux XVIIe-XVIIIe siècles.

Jobonina RAZAFINDRAKOTO, 38 ans, a suivi ses études de musicologie à l'Université Paris IV/Sorbonne. Elle approfondit ses recherches sur la cithare tubulaire de Madagascar (*valiha*) dans la classe d'acoustique musicale du Conservatoire National Supérieur de Musique de Paris. Elle est titulaire d'un doctorat de musicologie. Le sujet de sa thèse porte sur l'adaptation des artisans-musiciens malgaches à la modernité, à travers l'évolution de la *valiha* en Imerina (Hautes Terres centrales de Madagascar). Ce projet a bénéficié d'une bourse du Ministère de la Culture et l'encadrement technique du Laboratoire d'Acoustique Musicale (UMR 9945: CNRS/Université Paris VI/Ministère de la Culture). Elle a favorisé la publication d'un ouvrage sur la *valiha* chromatique dont elle a rédigé la préface (1re édition: 1993; 2e édition: 1994 / Antananarivo).

Olivier TOURNY est docteur en ethnomusicologie, membre du département d'ethnomusicologie du LACITO et du GDR 115 du CNRS. Pianiste, diplomé de Musicologie, il a résidé de 1988 à 1992 en Israël, afin d'effectuer des études sur les traditions musicales juives. A partir de 1991, sous la direction de Simha Arom, il entreprenait une *Systématique de la musique liturgique des Juifs d'Ethiopie,* sujet de sa thèse soutenue en 1997 à l'EHESS. Depuis lors, il poursuit ses recherches sur les traditions musicales liturgiques au Moyen Orient et en Afrique de l'Est.

Jacques VIRET est professeur de musicologie à l'Université de Strasbourg II. En 1981, il a soutenu à Paris-Sorbonne une thèse de Doctorat d'État sur les structures mélodiques du chant grégorien, dont il a extrait en partie la matière de son ouvrage *Le chant grégorien, musique de la parole sacrée* (Lausanne: L'Age d'Homme, 1986). Ayant attiré l'attention dès 1975 sur la nécessité d'une approche ethnomusicologique du corpus grégortien, il s'est intéressé particulièrement dans cette optique à l'analyse modale (*La modalité grégorienne.* Lyon: A cœur joie, 1987). Il a par ailleurs publié de nombreux ouvrages et articles, notamment sur la doctrine musicale médiévale et la philosophie de la musique.

Udo WILL a étudié la musique (composition), la sociologie, la musicologie et la biologie. Il a travaillé en tant que sociologue à des projets de développement socio-économique au Moyen-Orient. En 1981 il obtient un poste d'enseignement et de recherche à la faculté de biologie de l'Université de Bielefeld. En 1985 il passe un doctorat en neurobiologie et en 1990 un doctorat en musicologie. Dès 1991 il entreprend ses recherches sur la musique des Aborigènes d'Australie. A l'heure actuelle il est chercheur associé à la Flinders University, en Australie du Sud, et à l'Université d'Osnabrück, en Allemagne, où il dirige un projet de recherche en linguistique.

Habib YAMMINE, percussionniste et ethnomusicologue, est né au Liban en 1956. Après des études musicales de violon au conservatoire de Beyrouth et l'obtention du baccalauréat, il vient en France en 1977 pour suivre des études en musicologie à l'Université de Rouen où il obtient sa licence en 1980. Il commence en 1981 des recherches sur les rythmes arabes qui aboutissent à la rédaction d'un mémoire de maîtrise sur «les rythmes chez al-Fârâbî» (Xème siècle) à l'Université de Paris VIII en 1983. Parallèlement à la pratique et à l'enseignement de la percussion arabe (*riqq, daff* et *darbûka*) dans différents centres et écoles de musiques, il étudie l'ethnomusicologie à l'Université de Paris X où il soutient en 1996 sa thèse de doctorat sur la musique tribale des Hauts-plateaux yéménites, après deux séjours au nord Yémen en 1985 et en 1990. Depuis 1995 il est chargé de cours d'ethnomusicologie du monde arabe à l'Université Blaise Pascal de Clermont-Ferrand. En 1991, il fonde avec la chanteuse soliste Aïcha Redouane l'ensemble al-Adwâr spécialisé dans la musique savante du Proche-Orient (Egypte, Syrie, Liban). Il prépare actuellement une recherche sur l'organologie et la pratique du *riqq* (tambour sur cadre à cymbalettes) au Proche-Orient.

ETHNOMUSICOLOGIE

Publications des Ateliers d'ethnomusicologie et du Musée d'ethnographie de Genève

CATALOGUE 1999

DISQUES

www.adem.ch
commandes : musee.ethno@ville-ge.ch

COLLECTION AIMP
Archives internationales de musique populaire
Musée d'ethnographie de Genève
Disques VDE-Gallo

COLLECTION SAGA
Ateliers d'ethnomusicologie
Musik der Welt in Basel
Disques Auvidis-Ethnic

NOUVEAUTÉS 1999

GUITARRA FLAMENCA
Parrilla de Jerez : Nostalgia (1 CD AIMP LIX/VDE 985)

SERBIE
Anthologie de la musique populaire serbe (1 CD AIMP LX/VDE 993)

MUSIQUES
Archives internationales de musique populaire (1 CD AIMP I/VDE 995)

INDE DU SUD
L'intégrale du Bharatanatyam (2 CD AIMP LXI-LXII/VDE 1004-1005)

AFRIQUE

AFRIQUE DU SUD
Le chant des femmes Xhosa
(1 CD AIMP XLIV/VDE 879)

MADAGASCAR
Musique Antanosy
(1 CD AIMP IL/VDE 924)

OUGANDA
Ensembles villageois du Busoga
(1 CD AIMP L/VDE 925)

ZAÏRE
La musique des Nande
(1 CD AIMP XXIII/VDE 652)

CENTRAFRIQUE
Musiques pour sanza en pays Gbaya
(1 CD AIMP XXVII/VDE 755)

BENIN
Rythmes et chants pour les vodun
(1 CD AIMP XVIII/VDE 612)

BURKINA FASO

Anka Dia. Les frères Coulibaly
(1 CD SAGA/Auvidis B 6775)

MALI

Musique bambara du Baninko
(1 CD AIMP LVIII/VDE 980)

SÉNÉGAL

Le Saoruba de Casamance
(1 CD AIMP LI/VDE 926)

MAROC

Musique classique andalouse de Fès
(1 CD AIMP/Ocora C 559035)

EUROPE

ANDALOUSIE

El Suspiro del Moro
(1 CD SAGA/Auvidis B 6777)

ESPAGNE

Guitarra flamenca. Parrilla de Jerez: Nostalgia
(1 CD AIMP LIX/VDE 985)

ITALIE

Mesoraca. Vie musicale d'un village en Calabre
(1 CD AIMP XLII/VDE 872)

SUISSE

Musique populaire suisse, coll. Constantin Brăiloiu
(2 LP AIMP VII-VIII/VDE 477-478)

BOSNIE

Nešidu-l-Huda. Chants soufis de Sarajevo
(1 CD AIMPLII/VDE 927)

GRÈCE

Chansons et danses populaires, coll. Samuel Baud-Bovy
(1 CD AIMP XII/VDE 552)

SERBIE

Anthologie de la musique populaire serbe
(1 CD AIMP LX/VDE 993)

ROUMANIE

Musique de villages, coll. Constantin Brăiloiu
(3 CD AIMP IX-XI/VDE 487-489)

Olténie: Runc et les villages du Gorj
(1 CD AIMP IX/VDE 487)

Moldavie: Fundu Moldovei et la Bucovine
(1 CD AIMP X/VDE 488)

Transylvanie: Dragus et le Pays de l'Olt
(1 CD AIMP XI/VDE 489)

Musique des Tsiganes de Valachie
(1 CD AIMP/Ocora C 559036)

Musique de noces en Valachie
(1 CD SAGA/Auvidis B 6799)

POLOGNE

Chansons et danses populaires
(1 CD AIMP XXIX/VDE 757)

RUSSIE

Pesen Zemli, Chants polyphoniques de mariage
(1 CD AIMP XXXVIII/VDE 837)

ASIE

ANTHOLOGIE MUSICALE DE LA PENINSULE ARABIQUE
(4 CD AIMP XXX-XXXIII/VDE 780-783)

Poésie chantée des Bédouins
(1 CD AIMP XXX/VDE 780)

Musique des pêcheurs de perles
(1 CD AIMP XXXI/VDE 781)

Le sowt, musique des villes
(1 CD AIMP XXXII/VDE 782)

Le chant des femmes
(1 CD AIMP XXXIII/VDE 783)

SYRIE

Musique des derviches de Damas

(1 CD SAGA / Auvidis B 6813)

TURQUIE

L'art du tanbur ottoman

(1 CD AIMP XVI / VDE 586)

Cérémonie des derviches Kadiri

(1 CD AIMP XVII / VDE 587)

Musiques villageoises d'Anatolie

(1 CD AIMP XXXV / VDE 797)

AZERBAÏDJAN

Musique et chants des âshiq

(1 CD AIMP XIX/ VDE 613)

KAZAKHSTAN

Musique d'AlmatÏ

(1 CD AIMP XLVI / VDE 910)

TURKMÉNISTAN

La musique des bakhshy

(1 CD AIMP XXII / VDE 651)

OUZBÉKISTAN

Musique classique instrumentale

(1 CD AIMP LVI / VDE 973)

TADJIKISTAN

Chants des bardes

(1 CD AIMP LVII / VDE 974)

ASIE CENTRALE

Les maître du dotâr

(1 CD AIMP XXVI / VDE 735)

TURKESTAN CHINOIS / XINJIANG

Musiques ouïgoures

(2 CD AIMP/Ocora C559092-93)

MUSIQUE SUR LES ROUTES DE LA SOIE

(1 CD SAGA / Auvidis B 6776)

AFGHANISTAN

Le rubâb de Hérat, Mohammad Rahim Khushnawaz

(1 CD AIMP XXV / VDE 699)

NÉPAL

Musique de fête chez les Newar

(1 CD AIMP XIII / VDE 553)

INDE

Tabla Solo - Hommage à Latif Ahmed Khan

(1 CD AIMP XLV / VDE 909)

Percussions rituelles du Kerala

(2 CD AIMP LIV-LV / VDE 971-972)

Kshetra Vadyam

(1 CD AIMP LIV / VDE 971)

Tayambaka

(1 CD AIMP LV / VDE 972)

INDE CENTRALE

Traditions musicales des Gond

(1 CD AIMP XX/ VDE 618)

CAMBODGE

Musiques de l'exil

(1 CD AIMP XXIV / VDE 698)

CHINE

Traditions populaires instrumentales

(2 CD AIMP XXXVI-XXXVII / VDE 822-823)

CHINE

Musique des marionnettes de Quanzhou

(1 CD AIMP VLXII / VDE 911)

CORÉE

Chants rituels de l'île de Chindo

(1 CD AIMP XXVIII / VDE 756)

JAPON

L'épopée des Heike. Junko Ueda, satsuma biwa

(1 CD AIMP XXI / VDE 650)

Nihon no Oto. Musique traditionnelle de chambre

(1 CD SAGA / Auvidis B 6784)

Musique du Kabuki et du Jiuta-mai

(1 CD SAGA / Auvidis B 6809)

OCÉANIE

VANUATU
(Nouvelles Hébrides). Singsing-Danis Kastom
(1 CD AIMP XXXIV/VDE 796)

NOUVELLE-CALÉDONIE
Danse et musique Kanak
(1 CD AIMP XLVIII/VDE 923)

AMÉRIQUE DU SUD

AMÉRIQUE DU SUD
Musiques hispaniques
(1 CD SAGA/Auvidis B 6782)
Musiques indiennes
(1 CD SAGA/Auvidis B 6783)

BOLIVIE
Charangos et guitarrillas du Norte Potosí
(1 CD AIMP XLI/VDE 871)

COLOMBIE
Romances y canciones. Jorge López Palacio
(1 CD SAGA/Auvidis B 6810)

BRÉSIL
Enauené-Naué et Nhambiquara du Mato Grosso
(1 CD AIMP XLIII/VDE 875)

BRESIL CENTRAL
Chants et danses des Indiens Kaiapó
(2 CD AIMP XIV-XV/VDE 554-555)

CARAÏBES
A collection of Caribbean Music
(1 CD Soundways 38508)

CUBA
Afroamérica. Cantes y toques afrocubanos
(1 CD AIMP LIII/VDE 959)

ANTHOLOGIES

MUSIQUES
Archives internationales de musique populaire
(1 CD AIMP I/VDE 995)

MUSIQUE A LA CROISÉE DES CULTURES
(2 CD AIMP XXXIX-XL/VDE 828-829)

TAMBOURS DE LA TERRE
(2 CD SAGA/Auvidis-Ethnic B 6773-6774)
Asie
(1 CD SAGA/Auvidis B 6773)
Afrique et Amérique
(1 CD SAGA/Auvidis B 6774)

ANTHOLOGIE MUSICALE DE LA PENINSULE ARABIQUE
(4 CD AIMP XXX-XXXIII/VDE 780-783)
Voir ASIE

COLLECTION UNIVERSELLE DE MUSIQUE POPULAIRE
(6 LP AIMP I-VI/VDE 425-430)
Afrique
(1 LP AIMP I/VDE 425)
Asie et Esquimaux
(1 LP AIMP II/VDE 426)
Europe 1
(1 LP AIMP III/VDE 427)
Europe 2
(1 LP AIMP IV/VDE 428)
Europe 3
(1 LP AIMP V/VDE 429)
Europe 4
(1 LP AIMP VI/VDE 430)

LIVRES

Laurent Aubert

MONDES EN MUSIQUE. Tableaux d'une exposition (Genève : Musée d'ethnographie, 1991. 120 p.)

MUSIQUES TRADITIONNELLES. Guide du disque (Genève : Georg Editeur / Ateliers d'ethnomusicologie, 1991. 260 p.)

PLANÈTE MUSICALE. Instruments de musique des cinq continents (Ivrea: Priuli & Verlucca / Genève : Musée d'ethnographie, 1991. 116 p., 72 pl. couleurs)

LA QUÊTE DE L'INTEMPOREL. Constantin Brailoiu et les Archives internationales de musique populaire (tiré-à-part, Genève : Musée d'ethnographie, 1985. 26 p.)

LES MUSICIENS DANS LA SOCIÉTÉ NEWAR. Contribution à l'ethnographie de la Vallée de Kathmandou (tiré-à-part, Genève : Musée d'ethnographie, 1988. 37 p.)

Laurent Aubert, Jérôme Ducor et Johnathan Watts

THÉÂTRES D'ORIENT
(Ivrea: Priuli & Verlucca / Genève : Musée d'ethnographie, 1997. 120 p., 72 pl. couleurs)

Musée d'ethnographie

GENÈVE MÉTISSE. De la Genève internationale à la cité pluriculturelle. Textes de Laurent Aubert, Bernard Crettaz, Émilienne Mukarusagara et Louis Necker (Genève: Zoé, 1996. 294 p.)

CAHIERS DE MUSIQUES TRADITIONNELLES

(Genève : Georg Editeur / Ateliers d'ethnomusicologie)

1/1988 · **De bouche à oreille** (240 p.)
2/1989 · **Instrumental** (320 p.)
3/1990 · **Musique et pouvoirs** (284 p.)
4/1991 · **Voix** (320 p.)
5/1992 · **Musiques rituelles** (346 p.)
6/1993 · **Polyphonies** (308 p.)
7/1994 · **Esthétiques** (320 p.)
8/1995 · **Terrains** (296 p.)
9/1996 · **Nouveaux enjeux** (390 p.)
10/1997 · **Rythmes** (388 p.)
1-10 · **Index** (104 p.)
11/1998 · **Paroles de musiciens** (346 p.)

TARIFS

Ces publications peuvent être commandées aux tarifs suivants (prix en francs suisses + port)

Disques

CD simple	FS	30.–
CD double	FS	50.–
LP simple	FS	24.–
LP double	FS	48.–

Livres

Mondes en musique	FS	15.–
Musiques traditionnelles	FS	34.–
Planète musicale	FS	50.–
Théâtres d'Orient	FS	50.–
Genève métisse	FS	34.–

Cahiers de musiques traditionnelles

CMT 1	FS	28.–
CMT 2-4	FS	34.–
CMT 5-8	FS	42.–
CMT 9-12	FS	46.–
Index CMT 1-10	FS	10.–
CMT 1-10 + index	FS	300.–

Brochures

La quête de l'intemporel	FS	5.–
Les musiciens Newar	FS	5.–

TALON DE COMMANDE

Adresse pour commandes :

AIMP · Musée d'ethnographie · CP 191 · CH-1211 Genève 8
Tél (+ 41 22) 418 45 50 · Fax (+ 41 22) 418 45 51
E-mail : musee.ethno@ville-ge.ch · http://www.adem.ch

Nom, prénom

Institution

Adresse

Pays,lieu

Date, signature

Je commande les publications indiquées ci-dessous et en paierai le montant dès réception.

Disques · Livres · Brochures · Cahiers de musiques traditionnelles	Prix

IMPRIMERIE MEDECINE m+h HYGIENE
janvier-2000